성서 주석

역대하

대한기독교서회 창립 100주년 기념

대한기독교서회

13

역대하

배희숙 지음

대한기독교서회

A Commentary

on

2 Chronicles

by

Hee-Sook Bae

The Christian Literature Society of Korea

Seoul Korea, 2010

간행사

민족의 개화와 복음선교를 목적으로 세워진 대한기독교서회가 창립 100주년을 맞이한 지도 어느덧 몇 해가 흘렀습니다. 우리는 100주년 기념사업을 여러모로 추진했지만, 그중에서도 가장 중요한 역점사업은 국내 성서학자들에 의해 집필된 성서주석의 발간이었습니다.

기독교가 우리 문화와 생활 속에 접목된 지 어느덧 1세기의 세월이 흘렀지만, 지금까지는 받아들이고 이식시키는 데에만 열중한 것이 사실입니다. 성서주석이란 그 나라의 신학사상을 가늠하는 중요한 학술활동인데도 불구하고 신학적 주체성을 살린 주석 작업이 아직까지는 미흡하다는 점, 그 때문에 빈번하게 읽히고 있는 현재의 주석서가 대부분 번역서라는 점 등은, 한국교회로 하여금 우리 실정에 알맞는 새로운 성서주석의 출현을 기대하게 했습니다.

정통적이고 보수적이며 더 나아가서는 새로운 신학사상까지도 포괄하는 주석서, 그러면서도 신학적 주체성이 충분히 반영된 이상적이고 활용하기에 편리한 주석서의 출간은, 1천만 성도의 간절한 기다림이자 바람입니다.

올리브나무에 야생 올리브나무를 접붙이면 야생 나뭇가지 또한 원래의 올리브나무 뿌리에서 영양을 공급받지 않겠느냐는 사도 바울의 표현처럼, 우리 민족 또한 하나님의 젖줄에서 양분을 공급받기 시작한 지 어느덧 1백년이라는 세월이 흘렀습니다. 이제 한국의 기독교는 더 이상 외래문화가 아니며, 더 이상 남의 옷이 아니라고 자부하고 싶습니다.

결국은 남의 옷에 지나지 않는 번역서가 아니라 우리 손에 의해 쓰여진, 우리 실정에 알맞은 주석서가 발간되었다는 것은, 우리 신앙의 현주소를 바로 보여 주는 일이기도 할 것입니다.

국내의 성서신학자들이 대거 동원되어 가장 최신의 연구성과까지도 반영하고 우리 현실과의 관계 안에서 성서가 주는 메시지를 정확하게 전달하는 일에 중점을 둔 새로운 주석서의 출현이, 한국교회 기독인들에게 바른 신앙의 길을 가리키는 참신한 이정표로 자리잡기를 기대하는 마음 간절합니다.

끝으로 이 주석이 나오기까지 땀 흘려 주신 『100주년 기념 성서주석 출판위원회』 위원장과 위원 여러분들의 수고에 감사를 드립니다. 아울러 학생들을 지도하시기에 바쁜 중에도 귀한 생명의 양식을 나누는 일에 동참해 주신 여러 교수님들께도 진심으로 감사를 드리는 바입니다.

1992. 12. 10

발행인

출판에 즈음하여

한국의 산업구조를 분석한 전문가들의 일치된 견해에 의하면, 우리 체질의 심각성은 외국 기술의존도가 지극히 높다는 데 있다고 한다. 그리하여 대외수출고를 높이는 데만 힘을 기울이는 사이에, 우리는 경제기반이 흔들리는 중대한 위기 속에 휘말렸다는 것이다.

이러한 모형이 기독교와 교회라는 특정상황에서도 위기의식으로 존재한다는 것, 다시 말해서 교회성장과 부흥에만 역점을 두는 사이에 기독교의 정체와 본질에 대해 다시 질문하는 도전과 위기가 조여오고 있다는 사실을 아는 사람은 별로 많지 않다.

지금까지의 우리의 관심사는 부흥과 성장이었다. 그리고 그러한 요청에 걸맞는 패기 있는 선두자들은 주야로 활동하여 한국의 신도 수를 극적으로 증대시켰고, 몇몇 교회의 경우, 단일 교회로서의 크기가 가히 세계적인 위대한 교회로 두각을 나타냈다. 그러한 과정에서 기여한 몇몇 교회지도자들의 수고와 노력에 우리는 모두 감사해야 한다. 그러나 우리는 지금 그러한 성장과 크기에 걸맞는 성숙을 심각하게 생각해야 할 자리에 와 있다. 성숙이 없는 성장이 무엇을 의미하는가를 누가 말해 주지 않아도 잘 알기 때문이다. 그러므로 이제 한국교회가 성숙을 위하여 지금까지 성장지향의 의지가 보여 준, 그 이상의 진지한 노력을 경주하지 않으면, 그것은 쉬지 않고 커 가기만 하는 외채더미에 눌리면서 화려한 소비경제에 빠지는 종래의 파국과 비교될 것이다.

기독교가 자기의 뿌리를 확인하는 기본적인 지혜는 성서에 대한 진지한 탐구에서만 비롯된다. 얼마 전까지만 해도 이러한 자각이 아쉬운 대로 행동으로 옮겨지면서, 우리는 외국의 출판사나 지적 소유자에게 적지않은 로열티를 주고 그 방법을 번역하여 교회에 보급시킨 몇 가지의 성서연구법이 있었다. 그러나 한국교회 성숙의 대명제를 감안할 때 그것이 해결은 아니었다.

이런 맥락적 의미에서, 한국교회의 자존과 명분을 걸고 한국의 성서신학자들이 지식과 능력을 한자리에 결집하여 구약과 신약의 주석을 직접 저술하기로 하여, 이제 그 실현이 가시화되는 시점에 이르렀다. 이러한 성서주석 출판을 대한기독교서회 창립 100주년 기념사업의 하나로 기획했다는 것은 참으로 획기적인 의미를 지닌다.

참으로 오늘의 우리에게 예수 그리스도가 영생이시고, 좋은 신학의 전부가 되며, 참 하나님이심을 인지하고 고백하는 은혜와 진리가 날마다 한국의 모든 교회에 더하기를 간절히 바라는 기도와 함께, 한국교회의 100주년을 감사하는 이때에 소망스러운 2000년대를 지향하는 벽찬 문턱에서 여기 한국 성서신학자들의 성서주석서를 겸허한 마음으로 내놓은 바이다.

1992. 12.

대한기독교서회 창립 100주년 기념 성서주석 출판위원회

위원장 이상훈 박사(서울신학대학교)

위원 박준서 박사(연세대 연합신학대학원)

김중은 박사(장로회신학대학)

민영진 박사(대한성서공회 부총무)

박수암 박사(장로회신학대학)

김득중 박사(감리교신학대학)

김창락 박사(한신대학 신학부)

일러두기

1. 본 주석서는 시리즈로 발간되므로 각 책들간의 통일성을 기하려고 했으나, 불가피하게 각 집필자들의 특성에 따라 최소한의 통일성만을 유지한 경우도 있다.
2. 본 주석서의 체제는 서론, 본문 주석(성서본문 제시, 본문 주석, 신학적 메시지), 참고문헌으로 이루어졌다. 그러나 필요에 따라서는 본문 주석과 신학적 메시지를 동시에 전개시키기도 한다.
3. 본 주석서의 성서본문은 개역한글판을 그대로 따랐다.
4. 한글 전용을 원칙으로 했다. 그러나 불가피한 경우에는,
   1) 한자는 괄호 안에 넣었다.
   2) 성서 원어 표기는 우리말 음역을 쓰고 원어는 로마자로 괄호 안에 넣었다[예. '파라클레토스'(parakletos-보혜사)].
5. 히브리어·헬라어는 본 성서주석 출판위원회에서 정한 통일안에 따라서 표기한다.
6. 외래어는 문교부에서 고시한 『외래어 표기 용례집』 교과용 도서 수정용과 『외래어 표기 용례집(인명, 지명)』을 따랐다. 단 성서에 나오는 외래어는 개역한글판을 따랐다[예. 바빌론→바벨론].
7. 성서의 장절(章節) 표기는 다음과 같다.
   범례. 1) 1장 1절부터 10절까지 / 1:1-10
   2) 1장 1절부터 2장 5절까지 / 1:1-2:5
   3) 1장 1절, 2절, 7절 / 1:1, 2, 7
   4) 마태복음 1장 1절, 요한복음 1장 1절 / 마 1:1; 요 1:1
8. 독자들의 내용 이해에 도움을 주기 위해서 각주난을 최대한으로 활용했다.

히브리어 · 헬라어의 로마자음역 및 한글음역 통일안

히브리어

히브리어 자음	로마자 음역	히브리어 모음기호	로마자 음역
א	’	◌ָה	
בּ(ב)	b	◌ָ	a
גּ(ג)	g	◌ַ	
דּ(ד)	d	◌ֲ	
ה	h	◌ֵי	
ו	w	◌ֵ	
ז	z	◌ֶי	e
ח	h	◌ֶ	
ט	t	◌ֱ	
י	y	◌ְ	
כּ(כ)	k	◌ִי	
ל	l	◌ִֽ	i
מ	m	◌ִ	
נ	n	וֹ	
ס	s	◌ֹ	
ע	‘	◌ָ	o
פּ(פ)	p	◌ֳ	
צ	ts	וּ	
ק	q	◌ֻֽ	u
ר	r	◌ֻ	
שׂ	s		
שׁ	sh		
תּ(ת)	t		

헬라어

헬라문자	로마자음역	한글음역
α	a	아
αι	ai	아이
αυ	au	아우
β	b	ㅂ
γ	g	ㄱ
κγχμν 앞에 있는 γ		ㅇ받침
δ	d	ㄷ
ϵ	e, ĕ	에
ϵι	ei	에이
ϵυ	eu	유
ζ	z	ㅈ
η	ē	에
θ	th	ㄷ
ι	i	이
κ	k, c	ㅋ
λ	l	ㄹ
μ	m	ㅁ
ν	n	ㄴ
ξ	x	ㅋㅅ
ο	o, ŏ	오
οι	oi	오이
ου	ou	우
π	p	ㅍ
ρ	r	ㄹ
ῥ	rh	
ῤῥ	rrh	
σ(ς)	s	ㅅ
τ	t	ㅌ
υ	y, u	위
υι	ui	위+이
φ	ph	ㅍ
χ	ch	ㅋ
ψ	ps	ㅍㅅ
ω	ō	오

• 성서책명 약자 •

창세기	창
출애굽기	출
레위기	레
민수기	민
신명기	신
여호수아	수
사사기	삿
룻기	룻
사무엘상	삼상
사무엘하	삼하
열왕기상	왕상
열왕기하	왕하
역대상	대상
역대하	대하
에스라	스
느헤미야	느
에스더	에
욥기	욥
시편	시
잠언	잠
전도서	전
아가	아
이사야	사
예레미야	렘
예레미야애가	애
에스겔	겔
다니엘	단
호세아	호
요엘	욜
아모스	암
오바댜	옵
요나	욘
미가	미
나훔	나
하박국	합
스바냐	습
학개	학
스가랴	슥
말라기	말
마태복음	마
마가복음	막
누가복음	눅
요한복음	요
사도행전	행
로마서	롬
고린도전서	고전
고린도후서	고후
갈라디아서	갈
에베소서	엡
빌립보서	빌
골로새서	골
데살로니가전서	살전
데살로니가후서	살후
디모데전서	딤전
디모데후서	딤후
디도서	딛
빌레몬서	몬
히브리서	히
야고보서	약
베드로전서	벧전
베드로후서	벧후
요한1서	요일
요한2서	요이
요한3서	요삼
유다서	유
요한계시록	계

구약시대의 연대표

Ⅰ. 기원전 2000년 이전 시대

Ⅱ. 족장 시대

Ⅲ. 후기 청동기 시대

Ⅳ. 기원전 약 1200-900년

Ⅴ. 기원전 8세기 중반의 분열상

Ⅵ. 기원전 8세기 중반-6세기 중반

Ⅶ. 기원전 6-5세기

Ⅷ. 기원전 400-150년

	이집트	팔레스타인	메소포타미아
7000		여리고(도기제조 이전의 신석기 시대) 팔레스타인 수리아, 길리기아, 아나톨리아 등지에서 신석거 시대의 촌락문화 형성	야르모(도기제조 이전의 신석기 시대) 신석기 시대 정착
6000			
5000			핫수나
4500	파이윰 A	여리고(도기를 제조한 신석기 시대)	할라프
4000	바다리안	동·석기 문화	오베이드
3500	아므라티안 게르제안	가술리안 혹은 최초의 도시화 시대 초기청동기 시대 제1초기청동기 시대	와르카 혹은 초기 원시 문자시대 후기 원시 문자시대 엠뎃 나스르
3000	고왕국시대 29—23세기	제2초기청동기 시대 초기청동기 시대 제3초기청동기 시대	초기 왕조시대 약 2850—2360 (수메르인의 도시국가)
2500	제3—4왕조 26—23세기 (피라미드 시대)	제4초기청동기 시대 (제3청동기 시대) 초기 청동기와 중기 청동기 시대의 중간기	악카드 왕국 약 2360—2180
2000	제1중간기 시대 22—21세기 중왕국시대 21—18세기	(반유목민들의 침입) 제1중기청동기 시대	야만족 구티의 침입 우르 제3왕조 : 약 2060—1950

I. 기원전 2000년 이전 시대

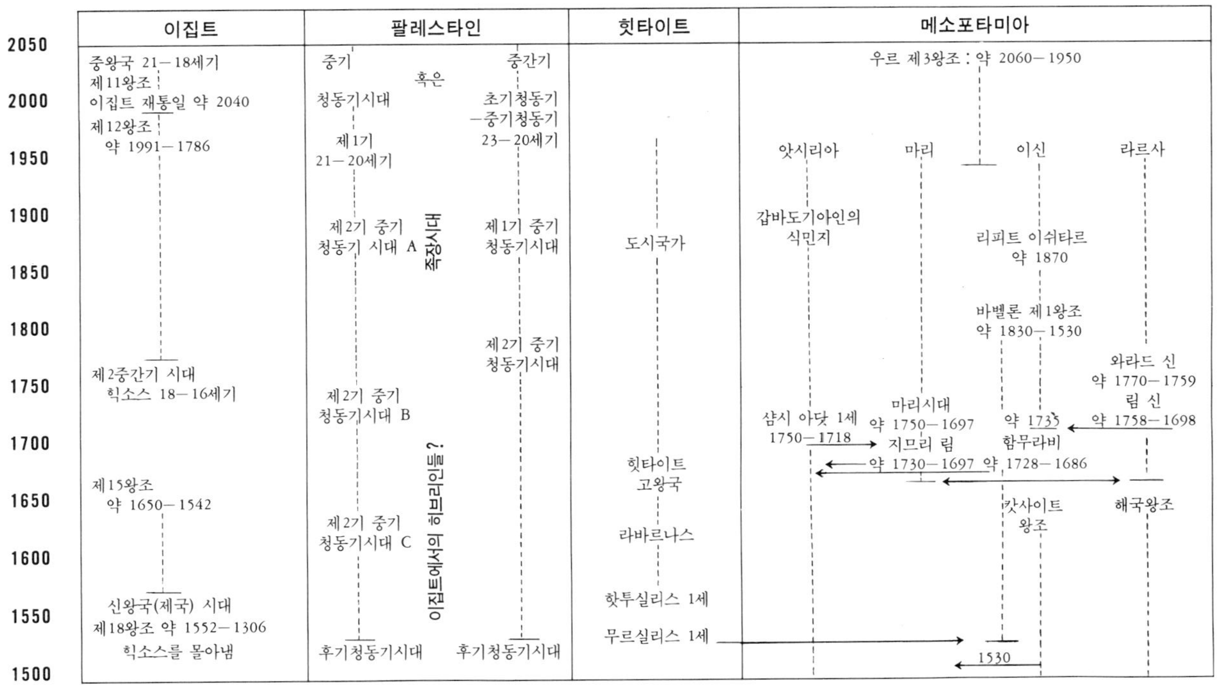

2050
2000
1950
1900
1850
1800
1750
1700
1650
1600
1550
1500
이집트
중왕국 21—18세기
제11왕조
이집트 재통일 약 2040
제12왕조
약 1991—1786
제2중간기 시대
힉소스 18—16세기
제15왕조
약 1650—1542
신왕국(제국) 시대
제18왕조 약 1552—1306
힉소스를 몰아냄
팔레스타인
중기
청동기시대
제1기
21—20세기
혹은
중간기
초기청동기
—중기청동기
23—20세기
제2기 중기
청동기 시대 A
족장시대
제1기 중기
청동기시대
제2기 중기
청동기시대
제2기 중기
청동기시대 B
이집트에서의 히브리인들?
제2기 중기
청동기시대 C
후기청동기시대
후기청동기시대
힛타이트
도시국가
힛타이트
고왕국
라바르나스
핫투실리스 1세
무르실리스 1세
메소포타미아
우르 제3왕조 : 약 2060—1950
앗시리아
마리
이신
라르사
갑바도기아인의
식민지
리피트 이쉬타르
약 1870
바벨론 제1왕조
약 1830—1530
와라드 신
약 1770—1759
림 신
약 1758—1698
삼시 아닷 1세
1750—1718
마리시대
약 1750—1697
지므리 림
약 1730—1697
약 1735
함무라비
약 1728—1686
캇사이트
왕조
해국왕조
1530

II. 족장시대

	이집트	팔레스타인	힛타이트	미탄니	앗시리아
1600	신왕국(제국)시대 제18왕조 약 1552—1306 아모시스 약 1552—1527		고왕국		
1550	힉소스를 몰아냄 아메노피스 1세 약 1527—1507 투트모시스 1세 약1507—1494	후기 청동기 시대	무르실리스 1세		
1500	투트모시스 2세 약 1494—1490 투트모시스 3세 약 1490—1436	**히브리인들 이집트에 거주**		숫타르나 1세	
1450	아메노피스 2세 약 1438—1412 투트모시스 4세 약 1412—1403		힛타이트 왕조	사우스사달 아르타타마 숫타르나 2세	
1400	아메노피스 3세 약 1403—1364 아메노피스 4세(아케나텐) 약 1364—1347	아마르나 시대	수필룰리우마1세 약 1375—1335	투스랏타	앗슈르 우발리트 1세 약 1356—1321
1350	하렘합 약 1333—1306 제19왕조 약 1306—1200	**히브리인들 이집트에 거주**	무와탈리스 약 1306—1282		
1300	세토스1세 약 1305—1290 라메세스2세 약 1290—1224	출애굽 약 1208?	핫투실리스 3세 약 1275—1250		아닷 니라리 1세 약1297—1266
1250		정복 약1250—1200			살만에셀 1세 약 1265—1235
1200	마르니프타 약1224—1211 (쇠약하고 혼란한 시기)		힛타이트 왕조 몰락		투쿨티 니누르타 1세 약 1234—1197

III. 후기 청동기 시대

연대	이집트	팔레스타인	앗시리아
1250	마르니프타 약 1224–1211 (해양민족들을 패배시킴)	이스라엘 민족의 팔레스타인 정복 약 1250–1200 철기시대 약 1200–1000	투쿨티니누르타 1세 약 1234–1197
1200	쇠약하고 혼란한 시기 제20왕조 약 1185–1069 라메세스 3세 약 1183–1152 (해양민족들을 패배시킴)	사사시대 약 1200–1020 팔레스타인에 블레셋족 거주	앗시리아의 쇠퇴
1150	라메세스 4–11세 약 1152–1069	드보라 기드온	
1100	이집트 왕조 몰락		디글랏 빌레셀 1세 약 1116–1078 (앗시리아가 잠깐 동안 부흥 됨)
1050	제21(타니트)왕조 약 1069–935	실로의 몰락(1050년 이후) 사무엘 사울 약1020–1000? 아람인들의	앗시리아의 쇠퇴기 압제
1000		다윗 약 1000–961	
950	제22왕조 약 935–725 시삭 약 935–914	솔로몬 약 961–922 분열됨 922 다마스커스 르손 유다왕국 922–587 이스라엘 왕국 922–722/1	앗슈르 단 2세 (앗시리아 재발견 시작)
900			

IV. 기원전 약 1200–900년

연대	이집트	이스라엘 (유다)	이스라엘 (이스라엘)	다마스커스	앗시리아
950		솔로몬 약 961–922		르손	
	제22왕조 약 935–725				
	시삭 약 935–914				앗슈르 단 2세 935–913
925		유다 —— 922	—— 이스라엘		
		르호보암 922–915	여로보암 1세 922–901		
	오소르콘 1세 약 914–874	아비야 915–913			아닷 니라리 2세 912–892
900		아사 913–873	나답 901–900		
			바아사 900–877	벤 하닷 1세 약 885–870	앗슈르 나시르팔 2세 884–860
875			엘라 877–876 시므리 876		
		여호사밧 873–849	오므리 876–869	벤 하닷 2세 약 870–842	
			아합 869–850		
850			(엘리야)	(카르카르 전쟁 853)	
		여호람 849–843	아하시야 850–849		살만에셀 3세 859–825
		아하시야 843/2	여호람 (엘리사) 849–843/2		
		아달리야 842–837			
825		요아스 837–800	예후 843/2–815	하셀 약 842–806	
					샴시 아닷 5세 824–812
			여호아하스 815–802		
800		아마시야 800–783	여호아스 802–786	벤 하닷 3세	아닷 니라리 3세 811–784
		웃시야(아사랴) 783–742	여로보암 2세 786–746		
775					앗시리안 쇠퇴기
	제23왕조 약 759–715				
750			(아모스)		

V. 기원전 8세기 중반의 분열상

	이집트	유다	이스라엘	다마스커스	앗시리아
775	제22왕조 약 935—725	웃시야 783—742	여로보암 2세 786—746 (아모스) (호세아)		앗시리아 쇠퇴기
750	제23왕조 약 759—715	(요담 섭정 약 750) 요담 742—735	스가리야 746—745 살룸 745 므나헴 745—737	르신 약 740—732	디글랏-빌레셀 3세 745—727
725	제24왕조 약 725—709 ← 제25(에티오피아)왕조 약 716/15—663	(이사야) (미가) 아하스 735—715 히스기야 715—687/6	브가야 737—736 베가 736—732 호세아 732—724 사마리아 멸망 722/1		살만에셀 5세 726—722 사르곤 2세 721—705
700	샤바코 약 710/9—696/5(?) 셉데코 약 696/5—685/4(?) (티르하카 섭정 약 690/89) (?) 티르하카 약 (690)685/4—664	701 산헤립 688? 산헤립 므낫세 687/6—642	침입해옴 침입해옴?		산헤립 704—681
675	←	이집트의 침입 : 테베 약탈		메데	에살핫돈 680—669 앗슈르바니팔 668—627
650	제26왕조 664—525 프삼메티쿠스 1세 664—610	아몬 642—640 요시야 640—609			
625		(예레미야) (스바냐) (나훔) 여호아하스 609	신바벨론제국 나보플랏살 626—605	키락사레스 약 625—585	신 사르 이스쿤 629—612 니느웨 멸망 612
600	느고 2세 610—594 프삼메티쿠스 2세 594—589 아프리스(호브라) 589—570	여호야김 609—598 (하박국) 여호야긴 598/7 시드시야 597—587 (에스겔) 예루살렘 멸망 587 유배	느부갓네살 605/4—562	아스티아게스 585—550	앗슈르 우발리트 2세 612—609
575					

VI. 기원전 8세기 중반—6세기 중반

	이집트	히브리	바빌론	메디아
600	느고 2세 610–594 프삼메티쿠스 2세 594–589 아프리스(호브라) 589–570	제1차 추방 597 예루살렘 멸망, 제2차 추방 587 제3차 추방	느부갓네살 605/4–562	키락사로스 625–585 아스티아게스 585–550
575	아마시스 570–526	느부갓네살, 이집트를 유배	침입함 568 아멜 마르둑 562–560 네리글릿사르 560–556 나보니두스 556–539	고레스, 아스티아게스를 전복시킴 550
550	프삼메티쿠스 3세 526/5 캄비세스 이집트 정복 525 이집트, 페르시아 통치하에 들어감	(제2 이사야) 고레스의 칙령 538 스룹바벨	**고레스, 바벨론제국 성립** 539	페르시아(아카메니아인) 제국 고레스 550–530 캄비세스 530–522
525		성전재건 520–515 (학개, 스가랴)		다리우스 1세 히스타스페스 522–486
500		(오바댜?)		(마라톤 490) 크세륵세스 486–465 (테르모필레, 살라미스, 480)
475	이나로스의 반란 460–454	(말라기) 에스라의 선교 458??		아르타크세륵세스 1세 465–424 롱기마누스
450		느헤미야 통치 445– 에스라의 선교 428?		(갈릴리아스의 평화)
425	이집트 해방됨 401	바고아스 통치 에스라의 선교 398??		크세륵세스 2세 423 다리우스 2세 노투스 423–404 아르타크세륵세스 2세 므네몬 404–358
400				

VII. 기원전 6–5세기

연대	이집트	히브리	페르시아
400	제28, 29, 30왕조		
375			
350	이집트, 페르시아에 의해 침입받음 343		아르타크세륵세스 3세 오쿠스 358—338 아르세스 338—336 다리우스 3세 코도만누스 336—331
325	이집트, 알렉산더 대왕에게 정복됨 332 프톨레미 왕조 프톨레미 1세 라기 323—285	알렉산더 대왕 336—323 잇수스 333	가우가메라 331 셀류커스 왕조
300		**유대인들, 프톨레미 압제하에 들어감**	셀류커스 1세 312/11—280
275	프톨레미 2세 필라델푸스 285—246		안티오쿠스 1세 280—261
250	프톨레미 3세 유에르게테스 246—221		안티오쿠스 2세 261—246 셀류커스 2세 246—226
225	프톨레미 4세 필로파토르 221—203		셀류커스 3세(대왕) 223—187 안티오쿠스 3세(대왕) 223—187
200	프톨레미 5세 에피파네스 203—181	셀류커스, 팔레스타인 정복 200—198 히브리인들, 셀류커스 통치하게 들어감	셀류커스 4세 187—175
175	프톨레미 6세 필로메토르 181—146	성전을 더럽힘 167.9(168) 유다 마카베오 166—160 성전 재봉헌 164.9.(165) 요나단 160—143	안티오쿠스 4세(에피파네스) 175—163 안티오쿠스 5세 163—162 데메트리우스 1세 162—150
150			

VIII. 기원전 400—150년

약어표

개역	성경전서 개역한글판(1961)
개정	성경전서 개역개정판(1998)

ABR	*Australian Biblical Review*
AncB	Anchor Bible
Ant	Flavius Josephus, *Antiquitates Jewish Antiquties.* ed. R. Marcus, London(1966)
ATD	Das Alte Testament Deutsch
AThANT	Abhandlungen zur Theologie des Alten und Neuen Testaments
BA	*Biblical Archaeologist*
BASOR	*Bulletin of the American Schools of Oriental Research*
BBR	*Bulletin for Biblical Research*
BHS	*Biblica Hebraica Stuttgartensia.* Elliger, Karl and Wilhelm, Rudolph, eds., Deutsche Bibelgesellschaft Stuttgart(1967/1977)
Bib	*Biblica*
BS	Biblical Seminar
BZ	*Biblische Zeitschrift*
BZAW	Beiheft(e) zur Zeitschrift für die alttestamentliche Wissenschaft

CBQ	*Catholic Biblical Quarterly*
EThL	*Ephemerides theologicae lovanienses*
HBT	*Horizons in Biblical Theology*
HThKAT	Herders theologischer Kommentar zum Alten Testament
ICC	International Critical Commentary
IEJ	*Israel Exploration Journal*
JBL	*Journal of Biblical Literature*
JNES	*Journal of Near Eastern Studies*
JSOT	*Journal for the Study of the Old Testament*
JSOTSup	Journal for the Study of the Old Testament Supplement Series
JSPE	*Journal for the Study of the Pseudepigrapha*
NCBC	New Century Biblical Commentary
NEB	*New English Bible*
OLoP	*Orientalia lovaniensia periodica*
OTEs	*Old Testament Essays*
OTL	Old Testament Library
RB	*Revue Biblique*
SJOT	*Scandinavian Journal of the Old Testament*
SR	Studies in Religion / Sciences religieuses
VT	*Vetus Testamentum*
WBC	Word Biblical Commentary
WThJ	*Westminster Theological Journal*
ZAH	*Zeitschrift für Althebraistik*
ZAR	*Zeitschrift für Altorientalische und Biblische Rechtsgeschichte*
ZAW	*Zeitschrift für die alttestamentliche Wissenschaft*

머리말

필자는 스페어타이어처럼 갑자기 역대하 주석을 맡게 되는 영광을 안게 되었습니다. 박사논문에서 막 역대기를 전반적으로 다룬 직후였기 때문에 필자에게는 역대기를 다시 한 번 자세히 들여다볼 수 있는 기회가 될 수 있었지만, 거듭되는 강의로 인해 본문을 제대로 천착하지 못했습니다. 스페어타이어란 본래 요긴하게 쓰이긴 하지만 연약하다는 사실을 독자는 기억해 주시기 바랍니다.

이 주석을 맡을 때 필자는 무엇보다도 가능한 한 빠른 시간 내에 완성해야 한다는 과제를 안고 있었기 때문에 권위 있는 저명한 역대기 주석서에 많이 기대지 않을 수 없었습니다. 특히 루돌프(W. Rudolph)의 역대기 주석서(*Chronikbücher*, 1955)를 두루 따르고, 사라 야펫(S. Japhet, *I & II Chronicles*, 1993)의 견해 또한 많이 수용하였음을 밝힙니다.

본래 역대기는 한 권의 책이었습니다. 칠십인경과 불가타에서 두 권의 책으로 나뉘기 시작하여 오늘까지 이어지고 있습니다. 대한기독교서회 창립 100주년 기념 성서주석에서 역대기는 상권, 하권으로 나뉘어 서로 다른 저자에 의해 주석되었습니다. 역대기에 관한 개론적인 사항은 이미 상권(임태수, 『역대상』, 2007)에서 전반적으로 다루어졌으므로 필자는 하권에서 역대기 개론 소개를 생략했습니다. 다만 서론(I) 부분에서 역대하의 구성(1)과 필자가 이 주석서를 위해 택한 방법론(2)을 언급하는 것으로 개론 소개를 대신하고자 합니다.

모쪼록 이 부족한 주석서가 역대기를 이해하고 설교를 준비하는데 작은 도움이라도 될 수 있기를 간절히 소망합니다.

2010년 1월 31일

배희숙

차 례

II. 본문 주석

제1부 솔로몬(1-9장)

제2부 온 이스라엘의 분열과 유다의 왕(10-28장)

제3부 온 이스라엘의 통일과 새로운 시작(29-36장)

I. 서론

1. 역대하의 구성

역대하는 36장으로 구성되어 있다. 역대상에서 다윗이 소개되고 이어 통일왕국을 다스린 솔로몬 왕의 이야기로 역대하는 시작된다. 솔로몬 사후에 왕국이 분열된 이후부터 열왕기와는 달리 역대기는 유다 왕들의 기록에만 집중하고 있다. 이는 역대기 저자가 편견을 가진 까닭이 아니라 남, 북 두 왕국의 역사가 아니라 하나의 역사, 즉 '온 이스라엘'의 이야기를 쓰기 위함이다. 역대기 전체는 1) 족보(대상 1-9장), 2) 통일왕국(대상 10-대하 9장), 3) 분열왕국(10-36장)으로 세 단락으로 내용을 분류할 수 있을 것이다. 그러나 이 주석에서 역대상과 역대하는 따로 취급되고 있으므로 역대하를 왕국의 특징에 따라 크게 솔로몬(1-9장)과 유다 왕들(10-36장)로 나눌 수 있다. 그럼에도 불구하고 역대하에서 히스기야 시대는 분명 새로운 시대를 알리는 출발점으로 그려져 있으므로 르호보암에서 아하스까지를 한 단위(10-28장)로 묶고, 히스기야에서 왕국 멸망, 그리고 또 하나의 새출발의 신호가 되는 고레스 칙령까지를 또 하나의 단위(29-36장)로 나누는 것이 바람직해 보인다.

제1부 솔로몬(1-9장)

1. 1:1 **도입**

2. 1:2-17 **솔로몬의 통치 초기**

1) 1:2-13 솔로몬의 예배

2) 1:14-17 솔로몬의 부와 명예

3. 2:1-5:1 **성전건축**

1) 2:1-18 성전건축 결심과 준비

2) 3:1-17 건물 건축 착수

3) 4:1-10 성물 제작

4) 4:11-5:1 건축 목록

4. 5:2-6:11 **언약궤 이동**

1) 5:2-10 언약궤 이동

2) 5:11-14 예배와 응답

3) 6:3-11 솔로몬의 축복

5. 6:12-7:10 **성전봉헌**

1) 6:12-42 솔로몬의 기도

3) 7:1-3 하나님의 응답과 회중의 응답

4) 7:4-10 성전 낙성식

6. 7:11-22 **하나님의 응답**

1) 7:11-16 하나님의 현현

2) 7:17-22 경고

7. 8:1-18 **그 밖의 솔로몬의 업적**

1) 8:1-11 솔로몬의 다른 건축 사업

2) 8:12–16 제의 규정 확립
3) 8:17–18 무역사업

8. 9:1–28 솔로몬의 지혜와 부와 명성
1) 9:1–12 스바 여왕 방문
2) 9:13–28 솔로몬의 지혜와 재산

9. 9:29–31 솔로몬의 죽음

제2부 온 이스라엘의 분열과 유다의 왕(10–28장)

1. 10:1–12:16 르호보암
1) 10:1–11:4 왕국 분열
2) 11:5–23 르호보암의 초기 삼 년
3) 12:1–12 시삭의 유다 원정
4) 12:13–16 결구

2. 13:1–14:1 아비야
1) 13:1–2a 도입
2) 13:2b–21 여로보암과의 전쟁
3) 13:22–14:1 결구

3. 14:2–16:14 아사
1) 14:2–15 아사의 초기 개혁
2) 15:1–15 아사랴의 설교와 그 결과
3) 15:16–19 아사 왕의 후기 개혁
4) 16:1–10 아사 왕의 후기 행적
5) 16:11–14 결구

4. 17 : 1–21 : 1 **여호사밧**
- 1) 17 : 1–19 여호사밧의 성공적인 통치
- 2) 18 : 1–19 : 3 여호사밧과 아합
- 3) 19 : 4–11 여호사밧의 개혁
- 4) 20 : 1–30 여호사밧의 승전
- 5) 20 : 31–21 : 1 여호사밧 통치의 종결

5. 21 : 2–20 **여호람**
- 1) 21 : 2–11 여호람의 죄
- 2) 21 : 12–20 하나님의 심판

6. 22 : 1–9 **아하시야**
- 1) 22 : 1–6 아하시야와 요람
- 2) 22 : 7–9 아하시야의 죽음

7. 22 : 10–24 : 27 **요아스**
- 1) 22 : 10–12 아달랴의 통치
- 2) 23 : 1–15 요아스의 즉위
- 3) 23 : 16–21 언약과 개혁
- 4) 24 : 1–16 요아스의 통치 전기
- 5) 24 : 17–27 요아스의 통치 후기

8. 25 : 1–28 **아마샤**
- 1) 25 : 1–4 도입
- 2) 25 : 5–13 전기: 에돔 전쟁
- 3) 25 : 14–24 후기: 아마샤의 교만
- 4) 25 : 25–28 결구

9. 26장 **웃시야**
- 1) 26 : 1–5 도입

2) 26:6-15 전기: 웃시야의 강성정책
3) 26:16-21 후기: 웃시야의 교만
4) 26:22-23 결구

10. 27:1-9 요담
1) 27:1-2 도입
2) 27:3-6 요담의 건축
3) 27:7-9 결구

11. 28:1-27 아하스
1) 28:1 도입
2) 28:2-7 아하스의 죄와 하나님의 심판
3) 28:8-15 이스라엘의 형제애
4) 28:16-25 아하스의 또 다른 죄
5) 28:26-27 결구

제3부 온 이스라엘의 통일과 새로운 시작(29-36장)

1. 29:1-32:33 히스기야
1) 29:1-2 도입
2) 29:3-36 성전정화와 성전 재봉헌
3) 30:1-31:1 유월절 준수와 그 결과
4) 31:2-31 성선제의 재조식
5) 32:1-23 산헤립의 침략과 대비
6) 32:24-31 히스기야의 교만과 축복
7) 32:32-33 결구

2. 33:1-20 므낫세
1) 33:1-9 므낫세의 죄

2) 33:10-13 하나님의 심판과 회복
3) 33:14-17 므낫세 왕의 개혁
4) 33:18-20 결구

3. 33:21-25 아몬
1) 33:21 도입
2) 33:22-23 아몬의 죄
3) 33:24-25 아몬의 죽음

4. 34:1-35:27 요시야
1) 34:1 도입
2) 34:3-7 요시야 왕의 초기
3) 34:8-13 성전개혁
4) 34:14-28 율법책 발견
5) 34:29-33 언약체결
6) 35:1-19 유월절
7) 35:20-27 요시야의 최후

5. 36:1-20a 유다의 종말
1) 36:1-4 여호아하스
2) 36:5-8 여호야김
3) 36:9-10 여호야긴
4) 36:11-20a 시드기야

6. 36:20b-23 안식과 새로운 시작
1) 36:20b-21 땅의 안식
2) 36:22-23 새로운 시작

2. 주석 방법론

역대기를 읽는 이라면 누구나 사무엘-열왕기에서 다뤄진 이스라엘과 유다의 역사가 이 책에서 다시 반복되고 있음을 쉽게 알 수 있다. 실제로 역대상 10장에서 역대하 36장까지의 왕조사는 사무엘상 31장에서 열왕기하 25장까지의 이야기에 기초하고 있다. 그뿐만이 아니다. 역대기 곳곳에는 성서의 다른 부분들(오경, 역사서, 예언서, 시가서의 일부)이 들어와 있다. 이런 점에서 반세터스가 역대기를 "가장 정확한 종류의 모방, 표절"(imitation of the most crass kind, plagiarism)[1]이라고 규정한 것은 결코 지나친 말이 아니다.

그러나 역대기는 단순히 옛 문서를 모방하는 데 그치지 않는다. 역대기 저자는 옛 문서의 일부 또는 전체를 단어 그대로 수용하거나, 단어나 구를 교체하여 부분적인 변형을 가함으로써 완전히 다른 맥락을 창출한다. 또 같은 내용이라도 다른 자료와 결합하고 거기에 고유한 주석을 달아 완전히 새로운 형태의 본문을 재생산해낸다. 따라서 역대기는 단순한 표절이 아니라 이스라엘의 역사를 창조적으로 읽어낸 독창적인 작품이다.

나아가 역대기 저자는 옛 자료를 끌어다 쓰지만 단순히 인용하는 것이 아니라 그것을 해석하고, 전해진 전승이 현재에 적합한지 질문하며, 토론

1) Van Seters, "Creative Imitation in the Hebrew Bible," *SR* 29(2000), 395-409.

하고 응답한다. 이렇듯 역대기 저자는 옛 전승을 넘어선다. 이러한 작업을 통하여 역대기는 현재에 의미를 부여하며, 미래의 방향을 제시해준다. 역대기는 성서를 해석한 책이다. 역대기의 이러한 성격은 주석의 방법을 결정해준다. 즉 주석가는 역대기 저자가 '저본'을 어떻게 사용하고 변형하며 해석하였는지를 알아봄으로써 역대기가 의도한 참 의미를 밝혀낼 수 있게 된다.

II. 본문 주석

제1부
솔로몬(1-9장)

역대기의 솔로몬 기사는 다윗의 성전건축 관련 기사의 연속이다. 다시 말해 성전건축은 다윗과 솔로몬을 이어주는 연결고리이다. 역대기 저자의 솔로몬 이야기는 다윗이 계획했던 성전건축이 솔로몬에게서 실행되고 있음을 보여준다. 그래서 솔로몬 이야기의 중심에는 성전건축에 관한 보도(1:18-7:22)가 있다. 그 밖의 다른 업적(8:1-16)은 단지 간략하게만 취급된다.

역대기에서 솔로몬의 업적은 성전건축에 집중되어 있으므로 역대기에서 드러나는 솔로몬의 상은 열왕기가 제시하는 상과는 다르다. 열왕기에서 솔로몬의 생애는 완전히 구별되는 두 시기로 나뉘어 있다. 신실한 왕 솔로몬은 나중에 하나님을 배역한다. 이에 반해 역대기에서 솔로몬은 일생 동안 신실한 왕으로 일관적인 태도를 보여준다.

역대기에 따르면 솔로몬은 평화롭게 왕권을 이어받아 다윗 왕이 준비한 성전건축 계획을 이행하고, 다윗이 기초한 제의법을 실행한다. 솔로몬 왕국은 주변 왕국들보다 우세하였으나 솔로몬 왕은 이웃 민족들과 평화로운 관계를 맺었다. 두로는 성전건축과 무역 파트너였고, 이집트와 구에, 아람은 무역의 대상이었다. 이러한 업적을 통하여 솔로몬 왕은 다윗이 건설한 왕국을 정치, 종교적으로 평화를 누리는 전성기로 이끌었다. 솔로몬 왕은 이렇게 역대기에서 매우 이상적으로 나타난다. 특히 다윗이 준비한 것을 완성했다는 측면에서 본다면 역대기의 이스라엘 역사에서 솔로몬 왕은 가장 이상적인 왕으로 간주될 수 있다. 그러나 이러한 관점은 단편적이다. 왜냐하면 역대기에서 솔로몬은 어디까지나 다윗이 기초한 것을 실행하는 인물로 나타나기 때문이다. 역대기에서 솔로몬 왕은 진정한 의미로 다윗의 후계자이다. 다윗과 솔로몬은 서로 다른 역할로서 왕국과 예루살렘 성전 제의의 창설자로 두드러져 있다. 다윗은 성전건축을 준비하고 솔로몬은 건축한다. 다윗이 왕조약속을 받고, 이 약속은 영원한 영속의 약속이 솔로몬 왕조에게 선포된다. 그리하여 이 두 시대는 분리될 수 없다. 역대기 저자는 다윗과 솔로몬 왕국을 후대의 왕들이 희구하게 될 이상적인 시기로 제시하고 있다.

¶ 짜임새

솔로몬 이야기 전체는 솔로몬의 왕위에 관한 도입구(1:1)와 죽음에 관한 결구(9:29-31)로 봉해져 있다. 솔로몬의 모든 사적은 성전건축(2:1-7:22)과 그 외의 것(8:1-18)으로 이등분되어 기술된다. 특이하게도 이 두 보도는 솔로몬의 지혜와 재산의 주제(1:2-17, 8:17-9:28)로 둘러싸여 있다.

a. 도입(1:1)
b. 솔로몬의 예배, 지혜와 부(1:2-17)
  솔로몬의 제사와 하나님의 현현(1:7-12)
c. 성전건축과 봉헌(2:1-7:22)
  희생제사(7:4-10)와 하나님의 현현(7:11-22)
c'. 솔로몬의 기타 업적(8:1-18)
b'. 솔로몬의 지혜, 부(9:1-28)
a'. 결구(9:29-31)

이러한 구조는 솔로몬의 성전건축이나 그 밖의 치적을 하나님이 주신 지혜의 구현사건으로 나타내려는 저자의 의도를 드러내준다.

딜라드(Dillard)는 솔로몬 이야기에서 또 다른 내용의 동심원적 구조를 찾아냈다.[1]

a. 솔로몬의 부(1:1-17):	무역(1:14-17)
b. 후람(2:1-6):	하나님의 이스라엘 사랑(2:11)
c. 솔로몬의 건축계획(2:17-5:1):	이방인 일군(2:17-18) 성전완성(5:1)
d. 성전봉헌(5:2-7:10)	
d'. 하나님의 응답(7:11-22)	
c'. 솔로몬의 건축계획(8:1-16):	이방인 일군(8:7-10) 성전완성(8:16)
b'. 후람(8:17-9:12):	하나님의 이스라엘 사랑(9:8)
a'. 솔로몬의 부(9:13-28):	무역(9:25-28)

¶ 평행본문과의 비교

역대하 1-9장의 솔로몬 이야기는 열왕기상 2:12-11:43과 평행한다. 역대기 저자는 열왕기의 자료를 많이 사용하였다(특히 왕상 3-11장에서). 본문을 주제 단락별로 비교하면 다음과 같다.

솔로몬의 등극	-	왕상 1:5-2:46a
솔로몬의 통치	대하 1:1-13	2:46b-3:15
솔로몬의 재판	-	3:16-28
솔로몬의 관리	-	4:1-19
솔로몬의 부와 권세	1:14-17	4:20-34/10:26-29
성전건축	2:1-7:22	5:1-9:14

1) R. B. Dillard, *2 Chronicles*, 85-93.

그 밖의 업적	8:1-18	9:15-29
스바 여왕의 방문	9:1-12	10:1-13
솔로몬의 지혜와 부	9:13-28	10:14-29
솔로몬의 배교와 심판	-	11:1-13
솔로몬의 대적들	-	11:14-25
여로보암의 왕조 약속	-	11:26-40
솔로몬의 죽음	9:29-31	11:41-43

위의 대조표에서 볼 수 있듯이 역대기에는 열왕기에 기록된 부정적인 기사 대부분이 빠져 있다. 솔로몬의 등극에 관한 왕자들의 대결(왕상 1:5-2:46a), 통치 후기의 이방여인과의 결혼(3:1), 대적의 반역 기사(11:1-40)가 그것이다. 그 결과 역대기, 열왕기에서 비쳐진 솔로몬의 부정적인 모습은 제거되고, 이상적인 왕으로 부각되어 있다. 그러나 이것은 역대기 저자가 솔로몬 왕을 이상적으로 그리고자 한 결과가 아니다. 이것은 저자의 관심이 성전에 있었기 때문에 생겨난 부산물일 뿐이다. 만일 솔로몬을 이상적으로 그리기 위함이 목적이었다면 저자는 솔로몬의 모범적인 지혜를 보여주는 재판 이야기(왕상 3:16-28)를 결코 생략하지 않았을 것이다.

열왕기에는 없는 역대기 저자의 특수 자료가 있다(1:1b-5, 3:3-6, 8, 11-13, 5:11-13, 6:13, 41-42, 7:1-3, 8:2-3, 13-15). 이들은 역대기 저자의 신학적 의도를 간접적으로 드러낼 것이다.

1. 도입(1:1)

1절은 솔로몬 통치에 대한 요약적 서술이다. 솔로몬이 왕위에 오르는 과정은 역대상 28-29장에서 설명되고 있다. 다윗은 "여호와께서 내게 여러 아들을 주시고 그 모든 아들 중에서 내 아들 솔로몬을 택하사 여호와의 나라 위에 앉혀 이스라엘을 다스리게 하려 하실쌔"(대상 28:5)라고 백성에게 말하고, 솔로몬에게 성전건축의 임무를 주지시킨다(28:10). 백성이 성전건축을 위한 예물을 드린 후 솔로몬을 왕으로 삼는다(29:22). 이렇게 솔로몬이 왕위에 오르는 과정은 매우 평화롭게 전개된다. 역대기 저자는 솔로몬이 왕이 되어 형통하였으며 모든 신하가 그를 복종하였고, 다윗 왕의 여러 아들이 그에게 복종하였다고 한다(29:23-24). 솔로몬의 평화로운 왕위계승 과정 다음에 시작되는 솔로몬 기사의 도입구절(1:1)은 열왕기에서보다 전체 문맥에 더 잘 들어맞는다. 열왕기 본문과 비교해보면 이 점이 잘 드러난다.

다윗의 유언	-	왕상 2:1-9
다윗의 장사	대상 29:26-30	2:10-11
솔로몬의 등극	29:28b	2:12a
견고해짐	-	2:12b
다윗보도 결말	29:29-30	-

솔로몬의 숙청	-	2:13-46a
견고해짐	대하 1:1a	2:46b

¶ 본문

[1]다윗의 아들 솔로몬의 왕위가 견고하여 가며 그 하나님 여호와께서 저와 함께하사 심히 창대케 하시니라

¶ 주석

1a 다윗의 아들 솔로몬의 왕위가 견고하여 가며 이러한 기술은 열왕기에서 두 차례에 걸쳐 언급된다. 한번은 다윗 왕의 유언 직후 장사된 후에 언급되며(왕상 2:12), 다른 한번은 아도니야와의 왕권대결에서 승리한 솔로몬이 왕위에 오른 후 다윗 왕의 유언에 따라 아도니야파 사람들에 대한 숙청을 단행한 후에 언급되는 결론적 서술이다(왕상 2:46b). 열왕기의 기록에 따르면 솔로몬의 등극 이후 아도니야가 죽임을 당하고 아비아달은 추방되며 요압과 시므이가 처형되었다(왕상 2:13-46a). 열왕기에서 솔로몬의 초기 왕위에 대한 반복적인 언급은 그의 등극이 불안정하였음을 암시해준다. 이러한 배경에서 솔로몬의 왕위가 견고해진 것은 솔로몬이 노력한 결과였다. 역대기 저자는 솔로몬의 왕위계승사와 더불어 정적 숙청 보도를 완전히 생략하고 결론적으로 왕위가 견고해짐을 요약적으로 말한다. 이로써 솔로몬의 초기는 안정되고 평화로운 시기로 전달된다.

역대기 저자는 솔로몬 왕국의 견고해짐에 대하여 열왕기 저자와는 달리 표현하고 있다.

왕상 2:12	그의 나라가 심히 견고하니라
왕상 2:46b	나라가 솔로몬의 손에 견고하여지니라
대하 1:1a	솔로몬의 왕위가 견고하여 가며

열왕기에서는 두 군데 모두 '나라'가 주어이며 동사 '쿤'(כון)이 사용되고 있다. 이에 반하여 역대기에서는 '솔로몬'이 주어이며 동사 '하작'(חזק)의 히트파엘형이 사용되었다. 역대기의 구절을 직역하면 "솔로몬이 그의 왕국에 대하여 스스로 강하게 하였다"가 된다. 이를 풀어쓰면 '솔로몬 왕이 그의 왕국을 강하게 하였다'라는 말이다(17:1 참고). 이 동사는 아달랴 치하에서 요아스를 왕으로 세우고자 할 때의 여호야다에게(23:1), 그리고 적은 군대로 에돔 전쟁에 출전하는 아마샤에게(25:11) 사용된다. 즉 이 동사는 약한 상황에서 하나님을 의지하고 결단하며 행동으로 옮기는 용기 있는 태도를 나타낸다. 열왕기에서 솔로몬의 왕위는 정적을 숙청함으로써 견고해졌으나, 역대기에서는 완전히 다른 방법으로 이루어진다. 앞으로 역대기 저자는 솔로몬 왕의 핵심이 되는 치적으로 성전건축을 기술한다. 솔로몬 왕국이 견고해진 것은 왕국을 건설하려는 그의 마음의 결단과 자세에서 우러나온 치적에 있다.

솔로몬을 **다윗의 아들**로 칭하는 것은(대상 29:22; 대하 13:6) 다윗과의 연속성을 나타내고, 솔로몬이 다윗의 합법적인 후계자임을 강조하기 위함이다.

1b **그 하나님 여호와께서 저와 함께하사 심히 창대케 하시니라** 역대기 저자는 솔로몬의 통치 기록에 이를 추가한다. 솔로몬의 왕위가 견고해진 것은 열왕기에서처럼 솔로몬의 노력의 결과가 아니라 하나님이 동행하신 결과라는 것이다. 다윗이 강성하게 된 것도 하나님이 함께 계시기 때문이었다(대상 11:9). "모든 사람을 크게 하심과 강하게 하심은 주의 손에 있다"(대상 29:12)고 믿는 다윗은 솔로몬을 위하여 "하나님이 함께 계시기를" 축복하였다(대상 22:11, 28:20). 창대케 하신 결과는 14-17절에서 잘 드러난다.

¶ 메시지

이 구절의 주어는 솔로몬과 하나님이다. 솔로몬은 왕국을 위하여 마음을 강하게 하였고, 하나님은 그와 함께하셔서 그를 창대하게 하셨다. 우리는 열심을 다해 일하지만 그 결과는 하나님께 달려 있다. "나는 심었고 아볼로는 물을 주었으되 오직 하나님께서 자라나게 하셨나니 그런즉 심는 이나 물 주는 이는 아무것도 아니로되 오직 자라게 하시는 이는 하나님뿐이니라"(고전 3:6-7).

2. 솔로몬의 통치 초기(1:2-17)

솔로몬의 이야기는 그의 통치가 어떻게 시작되었는지를 말하는 것으로 시작된다. 여기서 역대기 저자는 솔로몬의 왕위 계승과 지혜에 대하여 열왕기 저자와는 완전히 다른 입장을 띠고 있다.

¶ 짜임새

1) 솔로몬의 예배(1:2-13)

(1) 1:2-6	기브온 산당 제사
1:2	왕의 명령
1:3a	기브온 산당으로 감
1:3b-5	기브온 산당의 의미
1:6	희생제사
(2) 1:7-12	하나님의 현현과 약속
1:7	하나님의 물음
1:8-10	솔로몬의 대답
1:11-12	하나님의 약속
(3) 1:13	치리 시작

1:13a	예루살렘으로 돌아옴
1:13b	통치 시작

2) 솔로몬의 부와 명예(1:14-17)

¶ 평행본문과의 비교

바로의 딸	-	왕상 3:1
백성의 산당제사	-	3:2
솔로몬의 산당제사	-	3:3
솔로몬의 회중 소집	대하 1:2	-
기브온으로 감	1:3a	3:4a
기브온산당의 의미	1:3b-5	-
솔로몬의 산당제사	1:6	3:4b
하나님의 현현	1:7-12	3:5-13
율법조건	-	3:14
예루살렘 귀환	1:13a	3:15a
제사와 잔치	-	3:15b
솔로몬의 재판	-	3:16-28
치리시작	1:13b	4:1
솔로몬의 관리	-	4:2-20
솔로몬의 부	1:14-17	4:21-28
조공	-	4:21
솔로몬의 식량	-	4:22-23
솔로몬의 외교	-	4:24
왕국의 평화상태	-	4:25
솔로몬의 병거	1:14	4:26, 10:26
솔로몬의 부	1:15	10:27
솔로몬의 말	1:16-17	10:28-29

1) 솔로몬의 예배(1:2-13)

¶ 본문

2솔로몬이 온 이스라엘의 천부장과 백부장과 재판관과 온 이스라엘의
각 방백과 족장들을 명하고 3온 회중과 함께 기브온 산당으로 갔으니 하
나님의 회막 곧 여호와의 종 모세가 광야에서 지은 것이 거기 있음이라
4다윗이 전에 예루살렘에서 하나님의 궤를 위하여 장막을 쳤었으므로 그
궤는 다윗이 이미 기럇여아림에서부터 위하여 예비한 곳으로 메어 올렸고
5옛적에 훌의 손자 우리의 아들 브살렐의 지은 놋단은 여호와의 장막 앞
에 있더라 솔로몬이 회중으로 더불어 나아가서 6여호와 앞 곧 회막 앞에
있는 놋단에 이르러 그 위에 일천 희생으로 번제를 드렸더라 7이 밤에 하
나님이 솔로몬에게 나타나사 이르시되 내가 네게 무엇을 줄꼬 너는 구하
라 8솔로몬이 하나님께 여짜오되 주께서 전에 큰 은혜를 나의 아비 다윗
에게 베푸시고 나로 대신하여 왕이 되게 하셨사오니 9여호와 하나님이여
원컨대 주는 내 아비 다윗에게 허하신 것을 이제 굳게 하옵소서 주께서 나
로 땅의 티끌 같이 많은 백성의 왕을 삼으셨사오니 10주는 이제 내게 지
혜와 지식을 주사 이 백성 앞에서 출입하게 하옵소서 이렇게 많은 주의 백
성을 누가 능히 재판하리이까 11하나님이 솔로몬에게 이르시되 이런 마
음이 네게 있어서 부나 재물이나 존영이나 원수의 생명 멸하기를 구하지
아니하며 장수도 구하지 아니하고 오직 내가 너로 치리하게 한 내 백성을
재판하기 위하여 지혜와 지식을 구하였으니 12그러므로 내가 네게 지혜
와 지식을 주고 부와 재물과 존영도 주리니 너의 전의 왕들이 이 같음이
없었거니와 너의 후에도 이 같음이 없으리라 13이에 솔로몬이 기브온 산
당 회막 앞에서부터 예루살렘으로 돌아와서 이스라엘을 치리하였더라

¶ 주석

(1) 솔로몬의 기브온 산당 제사(1:2-6)

2 - **3a** 열왕기는 솔로몬의 첫 번째 제사에 대하여 단 한 구절을 할애하고 있다. 솔로몬 왕이 "제사하러 기브온으로" 갔으며, 거기에는 "큰 산당"이 있었고, 그 제단에서 솔로몬이 "일천 번제"를 드렸다는 것이다(왕상 3:4). 이에 반하여 역대기 저자는 솔로몬의 첫 예배를 저본을 변형하고 확대하여 기술하고, 거기에 신학적 의미를 보충한다. 역대기 저자는 솔로몬의 기브온 산당 제사를 두 가지 점에서 열왕기에서의 산당제사와 차이가 있다고 말한다.

첫 번째 차이점은 **온 이스라엘의**(2절 2회), **온 회중과 함께**(3a)라는 표현에서 드러난다. 열왕기에서 솔로몬 왕이 기브온 산당에서 드리는 제사는 일반적인 제사이다. 또 솔로몬의 산당제사는 성전건축이 진행되는 동안에 이루어진다. 열왕기 저자는 산당제사로 인하여 솔로몬에 대한 긍정적인 평가를 제한하면서도, 성전건축이 완성되지 않았기 때문이라고 그의 산당제사를 정당화한다(왕상 3:2-3). 그러나 역대기에서 솔로몬의 제사는 온 이스라엘이 한마음으로 인정한 솔로몬 왕(대상 29:23b)이 왕으로서 자신의 직무를 시작하기에 앞서 드리는 공적 예배이다. 다윗도 왕으로 즉위한 후 제일 먼저 하고자 한 일은 온 이스라엘과 함께 궤를 예루살렘으로 옮기는 것이었다(대상 13ff.). 그의 아버지처럼 솔로몬도 하나님께 드리는 제사로 왕의 직무를 시작한다.

두 번째 차이점은 열왕기에서 기브온 산당 제사는 왕의 개인적인 일이지만, 역대기에서 솔로몬의 제사는 전 국가적 차원의 행사로 치른다는 점이다. 온 이스라엘의 왕은 그의 첫 번째 직무를 온 이스라엘의 대표인 모든 관리에게 명하여 온 회중과 함께 수행한다.

3b - **5** 열왕기 저자는 솔로몬 왕이 기브온 산당에서 제사를 드린 것은 "그 때까지 여호와의 이름을 위하여 성전을 아직 건축하지 아니"하였

다는 상황을 근거로 솔로몬 왕을 변호하고 있다(왕상 3:2). 그럼에도 불구하고 열왕기 저자는 "여호와를 사랑하고 그의 아버지 다윗의 법도를 행한" 솔로몬이 기브온 산당에서 제사하며 분향한 것에 대하여 유감을 표시한다(왕상 3:3). 열왕기에서 산당의 철폐유무는 왕들을 평가하는 기준이 되고 있으므로 열왕기의 본문을 이미 접하고 있는 독자나 저자는 **기브온 산당**에 대한 부정적인 시각을 여전히 간직하고 있을 것이다. 그러므로 역대기 저자는 이 자리에서 솔로몬이 기브온 산당으로 간 까닭을 다시 설명한다.

3b – **4** 솔로몬 왕이 기브온 산당으로 간 첫 번째 이유는 **하나님의 회막**이 … **거기**, 즉 기브온 산당에 있었기 때문이다. 하나님의 궤는 다윗성으로 메어 올렸지만(1:4; 참고 대상 15:1, 29, 16:1) 여호와의 성막은 기브온에 있었다. 다윗 왕은 기브온의 성막 앞에서 제사장 사독과 그의 형제 제사장들로 하여금 매일 번제를 드리게 하고 헤만과 여두둔에게는 찬양하게 하였다(대상 16:39-43 참고). 다윗 이래로 기브온 산당에서는 찬양과 제의가 함께 수행되었던 것이다.

솔로몬의 기브온 산당 제사의 두 번째 이유는 하나님의 회막이 **여호와의 종 모세가 광야에서 지은 것**이라는 데 있다. 하나님의 회막은 광야생활 당시의 모세에게서부터 기원한다. 회막의 존재는 기브온 산당의 제의적 연속성과 합법성을 보장한다.

5a **여호와의 장막 앞에** 옛 놋단(대상 21:29 참고)이 있다는 것은 솔로몬 왕이 기브온 산당에서 제사를 드리는 세 번째 이유가 된다. 놋제단은 "훌의 손자 우리의 아들 브살렐이 지은" 것으로(출 31:1ff., 38:1ff.) 광야 시대에 이미 장막과 함께 완전히 갖추어진 이동식 성전의 기능을 수행하였다. 놋단은 기브온 산당이 제의처로 합법적임을 증거해준다.

역대기에 추가된 이 세 가지 사항은 기브온 산당이 제사 장소로서 모세 시대부터 기원한 연속성을 지니고 있으며 제의처로서 아무런 문제가 없는 매우 적법한 성소임을 입증해주는 증거이다. 기브온 산당의 적법성에도 불구하고 다윗은 여호와의 천사의 칼을 두려워하였기 때문에 그곳에 가지 않았다(대상 21:30). 다윗은 오르난의 타작마당에서 "이는 여호와 하나님의 성전이요 이는 이스라엘의 번제단이라"(대상 22:1)고 하며 제단을 쌓았다(대상 21:26). 그러나 그 제단도 결코 제의장소로서 기능하지 않다. 그곳에는 하나님의 현존을 나타내는 상징물이 없기 때문이다.

5b **솔로몬이 회중으로 더불어 나아가서** 이 구절은 히브리어 본문으로는 "솔로몬과 회중이 그[여호와]를 구하였다"로 쓰여 있다. 여기에는 역대기에서 중심어로 사용되는 동사 '다라쉬'(דרשׁ)가 쓰였다. 솔로몬은 통치 초기부터 백성과 함께 하나님을 구하였다. 솔로몬에게서 하나님을 찾는 구체적인 행위는 번제를 드리는 것으로 구현된다.

6 다윗과는 달리 솔로몬은 즉위 후 기브온 산당으로 가서 번제를 드린다. 역대기 저자는 여호와 앞에서 드린 것임을 다시 한 번 강조한다. 기브온 산당에서는 후대의 예루살렘 성전에서와 똑같이 희생제사가 드려졌다.

일천 희생으로 번제를 드렸더라 일천 희생은 일천 마리의 제물을 의미한다. 이 내용은 열왕기와는 약간 달리 표현되어 있다. 열왕기에서 '번제를 드렸다'는 동사는 미완료형태인 '야알레'(יעלה)로 쓰여 있다(왕상 3:4). 여기에는 규칙적으로 반복되는 관행의 의미가 들어 있다. 열왕기에서는 솔로몬 왕이 일천 번 번제를 드렸다는 의미로 개인적 차원의 헌신의 의미가 담겨 있다. "솔로몬이 그 제단에 일천 번 번제를 드렸다"(אלף עלות יעלה שׁלמה על המזבח ההוא). 솔로몬 왕은 성전이 지어지기까지 기브온 산당에서 번제를 끊임없이 드렸을 것이다.

이에 반해 역대기 저자는 미완료형 '야알레'(יעלה) 대신 와우연속미완료형인 '바야알'(ויעל)을 사용함으로써 이 번제를 일회적인 행위로 기술한다. "솔로몬이 일천번제를 드렸다"(ויעל עליו עלות אלף). 그러니까 역대기 저자의 기술에 따르면 솔로몬 왕은 단번에 일천 마리의 제물로 번제를 드린 것이다. 이것은 이 제사가 솔로몬 개인의 희생제사가 아니라 온 왕국의 제사요, 온 백성 이스라엘의 제사, 즉 국가적 차원의 제사라는 점을 다시 한 번 확인시켜준다.

(2) 하나님의 현현과 약속(1:7-12)

7-12절은 열왕기상 3:5-15와 평행하지만 강조점은 옮겨져 있다. 이야기의 내용과 순서는 일치한다. 역대기의 이야기는 열왕기의 것보다 훨씬 짧다.

(a) 하나님의 질문(1:7)

7 **이 밤에** 솔로몬이 기브온에서 첫 제사를 드린 날 밤을 말한다. 열왕기 저자는 솔로몬이 여전히 기브온에 있음을 명시한다(왕상 3:5, 15). 하나님이 기브온에 나타나셨다는 것은 역대기에서는 13절을 통해 확인된다.

하나님이 솔로몬에게 나타나사 솔로몬의 제사에 하나님이 응답하신다. 열왕기에서는 "솔로몬의 꿈에" 나타나셨다고 말한다(왕상 3:5, 15). 그러나 역대기는 '꿈에서의 계시'를 말하지 않는다. 하나님은 직접 나타나 무엇을 줄지 구하라고 말씀하신다.

(b) 솔로몬의 응답(1:8-10)

8 - **10** 하나님의 '구하라'는 요구에 대한 솔로몬의 응답은 열왕기(왕상 3:6-9)에서보다 훨씬 간결하게 제시되어 있다.

8 솔로몬은 하나님이 다윗에게 베푸신 은혜를 상기시킨다. 역대기에서의 솔로몬의 응답은 열왕기에서와 큰 차이를 나타낸다. 열왕기에서 솔로몬은 그의 아버지 "다윗이 성실과 공의와 정직한 마음으로 주와 함께 주 앞에서 행하므로" 주께서 다윗에게 은혜를 베푸시고 아들을 왕으로 주셨다고 말한다(왕상 3:6). 그러나 역대기에는 오로지 하나님의 은혜만이 강조된다.

주께서 전에 큰 은혜를 나의 아비 다윗에게 베푸시고 다윗 왕국의 창설과 부흥, 이 모든 것을 하나님의 신실하심으로 돌린다.

나로 대신하여 왕이 되게 하셨사오니 솔로몬은 자신이 왕위를 계승한 것

또한 하나님이 다윗에게 은혜를 베푸신 신실하심의 결과라고 고백한다.

9 **이제** 솔로몬의 간구는 바로 하나님의 은혜에 기초하고 있다.

내 아비 다윗에게 허하신 것을 이제 굳게 하옵소서 솔로몬 왕은 하나님의 은혜로운 행위, 즉 다윗에게 말씀하신 것을 굳게 하실 것을 구한다. 이것은 자신에 대한 인식에서 비롯된다. **땅의 티끌같이 많은 백성의 왕**의 직무는 자신의 지도력으로는 감당키 어렵다는 것을 인식한 것이다. 자신의 직무와 자신에 대한 인식에서 두 번째 간구가 나온다.

10 **내게 지혜와 지식을 주사** 백성 앞에서 출입할 수 있게 하는, 즉 큰 백성을 재판할 수 있게 하는 능력이다. 이 능력은 열왕기에서는 "듣는 마음"(왕상 3:9)으로 표현되어 있다. 두 본문에서 왕의 주요 임무는 백성을 재판하는 일이다. "듣는 마음"은 재판의 경우 분별력의 중요성에 무게를 둔다. 이 점은 두 창기의 재판(왕상 3:16-27)에서 잘 드러난다. 역대기에서 **지혜와 지식**은 "듣는 마음"보다 훨씬 더 포괄적인 통치력의 요건으로 간주된다.

(c) 하나님의 답변(1:11-12)

11 - 12 장수, 부, 원수의 생명, 장수가 아니라 지혜를 구한 기도가 하나님의 마음에 들었다는 열왕기의 구절(왕상 3:10)은 역대기에 빠져 있다. 그러나 부, 재물, 영광, 원수의 생명, 장수 대신 지혜와 지식을 구한 솔로몬에게 하나님께서 지혜와 지식과 함께 "부와 재물과 영광"도 주시겠다고 약속하신 것을 통해 우리는 솔로몬이 열왕들과는 달리 자신의 왕의 직무를 이해한 것이 하나님 마음에 들었다고 짐작할 수 있다. 솔로몬은 왕의 직무를 부귀영화를 누리는 자리가 아니라 섬김의 자리로 이해하고 있다.

너의 전의 왕들이 이 같음이 없었거니와 너의 후에도 이 같음이 없으리라 지혜와 지식과 부와 재물과 영광에서는 솔로몬과 경쟁할 자가 없을 것이다. 이 약속은 열왕기에서는 솔로몬의 **지혜**에 해당된다. "네게 지혜롭고 총명한 마음을 주노니 네 앞에도 너와 같은 자가 없었거니와 네 뒤에도 너와 같은 자가 일어남이 없으리라"(왕상 3:12). 솔로몬 이전이나 이후 시대의 그 어떤 지혜도 솔로몬의 지혜에 견줄 수 없다. 반면 솔로몬의 "부귀와 영광"의 비교 불가능성은 그가 살아 있는 동안에 한정되어 있다. "네 평생에 왕들 중에 너와 같은 자가 없을 것이라"(왕상 3:13). 그러나 역대기에서는 솔로몬의 지혜와 지식은 물론 부와 재물과 영광도 시대를 초월하여 비교될 수 없다. 열왕기에서는 솔로몬의 지혜에만 놓였던 강조가 역대기에서는 나타나지 않는다. 이것은 역대기 저자가 솔로몬의 지혜를 열왕기 저자와는 다르게 이해했다는 것을 말해준다.

(3) 솔로몬의 치리 시작(1:13)

솔로몬 왕은 예루살렘으로 돌아온다. 열왕기에서는 하나님의 현현 후에 솔로몬은 예루살렘으로 돌아와 언약궤 앞에서 제사를 드리고 신복들을 위해 잔치를 베푼다(왕상 3:15). 솔로몬의 기브온 산당제사를 개인적 차원으로 그리는 관점을 다시 엿볼 수 있다. 열왕기 저자는 바로 다음에 이어 솔로몬의 지혜의 정수를 보여주는 한 예로서 재판 이야기(왕상 3:16-28)를 소개한다. 바로 이 재판에서 솔로몬의 지혜가 "네 앞에도 너와 같은 자가 없었거니와 뒤에도 너와 같은 자가 일어남이 없으리라"(왕상 3:12)는 기브온 산당에서의 하나님의 약속이 그대로 성취되고 있다. 솔로몬의 지혜가 재판에 한정되어 있다. 그런 다음 열왕기 저자는 솔로몬 왕이 "온 이스라엘의 왕이 되었다"고 보도한다(왕상 4:1). 이 구도는 역대기에 나타나지 않는다.

역대기 저자는 솔로몬이 기브온에서 제사를 드린 후 예루살렘으로 돌아와(1:13a) 이스라엘을 다스렸다(1:13b)고 말한다. 솔로몬은 지혜와 지식, 그리고 부와 재물과 영광을 약속받고 통치를 시작한다. 역대기의 구도는 역대기 저자가 "솔로몬의 지혜"를 달리 이해하고 있다는 것을 증거해준다.[2] 역대기에서 솔로몬의 지혜는 재판에서의 "분별"하는 능력이 아니라

---

2) S. Japhet, *The ideology of the book of chronicles and its place in biblical thought*, 482-484; idem, *I & II Chronicles*, 523.

성전건축과 관련된다(2:12). 하나님의 약속 또한 재판에서 나타난 지혜에서만이 아니라 재산과 부에서도 실현된다.

¶ 메시지

솔로몬은 왕으로 즉위한 후(대상 29:22) 국내외의 정세를 살피거나 민생을 돌보는 일을 하기에 앞서 온 관리들과 백성의 대표들과 함께 하나님을 찾고 예배한다. 이는 그가 자신에게 주어진 왕의 직무를 권력이나 명예가 아니라 "주의 백성"을 치리하는 일로 제대로 인식하였기 때문이다. 솔로몬은 자신의 직무를 위해 가장 필요한 것이 지혜와 지식임을 알고 있다. 그는 지혜의 근본이 되신 하나님(잠 1:7)께 예배한다.

2) 솔로몬의 부와 명예(1:14-17)

¶ 본문

14 솔로몬이 병거와 마병을 모으매 병거가 일천 사백이요 마병이 일만
이천이라 병거성에도 두고 예루살렘 왕에게도 두었으며 15 왕이 예루살렘
에서 은금을 돌 같이 흔하게 하고 백향목을 평지의 뽕나무 같이 많게 하였
더라 16 솔로몬의 말들은 애굽에서 내어 왔으니 왕의 상고들이 떼로 정가
하여 산 것이며 17 애굽에서 내어 올린 병거는 하나에 은 육백 세겔이요 말
은 일백 오십 세겔이라 이와 같이 헷 사람의 모든 왕과 아람 왕들을 위하
여도 그 손으로 내어 왔었더라

¶ 주석

1절에서 솔로몬의 통치에 대한 종합적인 평가는 그가 "창대해졌다"는 것이었다. 이 본문에서 솔로몬이 다스리기 시작한 때부터 이미 하나님이 함께하신 결과가 나타났다는 점이 드러난다. 열왕기에서는 솔로몬의 지혜가 강조되고 있고 하나님의 약속이 성취된 증거로 재판 이야기가 등장하고 있다면, 역대기에서는 솔로몬의 권세와 재산에 관한 기술이 기브온에서의 하나님의 약속을 확증해주는 기능을 한다. 열왕기에서 솔로몬의 부에 관한 단락(왕상 9:15-10:29)은 솔로몬의 타락을 보도하는 단락(왕상 11장) 바로 전에, 즉 솔로몬 이야기 거의 끝자리에 놓여 있다. 이 주제는 역대기에서 약간 다르게 다시 한 번 등장한다(9:25-28). 그러나 두 본문은 기능상 서로 구별된다. 이 단락에서는 솔로몬의 부가 하나님의 약속의 성취로 기술된다.

14 솔로몬이 병거와 마병을 모으매 솔로몬은 병거와 마병을 병거성과 예루살렘 궁에 두었다. 병거의 도입은 솔로몬의 혁신으로 나타난다.[3] 다윗은 그러한 힘을 사용하지 않았다(삼하 8:4 // 대상 18:4). 솔로몬은 병거 개발을 위해 노력한다(8:3 참고).

열왕기에 따르면 솔로몬 왕은 "하수에서부터 블레셋 사람의 땅에 이르기까지와 애굽 지경에 미치기까지의 모든 나라를 다스리므로 그 나라들이 공을 바쳐 솔로몬의 사는 동안에 섬겼다"(왕상 4:21)고 하며, "솔로몬이 하수 이편을 딥사에서부터 가사까지 모두 다스리므로 하수 이편의 모든 왕이 다 관할한바 되매 저가 사방에 둘린 민족과 평화가 있었으니"(4:24)라고 전한다. 역대기에도 주변 민족과의 적대적인 관계는 어디에도 암시되어 있지 않다. 따라서 솔로몬이 병거와 마병을 갖춘 것은 대적을 물리치기 위한 방어정책의 일환이 아니라 하나님의 복과 왕의 영광을 상징하는 것으로 나타난다.

3) S. Japhet, *I & II Chronicles*, 533.

15 **은금, 백향목**은 경제적인 윤택함을 나타낸다. 금은 무역을 통해 들어왔다(8:17).

16 **솔로몬의 말들은 애굽에서 내어 왔으니** 이 번역에는 **애굽에서** 다음에 '구에에서'(מקוא)가 빠져 있다. '구에'는 아나톨리아 남동쪽의 길리기아를 말한다. 말들의 원산지는 애굽과 구에이다. 애굽에서 말은 본래 가나안을 통해 들어왔지만 나중에는 그 땅에서 직접 사육되었다. 특히 델타지역은 넓은 초원이 있어서 말들을 방목하기에 아주 적절하였다.

왕의 상고들이 떼로 정가하여 산 것이며 히브리 본문에 따르면 '구에에서'(מקוא)가 다시 반복된다. 히브리 본문을 그대로 옮기면 "왕의 상고들이 구에에서 … 샀다"가 된다. **왕의 상고들**이 샀다는 것은 왕국이 주도한 무역임을 말해준다.

정가하여 히브리어 '비메히르'(במחיר)는 '시장, 값에 맞는 양, 비율, 구입'을 의미한다.

17a **병거** 솔로몬이 '애굽에서 수입한 병거'에 대한 용어로 '메르카바'(מרכבה)가 사용되고 있다. 이것은 14절의 '레케브'(רכב)와 다르다(왕상 10:26 참고). 서로 다른 용어의 사용은 이 병거의 특별한 용도를 암시해준다. 요셉의 이야기에서 '메르카바'는 이집트 왕의 전시용 마차로 기술되어 있다(창 41:42-43). 수입 병거와 말의 가격을 특별히 명시하는 것도 일반적이지 않은 성격을 드러내준다.

말은 일백 오십 세겔 말의 최고 가격은 성서 외의 문헌에 기록되어 있다. 마리 문서에서 300세겔, 우가릿 텍스트에서 200세겔, 나보니두스 시대의 문서에서 230세겔을 기록하고 있다. 이들에 비하면 150세겔은 적은 액수이지만 누지 문서와 우가릿 문서의 30세겔과 다른 우가릿 문서의 35세겔과 비교할 때 매우 비싼 값이다.[4] 이것은 이 말이 보통 말이 아니라 고급임을 시사해준다.

---

4) Y. Ikeda, "Solomon's Trade in Horses and Chariots," 229-230.

17b **이와 같이** 수입 병거와 말의 가격을 말한다.

그 손으로 솔로몬의 무역상들은 애굽과 구에에서 수입한 말을 헷과 아람의 왕들에게 되파는 중개무역을 하였다(왕상 10:29).

헷 사람의 모든 왕은 북수리아에 있는 왕국들을 말한다. 헷 제국은 주전 2000년대 말에 멸망하고 그 후 새로운 헷 문화가 번성하였다. 이 문화가 지배적이었던 것은 단지 9세기뿐이었다. 솔로몬 시대 있었던 신 헷 사람들의 왕국은 구르굼(Gurgum), 갈그미스(Carchemish), 틸바르십(Til-Barsip)이다. 무역상들이 말을 수입하여 되팔았다는 것은 솔로몬이 국내의 수요에 따라 애굽의 말을 사들인 것이 아니었음을 시사해 주는 점이다. 이케다에 따르면 이스라엘이 기병을 생산하는 능력과 말 사육을 위한 농업적인 인프라도 갖추고 있었기 때문에 말을 수입할 이유가 없었다고 말한다. 이케다는 솔로몬이 중개무역을 했다는 언급과 또 병거에 사용된 서로 다른 용어를 근거로 솔로몬이 애굽에서 수입한 말은 "의전용"이라고 주장한다.[5] 실제로 고대에 말과 병거는 고대 근동의 왕들에게 가장 바람직한 선물로 간주되었다. 그것은 왕의 소유를 나타내고 왕의 영광을 과시하는 것이며 전례의식에서의 지위를 말해주기 때문이다.

¶ 메시지

우리는 당연한 일을 했음에도 불구하고 하나님은 선물을 들고 찾아오신다. 솔로몬 왕에게 그 선물은 왕의 직무를 잘 감당하는데 필수적인 것이면서 부산물이기도 하였다. 그리하여 솔로몬 통치의 성공은 처음부터 하나님의 약속으로 보장받은 것이 되었다. 그는 백성을 치리할 수 있을 뿐더러 누구도 누려보지 못한 지혜와 지식과 부와 재물과 존영을 갖게 될 것이다.

우리의 삶도 이러한 약속 아래 있다. 예수님은 "내가 세상을 이기었노라"(요 16:33)라고 선언하셨다. 하나님으로 정향되어 있다면 세상에서의 우리의 삶이 이겨내지 못할 세상은 없다.

5) Y. Ikeda, "Solomon's Trade in Horses and Chariots," 215-238.

3. 성전건축(2:1–5:1)

이 단락은 열왕기상 6–7장과 평행한다. 역대기 저자는 이미 다윗 이야기에서 성전에 대한 특별한 관심을 보여주었다. 솔로몬의 기사에서도 성전에 관한 보도가 전체 솔로몬 기사의 반 이상을 차지한다. 건물에 대하여 구체적인 양식과 성전의 기물 등을 자세히 전해준다. 이에 관한 보도를 위하여 열왕기의 많은 부분이 사용되었다. 일부는 생략되고(왕상 6:4–18, 29–38, 7:1–12), 일부는 요약되었으며, 일부는 거의 문자적으로 수용되었다(왕상 7:40–51 // 대하 4:11–5:1).

¶ 짜임새

2:1	성전건축 결심
2:2–18	성전건축 준비
a. 2:2	일군
b. 2:3	백향목(후람에게 요청)
c. 2:7	재주 있는 사람(후람에게 요청)
c′. 2:13	총명한 사람(후람의 답변)
b′. 2:16	재목(후람의 답변)

a′. 2:17–18	일군
3:1–4:10	성전건축
3:1–2	성전건축 시작
3:3–17	건물건축
4:1–10	성물
4:11–22	건축 목록
4:11–18	후람의 목록
4:19–22	솔로몬의 목록
5:1	성전건축 완성

¶ 평행본문과의 대조 비교

성전건축 결심과 준비	대하 2:1–2	–
후람의 솔로몬 축하	–	왕상 5:1
솔로몬의 요청	2:3–10	5:2–6
후답의 답신	2:11–16	5:7–9
후람과 솔로몬의 약조와 이행	–	5:10–12
성전건축 도입	3:1–2	6:1
성전의 규모	3:3–4a	6:2–3
하나님의 말씀	–	6:11–13
건축완성 보도	–	6:14
성전 내부장식	3:4b–7	6:15–22
지성소, 내부	3:8	–
그룹	3:9–13	6:23–28
휘장문	3:14	–
내부장식	–	6:29–35
안뜰	–	6:36
성전건축 시기	–	6:37–38
다른 건축	–	7:1–12
히람의 말	–	7:13–14

놋기둥	3:15-17	7:15-22
그 밖의 성물	4:1-22	7:23-51
놋 품목	4:1-6	7:23-26(놋바다, 소)
등잔 외	4:7-8	7:27-37(받침 수레)
마당	4:9-10	7:38-39(물두멍)
놋기물 요약	4:11-18	7:40-47 기물들 요약
금대접	4:19-22	7:48-50
결구	5:1	7:51

1) 성전건축 결심과 준비(2:1-18)

¶ 본문

1솔로몬이 여호와의 이름을 위하여 전을 건축하고 자기 권영을 위하여
궁궐 건축하기를 결심하니라 2솔로몬이 이에 담군 칠만과 산에 올라 작
벌할 자 팔만과 일을 감독할 자 삼천 육백을 뽑고 3사자를 두로 왕 후람
에게 보내어 이르되 당신이 전에 내 부친 다윗에게 백향목을 보내어 그 거
할 궁궐을 건축하게 한 것 같이 내게도 그리하소서 4이제 내가 나의 하나
님 여호와의 이름을 위하여 전을 건축하여 구별하여 드리고 주 앞에서 향
재료를 사르며 항상 떡을 진설하며 안식일과 초하루와 우리 하나님 여호
와의 절기에 조석으로 번제를 드리려 하니 이는 이스라엘의 영원한 규례
니이다 5내가 건축하고자 하는 전은 크니 우리 하나님은 모든 신보다 크심
이라 6누가 능히 하나님을 위하여 전을 건축하리요 하늘과 하늘들의 하늘
이라도 주를 용납지 못하겠거든 내가 누구관대 어찌 능히 위하여 전을 건
축하리요 그 앞에 분향하려 할 따름이니이다 7이제 청컨대 당신은 금, 은,
동, 철로 제조하며 자색 홍색 청색실로 직조하며 또 아로새길줄 아는 공교
한 공장 하나를 내게 보내어 내 부친 다윗이 유다와 예루살렘에서 예비한

나의 공교한 공장과 함께 일하게 하고 8또 레바논에서 백향목과 잣나무
와 백단목을 내게로 보내소서 내가 알거니와 당신의 종은 레바논에서 벌
목을 잘하나니 내 종이 당신의 종을 도울찌라 9이와 같이 나를 위하여 재
목을 많이 예비하게 하소서 내가 건축하려 하는 전은 크고 화려할 것이니
이다 10내가 당신의 벌목하는 종에게 용정한 밀 이만석과 보리 이만석과
포도주 이만말과 기름 이만말을 주리이다 하였더라 11두로 왕 후람이 솔
로몬에게 답장하여 가로되 여호와께서 그 백성을 사랑하시므로 당신을 세
워 그 왕을 삼으셨도다 12또 가로되 천지를 지으신 이스라엘 하나님 여호
와는 송축을 받으실찌로다 다윗왕에게 지혜로운 아들을 주시고 명철과 총
명을 품부하시사 능히 여호와를 위하여 전을 건축하고 자기 권영을 위하
여 궁궐을 건축하게 하시도다 13내가 이제 공교하고 총명한 사람을 보내
오니 전에 내 부친 후람에게 속하였던 자라 14이 사람은 단의 여자 중 한
여인의 아들이요 그 아비는 두로 사람이라 능히 금, 은, 동, 철과 돌과 나
무와 자색 청색 홍색실과 가는 베로 일을 잘하며 또 모든 아로새기는 일에
익숙하고 모든 기묘한 식양에 능한 자니 당신의 공교한 공장과 당신의 부
친 내 주 다윗의 공교한 공장과 함께 일하게 하소서 15내 주의 말씀하신
밀과 보리와 기름과 포도주는 주의 종들에게 보내소서 16우리가 레바논
에서 당신의 쓰실만큼 벌목하여 떼를 엮어 바다에 띄워 욥바로 보내리니
당신은 수운하여 예루살렘으로 올리소서 하였더라 17전에 솔로몬의 부친
다윗이 이스라엘 땅에 거한 이방 사람을 조사하였더니 이제 솔로몬이 다
시 조사하매 모두 십 오만 삼천 육백인이라 18그 중에 칠만인은 담군이
되게 하였고 팔만인은 산에서 벌목하게 하였고 삼천 육백인은 감독을 삼
아 백성들에게 일을 시키게 하였더라

¶ 주석

(1) 성전건축 결심(2:1)

1 1절은 7:11과 짝을 이루어 성전건축 단위의 도입과 결구의 기능을 한다.

2:1 솔로몬이 여호와의 이름을 위하여 전을 건축하고 자기 권영을 위하여 궁궐 건축하기를 결심하니라
7:11 솔로몬이 여호와의 전과 왕궁을 필역하고 무릇 그의 심중에 여호와의 전과 자기의 궁궐에 어떻게 만들고자 한 것을 다 형통하게 이루니라

성전과 궁전을 건축에 대한 솔로몬의 결심에 대해서 보고하지만 열왕기에서 보도되는 궁전건축(왕상 7:1-12)은 전혀 언급되지 않는다. 역대기에서는 여러 곳에서 전제되고 있을 뿐이다(대하 2:11, 7:11 // 왕상 9:1; 대하 8:1 // 왕상 9:10; 대하 9:11 // 왕상 10:12). 이것은 역대기 저자가 성전건축 기술에 집중하고 있다는 것을 보여주는 또 하나의 증거이다.

(2) **성전건축 준비**(2:2-10)

솔로몬은 성전과 궁전건축을 위하여 두 가지를 준비한다. 첫째, 인력 선발이며, 둘째, 건축자재 준비이다.

2 **뽑고**(ויספר) 이에 대한 히브리어 동사는 '세다'는 뜻을 지닌 '사파르'(ספר)로서 인구조사를 뜻한다. 솔로몬 왕은 노동력을 준비하기 위해 인구조사를 실시한다. 솔로몬의 역군(מס)은 두 부류로 나뉘어 있다. 첫째 그룹은 '담군'(סבל)과 산에서 '작벌할 자'(חצב)에 해당하는 일군이며, 둘째 그룹은 '감독자'(מנצחים)이다. 솔로몬의 노동력이 15만 3,600명이라는 수는 17-18절에서 다시 언급되며 열왕기상 5:15-16의 기록과 일치한다.

3 - **10** 솔로몬은 건축재목과 기술자를 요구하기 위하여 두로 왕 후람에게 사절을 보낸다. 열왕기 보도에 따르면 후람은 솔로몬이 왕위에 오른 직후 신하들을 솔로몬에게 보낸다(왕상 5:1). 그러자 솔로몬이 사람을 보내 성전건축 계획을 알리고 백향목을 요구한다(왕상 5:2-6). 그러나 역대기에서는 후람과의 관계에서 솔로몬이 주도권을 쥐고 있다.

3 **전에 내 부친 다윗에게 … 한 것 같이** 솔로몬 왕은 후람이 다윗에게

백향목을 보내 그가 거할 궁궐을 건축하게 한 사실을 상기시켜준다. 그 일은 역대상 14:1(// 삼하 5:11)에 기록되어 있다(대상 17:1 // 삼하 7:1-2 참고). 열왕기에서는 솔로몬은 다윗이 본래 성전을 건축하려 했으나 사방의 전쟁으로 인해 이를 실행하지 못한 점을 다소 다윗을 변호하듯 설명하고 있다(왕하 5:3). 그러나 역대기에서 이러한 언급은 불필요하다. 역대기에서는 다윗과 솔로몬의 대화(대상 22:7-10)에서 성전건축은 다윗이 아니라 솔로몬에게 주어진 하나님의 계획으로 설명되었기 때문이다.

내게도 그리하소서 솔로몬 왕은 후람에게 다윗에게 백향목을 보내어 궁전을 건축하게 하였듯이 자신에게도 도움을 줄 것을 요청한다. 첫째는, 기술자이며(7절), 둘째는, 재목이다(8절 참고).

4 **이제 내가 나의 하나님 여호와의 이름을 위하여 전을 건축하여** 솔로몬은 성전건축과 관련하여 후람에게 부탁하기 전에(7절) 성전건축의 목적을 덧붙인다. **주 앞에서 향 재료를 사르며 항상 떡을 진설하며 안식일과 초하루와 우리 하나님 여호와의 절기에 조석으로 번제를 드리려** 솔로몬이 성전을 건축하려는 목적은 분향과 진설과 번제를 위함이다. 이 세 가지는 성전예배를 구성하는 주요 요소이다. 이것은 **이스라엘의 영원한 규례**이다. 오경은 분향(출 30:1-8)과 진설(레 24:5-9)과 번제(민 28-29장)에 대하여 자세히 규정하고 있다. 성전은 철저히 하나님께 제사를 드리는 장소로 제시된다. 솔로몬의 성전건축은 이스라엘이 지켜야 할 규례를 실행하기 위함이다.

5 - 6 **우리 하나님은 모든 신보다 크심이라** 이 표현은 출애굽기 18:1과 같은데, '여호와'를 **우리 하나님**으로 대체하고 있다. **우리 하나님**은 '다른 모든 신'과 비교할 수 없는 분임을 강조한다. 솔로몬 왕은 모든 신 가운데 가장 큰 신의 위엄에 맞게 건축을 해야 하는(대상 22: 5, 29:1 참고) 필요성을 강조한다. 여호와의 성전은 크고 화려해야 한다. 고대인들에게 신전의 크기는 곧 신의 크기(키)를 의미했다(예, 시리아 북부의 '아인 다라' 신전에 있는 신의 발자국의 크기 참고).

하늘과 하늘들의 하늘이라도 주를 용납지 못하겠거든 그러나 솔로몬이 건축하려는 성전은 하나님이 거하시기에 충분한 크기는 아니다. 그 무엇으로도, 하늘을 다 합한 크기라 할지라도 하나님이 계실 집으로는 좁을 것이다. 그래서 솔로몬은 단지 분향할 제단을 건축하고자 한다.

7 솔로몬이 후람에게 요청하는 핵심이다. 솔로몬은 후람에게 그러한 성전건축을 위하여 기술자를 요청한다. **금, 은, 동, 철로 제조하며 자색 홍색 청색 실로 직조하며 아로 새길줄 아는 공교한 공장**이다. 다윗은 성전건축을 위하여 어려운 중에도 금과 은, 놋과 철, 그리고 재목과 돌을 준비하였다. 이것을 다스리는 사람이 필요한 것이다. 솔로몬이 요구하는 사람은 출애굽기의 성막제조 기술자를 상기시켜준다(출 35:4-29, 35:30-36:1). 성전을 건축하는 자는 브살렐과 오홀리압과 같은 인물이어야 한다. 그들은 다윗이 유다와 예루살렘에서 준비한 재주꾼과 같이 일할 것이다. 다윗은 장인, 즉 석수, 목수, "온갖 일에 익숙한 모든 사람"들도 준비하였다(대상 22:14-15). 다윗은 간접적으로 성전건축에 참여하고 있다.

8 솔로몬의 두 번째 요청은 레바논의 백향목 외에(왕상 5:20) 잣나무와 백단목에 해당한다. 열왕기상 10:11에 따르면 백단목은 오빌에서 수입된 것이다. 백향목은 이미 다윗에 의해서도 준비되었다(대상 22:4). 솔로몬 시대에 이미 백향목이 "평지의 뽕나무 같이" 많다고 하였다(1:15). 백향목의 수입은 건축될 성전의 규모를 강조해준다. 솔로몬이 건축하려는 성전은 크고 화려할 것이기 때문에 재목도 많이 필요할 것이다.

내 종이 당신의 종을 도울지라 솔로몬 왕은 종들을 보내 후람의 종들이 벌목하는 일을 돕도록 하겠다고 한다(왕상 5:6). 여기서 **내 종**은 열왕기에서 솔로몬이 레바논으로 보낸 역군을 말할 것이다. 열왕기의 보도에 따르면 솔로몬 왕은 "온 이스라엘에서" 삼만이 되는 "역군"을 불러 "한 달에 일만인씩 번갈아 레바논으로" 보냈다. 이 역군들은 "한 달은 레바논에 있고 두 달은 집에 있으며" 아도니람이 그들의 감독이 되었다(왕상 5:13-14). 이들은 성전건축을 위해 한시적으로 특별히 모집된 이스라엘 출신의 일군이다. 역대기에서 이 구절은 나타나지 않는다. 역대기 저자는 솔로몬 왕이 레바논으로 역군을 보냈다는 것을 암시만 할 뿐, 이를 직접 인용하지는 않는다.

이는 솔로몬 왕이 이스라엘 자손을 노예로 삼지 않았다(대하 8:7-9 // 왕상 9:21)는 주장과 상치된다고 보았기 때문인 것으로 보인다.

10 **용정한 밀 이만석과 보리 이만석과 포도주 이만말과 기름 이만말** 마지막으로 솔로몬 왕은 벌목하는 자들에 대한 보수를 언급한다. 1석은 10말(밧)이며 약 400리터이다. 열왕기상 5:11에 따르면 솔로몬은 후람의 궁정의 음식물로 "밀 이만 석과 맑은 기름 이십 석"을 "해마다" 주었다고 보도한다. 매년 바치던 세금 형태의 궁정 식량이 목수를 대준 것에 대한 일회적인 보상으로 대체되고 있다. 이 점에서 역대기에서는 솔로몬 왕의 주도권이 강조된다.

(3) **후람의 답변**(2:11-16)

11-16절은 솔로몬의 메시지(2:3-10)에 대한 후람의 답신이다. 하나님의 찬양(12절), 일군(13-14절), 솔로몬의 보수에 대한 견해(15절), 재목 운송 방식(16절)에 대하여 언급한다.

11 후람은 솔로몬의 요청에 따른다. 열왕기에서 솔로몬의 편지를 받은 히람은 하나님을 찬양하며 솔로몬의 즉위를 축하한다(왕상 5:7). 역대기는 이 축하의 인사를 그대로 따르지 않는다. 역대기에서 후람은 하나님이 솔로몬을 왕으로 삼으신 까닭을 말한다.

여호와께서 그 백성을 사랑하시므로 백성에 대한 하나님의 사랑이 솔로몬의 왕권으로 표출되었다. 이것은 스바 여왕의 고백이기도 하다(9:8 // 왕상 10:9 참고). 이스라엘 백성에 대한 하나님의 사랑은 두 사람의 이방인 왕에 의해 언급된다. 후람은 하나님과 이스라엘의 특별한 관계를 인정하고 있다. 그렇다면 후람에게 하나님은 어떤 분이신가?

12 **천지를 지으신 이스라엘 하나님 여호와** 후람은 이스라엘의 하나님을 창조주로 고백한다. 이 고백으로 후람은 솔로몬의 하나님이 모든 신보다 더 크다(2:4)는 솔로몬의 고백을 확증하고 있다.

다윗 왕에게 지혜로운 아들을 주시고 명철과 총명을 품부하시사 후람의 말은 첫째, 나단의 예언과 솔로몬에게 전한 다윗의 유언을 상기시켜준다(대상 17:11-12, 22:10, 12). 이방인의 입을 통해 하나님의 약속이 성취되었음을 알려준다. 둘째, 후람은 솔로몬을 지혜자로 정의한다. 열왕기에서는 솔로몬이 히람과 친목하며 약조한 것을 하나님이 주신 지혜의 결과로 해석한다(왕상 5:12). 그에 반해 역대기에서 후람은 솔로몬의 성전건축은 하나님이 그에게 지혜와 명철과 총명을 주신 결과임을 강조한다. 명철과 총명은 솔로몬이 하나님께 구한 것이었다(1:10). 역대기 저자는 후람의 말을 통하여 솔로몬의 지혜가 왕의 재판이나(왕상 3:16-28) 인간사에서 일어나는 일들에 대한 기술(技術)을 말하는 것이 아니라 성전건축에서 입증되고 있음을 재차 강조하고 있다. 역대기에서 지혜는 철저히 성전건축과 관련되어 있다.

13 **공교하고 총명한 사람**(אִישׁ־חכם יודע בינה). 후람은 정확히 솔로몬이 원한 사람을 보낸다(왕상 7:14 참고). 개역에서는 "지혜"가 **공교**(재주)로 번역되었다. "지혜"와 **총명**은 솔로몬 왕을 대변하는 수식어이기도 하다(12절). "지혜"가 성전건축을 위한 필수요소임이 다시 강조되고 있다. 후람이 보낸 재주 있고 총명한 사람은 그의 아버지 후람의 신하이기도 했다.

내 부친 후람 이 표현은 히브리어 그대로 "후람-아비", 즉 고유명사로도 읽을 수 있다(4:16에서도). 두로 왕 후람이 보낸 장인(匠人) 후람은 단순히 '후람'으로 칭해지기도 한다(4:11; 참고. 왕상 7:13, 40, 45). 따라서 루돌프는 '나의 아버지'를 뜻하는 '아비'(אבי)를 이름의 일부로 보기에는 어렵고 오히려 '장인'(마이스터)이나 '믿을 만한 조언자'(창 45:8)의 의미로 사용된 호칭으로 여긴다.[6] 저자가 왕 후람과 장인 후람을 구별하기 위하여 **후람**에 '장인'을 말하는 칭호 "아비"를 붙였을 수 있다. 이와는 달리 야펫은 '아비' 형태가 이름에 나타나지 않기 때문에 '아비'가 방언형태일 것으로 간주하고 본래는 '아브'이며 따라서 후람의 기술자의 이름은 '후람-아브'(예, 아합, 오호리압)였을 것이라고 추측한다.[7]

6) W. Rudolph, *Chronikbücher*, 200.

14 역대기 저자는 후람의 입을 빌어 기술자 후람[아비]의 출신을 밝힌다. 그의 어머니는 단 지파 출신이며 아버지는 두로 사람이다. 이것은 열왕기의 기술과 모순된다. 열왕기상 7:14에서 후람의 어머니는 납달리 출신의 과부로 나타난다. 단 여자와 두로 사람, 또는 납달리 여자와 두로 사람의 결합은 단과 납달리가 두로와 인접해 있기 때문에 있을 법한 일이다. 역대기 저자가 후람[아비]의 어머니를 단 지파 출신으로 간주한 것은 성막 제작자 오홀리압(출 35:34) 때문일지도 모른다. 후람[아비]이 단 지파 출신의 어머니를 두었다면 그의 공교한 솜씨와 총명은 오홀리압의 것과 연속성을 지닌다.

금, 은, 동, 철과 돌과 나무와 자색 청색 홍색실과 가는 베를 잘 다루며 **아로새기는 일에 익숙하고 모든 기묘한 식양에 능한 자** 두로 왕 후람이 장인 후람을 기술하는 말이다. 열왕기에서 후람[아비]은 "놋쇠 대장장이"로서 놋 전문가로 소개되는 것을 볼 때(왕상 7:13-14), 역대기에서 후람은 훨씬 더 다재다능한 장인으로 나타나 있다. 역대기 저자에 따르면 솔로몬의 성전건축은 또 다른 차원의 예술을 요구한다(대상 29:2).

후람이 기술하는 '후람[아비]'의 기능은 성막제조 문맥에서 발견된다(출 31:2-5, 35:30-33). 모든 기묘한 양식에 능하다는 점에서 후람[아비]은 분명 제2의 브살렐이다(출 31:4a, 35:32a). 야펫은 두 본문 사이에 존재하는 큰 차이점을 지적한다. 출애굽기에서는 브살렐의 신적 영감이 강조된 반면(출 31:3-6, 35:31, 34, 35, 36:1, 2), 역대기에서 후람[아비]은 재주 있고 총명한 사람이지 영감을 받은 사람이 아니다. 성전건축과 관련된 사람들, 즉 후람[아비](7, 13절)과 다윗과 솔로몬의 재주 있는 사람들(7, 14절)은 모두 지혜와 관련되어 있지만 영감을 받은 자로는 나타나지 않는다. 그 까닭은 이미 다윗이 하나님의 영감으로 성전건축 설계도를 받았기 때문일 것이다(대상 28:19). 성전건축과 관련된 모든 기술자나 일군들은 창조자가 아니라 하나님의 설계도에 따라 모든 재료를 다루는 장인이다. 역대기 저자는 후람[아비]을 제2의 브살렐로 제시함으로써 모세 시대의 성막과 성전 사이에 연속성이 존재한다는 것을 보여준다. 그의 어머니의

7) S. Japhet, *I & II Chronicles*, 544.

출신 지파를 변경한 이유도 바로 여기에 있을 것이다.[8] '후람[아비]'은 브살렐의 동역자인 단 지파 출신의 오홀리압(출 31:6, 35:34)을 연상시키기도 한다.

후람[아비]이 열왕기에서처럼 성전건축 완성 이후에 등장하는 것이 아니라(왕상 6:37-38) 그보다 일찍 서신교환 단계에서 소개된다는 것도 그에게 중요한 의미가 부여되었다는 것을 증거해준다.[9]

15 후람은 솔로몬이 약속한 대로 **밀과 보리와 기름과 포도주**를 요구한다. 곡식과 두로의 재목과 교환한다. 열왕기에서는 솔로몬이 요구하는 재목과 그것의 운반에 대한 삯으로 히람은 "궁정의 음식물"을 요구한다(왕상 5:8).

16 후람은 솔로몬이 요구한 나무들을 벌목하여 떼를 엮어 바다에 띄워 욥바까지 보내겠다고 한다. 열왕기에서는 정박장소로 "당신이 지정하는 곳"으로 나타난다(왕상 5:9). 욥바에서 예루살렘까지 운송하는 일은 솔로몬이 담당한다.

(4) 역군 준비(2:17-18)

17 **이스라엘 땅에 거한 이방 사람** 솔로몬이 실시한 인구조사 대상이다. 솔로몬의 인구조사는 다윗의 선례를 따라 이루어졌다. 이스라엘 땅에는 이스라엘과는 기원이 다른 외국인이 살았다. 이들은 다윗이 정복한 민족의 포로들을 의미하지는 않는다. 이들은 이스라엘 백성과 분명히 구별되고 있다. 다윗 시대 이들의 수가 얼마였는지는 알 수 없으나 이들은 하나님의 전을 건축할 돌을 다듬는 일을 맡았다(대상 22:2). 솔로몬 시대에 계수된 이방인의 수는 15만 3,600명이다.

---

8) W. Rudolph, *Chronikbücher*, 199.

9) J. Becker, *2 Chronik*, 11.

18 2절이 말한 것처럼 이들은 "담군 칠만 명, 산에서 벌목하는 자 팔만 명, 일을 감독할 자 삼천 육백 명"으로 구성되어 있다(왕상 5:15-16). 역군의 숫자는 이방인의 숫자와 동일하다. 17-18절은 2절을 보충하여 모든 역군이 이방사람들임을 밝힌다. 역대기 저자는 솔로몬이 그 땅에 남은 비이스라엘인을 역군(מַס־עֹבֵד)으로 삼고 이스라엘 자손을 노예로 삼지 않았다(왕상 9:21 // 대하 8:7-9)는 일관적인 입장을 취하고 있다. 이것은 "솔로몬 왕이 온 이스라엘에서 역군을 불러일으키니"라는 열왕기상 5:13을 수용하지 않은 점에서도 확인된다.

¶ 메시지

솔로몬 왕은 성전을 건축하기로 결심하고 그에 따른 만반의 준비를 한다. 성전은 모든 신보다 크신 하나님을 위하여 크고 화려하게 건축할 것이다. 건축의 규모를 파악한 다음에는 "자기의 가진 것이 준공하기까지에 족할는지 먼저 앉아 그 비용을 계산"해 보아야 한다. 그렇지 아니하면 "그 기초만 쌓고 능히 이루지" 못하여 비웃음거리가 될 것이다(눅 14:28-30). 솔로몬 왕의 통치 초기에 이미 예루살렘에는 은금이 돌같이 많았고 백향목이 평지의 뽕나무같이 많았다. 왕국은 중개무역을 통하여 부를 얻었다(대하 1:14-17). 크고 화려한 성전을 건축하기에 충분한 비용을 갖추었다. 그러므로 왕은 인구 조사를 실시하여 노동력을 확보하고, 건축 재목을 수입한다. 이스라엘의 기술로는 크고 화려한 성전을 건축하기에는 부족하므로 두로에서 건축의 노하우를 빌린다. 후람의 말대로 이스라엘의 하나님은 솔로몬에게 능히 여호와를 위하여 성전을 건축하게 하실 것이다(12절). 하나님을 위하여 어떤 일을 할 때 인간의 철저한 준비가 얼마나 중요한지를 가르쳐준다.

2) 건물 건축 착수(3:1-17)

¶ 본문

[1]솔로몬이 예루살렘 모리아산에 여호와의 전 건축하기를 시작하니 그
곳은 전에 여호와께서 그 아비 다윗에게 나타나신 곳이요 여부스 사람 오
르난의 타작마당에 다윗이 정한 곳이라 [2]솔로몬이 왕위에 나아간지 사년
이월 초이일에 건축하기를 시작하였더라 [3]솔로몬이 하나님의 전을 위하
여 놓은 지대는 이러하니 옛적 재는 법대로 장이 육십 규빗이요 광이 이십
규빗이며 [4]그 전 앞 낭실의 장이 전의 광과 같이 이십 규빗이요 고가 일
백 이십 규빗이니 안에는 정금으로 입혔으며 [5]그 대전 천장은 잣나무로
만들고 또 정금으로 입히고 그 위에 종려나무와 사슬 형상을 새겼고 [6]또
보석으로 전을 꾸며 화려하게 하였으니 그 금은 바르와임 금이며 [7]또 금
으로 전과 그 들보와 문지방과 벽과 문짝에 입히고 벽에 그룹들을 아로새
겼더라 [8]또 지성소를 지었으니 전 넓이대로 장이 이십 규빗이요 광도 이
십 규빗이라 정금 육백 달란트로 입혔으니 [9]못 중수가 오십 금 세겔이요
다락들도 금으로 입혔더라 [10]지성소 안에 두 그룹의 형상을 새겨 만들어
금으로 입혔으니 [11]두 그룹의 날개 길이가 모두 이십 규빗이라 좌편 그룹
의 한 날개는 다섯 규빗이니 전 벽에 닿았고 그 한 날개도 다섯 규빗이니
우편 그룹의 날개에 닿았으며 [12]우편 그룹의 한 날개도 다섯 규빗이니 전
벽에 닿았고 그 한 날개도 다섯 규빗이니 좌편 그룹의 날개에 닿았으니
[13]이 두 그룹의 편 날개가 모두 이십 규빗이라 그 얼굴을 외소로 향하고
서 있으며 [14]청색 자색 홍색실과 고운 베로 문장을 짓고 그 위에 그룹의
형상을 수놓았더라 [15]전 앞에 기둥 둘을 만들었으니 고가 삼십 오 규빗이
요 각 기둥 꼭대기의 머리가 다섯 규빗이라 [16]성소 같이 사슬을 만들어
그 기둥 머리에 두르고 석류 일백개를 만들어 사슬에 달았으며 [17]그 두
기둥을 외소 앞에 세웠으니 좌편에 하나요 우편에 하나라 우편 것은 야긴
이라 칭하고 좌편 것은 보아스라 칭하였더라

¶ 주석

(1) 성전건축 연대와 장소(3:1-2)

1 솔로몬이 … 여호와의 전 건축하기를 시작하니 성전건축의 주도권은 솔로몬에게 있다.

예루살렘 모리아 산에 여기서 저자는 두 가지를 말하고자 한다. 첫째, 역대기 저자는 성전이 세워진 곳이 모리아 산이라고 밝힌다. 모리아 산은 창세기 22:2에서 '모리아 땅에 있는 한 산'으로 지칭되어 언급된다. 하나님은 아브라함에게 "네 아들 네 사랑하는 독자 이삭을 데리고 모리아 땅으로 가서" 그곳에 있는 한 산에서 "그를 번제로 드리라"고 요구하였다(창 22:2). 그곳으로 가서(22:3) 아브라함은 하나님께 순종하였으며, 이 일을 통하여 하나님은 그가 어떻게 하나님을 경외하는 줄을 알게 되셨다(22:12). 그 후로 그 땅은 "여호와 이레", 즉 "여호와의 산에서 준비되리라"는 이름으로 불리었다(22:14). 그때 하나님은 아브라함에게 큰 복을 주고 하늘의 별과 바닷가의 모래와 같이 자손을 번성하게 하며, 대적의 성문을 차지하고, 자손을 통해 만민이 복을 받게 하리라는 약속을 하신다(22:17-18). 아브라함이 이삭을 제물로 드린 이 장소가 바로 솔로몬이 성전을 건축한 터이다. 역대기 저자는 예루살렘 성전은 다윗으로부터 시작된 곳이 아니라 믿음의 조상 아브라함 시대까지 거슬러 올라간다고 분명하게 말하고 있다. 모리아 산이 창세기에서 "내가 네게 일러 준"(2절)으로 언급되는 것은 성소를 하나님이 택하신다는 신명기 12장의 표현과 유사하다. 창세기에서 아브라함이 제물을 바친 그곳이 "여호와의 산"(창 22:14)으로 명명되는 것은 모리아 산이 하나님에 의해 선택된 곳임을 다시 한 번 말해준다.

둘째, **예루살렘 모리아 산**은 아브라함 때부터 정해진 성전이 예루살렘에 위치해 있음을 말해준다. 이것은 신학적으로 매우 중요하다. 왜냐하면 신명기 12:11은 앞으로 이스라엘 백성이 가나안에 들어가면 "여호와께서 … 택하실 그 곳"에서 희생제를 드리라고 요구하였기 때문이다. 역대기 저자는 신명기에서 분명하게 언급되지 않은 성전터가 바로 예루살렘이라고 넌

지시 말하고 있다. 이 주장은 역대기 저자 시대의 문제를 반영하고 있다. 사마리아 공동체는 예루살렘 성전을 떠나 자신들의 성전을 따로 건축하였기 때문이다. 게다가 사마리아 사람들은 오경 가운데 특히 신명기에 암시된 성전터가 자기들의 성전이 서 있는 "그리심"이라고 주장하였다. 그리하여 당시 사람들에게는 예루살렘 성전과 사마리아 성전 가운데 어느 것이 합법적인 여호와의 성전인지 질문하였다(요 4:20 참고). 역대기 저자는 이에 대한 분명한 해답을 제시하고 있는 것이다.

그곳은 … 다윗이 정한 곳이라 역대기 저자는 모리아 산은 여호와가 다윗에게 나타나신 곳이며 여부스 사람 오르난의 타작마당으로 다윗이 정한 곳이라고 부연하여 설명하고 있다. 평행본문에는(왕상 6장; 참고. 삼하 24장) 솔로몬이 성전을 오르난의 타작마당에 세웠다는 언급은 없다. 그러나 역대기 저자는 역대상 21장과 22:1을 통하여 성전터가 어떻게 결정되는지를 자세히 밝혀준다. 이에 따르면 다윗 왕은 자신의 인구조사에 대한 징벌로 예루살렘이 재앙의 위기에 놓이게 되자(대상 21:16) 백성에게 재앙을 내리지 말아달라고 간구한다(21:17). "올라가서 여부스 사람 오르난의 타작 마당에서 여호와를 위하여 제단을 쌓으라"(21:18)는 명에 따라 다윗은 터 값을 치른 후 거기서 번제와 화목제를 여호와께서 드린다(21:26). 다윗은 여호와의 응답하심을 보고 여호와의 성막과 번제단이 있는 기브온 산당으로 가지 아니하고 그곳에서 제사를 드렸다(21:28-30). 그리고 다윗은 "이는 여호와 하나님의 성전이요 이는 이스라엘의 번제단이라"(22:1)고 말한다. 모리아 산이 하나님이 아브라함에게 이삭을 바칠 장소로 지정해주신 곳이듯이, 오르난의 타작마당도 여호와의 천사가 다윗에게 번제를 드리도록 지정해준 곳이다.

여기서 명확해지는 세 번째 선언은 성전터는 아브라함에게서나 다윗에게서도 하나님이 정하신 곳이라는 것이다(창 22:2, 14; 대상 21:18).

2 솔로몬이 왕위에 나아간지 사년 이월 초이일에 솔로몬이 성전건축을 개시한 시간이다. 성전건축 개시 연대는 열왕기상 6장에 다른 식으로 명시된다(1절과 37절). "이스라엘 자손이 애굽 땅에서 나온 지 사백팔십 년"(왕상 6:1) 되는 해로 밝힌다. 열왕기에서 출애굽은 이스라엘 역사의 큰 전환

점으로 간주된다. 출애굽과 성전건축을 나란히 배치함으로써 열왕기 저자는 출애굽을 이스라엘 국가와 종교에 있어서 첫 번째 중요한 역사적 사건으로, 성전건축을 그 절정으로 기술하고 있다. 성전건축은 이스라엘 역사에서 새로운 시대를 차지하고 있음을 알린다. 그러나 역대기에서 성전건축과 출애굽의 연관성은 빠져 있다. 역대기는 출애굽 전통에 비교적 관심이 적은 편이다(대상 17:21-22; 대하 6:6). 1절에서 드러난 것처럼 역대기에서 성전건축의 시기는 성전터의 합법성을 보여주는 사건에서부터 계산된다. 역대기에서는 출애굽이 아니라 다윗과 솔로몬에 의해 시작되는 성전건축이 이스라엘 역사를 구성하는 요소이자 이스라엘 역사의 새로운 출발점으로 간주된다. 성전 장소의 정통성과 합법성에 대한 주장은 두 개의 성전이 경쟁하는 역대기 저자 시대에 역사적 연속성보다 더 요구되는 신학적 주제였을 것이다.

열왕기는 또 둘째 달을 "시브월"이라고 밝혀준다. 에스라서에서도 성전의 건축은 제2월에 시작된다(스 3:8).

역대기에서는 "시브월"은 빠져 있고 **초이일**이라는 정확한 날짜를 추가하고 있는데, **초이일**이라는 표현('밧쉐니' בשני)은 문법에 맞지 않아서 '중복오사'로 간주된다.[10] 이 날짜는 여러 사본과 주요 역본(칠십인경, 시리아역, 불가타 등)에도 빠져 있다.

(2) 성전건물(3:3-17)

성전건물에 대하여 열왕기는 매우 자세하게 보도하고 있다. 성전의 규모, 주랑의 길이, 창문, 성전의 벽과 창문, 삼층으로 된 다락과 골방, 그 크기 등을 밝혀준다(왕상 6:2-10). 역대기에서는 성전과 낭실의 규모(3-4절), 대전 천장(5-7절), 지성소(8-13절), 두 그룹의 형상과 휘장(10-14절), 그리고 두 기둥(15-17절)에 대하여 기술하고 있다. 역대기에서는 열왕기서에서 기술된 성전의 개별적인 부분들이(왕상 6:5, 6, 8, 10) 완전히 빠져 있다.

---

10) W. Rudolph, *Chronikbücher*, 200.

(a) 성전의 규모(3-4절)

3 성전 지대는 성전의 전체 규모를 말해준다. 지대는 길이 60규빗, 넓이 20규빗이다. 열왕기에 기록된 성전의 높이 30규빗이 빠져 있다(왕상 6:2). 역대기에서는 보통 높이에 관한 정보는 생략되어 있다(3, 8, 12-13절 참고).[11]

옛적 재는 법대로 성전 규모의 수치는 "옛적 재는 법"에 따른 것이다(왕상 6:2). 에스겔에 따르면 한 규빗은 "팔꿈치에서 손가락까지의 길이에 한 손바닥 넓이를 더한"(겔 40:5, 43:13) 것을 말한다. '옛'자를 언급한다는 것은 역대기 저자의 시대에 새로운 자가 있었다는 것을 시사해준다.

(b) 성전 내부(4-14절)

성전의 내부는 낭실(4절), 대전(5-7절), 지성소(8-14절)로 구성된다.

4 **낭실**('울람', האולם)은 성전건물 앞에 있는 현관을 말한다. **낭실**을 열왕기상 6:3에서는 "성전의 성소 앞"에 있는 것으로 표현하고 있다. 열왕기에서 낭실의 길이와 너비는 동일하게 20규빗으로 제시되는 반면(왕상 6:3), 역대기는 너비 대신 120규빗, 약 60미터의 높이를 제시하고 있다. 이 높이는 성전 길이에 비하여 너무 높다. 요세푸스는 이 높이를 헤롯성전의 규모가 반영된 것이라고 보는데,[12] 이것은 불가능하다. 마소라 본문은 분명 훼손되어 있다. 4a절을 마소라 본문 그대로 옮기면, "성전의 너비 앞에 있는 … 길이 앞에 있는 낭실은 백 이십 규빗이다"[13]로서 불완전한 문장이 된다. 루돌프는 이 구절을 열왕기상 6:3과 비교하여 '앞에 있는'으로 번역된 '알-프네'(על־פני)와 '길이'를 뜻하는 '하오렉'(הארד) 사이에 생략된 것으로 보이는 단어들('헤칼 핫바이트 하로하브 암모트 에세르 알-파나브')[14]을 추

11) S. Japhet, *I & II Chronicles*, 553.

12) F. Josephus, *Ant.* 15:391.

13) האולם אשר על־פני … הארד על פני רחב־הבית אמות עשׂרים.

가하여(BHS 참고) 이 구절을 다음과 같이 수정하였다. “성전 앞에 있는 낭실의 너비가 10규빗이며 그 길이는 성전의 너비와 같이 20규빗이다.”[15] 개역과도 차이가 있다. **그 전 앞 낭실의 장이 전의 광과 같이 이십 규빗이요**. 루돌프의 해결책이 합리적으로 보인다.

4b **안에는 정금으로 입혔으며** 히브리 본문을 그대로 옮기면, “그가 낭실 안을 순금으로 입혔다”이다. 여기서부터 다시 솔로몬이 행위의 주체로 기술된다. 열왕기에서는 낭실의 크기에 대하여 말한 뒤 계속하여 성전 건물의 건축 방법이 기술되고 있다(왕상 6:4-14). 성전건축을 마쳤다는 반복되는 언급은(6:9, 14) 바로 성전건물의 완성을 의미한다. 그러나 역대기에서 건축에 관한 자세한 기술은 생략하고 바로 내부 장식을 다룬다. 첫 번째가 낭실 안을 순금으로 입힌 것이다. 열왕기에서는 온 성전(왕상 6:22)과 내외 성전 마루에 금으로 입혔다고 전한다(6:30).

5 **대전** ‘핫바이트 학가돌’(הבית הגדול), 문자적으로 ‘큰 집’이라 불린다. 그러나 열왕기에서는 ‘헤칼’(הכל)로 쓰여 있다(왕상 6:5). 역대기 저자는 성소가 성전건물의 주요 부분이라는 것을 말하기 위하여 의도적으로 **대전**이라는 용어를 사용한 것 같다. 야펫은 이 표현이 히브리어 ‘헤칼’을 파생시킨 수메르어 é-gal(큰 집)의 본래 의미를 회복한 것임을 지적한다.[16] 솔로몬도 하나님의 성전은 “크다”고 하였다(2:5).

그 대전 천장은 잣나무로 만들고 열왕기에서 백향목은 성전의 안벽에, 잣나무는 성전 마루에 사용되었다(왕상 6:15). 백향목에는 박과 핀 꽃을 새겼고(6:18), 내 외소 사방 벽에는 “그룹들과 종려와 핀 꽃 형상”이 내 외소 사방 벽과(6:29), 성소와 지성소를 구분하는 두 문짝(6:32, 35)을 장식하는데 사용되었다. 히브리 본문에 없는 ‘천장’은 열왕기 본문에서 온 것 같다.

---

14) היכל חבית הרחב אמות עשׂר על־פניו.

15) Rudolph, *Chronikbücher*, 202; 참고. S. Japhet, *2 Chronik*, 50.

16) S. Japhet, *I & II Chronicles*, 554-555.

6 **바르와임 금** 보석과 금으로 성전을 화려하게 꾸몄다. 바르와임은 지명 같다. 그곳의 금은 최고의 품질로 인정된 것 같다('오빌의 금'과 비교, 대상 29:4; 사 13:12).

7 성전과 들보와 문지방과 벽과 문짝에도 금을 입히고 벽에는 그룹들을 아로새겼다. 역대기 저자는 성전의 "교창"(왕상 6:4), "다락들과 골방들"(6:5), 다락과 성전의 벽, 골방 들보들(6:5, 6), "골방의 문들"(6:8), "들보"(6:10)의 건축방법 대신 성전과 그 들보와 문지방과 벽과 문짝의 장식만을 기술한다.

(c) 지성소(8-14절)

8 **또** [그가] **지성소를 지었으니**(ויעשׂ) 1절에서 시작된 주어 '솔로몬'은 계속 유지된다. 지성소에 관한 역대기의 기록은 열왕기의 것과 매우 다르다(왕상 6:16-17, 19-20). 지성소는 성소 안에 건축된 건물이다.

지성소의 규모와 장식에 대한 기술은 열왕기의 것과 동일하다(왕상 6:20). 높이만 생략되어 있다.

지성소에 사용된 금의 중량과 못의 무게, 그리고 다락들의 장식에 대한 정보는 역대기에만 언급된다. 여기에서 두 가지 사항을 알 수 있다.

1) 지성소의 건축을 위해 사용된 순금은 육백 달란트요, 못은 금 오십 세겔이다.

2) 지성소에 다락들이 있다.

사라 야펫은 이것이 지성소에 관한 정보라면 문제가 있음을 지적한다. 첫째, 지성소에 사용된 금의 무게가 너무 많고, 둘째, 지성소에 다락들이 있었다고 보기는 어렵기 때문이다. 열왕기의 기술에 따르면 다락은 "성소와 지성소의 벽에 연접하여 돌아가며" 건축하였다(왕상 6:5). 이를 근거로 야펫은 이 언급(8b-9절)은 지성소가 아니라 성소에 관한 정보라고 결론짓고 전승과정에서 히브리 본문이 서기관의 실수(homoioteleuton)로 인해 훼손된 것으로 추측한다.[17] 야펫이 구성한 본문에 따르면, 7a절 다음에 [ ] 부분이 생략되었다.

7 또 금으로 전과 그 들보와 문지방과 벽과 문짝에 입히고 [못의 무게는 금 오십 세겔이요, 다락들도 금으로 입히고] 벽에 그룹들을 아로새겼더라. 8 또 지성소를 지었으니 … 정금 육백 달란트로 입혔으니

9 **다락들도 금으로 입혔더라** 금을 입힌 '다락방'에 대하여 열왕기는 어떤 정보도 제공해주지 않는다. 다락방으로 옮겨진 용어 '하알리요트'(העליות)는 역대기에만 나온다(대상 28:11). 다윗이 솔로몬에게 준 성전 설계도에서 한 부분을 차지한다. 부싱크는 이러한 구조는 시대착오적인 것이라고 주장한다. 이러한 구조의 성전은 대제사장 시몬의 시대에 있었다는 것이다.[18] 반 세터스는 다락방이 추가됨으로써 성전의 높이에 대하여 언급하지 않게 되었다고 추측한다.[19]

10 – **13** 지성소에 관한 기록이다. "내소", 즉 **지성소**에 관하여 열왕기상 6:16, 19-20, 23-28과 대체로 평행한다. 내소의 위치(6:16), 내소의 건축 목적(6:19), 내소의 규모(6:20), 백향목 단(6:20)과 금으로 된 내부 제단(6:22)에 대한 보도는 생략한다. 지성소에 관하여는 **그룹**에 대한 기술에 집중되어 있다.

10 [그가] **지성소 안에 두 그룹의 형상을 새겨 만들어** 솔로몬 왕이 주어임을 나타내는 동사(ויעש)로 시작하여 다시 새로운 성물제작이 보도된다. 그룹에 대한 보도는 열왕기상 6:28과 거의 평행한다.

새겨 만들어 히브리 단어 '차아추임'(צעצעים)의 뜻은 불분명하다. 어근 'צוע'를 아랍어(form, fashion)에 연관시킨 이해이다. 이 번역에서 그룹의 재목인 감람나무에 대한 정보(왕상 6:23)가 생략되어 있는데, 칠십인역은 여기서 유추하여 '나무로'로 옮겼다. 유사한 철자로 볼 때 본래의 읽기 형태인 '메에침'(מעצים; 나무로)이 훼손되었을 개연성이 높아 보인다.[20] 그룹

17) S. Japhet, *I & II Chronicles*, 555.
18) Th. A. Busink, *Der Tempel von Jerusalem, von Salomo bis Herodes*, 825.
19) J. Van Seters, "Solomon's Temple-Building," 291.

과 나무의 연관성은 고대 근동의 왕위와 제의의 문맥에서 흔하게 나타난다. 성서에서 그룹들은 에덴동산에 있는 생명나무를 지키는 길에 서 있다(창 3:24). 나무는 신성과 신의 능력을 상징한다. 그룹과 나무의 관계로 미루어 성전은 에덴동산을 상징하고, 그룹은 여호와를 에덴동산으로 모셔오고 그의 왕좌가 되어 그를 지키는 것을 상징한다. 여호와가 성전의 가장 깊은 곳, 그룹 위에 좌정하신다는 사상은 도처에서 증명된다(삼상 4:4; 왕하 19:15 = 사 37:14-16; 시 99:1; 왕상 6:23-28).

그룹의 높이 10규빗(5.3m)과 너비 10규빗(5.3m)에 대한 정보(왕상 6:23-26)는 생략되어 있다. 그룹의 크기는 이스라엘 백성이 신의 키가 얼마나 크다고 생각하였는지를 말해준다. 아인 다라 신전에 있는 바알의 왕위와 발등상과 이쉬타르의 발자국은 고대인들이 신들을 초인적인 크기로 간주하였음을 보여주는 좋은 예이다.[21] 이것은 고대 시리아 사람들이 신들을 초인적인 크기로 간주하였음을 보여주는 좋은 예이다. 솔로몬 성전의 거대한 크기도 인간이 사용하는 것을 말하기보다는 이것이 신의 영역에 속한다는 것을 말해주는 것으로 보아야 할 것이다.[22]

11 - **13** 이 구절은 두 그룹의 정확한 형상과 날개의 위치에 대하여 기술하고 있다. 네 개의 날개는 각각 5규빗이며, 바깥 날개는 성전 벽에 닿고, 안쪽 날개는 서로 마주 대하여 닿는다(왕상 6:24, 27).

이 두 그룹의 … 그 얼굴을 외소로 향하고 서 있으며(13절)는 역대기에만 있다.

14 [그가] **청색 자색 홍색실과 고운 베로 문장을 짓고**(ויעש) 문장은 성소와 지성소를 구분하는 휘장문이다. 모세의 성막에서 증거궤를 넣고 그 궤와 백성을 나누기 위하여, 즉 성소와 지성소를 구분하기 위하여 "장"을 만들었다(출 26:31, 36:35). 열왕기에서 '휘장'은 언급되지 않고 솔로몬의

20) H. G. M. Williamson, *1 and 2 Chronicles*, 209.
21) Abu Assaf, *Der Tempel von 'Ain Dara*, 15-16.
22) E. Bloch-Smith, "Who is the King of Glory?," 21.

성전에는 내소와 외소를 가르는 "두 개의 문"에 대해 말한다(왕상 6:31-32). 요세푸스는 제2성전에 휘장이 있었다고 증거하고 있다.[23] 이 모든 것을 종합해보면 역대기의 **문장**은 모세 성막의 "장"과 솔로몬 성전의 "문"이 결합된 것으로 보인다. 아마도 역대기 저자가 여기서 기술하고 있는 것은 저자 당시의 성전 모습이 반영된 것이라고 볼 수 있다. 역대기 저자가 휘장문에 대한 언급을 통하여 모세 장막과 솔로몬 성전의 연속성을 확립하고 있다.

(d) 두 기둥(3:15-17)

15 [그가] **전 앞에 기둥 둘을 만들었으니**(ויעש) 다시 솔로몬 왕의 주도권이 강조된다. 그러나 열왕기에서는 이에 대한 책임자는 후람이다(왕상 7:15-22). 두 기둥은 "성전 앞"에 위치해 있다(15절과 17절에서). 성전(ההיכל) 앞 좌우편에 있다(왕상 7:15-22, 41-42). 두 기둥은 여호와의 현존과 힘을 증거하는 것이다. 쌍둥이 기둥은 신의 거주를 상징적으로 선언하는 문지기(gatepost)나 신화의 "생명나무"로 해석되었다.

고가 삼십오 규빗 열왕기에서는 기둥 18규빗(왕상 7:15)과 기둥 꼭대기의 머리 5규빗을 합하여 전체 23규빗(12.2m)이다. 역대기의 높이는 여기에 원주 12규빗이 더해진 수이다. 열왕기와 비교할 때 또 다른 차이는 기둥은 더는 놋이 아니라는 것이다. 앗수르의 한 예는 신전에 봉헌하기 위해 제작된 나무기둥에 기둥과 그 기둥머리의 크기를 기술하고 있음을 보여준다.[24]

16 [그가] **성소 같이 사슬을 만들어**(ויעש) 만드는 주체는 여전히 솔로몬 왕이다. 여기서 마소라 본문의 '밧데비르'(בדביר)가 **성소 같이**로 번역되어 있다. '밧데비르'는 문자적으로 '지성소에'로 번역된다. 비교의 의미이든 장소의 의미이든 이 번역의 뜻이 모호하다. 그래서 주석가들은 대부분 '밧데비르'(בדביר)를 '케라비드'(כרביד), 즉 '목걸이처럼'으로 고쳐 읽는다.

23) F. Josephus, *Jewish War* V, 5,5.
24) E. Bloch-Smith, "Who is the King of Glory?," 19.

수정한 읽기가 좀 더 분명한 의미를 전해준다. 기둥머리에는 사슬이 둘러 있고 사슬에는 석류 백 개가 달려 있다. 멀리서 볼 때 장식된 기둥머리는 식물 형상으로 보일 것이다.[25] 두로 방식의 기둥들은 성전에 거주하는 신의 속성을 나타내거나 상징하기 위하여 꽃핀 나무나 가지를 세우는 초기 메소포타미아의 관행을 채택한 것이다.

17 야긴과 보아스는 기둥에 새겨진 긴 문장의 왕조신탁이나 기도의 첫 자를 딴 것이라는 주장이 있다. 성전이 에덴동산을 상징한다면 야긴과 보아스는 에덴동산에 심겨진 생명나무를 모델로 한 것으로 보인다.

¶ 메시지

1. 아브라함이 이삭을 바치던 모리아 산은 아브라함의 14대손에 이르러 하나님이 거하시는 성전이 된다.

2. 성전건물은 백향목과 잣나무와 백단목(2:8)으로 만들어진다. 나무로 된 "큰" 성전건물은 순금을 입히거나 형상을 새기거나 수놓아 "화려한" 성전이 된다(2:9). 우리의 몸은 하나님이 거하시는 거룩한 성전이다(고전 6:19). 하나님의 성전인 우리의 몸도 순금과 같은 마음으로 입히고, 아름다운 마음을 새기고 수놓아 '화려한' 성전으로 만들어야 할 것이다.

25) E. Bloch-Smith, "Who is the King of Glory?," 19.

3) 성물 제작(4:1-10)

¶ 본문

1 솔로몬이 또 놋으로 단을 만들었으니 장이 이십 규빗이요 광이 이십
규빗이요 고가 십 규빗이며 2 또 바다를 부어 만들었으니 직경이 십 규빗
이요 그 모양이 둥글며 그 고는 다섯 규빗이요 주위는 삼십 규빗 줄을 두
를만하며 3 그 가장자리 아래에는 돌아가며 소 형상이 있는데 매 규빗에
소가 열씩 있어서 바다 주위에 둘렸으니 그 소는 바다를 부어 만들 때에
두 줄로 부어 만들었으며 4 그 바다를 열 두 소가 받쳤으니 셋은 북을 향
하였고 셋은 서를 향하였고 셋은 남을 향하였고 셋은 동을 향하였으며 바
다를 그 위에 놓았고 소의 뒤는 다 안으로 두었으며 5 바다의 두께는 한
손넓이만하고 그 가는 백합화의 식양으로 잔 가와 같이 만들었으니 그 바
다에는 삼천 밧을 담겠으며 6 또 물두멍 열을 만들어 다섯은 우편에 두고
다섯은 좌편에 두어 씻게 하되 번제에 속한 물건을 거기 씻게 하였으며 그
바다는 제사장들의 씻기를 위한 것이더라 7 또 정식을 따라 금으로 등대
열을 만들어 외소 안에 두었으니 좌편에 다섯이요 우편에 다섯이며 8 또
상 열을 만들어 외소 안에 두었으니 좌편에 다섯이요 우편에 다섯이며 또
금으로 대접 일백을 만들었고 9 또 제사장의 뜰과 큰 뜰과 뜰 문을 만들고
놋으로 그 문짝에 입혔고 10 그 바다는 전 우편 동남방에 두었더라

¶ 주석

(1) 놋 제구(4:1-6)

(a) 놋 단(4:1)

1 [그가] **솔로몬이 또 놋으로 단을 만들었으니**(ויעש) 솔로몬이 만든 물건으로 제일 먼저 놋 제단이 언급된다. 열왕기에서는 두 놋 기둥 단락(왕상 7:22) 이후에 놋 제단은 언급되지 않고 바로 바다가 다루어진다(7:23). 이것은 열왕기 본문이 반복되는 동사 'עשה'로 인해 한 줄을 생략한 서기관의 잘못으로 인해(homoioarkton) 훼손된 탓으로 보인다. 솔로몬이 제단을 세웠다는 것은 여러 곳에서 언급된다(왕상 8:22, 64, 9:25; 왕하 16:14-15; 대하 6:13).

놋 제단은 길이 20, 넓이 20, 높이가 10규빗이다. 크기로 보자면 성전과 지성소와 마찬가지이다. 이렇게 거대한 제단은 놋으로 만들기 어려울 것이다. 이것은 이상적인 크기이다. 열왕기에서 언급되는 단은 훨씬 작다. 왕이 개인적으로 사용하는 것으로 제시되어 있다(왕하 16:10-16). 열왕기 저자는 '큰 제단'은 아하스 왕의 개혁에 의한 결과로 제시한다. 솔로몬 성전에 속한 것이 아니다. 이것은 역대기 저자가 제단의 크기에 대한 언급을 열왕기의 보도에서 끌어온 것이 아님을 분명히 말해준다. 단은 역대하 6:12(// 왕상 8:22)에서 특별히 주목을 받는다. 이 구절에서 6:13a는 제단 앞에 놓인 청동 단상의 크기를 말해준다. 길이 5, 너비 5, 높이 3규빗이다. 이 형태가 장막의 제단 크기에 기초하여 작성되었을 것이다. 제단의 크기는 분명 장막의 구조에 따른 것이다(출 38:1-2; 참고. 27:1-2). 거대한 제단의 크기는 부싱크에 따르면 제2성전의 제단의 크기라고 한다.[26]

솔로몬의 제단이 모세 시대의 제단과 연관성을 갖는 것은 '처소-휘장-제단'의 순서가 그대로 보존되어 있다는 점에서 드러난다. 또한 4:1의 제

---

26) Busink, *Der Tempel von Jerusalem* II, 830-831.

단 규모에 대한 표현양식이 출애굽기 27:1과 38:1을 의지하고 있다는 점에서도 모세 장막과의 연속성이 나타난다.[27]

(b) 놋 바다(4:2-5, 6b, 10)

2 – 5 [그가] **또** (놋으로) **바다를 부어 만들었으니**(וַיַּעַשׂ) 놋 바다는 솔로몬의 성전에 등장한다. 놋 바다는 온전히 솔로몬의 제의개혁에 속한다. 놋 바다는 매우 복잡하다. 앗수르, 사이프러스, 시리아에 있는 유사한 것이 거대한 '바다'와 비교된다. 앗수르 사르곤 2세 부조(주전 8세기 후반)에는 신전 무사시르(Musasir)로 들어가는 입구에 황소의 앞다리에 의지하고 있는 거대한 두 개의 솥이 있다.

열왕기상 7:23-26과 비교할 때 3절과 5절에서 의도적인 변경을 인지할 수 있다.

3 **그 가장자리 아래에는 돌아가며 소 형상이 있는데** 열왕기상 7:24의 두 줄로 되어 있는 **가장자리 아래**의 "박"은 역대기에서 두 줄로 된 **소 형상**으로 대체되어 있다. 소 형상은 이방적인 요소를 상기시켜준다. 바다의 둘레에 새겨진 백합화의 식양(5절// 왕하 7:26)은 이러한 이방적인 요소를 약화시킨다.

5 **삼천 밧** 바다의 용량은 열왕기에 따르면 이천 밧이다(왕하 7:26). 약 3만 8,000리터이다. 거대한 용량은 바다의 크기를 짐작케 한다. 열왕기하 7:21에 따르면 놋 바다의 직경이 10규빗(5.3m), 높이는 5규빗, 둘레는 30규빗에 이른다. 이러한 거대한 크기로 놋 바다는 여호와가 '바다'가 상징하는 우주적 힘을 물리치고 왕으로 등극했음을 말해준다. 하나님이 열 집단이나 지파로 구성된 이스라엘의 희생제사를 받으시고 성전으로 들어가 왕과 백성을 축복한다.[28]

---

27) Becker, *2 Chronik*, 17.

28) E. Bloch-Smith, "Who is the King of Glory?," 21.

6b **그 바다는 제사장들의 씻기를 위한 것이더라** 솔로몬 시대에 실제로 바다에서 제사가 드려지지 않는 사실과 관련하여 볼 때 솔로몬 당시 거대한 놋 바다는 제의적인 목적보다는 상징적인 목적을 지녔던 것 같다. 부어 만든 바다는 "우주의 대양"이나 "생명의 바다" 혹은 "혼돈의 큰 깊음"을 상징한다고 자주 언급된다. 또 다른 설명으로는 부어 만든 바다는 바다와 다른 신들과의 싸움을 상징한다는 것이다. 알렙포의 예언자 누르신(Nur-Sin)이 마리의 지므리림(Zimri-Lim)에게 보내는 편지에 의하면 폭풍신 아닷이 바다를 물리친 후 지상의 왕인 지므리-림에게 무기를 수여한다. 그처럼 여호와도 다윗에게 바다와 강을 굴복시킬 힘을 준다(시 89:25). 부어 만든 바다는 여호와의 우주적 승리와 신의 권력이 왕에게로 확장된 것을 상징했을 것이다.[29] 놋 바다는 역대기 저자 시대에 제사장들의 세정을 위해 사용되었을 것이다.

출애굽기(30:17-21a)에서는 성막기물로서 놋 바다는 나타나지 않고, 물두멍은 "아론과 그 아들들이" 회막에 들어갈 때 수족을 씻는 데 사용된다(출 30:19-20). 그러나 역대기는 제사장들의 세정을 위한 성물로서 놋 바다를 지정한다. 이로 미루어 보아 놋 바다는 솔로몬 시대에 새로이 도입되어 오로지 제사장들의 세정을 위해 사용되었음을 알 수 있다. 놋 바다는 온전히 솔로몬의 제의개혁에 속한다.

나중에 10절에서 다시 놋 바다가 언급되는데, 놋 바다의 위치를 "전우편 동남방"으로 제시하고 있다(10절 주석 참고)(왕상 7:39b).

(c) 물두멍(4:6a)

6aα [그가] **또 물두멍 열을 만들어**(ויעש) 놋 받침 수레(왕상 7:27-37)는 생략하고 10개의 물두멍(왕상 7:38)을 소개한다. 물두멍의 수 10개는 이스라엘을 구성하는 집단이나 지파를 나타내는 것 같다. 드보라의 노래(삿 5장)에 기록된 왕정 이전 이스라엘 연합은 열 지파로 구성되어 있다.

29) E. Bloch-Smith, "Who is the King of Glory?," 21.

6aβ **다섯은 우편에 두고 다섯은 좌편에 두어** 물두멍의 위치가 분명치 않다. 성전건물의 좌우를 말하는 듯하다. 모세의 회막에서 물두멍은 "회막과 단 사이에" 위치한다(출 30:18).

물두멍은 번제에 사용된 물건을 씻는 데 사용된다. 실로 성소에서 엘리 아들들이 행한 일과 관련하여 물두멍("남비")은 희생제를 삶는 문맥에서 언급되고 있다(삼상 2:12-16). 본문은 물두멍에 이어 놋 바다의 용도를 밝힌다. 물두멍과 놋 바다가 연속해서 언급되는 순서는 성막 기술에 의한 영향으로 보인다.[30]

출애굽기에서 물두멍은 "아론과 그 아들들이" 회막에 들어갈 때 수족을 씻는데 사용된다(출 30:19-20). 그러나 역대기는 제사장들의 세정을 위한 성물로서 놋 바다를 지정한다. 이로 미루어 보아 놋 바다는 솔로몬 시대에 새로이 도입되어 오로지 제사장들의 세정을 위해 사용되었음을 알 수 있다. 놋 바다는 온전히 솔로몬의 제의개혁에 속한다.

(2) 성전 내부 기물(7-8절)

7 [그가] **또 정식을 따라 금으로 등대 열을 만들어**(ויעש) 등잔대 열 개(왕상 7:49; 참고. 대상 28:15; 렘 52:19)는 특히 **정식을 따라** 만들었다고 강조됨으로써 다른 성물과 구별된다. 등잔대의 중요성은 이미 솔로몬의 성전건축 목적 선포(2:4)에서 명백히 드러났다.

등잔대를 만드는 방법에 관한 **정식**, 즉 "규례"는 출애굽기의 규정(25:31-36, 37:17-23)을 말할 것이다. 모세에게 지시한 규정에 따르면 등잔대의 제작은

1) 순금을 쳐서 그 밑판과 줄기와 잔과 꽃받침과 꽃을 한 덩이로 연결한다(출 25:31).

2) 가지 여섯을 등잔대 곁에서 양쪽으로 나오게 하고 그 가지에 살구꽃 형상의 잔 셋과 꽃받침과 꽃이 있게 한다(32-33절).

3) 등잔대 줄기에 살구꽃 형상의 잔 셋과 꽃받침과 꽃이 있게 한다(34절).

30) H. G. M. Williamson, *1 and 2 Chronicles*, 211.

4) 여섯 가지에는 두 가지마다 하나의 꽃받침을 두어 줄기와 연결되게 하고, 꽃받침과 가지와 줄기를 연결하여 순금으로 쳐 만든다(36절).

정식을 따라라는 표현은 등잔대의 제조 방식에 관한 규정을 말할 수 있다. 등잔대 제작 규정을 지시해줌으로써 저자는 제조 규정을 다시 기술하는 반복을 피할 수 있다. 모세는 등잔대의 제작 방식을 규정한 반면, 다윗은 등잔을 만드는데 사용되는 금의 무게를 정하였다(대상 28:15). 따라서 등잔대는 모세의 법과 다윗의 규정에 따라 제조되었다고 결론을 내릴 수 있다.

특이한 것은 모세의 회막을 위해서는 하나의 등잔대만이 규정되어 있는데, 솔로몬 왕은 **정식을 따라** 만들었다고 하면서도 열 개의 등잔대를 만들었다는 점이다. 솔로몬 성전은 하나의 등잔대로 충분하지 않았을 것이다. 성막이 성전으로 변화됨에 따라 성물 또한 변화를 요구한다. 그렇다면 **정식을 따라**는 모세의 율법 규정이 아니라 여호와의 손이 그려준 "다윗의 설계도"(대상 28:19)를 말할 것이다. 제의역사의 변화를 다윗은 이미 간파하였다. 바로 이 점 때문에 등잔대 제작 보도에는 특별히 **정식을 따라** 하였다는 말이 필요했을 것이다. 다윗의 설계도는 모세의 양식과 똑같은 권위를 지닌다.

등잔대는 내전(헤칼) 안에 있는데, '지성소'(데빌) 입구의 양쪽 좌우에 다섯씩 위치하고 있다(왕상 7:49).

8 [그가] **또 상 열을 만들어**(ויעש) 열 개의 상을 만들어 정금 등잔대처럼 내전의 양쪽에 다섯 개씩 둔다. 열왕기에서는 단 하나의 "진설병의 금상"(왕상 7:48)이 언급된다. 상을 만드는 방법은 모세의 율법에 명시되어 있다(출 25:23-29).

금으로 대접 일백을 만들었고는 역대기에만 언급된다. 일백 개의 금 대접을 추가함으로써 역대기 저자는 진설상을 위해 사용되는 대접의 목록(출 25:29, 37:16)을 요약적으로 서술한다.[31] 이를 통하여 열 개의 상은 모세의 율법이 규정하듯이(출 25:30) 진설병을 위한 것으로 밝혀진다. 모세

31) J. Van Seters, "Solomon's Temple-Building," 297.

의 율법이 진설병을 위한 상을 만드는 방법을 규정해주고 있다면, 다윗은 진설병의 각 상을 만들 무게를 정하였다(대상 28:16). 진설상의 제작 또한 모세와 다윗에 의해 규정된다.

(3) 마당(9-10절)

9 [그가] **또 제사장의 뜰과 큰 뜰과 뜰 문을 만들고**(ויעש) 마지막으로 **제사장의 뜰**과 **큰 뜰**과 그 문들이 간단히 언급된다. 뜰은 성전건물을 다룬 부분에 자리하는 것이 더 적합해 보인다.

역대기에는 두 개의 뜰이 언급된다. 똑같이 '뜰'로 번역된 히브리어 용어는 서로 다르다. **제사장의 뜰**에는 '하체르'(חצר)가 쓰였고, **큰 뜰**에는 '아자라'(עזרה)가 사용되었다. 열왕기에서는 "안뜰"(왕상 6:36, 7:12)과 "다른 뜰"(7:8), 그리고 "큰 뜰"(7:12) 세 가지의 뜰로 모두 '하체르'(חצר)로 불린다. 열왕기상 8:64(=대하 7:7)에 따르면 솔로몬의 성전 봉헌식은 "여호와의 성전 앞뜰"에서 개최되는데, 이것은 "안뜰"에 해당할 것이다. 역대기에서는 제사장만 드나들 수 있는 **제사장의 뜰**이 "안뜰"일 것이다. 용어 '아자라'(עזרה)는 역대기에서 처음으로 **뜰**로 사용되는데(6:13 참고), 에스겔에서는 제단과 관련되어 있다(겔 43:14, 17, 20, 45:19). 제사장의 뜰에서 '큰 뜰'(העזרה)로 나가는 문이 있다. 이 뜰의 담은 솔로몬의 성전건물 전체를 둘러싸고 있다.

10 여기서 다시 **바다**에 대하여 언급된다. '바다'의 위치이다(// 왕상 7:39b). 6절 뒤에 놓이는 것이 더 논리적으로 보인다.(앞 참고) 그러나 갑작스런 주제의 전환으로 내용의 일관성이 깨지는 것 같지만, 성전내부를 설명하는 맥락에서 보면 매우 자연스런 자리에 놓여 있다. 저자는 성전에서(등잔대, 상, 대접) 나와 뜰을 기술하고 다음으로 성전의 뜰에 놓인 바다를 언급하는 것이다.

¶ 메시지

솔로몬이 만든 성전 안의 성물들은 자의로 만들지 않고 모세나 다윗이 하나님으로부터 받은 계시에 따라 만든 것이다. 그리스도인은 모든 삶에서 하나님의 법을 그 기준으로 삼아야 한다.

4) 건축 목록(4:11-5:1)

¶ 본문

11 후람이 또 솥과 부삽과 대접을 만들었더라 이와 같이 후람이 솔로몬
왕을 위하여 하나님의 전에서 하는 일을 마쳤으니 12 곧 기둥 둘과 그 기
둥 꼭대기의 공 같은 머리 둘과 또 기둥 꼭대기의 공 같은 기둥 머리를 가
리우는 그물 둘과 13 또 그 그물들을 위하여 만든바 매 그물에 두 줄씩으
로 기둥 위의 공 같은 두 머리를 가리우게 한 사백 석류와 14 또 받침과 받
침 위의 물두멍과 15 한 바다와 그 바다 아래 열 두 소와 16 솥과 부삽과 고
기 갈고리와 여호와의 전의 모든 그릇들이라 후람의 아비가 솔로몬왕을
위하여 빛난 놋으로 만들 때에 17 왕이 요단 평지에서 숙곳과 스레다 사이
의 차진 흙에 그것들을 부어 내었더라 18 이와 같이 솔로몬이 이 모든 기
구를 심히 많이 만들었으므로 그 놋 중수를 능히 측량할 수 없었더라 19 솔
로몬이 또 하나님의 전의 모든 기구를 만들었으니 곧 금단과 진설병 상들
과 20 내소 앞에서 규례대로 불을 켤 정금 등대와 그 등잔이며 21 또 순정
한 금으로 만든 꽃과 등잔과 화젓가락이며 22 또 정금으로 만든 불집게와
주발과 숟가락과 불 옮기는 그릇이며 또 전 문 곧 지성소의 문과 외소의
문을 금으로 입혔더라

5:1 솔로몬이 여호와의 전을 위하여 만드는 모든 것을 마친지라 이에 그

부친 다윗이 드린 은과 금과 모든 기구를 가져다가 하나님의 전 곳간에 두었더라

¶ 주석

(1) 후람의 성전 기물 목록(4:11-18)

11 **후람이** 3:1부터 등장했던 주어 '솔로몬'(שלמה)이 여기에서 갑자기 '후람'(חורם)으로 바뀐다. 이것은 역대기 저자가 열왕기를 그대로 자료로 사용하고 있다는 증거이다(왕상 7:40 참고). 그럼에도 불구하고 본문상 몇 가지 언급할 만한 점이 있다.

후람의 건축 작업 목록은 열왕기상 7:40-47과 거의 문자적으로 일치한다. 후람이 솔로몬 왕을 위하여 하나님의 성전에서 행한 작업(11b)은 건축과 관련된 것(12-15절)과 성물과 관련된 것(11a, 16절)으로 나뉜다.

12 - **15** 기둥 둘, 기둥 꼭대기의 공 같은 머리 둘, 기둥 꼭대기의 공 같은 기둥머리를 가리는 그물 둘(12절), 그물들을 위하여 만든 각 그물에 두 줄씩으로 기둥 위의 공 같은 두 머리를 가리는 석류 사백 개(13절)가 후람의 작품으로 열거되고 있다. 그러나 앞에서 솔로몬이 "기둥 둘"(3:15)을 만들고, 기둥 머리에 사슬을 만들어 두르고 석류 백 개를 만들어 사슬에 달았다고 하였다(3:16-17). **받침과 받침 위의 물두멍**(4:14; 4:5 참고)과 **한 바다와 그 바다 아래 열두 소**(4:15; 4:2-4, 6 참고)도 솔로몬에게 귀속되었다. 솔로몬과 후람에게 공동으로 귀속되는 이유는 아래 17절에서 밝혀진다.

14 **또 받침과 받침 위의 물두멍과** 역대기 본문은 열왕기의 본문과 약간의 차이를 보인다. 열왕기상 7:43에서는 "열 받침"이라고 하는데, 역대기 저자는 '열 개'에 해당하는 히브리어 '에세르'(עשר)를 '만들다'는 동사 '아사'(עשה)로 바꿔 쓰고 있다. 그리하여 역대기에서는 '그가 받침들을 만

들었다'의 뜻이 된다. 또 열왕기상 7:43의 "받침 위의 열 물두멍과"에서 '열 개'라는 히브리어 '아사라'(עשרה)를 역대기 저자는 또 동사 '아사'(עשה)로 변형시켜 "또 받침 위의 물두멍을 만들었다"로 읽고 있다. 역대기에는 숫자 "열"이 모두 '만들다'는 뜻의 동사 '아사'(עשה)로 대체되어 있다.

16 **솥과 부삽과 고기 갈고리** 이들은 모두 제사를 위해 필요한 기구이다. 열왕기상 7:45의 '미즈라코트'(מזרקות; 개역에서는 "그릇들"로 옮겨졌다)가 '미즐라고트'(מזלגות), 즉 '고기갈고리'로 바뀌어 있다. '미즈라코트'가 열왕기상 7:50에서 중복되고 있기 때문으로 보인다. 후람[아비]이 왕 솔로몬을 위하여 여호와의 성전을 위하여 빛나는 놋으로 만들었다.

17 **요단 평지에서 숙곳과 스레다 사이** 놋을 부어 만든 장소이다. 열왕기에는 "스레다"가 "사르단"으로 나와 있다. 여호수아 3:16과 열왕기상 4:12에 따르면 사르단은 요단분지이다. 스레다는 에브라임 지파의 땅으로 나온다(왕상 11:26).

왕이 … 그것들을 부어 내었더라 후람이 놋으로 기물들을 만들 때 솔로몬이 동참하였다. 기물의 제조는 후람이 맡았고, 부어내는 일은 솔로몬이 하였다. 성전과 성물은 후람과 솔로몬의 기술협력에 의한 것이었다. 이 점은 앞 단원을 통해서도 분명해진다. 성전 기물의 제조의 주체로 솔로몬(1-10절)과 후람(11-17절)이 나타나고 있다.

18 **솔로몬이** 솔로몬과 후람의 동역을 말하고 있지만, 전체적인 주도권은 솔로몬에게 있음을 강조한다.

이 모든 기구를 심히 많이 만들었으므로 동사 '만들다'는 열왕기에서 "솔로몬이 다 달아보지 아니하고 두었으니"(왕상 7:47)라고 하여 측량할 수 없는 양의 기구들을 강조한다. 역대기에서는 '만든' 행위에 초점을 두고 있다. 측량할 수 없을 정도로 많은 양의 기구를 만들 수 있었던 것은 솔로몬이 놋 재료를 충분히 제공하였기 때문이다. 역대상 18:8은 심히 많은 놋이 다윗의 승전 결과로 얻어진 것임을 말해준다.

(2) 솔로몬의 성전기구 목록(19-22절)

19 **솔로몬이 또 하나님의 전의 모든 기구를 만들었으니** 이것은 금으로 된 성소에서 쓰는 기구들을 말한다. 열왕기 7:48-50과 평행한다.

1. 금단(왕상 7:48)	1. 금 제단(대하 4:19)
2. 진설병의 금 상(48절)	2. 진설병 상들(19절)
3. 정금 등잔대	3. 순금 등잔대, 등잔(20절)
4. 금 꽃, 등잔, 불집게(49절)	4. 순금꽃, 등잔, 부젓가락(21절)
5. 정금 대접	-
6. 불집게, 주발, 숟가락	5. 순금 불집게, 주발, 숟가락
7. 불 옮기는 그릇	6. 불 옮기는 그릇(22a)
8. 금 돌쩌귀(50절)	7. 성전문

금 단 열왕기상 6:20에서 "백향목 단"이 언급된다. 열왕기상 7:48에서 솔로몬 왕이 만든 성소의 기구 가운데 "금단"이 첫 번째로 열거되고 있다. 금단은 뜰에 놓은 놋으로 된 번제단과는 달리 분향단을 말한다.

진설병 상들 열왕기에는 단수로 되어 있다(왕상 7:48). 복수로 수정된 것은 4:8과 맞추기 위한 것으로 보인다. 다윗의 성전설계도(대상 28:16-17)에는 이 모든 항목이 들어 있다.

20 **규례대로 불을 켤 … 그 등잔** 열왕기에는 금 등잔대의 위치와 개수(좌우로 다섯씩 둘)가 제시된 반면, 역대기는 이를 **규례대로 불을 켤 … 그 등잔**으로 대체하였다.

규례대로 7절에서는 이 표현으로 등잔대를 만드는 방법을 규정하는 출애굽기 25:31-38을 지시하였다. 그러나 여기서 **규례대로**는 등잔의 사용에 관한 모세의 양식을 지시한다(출 25:37, 40:4, 25; 레 24:2, 3). 등잔대와 꽃은 등잔의 부속품이다(출 25:31, 37, 38).

내소 앞에서 내소(지성소)를 지칭하는 단어로 '데비르'(דביר)가 사용되었다. '코데쉬 핫코데쉼'(קדש הקדשים)이 더 자주 쓰인다. '데비르'는 열왕기

본문이 직접 인용되는 자리에서만 나타난다(4:20, 5:7, 9:11).

21 **꽃**('페라흐' פרח)은 등잔대와 연관 있다. 성막의 '등잔대'에 '꽃' 장식이 있다(민 8:4). 꽃과 등잔대가 따로 언급되는 것으로 보아 **꽃**은 등잔대에 부착할 수 있도록 별개로 만들어진 것 같다. 이것은 성막의 등잔대와 성전 등잔대의 차이점이다.[32]

등잔 20절에 이미 언급된 등잔이 다시 열거되는 것은 저본에 따른 것이다. 등잔은 등잔대 위에 놓였을 것이다.

화젓가락 이론적으로 보면 부젓가락은 분향단과 연관된다(사 6:6 참고). 그러나 이들이 **꽃**과 **등잔** 바로 다음에 나오기 때문에 '등잔대'에 속한 기구로 보인다(출 25:38, 37:23; 민 4:9 참고). 그렇다면 이것은 타버린 심지를 제거하거나 심지를 다시 켜는 데 쓰였을 것이다.[33]

22 **불집게** 열왕기하 7:50의 '정금대접'('십포트' ספות)이 생략되고 불집게가 나온다. 불집게를 말하는 히브리어 '메잠메로트'(מזמרות)에 들어 있는 어근 '자마르'(זמר)는 '자르다'의 뜻을 지닌다. 이 어근으로 보아 불집게는 등잔의 심지를 다듬고 그것을 끄는 데 사용되었을 것으로 추측된다. 그러나 모세의 성막에서 등잔대에 속한 기구는 등잔과 부젓가락과 불 옮기는 그릇이며 '메잠메로트'(מזמרות)는 나오지 않는다. 또 사무엘상 3:3은 등잔불을 끄지 않고 저절로 꺼지게 두었다는 것을 암시해준다. 제사장은 불을 끄는 일은 하지 않고 아침에 돌본다(출 30:7). 열왕기에서 '메잠메로트'(מזמרות)는 '십포트'(ספות) 다음에 언급된다. '십포트'(ספות)는 '액체를 담은 용기'(대접)를 칭한다. 유월절 양의 피를 'sap'(סף)에 담는다(출 12:22). 아카드어의 그릇을 나타내는 용어 '샵푸'는 신의 상에 놓은 모든 종류의 음료를 담은 그릇을 말한다.[34] 대접은 진설병상과 관련된 기구로 보인다. 불집게도 그러할 것이다. 중세 유대 주석가들은 '메잠메로트'를 악기로 간주하

32) V. A. Hurowitz, "Solomon's Golden Vessels," 154.
33) *Ibid.*
34) *Ibid.*, 155.

였다.[35] 이러한 해석은 어근 'זמר'가 '음악을 하다'는 뜻도 가지고 있기 때문에 가능하다. 열왕기하 12:13은 성전세로 만드는 기구로 "대접" 다음에 '메잠메로트'와 또 "주발과 나팔"도 함께 언급하고 있어서 이러한 해석은 매우 개연성이 높은 것으로 보인다. 앗수르바니팔의 궁정 부조에 그려진 관행은 진설상 오른쪽에는 네 마리의 죽은 사자에 관제를 붓는 왕이 있고, 왼쪽에는 악기를 연주하는 두 명의 음악가가 있는 모습을 보여준다. '메잠메로트'가 악기라면 신의 식사가 이루어지는 동안 연주된 악기일 것이다.[36]

주발 '미즈라코트'(מזרקות)는 액체를 담은 용기이다. 이 용어에 들어 있는 어근 '자라크'(זרק)는 제의문맥에서 항상 '쏟다, 붓다'를 의미한다. 성막에 속한 기구로서 이러한 의미와 관련된 용기는 "병과 붓는 잔"이다(출 29:25). 바깥 번제단에서 '주발'은 피를 담거나 붓는 일에 사용되었을 것이다(슥 14:20 참고). 그런데 '미즈라코트'는 열왕기(왕상 7:50)와 우리 본문에서 금대접과 불집게와 함께 성소의 기구로 언급되고 있다. 이 본문들은 **주발**도 뜰에 있는 번제단의 기구가 아니라 진설병상에 속한 기구임을 말해준다. 8절에 의하면 100개의 금 대접을 만들었다고 한다.

숟가락으로 번역된 '캇포트'(כפות)는 민수기 7장의 성막 제단 봉헌에서 열두 지파들이 예물을 가득 담아 드린 그릇을 말하고 있으므로 제단에 속한 기구인 것 같다. 이와는 달리 우리 본문에서는 내소에서의 제의그릇에 속한다. 그러므로 '캇포트'는 진설상에 속한 기구로 간주해야 할 것이다. 성막기구로도 언급된다(출 25:29, 37:16; 민 4:7). 레위기에서는 향이나 소금 같은 것을 담는 것으로 사용되어(레 24:7), 금 제단에 속한 기구로 보아야 할 것 같다.[37]

불 옮기는 그릇으로 번역된 '마흐토트'(מחתות)는 성막에서 놋단에 속한 기구로 언급된다(출 27:3, 38:3; 민 4:14; 참고. 레 16:12, 10:1; 민 16-17장). 여기서는 번제단을 위한 기구가 아니라 분향단(금 제단)을 위한 것

35) *Ibid.*
36) *Ibid.*
37) *Ibid.*, 158.

이다. 솔로몬이 만든 금 기구들의 목록은 교차적으로 배열되어 있다.

A. 금 제단
B. 진설상
C. 등잔대
C′. 등잔대 기구들
B′. 진설상 기구들
A′. 금 제단 기구

또 전 문 곧 지성소의 문과 외소의 문을 금으로 입혔더라 마지막으로 성전 문이 언급된다. 열왕기 본문에는 "내소 곧 지성소 문의 금 돌쩌귀와 전 곧 외소 문의 금돌쩌귀"를 솔로몬 왕이 만든 성소의 기구로 열거하고 있는데(왕상 7:50), 이는 성전기구보다는 건축에 관한 것을 말한다. 지금까지 제사에 관련된 것을 나열하였기 때문에, '돌쩌귀'는 문맥에 맞지 않다는 느낌을 갖게 한다. 역대기는 열왕기의 '돌쩌귀'('포토트' פֹּתוֹת)를 **문**('패타흐' פֶּתַח)으로 수정하고 있다. 성전문짝을 금으로 입혔다는 열왕기의 보도를 생략하였는데(왕상 6:32, 35), 여기서 이것을 말하는 것일 수도 있다.

그러나 후로비츠는 열왕기의 '포토트'를 '열쇠들'을 뜻하는 '포테호트'(פְּתָחוֹת)로 수정하는 견해(Joseph Kara and Rashi)를 받아들여 역대기의 **문**('패타흐' פֶּתַח)을 본래 '포테호트'(פְּתָחוֹת)를 담고 있는 본문을 개정한 것으로 간주하고 이 구절을 성전으로 들어가는 문의 '열쇠'를 말하는 것으로 해석한다.[38] 성전 열쇠의 존재는 문을 열고 닫는 의식이 실행된 것(삼상 3:15)을 통해 알 수 있다(대상 9:27).

(3) 종결 보도(5:1)

1a 솔로몬이 여호와의 전을 위하여 만드는 모든 것을 마친지라(// 왕

38) *Ibid.*, 160.

상 7:51). 전체 건축 보도를 종결한다. 성전건축은 건물의 건축과 기구의 제작에 해당한다. 11절에서 후람이 "하나님의 전에서 하는 일"을 마쳤다고 말하는 반면, 19절에서는 솔로몬이 "하나님의 전의 모든 기구"를 만들었다고 한다. 성전건물과 모든 기물이 솔로몬과 후람의 동역으로 이루어졌지만, 역대기 저자는 성전에 관한 모든 것의 설계도가 이미 다윗 왕이 영감으로 받은 것(대상 28:11-19)이라고 밝혔던 만큼 후람의 동역은 그의 고유한 창안에서 이루어진 것이 아니라 오로지 기술적 차원에서 이루어진 동역이었음을 강조한다.

1b 솔로몬은 성전이 건축되고, 성전의 기구들이 완성되자 다윗이 드린 은과 금과 모든 기구를 가져다가 하나님의 전 곳간에 둔다. 다윗은 하닷에셀을 정복하여 빼앗은 금 방패와 심히 많은 놋(대상 18:7-8// 삼하 8:7-8)과, 하맛이 자원하여 바친 금과 은과 놋의 여러 가지 그릇(대상 18:10// 삼하 8:10-11), 그리고 "에돔과 모압과 암몬 자손과 블레셋 사람들과 아말렉 등 여러 족속에게서 취하여 온 은금"(대상 18:11// 삼하 8:11-12)을 여호와께 드렸다. 다윗은 자신이 전쟁에서 취한 전리품으로 성전건축을 준비하였다. 다윗의 고백에 따르면 그것은 "금 십만 달란트와 은 일백만 달란트와 놋과 철을 그 중수를 셀 수 없을 만큼"의 양이었다(대상 22:14). 그 외에도 다윗은 "재목과 돌"과 수많은 보석을 준비하였다(대상 29:2-5). 시리아역은 놋 바다와 기둥과 놋그릇의 제작의 주체를 다윗으로 증거하고 있다. 이 읽기를 받아들이면 다윗은 성전이 건축되기 이전에 전쟁에서 취한 전리품을 성전건축에 쓰도록 지정해둔 것만이 아니라 성전기구를 제작하기도 하였다.

¶ 메시지

성전의 완성은 솔로몬과 후람의 동역에 의해 가능했다. 후람은 두로 사람이다. 솔로몬 왕은 하나님을 위하여 성전을 건축하는 일에 그로 하여금 끝까지 참여케 하였다. 하나님의 일을 위하여 하나님께 영광을 돌리기 위하여 우리는 너와 나, 인종이나 민족의 벽을 넘어 함께해야 한다. 혼자서 하려고 하는 것은 자신이 하나님의 영광을 차지하겠다는 교만의 발로일 것이다.

4. 언약궤 이동(5:2-6:11)

언약궤에 대한 관심은 이미 다윗 시대에 강조되었다(대상 13-16장). 언약궤 이동 당시에 레위인의 역할이 부가되었다(6:31-32). 성전이 완성되고 제의에 필요한 모든 기구가 갖춰지자 솔로몬 왕은 첫 번째 일로서 언약궤를 성전의 지성소에 안치한다. 이 단락에 관한 기술은 열왕기상 8:1-11에 기초하고 있으나 여러 군데 차이를 보여주고 있다.

¶ 짜임새

5:2-3	왕: 이스라엘 소집
5:4-5	레위인: 다윗성에서 성전으로 궤 이동
5:6	왕과 회중: 궤 앞에서 제사
5:7-11	제사장: 궤 안치
5:7a	제사장이 궤를 메어들임
5:7b-10	궤에 대한 설명
5:11	제사장이 성소에서 나옴
5:12-13	레위인과 제사장: 찬양
5:14	하나님: 응답: 구름과 영광

6:1-2	왕: 고백
6:3-11	왕: 회중 축복과 설교

¶ 평행본문과의 비교

언약궤 이동	대하 5:2-10	왕상 8:1-9
언약궤 안치	5:11-14	8:10-11
설명	11a	10a
안치의식	11b-13a	-
결과	13b-14	10b-11
솔로몬의 축복	6:1-11	8:12-21
솔로몬의 고백	1-5a	12-16a
하나님 말씀 상고	5b-6a	-
다윗유언 상고	6b-11	16b-21

1) 언약궤 이동(5:2-10)

¶ 본문

2 이에 솔로몬이 여호와의 언약 궤를 다윗성 곧 시온에서 메어 올리고자
하여 이스라엘 장로들과 모든 지파의 두목 곧 이스라엘 자손의 족장들을
다 예루살렘으로 소집하니 3 칠월 절기에 이스라엘 모든 사람이 다 왕에
게로 모이고 4 이스라엘 장로들이 다 이르매 레위 사람이 궤를 메니라 5 궤
와 회막과 장막 안에 모든 거룩한 기구를 메고 올라가되 제사장과 레위 사
람이 그것들을 메고 올라가매 6 솔로몬왕과 그 앞에 모인 이스라엘 회중
이 궤 앞에 있어 양과 소로 제사를 드렸으니 그 수가 많아 기록할 수도 없

고 셀 수도 없었더라 [7]제사장들이 여호와의 언약궤를 그 처소로 메어 들
였으니 곧 내전 지성소 그룹들의 날개 아래라 [8]그룹들이 궤 처소 위에서
날개를 펴서 궤와 그 채를 덮었는데 [9]그 채가 길어서 궤에서 나오므로 그
끝이 내전 앞에서 보이나 밖에서는 보이지 아니하며 그 궤가 오늘까지 그
곳에 있으며 [10]궤 안에는 두 돌판 외에 아무것도 없으니 이것은 이스라엘
자손이 애굽에서 나온 후 여호와께서 저희와 언약을 세우실 때에 모세가
호렙에서 그 안에 넣은 것이더라

¶ 주석

(1) 언약궤 이동(5:2-6)

2 솔로몬 왕은 성전을 건축하고 완성한 기구들을 성전의 곳간에 넣은 후 다음으로 언약궤를 성전에 안치하고자 한다. 언약궤는 다윗이 예루살렘을 정복한 후 다윗 성에 둔 상태였다(대상 15:1). 이 일을 위해 솔로몬 왕은 다윗 왕처럼 백성을 소집한다. 다윗은 언약궤를 예루살렘으로 이동할 때 모든 이스라엘을 소집하여 의논하였다(대상 13:1). 소집된 백성의 대표는 **이스라엘 장로들**과 **모든 지파의 두목**, **이스라엘 자손의 족장들**이다. 두 번째와 세 번째 그룹은 동일하다(민 1:4, 16, 7:2, 17:17; 수 19:51 등). 언약궤를 새로이 건축된 성전으로 이동하는 일에 대해 온 이스라엘과의 의논은 필요치 않았을 것이다.

3 **칠월 절기에** 솔로몬은 언약궤의 이동 시기를 모든 사람이 예루살렘으로 오는 칠월 절기로 택한다. 일곱째 달의 절기는 장막절(초막절)이다. 열왕기는 칠월을 "에다님 월"로 부르는데, 이것은 고대 가나안식의 이름이다.

4 **레위 사람이 궤를 메니라** 여기서 열왕기와의 큰 차이점이 나타난다. 열왕기에 따르면 "제사장들"이 궤를 멘다(왕상 8:3). 그러나 역대기에 따

르면 언약궤는 레위인이 멘다. 다윗 왕도 레위인에게 궤를 메게 하였다(대상 15:2). 민수기는 제사장과 레위인의 일을 분명하게 구별하면서 궤를 메는 일은 레위인에게 규정한다(민 3:31). 다윗 왕처럼 솔로몬 왕도 레위인의 직무에 관한 율법을 충실히 이행하고 있다. 역대기에서는 제사장과 레위인의 일을 엄격히 구별하고 있다(대상 23:13-14).

5 **제사장과 레위 사람이** 히브리 원문에 따르면 이것은 '레위인 제사장들'이다. 열왕기는 궤와 회막과 성막 안에 있는 모든 기구를 메는 주체를 "제사장과 레위 사람들"(왕상 8:4)로 밝히는 반면, 역대기의 이 구절은 이들을 "레위인 제사장들"이라고 칭한다. 이것은 4절과 다소 모순된다. 신명기에서 "레위인 제사장"은 성전관리를 오로지 한 부류로 기술하는 용어이다(신 17:9; 수 3:3 등). 이 용어로써 역대기 저자는 "레위인"과 제사장을 구별하지 않는다. 역대기 저자는 왜 레위인을 다시 "레위인 제사장"이라고 밝히고 있는가? 그것은 앞으로 레위인과 제사장의 직무를 분명하게 구별하기 때문일 것이다. 이에 앞서 저자는 레위인과 제사장이 동등한 자격을 갖추었음을 말해두는 것이다.

6 **이스라엘 회중이 궤 앞에 있어** 언약궤를 성소로 들여 놓기 전에 솔로몬 왕과 모든 이스라엘 회중이 궤 앞에서 제사를 드린다. 제물의 수가 기록할 수도 셀 수도 없을 정도로 많았다는 언급은 온 회중이 언약궤를 성전 안으로 안치하는 일을 기뻐하였다는 것을 말해준다.

(2) 언약궤 안치(5:7-10)

7a **제사장들이 여호와의 언약궤를 그 처소로 메어 들였으니** 5절에서 레위인과 제사장은 구별되지 않지만, 그러나 율법의 규정은 적어도 레위인들에게 지성소로의 출입을 허락하지 않는다(민 4:5f.; 겔 44:10f.). 언약궤를 그 처소로 들이는 일은 제사장의 몫이다.

7b - 10 처소에 자리 잡은 언약궤의 모습을 보여준다.

7b 언약궤가 놓인 자리는 내전 지성소 그룹들의 날개 아래이다.

8 - **9** 그룹의 날개가 궤를 덮는다. 출애굽기에 따르면 궤는 덮개가 있으며, 이 덮개 위에 두 개의 그룹이 있다(출 25:17-21). 여기에서는 그 덮개에 대하여는 말하지 않는다. 그룹은 하나님의 현존을 나타낸다(출 25:22; 레 16:2; 민 7:89; 삼하 6:2). 언약궤가 지성소에 안치됨으로써 예루살렘 성전은 여호와의 거처가 된다.

그룹의 날개가 채도 덮는다. 그러나 채는 길어서 튀어 나왔다. 채는 이동을 위한 것이다(출 25:15; 민 4:6, 11, 14, 15). 다윗 시대에 언약궤를 예루살렘으로 이동할 때에도 레위인은 모세가 전한 하나님의 말씀대로 채에 하나님의 궤를 꿰어 어깨에 메었다(대상 15:15). 궤는 안치되지만 이동을 위해 마련된 채가 꿰어진 상태 그대로 보존된다.

10 **궤 안에는 두 돌판 외에 아무것도 없으니** 돌판은 이스라엘 자손이 애굽에서 나온 후 여호와께서 이스라엘 자손과 언약을 세우실 때에 모세가 궤에 넣은 것이다. 돌판은 모세 시대로부터의 연속성을 강조한다. 두 돌판은 율법을 상징한다. 본래 궤에는 돌판 외에 만나(출 16:33)와 아론의 지팡이(민 17:25)도 보존되었다. 솔로몬 성전의 궤에는 두 돌판 외에 아무것도 없었다는 말은 예루살렘 성전 붕괴 이후 제사 대신 율법이 공동체의 모든 것을 규정짓는 중요성을 획득했다는 것을 암시해준다. 다른 한편으로는 언약궤를 미신적으로나 우상으로 여기지 말라는 메시지이기도 하다.

¶ 메시지

궤 안에는 두 돌판 외에 아무것도 없었다(5:10). 솔로몬은 언약을 넣을 궤를 성전에 두었다(6:11). 이 언약은 하나님께서 이스라엘 자손이 애굽에서 나온 후에 그들과 더불어 세우신 것이다. 이 언약이 없으면 궤는 빈 상자에 불과하다. 하나님과 우리 사이에도 동일하다. 언약이 없으면 우리는 하나님과 아무런 관계도 아니다. 우리에게 언약은 예수 그리스도이다.

2) 예배와 응답(5:11–14, 6:1–2)

¶ 본문

11 이 때에는 제사장들이 그 반차대로 하지 아니하고 스스로 정결케 하
고 성소에 있다가 나오매 12 노래하는 레위 사람 아삽과 헤만과 여두둔과
그 아들들과 형제들이 다 세마포를 입고 단 동편에 서서 제금과 비파와 수
금을 잡고 또 나팔 부는 제사장 일백 이십인이 함께 서 있다가 13 나팔 부
는 자와 노래하는 자가 일제히 소리를 발하여 여호와를 찬송하며 감사하
는데 나팔 불고 제금 치고 모든 악기를 울리며 소리를 높여 여호와를 찬송
하여 가로되 선하시도다 그 자비하심이 영원히 있도다 하매 그 때에 여호
와의 전에 구름이 가득한지라 14 제사장이 그 구름으로 인하여 능히 서서
섬기지 못하였으니 이는 여호와의 영광이 하나님의 전에 가득함이었더라
6:1 그 때에 솔로몬이 가로되 여호와께서 캄캄한데 계시겠다 말씀하셨사
오나 2 내가 주를 위하여 거하실 전을 건축하였사오니 주께서 영원히 거
하실 처소로소이다 하고

¶ 주석

11 – 13 제사장들이 … 성소에 있다가 나오매 이 부분만이 열왕기와 평행하고(왕상 8:10), 11절의 일부와 12절, 그리고 13절의 찬양 **그 자비하심이 영원히 있도다**까지는 역대기에만 나온다. 역대기는 언약궤를 지성소에 들여 넣는 장면을 하나의 예전으로 훨씬 자세하고 장엄하게 묘사하고 있다.

11 이때에는 제사장들이 그 반차대로 하지 아니하고 스스로 정결케 하고 제사장들은 궤를 메고 지성소에 안치한 이들을 말한다. 이 언급은 역

대기 저자에 의해 추가된 부분이다. 제사장의 반차는 다윗에 의해 제정되었다(대상 24장; 참고. 대상 23:6, 26:1, 19, 28:13, 21; 대하 8:14, 31:2, 15-17, 35:4, 10). 언약궤를 지성소로 들이는 의식에서는 아직 이 반차에 따라 실행되지 않는다. 제사장의 성결은 논리적으로 보면 5절 또는 6절 뒤에서 이미 언급되었어야 했다.

12 - **13a** 제사장들이 언약궤를 안치하는 동안 바깥에서는 찬양대가 준비하고 있다. 제사장들이 나오자 찬양이 시작된다. 악기 연주는 아삽, 헤만, 여두둔과 그의 아들들과 형제들로 불리는 레위인들과 제사장이 함께 담당한다. 역대기에서 아삽, 헤만, 여두둔은 트리오로 여러 차례 함께 언급된다(대상 6:31f., 16:37, 41, 25:1-6; 대하 29:13-14, 35:15). 레위인들도 제사장과 마찬가지로 세마포를 입고(대상 15:27) 제단 동쪽에서 제금과 비파와 수금으로 음악(대상 15:16, 25:1 외 참고)과 찬양(7:3, 6; 대상 16:41; 스 3:11)을 맡는다. 그러나 나팔을 부는 일은 여전히 제사장의 특권으로 남아 있다(대상 15:24).

나팔 부는 제사장 일백이십인 다윗이 언약궤를 기럇여아림에서 메어 옮겨올 때 레위인을 세워 노래와 악기를 연주하게 하였는데 그때 나팔은 일곱 명의 제사장이 맡았다(대상 15:24). 나중에 언약궤가 안치된 후에 언약궤 앞에는 레위인 아삽 사람들과 두 사람의 제사장을 두어 음악을 담당하게 한다(대상 16:6). 이에 반해 기브온 산당에서도 제사와 찬양으로 이루어진 제의가 실행되는데, 이때 레위인 헤만과 여두둔이 찬송과 음악연주를 담당한다(대상 16:39-42). 사라 야펫은 기브온 산당에서 이루어지는 정규제의에서 나머지 다섯 명의 제사장이 나팔을 담당했을 것으로 추론하면서 제사장의 24반차는 5명씩 구성되었을 것으로 본다.[39] 나팔 부는 제사장의 수는 24반열이 된다는 말이다. 그러나 언약궤를 성소에 옮길 때 반열대로 하지 않았다면(11절) 왜 나팔 부는 제사장은 반열에 따라 하는지 설명되지 않는다.

악기가 연주될 때 찬양이 울려 퍼진다. **선하시도다 그 자비하심이 영원**

39) S. Japhet, *2 Chronik*, 72.

히 있도다.

13b **그 때에** 찬양과 연주가 이루어질 때를 말한다. **여호와의 전에 구름이 가득한지라** 하나님은 구름으로 이스라엘의 찬양에 응답하신다. 구름을 통해 여호와의 현존을 느낄 수 있다.

14 **여호와의 영광이 하나님의 전에 가득함이었더라** 구름은 여호와의 영광을 상징한다. 여호와의 영광을 구름으로 표현하는 것은 출애굽기 40:34–35를 상기시켜준다. 모세 시대와의 연속성이 다시 나타난다. 그러나 출애굽기에서는 구름과 여호와의 영광은 서로 구별된다. 구름은 회막 위에, 여호와의 영광은 성막에 충만하였다. 출애굽기에서 구름은 여호와의 영광이 아니라 모든 길에서 함께하는 하나님의 현존을 상징한다(출 40:36–38; 참고. 민 12:5; 신 31:15 외). 그러나 역대기에서 구름과 여호와의 영광은 동일시된다. 가득한 구름, 즉 가득한 여호와의 영광은 언약궤가 최종적으로 놓인 처소에 대한 여호와의 승인을 표시하는 것이다.

14a 성전에 가득 찬 구름으로 인하여 제사장들이 능히 서서 섬기지 못하였다는 것은 그들이 여호와의 영광에 압도되었음을 말해준다.

6:1–2 솔로몬 왕의 반응이다. 현존하신 여호와께 고백한다.

1 **캄캄한 데**는 구름이 꽉 찬 것을 말한다. 하나님은 암흑 가운데 계신다(출 20:21 참고). 솔로몬 왕은 앞에서 여호와가 구름으로 임하신 것을 보고 여호와가 캄캄한 데 계시겠다고 말한 것으로 이해한다.

2 솔로몬 왕은 **주께서 영원히 거하실 처소**로 성전을 건축하였다(// 왕상 8:13).

¶ 메시지

성전이 건축된 후 성전에는 제일 먼저 하나님이 처소에 들어가신다. 성전은 "하나님이 영원히 계실 처소"이기 때문이다. 하나님의 현존 앞에서 우리는 찬양 외에 아무것도 할 것이 없다. 우리는 스스로 정결하게 하여 하나님을 찬양할 수 있을 뿐이다. 하나님의 현존 앞에서 모든 인간은 차별이 없다. 제사장의 반열도 사라진다. 오직 스스로 정결하게 하여 하나님을 찬양할 수 있을 뿐이다. 누구나 동일하게! "선하시도다 그의 자비하심이 영원히 있도다." 아멘.

3) 솔로몬의 축복(6:3-11)

¶ 본문

3 얼굴을 돌이켜 이스라엘의 온 회중을 위하여 축복하니 때에 이스라엘
의 온 회중이 서 있더라 4 왕이 가로되 이스라엘 하나님 여호와를 송축할
찌로다 여호와께서 그 입으로 나의 부친 다윗에게 말씀하신 것을 이제 그
손으로 이루셨도다 이르시기를 5 내가 내 백성을 애굽 땅에서 인도하여
낸 날부터 내 이름을 둘만한 집을 건축하기 위하여 이스라엘 모든 지파 가
운데서 아무 성읍도 택하지 아니하였으며 내 백성 이스라엘의 주권자를
삼기 위하여 아무 사람도 택하지 아니하였더니 6 예루살렘을 택하여 내
이름을 거기 두고 또 다윗을 택하여 내 백성 이스라엘을 다스리게 하였노
라 하신지라 7 내 부친 다윗이 이스라엘 하나님 여호와의 이름을 위하여
전을 건축할 마음이 있었더니 8 여호와께서 내 부친 다윗에게 이르시되 네
가 내 이름을 위하여 전을 건축할 마음이 있으니 이 마음이 네게 있는 것
이 좋도다 9 그러나 너는 그 전을 건축하지 못할 것이요 네 몸에서 낳을

네 아들 그가 내 이름을 위하여 전을 건축하리라 하시더니 [10]이제 여호와
께서 말씀하신대로 이루시도다 내가 여호와의 허하신대로 내 부친 다윗을
대신하여 일어나서 이스라엘 위에 앉고 이스라엘 하나님 여호와의 이름을
위하여 전을 건축하고 [11]내가 또 그곳에 여호와께서 이스라엘 자손으로
더불어 세우신 언약 넣은 궤를 두었노라

¶ 주석

(1) 솔로몬의 축복(6:3)

3 얼굴을 돌이켜 지금까지 솔로몬 왕은 예배가 진행되는 모습을 바라보며 하나님의 응답에 반응하였다. 이제 왕은 온 회중을 향하여 축복한다. 다윗 왕도 언약궤를 장막에 놓게 한 다음 제사를 드리고 백성을 축복하였다(대상 16:2; 삼하 6:18). 열왕기에서 솔로몬 왕의 축복은 성전기도 다음에 다시 언급된다(왕상 8:55-61). 이 축복은 역대기에서는 생략되어 있다.

(2) 솔로몬의 설교(6:4-11)

4 솔로몬 왕은 모인 회중에게 하나님을 송축할 것을 권한다. 왜냐하면 여호와께서 다윗에게 하신 말씀을 다 이루셨기 때문이다. 솔로몬이 하나님의 말씀을 인용함으로써 성전건축의 전 과정이 요약되고 동시에 성전건축이라는 역사적 사건이 하나님 말씀의 성취로 드러난다.

5-6 인용되는 첫 번째 하나님 말씀은 출애굽 이후부터 성전건축을 위하여 어떤 성읍도, 어떤 주권자도 택하지 아니하였다는 것이다. 여기서 출애굽은 이스라엘 역사의 출발점으로 간주된다. 이것은 열왕기에서부터 나타나는 관점이다(왕상 6:1). 솔로몬의 인용에 따르면 하나님은 예루살렘을 택하여 그곳에 하나님의 이름을 두시고, 또 다윗을 택하여 하나님의 백성 이스라엘을 다스리게 하셨다. 이로써 출애굽에서 시작된 이스라엘

의 역사는 정점에 이른다. 그런데 평행본문에서는 이 자리에서 다윗의 선택만 언급되지, 백성 이스라엘을 다스릴 한 개인의 통치자 '나기드'(נגיד)도 (5b), 하나님의 이름을 위한 예루살렘의 선택도(6a) 나타나지 않는다(왕상 8:16). 특히 예루살렘의 선택은 열왕기에서 자주 언급되는데도 말이다(왕상 11:32, 36, 15:4 등). 역대기에서는 성전건축의 문맥에서 다윗의 선택과 함께 예루살렘의 선택이 분명히 언급됨으로써 예루살렘 성전의 합법성이 강조된다. 성전은 하나님의 "이름이 있는 곳"이다.

7 – **9** 솔로몬의 설교는 여호와의 이름을 위하여 성전을 건축하고자 한 다윗의 계획에 대한 보도로 계속된다. 성전건축에 대한 하나님의 말씀은 직접 인용되어 있다. 성전건축에 관한 하나님의 응답은 나단의 예언에 나타나 있다(삼하 7장∥대상 17장). 그러나 여기에서는 다윗의 성전건축 마음에 대한 하나님의 칭찬은 나단의 예언에 없다. **이 마음이 네게 있는 것이 좋도다**.

10 – **11** 솔로몬은 자신이 왕위에 오른 것도, 성전을 건축하게 된 것도 모두 하나님의 약속이 성취된 것으로 이해한다. 언약궤를 성전에 두었다는 것도 다시 언급된다. 시내 산 계약을 대표하는 언약궤와 예루살렘 성전, 그리고 다윗의 왕조가 연합되어 있다.

¶ 메시지

하나님은 다윗에게 말씀하신 것을 그의 아들 솔로몬에게 이루어주셨다(4절). 아버지 다윗이 하나님을 위하여 성전을 건축하고자 했으나 그것은 그의 아들 솔로몬에게서 실현되었다. 비록 지금 당장 실현될 수 없다 할지라도 우리의 자녀 또는 다음 세대에 성취되리라는 믿음으로 우리는 하나님을 향한 선한 꿈과 계획 세우기를 포기하지 말아야 할 것이다.

5. 성전봉헌(6:12-7:10)

이 단락은 솔로몬의 긴 기도와 성전 낙성식을 내용으로 한다. 내용과 순서가 모두 저본과 거의 일치한다.

¶ 짜임새

A. 봉헌기도(6:12-42)
- a. 6:12-13 도입
- b. 6:14-42 기도
  - 6:14-15 찬양
  - 6:16-17 왕조약속 성취를 위한 간구
  - 6:18-39 성전에서의 기도를 위한 중보기도
    - (1) 6:22-23 서원하는 자를 위한 기도
    - (2) 6:24-25 패전한 백성 이스라엘을 위한 기도
    - (3) 6:26-27 가뭄 등 재난을 위한 기도
    - (4) 6:28-31 기근, 전염병 등을 위한 기도
    - (5) 6:32-33 이방인을 위한 기도
    - (6) 6:34-39 패전, 사로잡힌 자를 위한 기도

6:40 응답을 위한 기도
6:41a 하나님의 안식 간구
6:41b 제사장을 위한 간구
6:42 기름 부음 받은 자를 위한 간구

B. 하나님의 응답과 회중의 응답
a. 7:1 하나님의 응답
b. 7:2 제사장
c. 7:3 이스라엘 자손

C. 성전 낙성식(7:4-8)
a. 7:4 왕과 모든 백성의 제사
b. 7:5 왕이 드린 제물
c. 7:6 제사장과 레위인의 찬양
d. 7:7 앞뜰에서의 번제와 화목제
e. 7:8 낙성식의 기간과 회중의 크기

E. 두 번째 절기(7:9-10)

¶ 평행본문과의 비교

A. 봉헌기도	대하 6:12-42	왕하 8:22-53
도입	6:12	8:22
놋 단상	6:13	-
기도	6:14-39	8:23-50a
사로잡힌 자를 위한 기도		8:50b
출애굽과의 연관	-	8:51
간구	6:40	8:52
출애굽과의 연관	-	8:53
제사장을 위한 간구	6:41b	-
기름 부음 받은 자를 위한 간구	6:42	-
B. 하나님의 응답	7:1-3	-

솔로몬의 축복	-	8:54-61
C. 성전 낙성식	7:4-8	8:62-65
백성의 제사	7:4-5	8:62-63
제사장과 레위인의 찬양	7:6	-
앞뜰에서의 번제와 화목제	7:7	8:64
낙성식의 기간과 회중의 크기	7:8	8:65
D. 두 번째 절기	7:9-10	8:66

1) 솔로몬의 기도(6:12-42)

¶ 본문

[12]솔로몬이 여호와의 단 앞에서 이스라엘의 회중을 마주 서서 그 손을
펴니라 [13]솔로몬이 이왕에 놋으로 대를 만들었으니 장이 다섯 규빗이요
광이 다섯 규빗이요 고가 세 규빗이라 뜰 가운데 두었더니 저가 그 위에
서서 이스라엘의 회중 앞에서 무릎을 꿇고 하늘을 향하여 손을 펴고 [14]가
로되 이스라엘 하나님 여호와여 천지에 주와 같은 신이 없나이다 주께서
는 온 마음으로 주의 앞에서 행하는 주의 종들에게 언약을 지키시고 은혜
를 베푸시나이다 [15]주께서 주의 종 내 아비 다윗에게 허하신 말씀을 지키
시되 주의 입으로 말씀하신 것을 손으로 이루심이 오늘날과 같으니이다
[16]이스라엘 하나님 여호와여 주께서 주의 종 내 아비 다윗에게 말씀하시
기를 네 자손이 자기 길을 삼가서 네가 내 앞에서 행한 것 같이 내 율법대
로 행하기만 하면 네게로 좇아 나서 이스라엘 위에 앉을 사람이 내 앞에서
끊어지지 아니하리라 하셨사오니 이제 다윗을 위하여 그 허하신 말씀을
지키시옵소서 [17]그런즉 이스라엘 하나님 여호와여 원컨대 주는 주의 종
다윗에게 하신 말씀이 확실하게 하옵소서 [18]하나님이 참으로 사람과 함
께 땅에 거하시리이까 하늘과 하늘들의 하늘이라도 주를 용납지 못하겠거

든 하물며 내가 건축한 이 전이오리이까 [19]그러나 나의 하나님 여호와여
종의 기도와 간구를 돌아보시며 종이 주의 앞에서 부르짖음과 비는 기도
를 들으시옵소서 [20]주께서 전에 말씀하시기를 내 이름을 거기 두리라 하
신 곳 이 전을 향하여 주의 눈이 주야로 보옵시며 종이 이곳을 향하여 비
는 기도를 들으시옵소서 [21]종과 주의 백성 이스라엘이 이곳을 향하여 기
도할 때에 주는 그 간구함을 들으시되 주의 계신 곳 하늘에서 들으시고 들
으시사 사하여 주옵소서 [22]만일 어떤 사람이 그 이웃에게 범죄하므로 맹
세시킴을 받고 저가 와서 이 전에 있는 주의 단 앞에서 맹세하거든 [23]주
는 하늘에서 들으시고 행하시되 주의 종들을 국문하사 악한 자의 죄를 정
하여 그 행위대로 그 머리에 돌리시고 의로운 자를 의롭다 하사 그 의로운
대로 갚으시옵소서 [24]만일 주의 백성 이스라엘이 주께 범죄하여 적국 앞
에 패하게 되므로 주께로 돌아와서 주의 이름을 인정하고 이 전에서 주께
빌며 간구하거든 [25]주는 하늘에서 들으시고 주의 백성 이스라엘의 죄를
사하시고 그와 그 열조에게 주신 땅으로 돌아오게 하옵소서 [26]만일 저희
가 주께 범죄함을 인하여 하늘이 닫히고 비가 없어서 주의 벌을 받을 때에
이곳을 향하여 빌며 주의 이름을 인정하고 그 죄에서 떠나거든 [27]주는 하
늘에서 들으사 주의 종들과 주의 백성 이스라엘의 죄를 사하시고 그 마땅
히 행할 선한 길을 가르쳐 주옵시며 주의 백성에게 기업으로 주신 주의 땅
에 비를 내리시옵소서 [28]만일 이 땅에 기근이나 온역이 있거나 곡식이 시
들거나 깜부기가 나거나 메뚜기나 황충이 나거나 적국이 와서 성읍을 에
워싸거나 무슨 재앙이나 무슨 질병이 있든지 무론하고 [29]한 사람이나 혹
주의 온 백성 이스라엘이 다 각각 자기의 마음에 재앙과 고통을 깨닫고 이
전을 향하여 손을 펴고 무슨 기도나 무슨 간구를 하거든 [30]주는 계신 곳
하늘에서 들으시며 사유하시되 각 사람의 마음을 아시오니 그 모든 행위
대로 갚으시옵소서 주만 홀로 인생의 마음을 아심이니이다 [31]그리하시면
저희가 주께서 우리 열조에게 주신 땅에서 사는 동안에 항상 주를 경외하
며 주의 길로 행하리이다 [32]주의 백성 이스라엘에 속하지 않은 이방인에
게 대하여도 저희가 주의 큰 이름과 능한 손과 펴신 팔을 위하여 먼 지방
에서 와서 이 전을 향하여 기도하거든 [33]주는 계신 곳 하늘에서 들으시고
무릇 이방인이 주께 부르짖는대로 이루사 땅의 만민으로 주의 이름을 알

고 주의 백성 이스라엘처럼 경외하게 하옵시며 또 내가 건축한 이 전을 주
의 이름으로 일컫는 줄을 알게 하옵소서 34 주의 백성이 그 적국으로 더불
어 싸우고자 하여 주의 보내신 길로 나갈 때에 저희가 주의 빼신 이 성과
내가 주의 이름을 위하여 건축한 전 있는 편을 향하여 여호와께 기도하거
든 35 주는 하늘에서 저희의 기도와 간구를 들으시고 그 일을 돌아 보옵소
서 36 범죄치 아니하는 사람이 없사오니 저희가 주께 범죄하므로 주께서
저희에게 진노하사 저희를 적국에게 붙이시매 적국이 저희를 사로잡아 땅
의 원근을 물론하고 끌어간 후에 37 저희가 사로잡혀 간 땅에서 스스로 깨
닫고 그 사로잡은 자의 땅에서 돌이켜 주께 간구하기를 우리가 범죄하여
패역을 행하며 악을 지었나이다 하며 38 자기를 사로잡아 간 적국의 땅에
서 온 마음과 온 뜻으로 주께 돌아와서 주께서 그 열조에게 주신 땅과 주
의 빼신 성과 내가 주의 이름을 위하여 건축한 전 있는 편을 향하여 기도
하거든 39 주는 계신 곳 하늘에서 저희의 기도와 간구를 들으시고 저희의
일을 돌아 보옵시며 주께 득죄한 주의 백성을 용서하옵소서 40 나의 하나
님이여 이제 이곳에서 하는 기도에 눈을 드시고 귀를 기울이소서 41 여호
와 하나님이여 일어나 들어 가사 주의 능력의 궤와 함께 주의 평안한 처소
에 계시옵소서 여호와 하나님이여 원컨대 주의 제사장으로 구원을 입게
하시고 또 주의 성도로 은혜를 기뻐하게 하옵소서 42 여호와 하나님이여
주의 기름 부음 받은 자에게서 얼굴을 돌이키지 마옵시고 주의 종 다윗에
게 베푸신 은총을 기억하옵소서

¶ 주석

솔로몬의 기도는 언약궤 이동 본문 안에 들어와 있다.

(1) 도입(6:12-13)

12 솔로몬은 **단 앞에서** 이스라엘의 모든 회중과 마주 선다(// 왕상 8:22, 54).

13 **솔로몬이 이왕에 놋으로 대를 만들었으니 … 뜰 가운데 두었더니** 놋 단상은 열왕기에는 나타나지 않고 역대기에서만 언급된다. 솔로몬 왕이 세운 단상은 길이 5규빗, 너비 5규빗, 높이 3규빗으로 회막의 번제단과 같은 크기이다(출 27:1, 38:1). 왕이 단상에 오른 것은 당연히 온 회중에게 잘 보이게 하기 위함이다. 그런데 단상의 위치가 모호하다. 12절에서 왕이 "제단 앞에" 섰다면, **뜰 가운데** 둔 단상은 제단 가까이 있어야 할 것이다. 역대기는 "제사장의 뜰"과 "큰 뜰"을 구별하고 있다(4:9). 단상이 세워진 곳은 "큰 뜰"과 같은 용어 '아자라'(עזרה)이다. **뜰 가운데** 둔 단상 위에 섰다고 말하는 것은 "제단 앞에서" 섰다는 것과 상충된다. 온 회중에 의한 대규모의 행사가 안뜰에 있는 여호와의 제단 앞에서 개최되는 것은 무리가 있다고 판단한 역대기 저자가 이를 추가한 것으로 보인다.[40]

회중 앞에 선 솔로몬 왕은 무릎을 꿇고 하늘을 향하여 손을 편다. 무릎을 꿇고 손을 펴는 것은 기도하는 자세이다. 솔로몬의 기도는 찬양(14-15절)과 왕조 약속의 보존에 대한 간구(16-17절)와 백성을 위한 중보기도(18-39절), 그리고 간구(40-42절)로 이루어져 있다.

(2) 찬양(6:14-15)

14 - **15** **천지에 주와 같은 신이 없나이다** 솔로몬은 먼저 하나님의 비교 불가능성을 찬양한다. 두 번째는 **주의 종들에게** 언약을 지키시고 은혜를 베푸시는 하나님을 찬양한다. 세 번째로 특별히 **주의 종** 다윗에게 하신 말씀을 지키신 하나님을 찬양한다. 여기서 다윗에게 하신 하나님의 말씀은 성전건축과 관련된 말씀일 것이다. 이러한 하나님의 속성을 근거로 솔로몬은 하나님께 간구한다.

(3) 간구(6:16-17)

16 첫 번째 간구는 다윗에게 하신 말씀을 지켜주실 것을 구한다. 여

40) Rudolph, *Chronikbücher*, 213.

기서 다윗에게 주신 하나님의 말씀은 다윗 왕조의 영속(永續)에 관한 약속이다. **네게로 좇아 나서 이스라엘 위에 앉을 사람이 내 앞에서 끊어지지 아니하리라**(// 왕상 8:25; 참고. 왕상 2:4, 9:4). 나단 선지자의 예언에서 다윗 왕조의 영속은 하나님의 약속에 기초하고 있다(대상 17:12-14// 삼하 7:16).

내 율법대로 행하기만 하면 반면 솔로몬의 기도에서 다윗 왕조의 영속은 율법에 대한 순종에 달려 있다(// 왕상 8:25). 율법에 대한 강조는 열왕기의 본문과 비교할 때 더욱 분명해진다. "내 앞에서 행하기만 하면"(왕상 8:25)을 역대기 저자는 **내 율법대로 행하기만 하면**으로 수정하였다. 이에 따르면 솔로몬에 대한 약속은 처음부터 조건적이다(대상 28:7에서도). 나단의 예언에서 조건은 나타나지 않는다.

그 허하신 말씀을 지키시옵소서 왕조의 존속은 한 나라의 통치자로서 마땅히 구하여야 할 기도 제목이다. 왕조의 존속과 번영은 백성의 생존과 밀접하게 연관되어 있기 때문이다.

17 솔로몬은 다윗에게 하신 약속의 말씀이 자신의 나라에서 나타나기를 간구한다.

(4) 중보기도(6:18-39)

18 - **21** 이 단락은 솔로몬의 기도의 핵심이다. 자신과 백성 이스라엘이 성전을 향하여 드리는 기도에 응답해주실 것을 여러 차례 간구한다.

18 2개의 수사의문문으로 되어 있다. 첫 번째는 **하나님이 참으로 … 땅에 거하시리이까**이다. 이 질문에는 하나님은 땅에 거하실 수 없다는 생각이 들어 있다. 두 번째 질문은 하늘과 하늘들의 하늘들이라도 주를 용납하지 못하는데 하물며 인간이 지은 성전에 거하실 수 있느냐는 것이다. 즉 하나님은 특정 지역에 거하시기에는 너무나 크신 분이다. 하나님이 땅에도 하늘에도 거하실 수 없다는 생각은 하나님의 거처를 하늘이라고 하는 솔로몬의 기도부분(21, 25, 27, 30, 33, 35, 39절)과 논리적으로 충돌한다. 따

라서 하나님이 땅에도 하늘에도 거하실 수 없다는 두 개의 수사의문문은 "천지에 주와 같은 신이 없다"(14절)는 하나님 찬양의 다른 표현으로 보아야 할 것이다.

19 여기서 솔로몬은 앞에서 "이스라엘의 하나님 여호와"라고 불렀던 것과는 달리 **나의 하나님 여호와**로 칭한다. 기도의 개인적인 차원이 나타난다. 자신을 "주의 종"으로 칭한다. 자신이 하나님께 드리는 요청이 **기도**와 **간구**, **부르짖음**과 **비는 기도**로 다양하게 표현되어 있다. 자신이 하는 기도에 대한 응답을 간구한다.

20 **주께서 전에 말씀하시기를** 솔로몬은 하나님이 자신의 **이름을** 두기 위하여 성전을 택하셨음을 상기시킨다. 성전은 하나님의 거처가 아니라 하나님의 이름이 있는 곳이다. 하나님은 하늘에 계시다(21, 25, 27, 30, 33, 35, 39절). 하나님의 이름을 두셨으니 하나님의 눈이 성전을 향해 있어 주야로 보고 이곳을 향해 하는 기도에 귀기울여 주실 것을 간구한다. 이 기도는 성전에서(19절), 또는 성전을 향하여(20, 21, 24, 26, 29, 32, 33, 38절) 하는 **기도**를 위한 기도이다. 이것은 솔로몬 왕이 기도하는 자에 대한 특별한 관심을 갖고 있음을 보여주는데, 이 점은 솔로몬 왕이 통치자로서의 정체성을 깊이 인식하고 있음을 증거해준다(대하 1:10 참고).

역대하 2:3에서 솔로몬은 성전건축의 목적을 "제사"를 행하기 위한 것으로 밝힌 바 있다. 그러나 이 본문에서 성전은 오히려 기도의 집으로 나타난다(사 56:7 참고). 여기에는 예루살렘 멸망의 역사가 반영되어 있을 것이다. 포로시대의 이스라엘은 이방 땅에서 예루살렘을 향하여 하루에 세 번씩 기도하였다(단 6:10). 이스라엘 남자들이 일년에 세 차례 성전을 찾아야 한다는 규정을 볼 때(출 23:17, 34:23; 신 16:16) 포로기에 이스라엘의 삶에 기도가 생활화되었다는 것을 알 수 있다. 기도는 예루살렘 성전이 붕괴되고 포로로 사로잡혀가서 더는 성전에서의 제사가 가능하지 않았던 시대에 큰 의미를 얻게 되었다.

22 - 39 이 단락에서는 기도하게 되는 여러 가지 계기가 열거되고

있다. 기도하게 하는 삶의 구체적 정황으로 일곱 가지 경우가 제시된다. 그 첫 번째는 사람과 사람 사이에 일어나는 갈등과 관련된 것이다.

22 - 23 솔로몬 왕은 어떤 이가 이웃에게 죄를 지은 경우를 위해 간구한다. 이것은 죄인의 기도에 응답해달라는 기도가 아니다. 범죄의 혐의를 받고 있는 사람은 **주의 단 앞에서** 맹세하게 된다. 이러한 법적 절차에(출 22:7-13; 민 5:11-31; 신 17:8-13, 21:1-9 참고) 하나님이 간섭하여 **악한 자**와 **의로운 자**를 그들의 행위대로 판단해 주실 것을 간구한다. **악한 자**와 **의로운 자**라는 두 용어는 법적인 용어로 사용되었다. 재판을 통해서 밝혀지지 않는 혐의가 하나님의 판단을 통해 해결될 것을 구하는 것이다. 부당한 고소나 저주로부터 한 개인을 보호하면서 동시에 사회적 질서를 보장하고자 하는 통치자의 모습을 보여준다.

24 - 31 여기에서는 패전(24-25절)과 가뭄(26-27절)과 기타 국가적 재난의 경우에 간구하게 되는 공동체의 기도이다. 이 기도는 사사기에 등장하는 것처럼 범죄-징벌-기도-용서와 회복의 도식으로 구성되어 있다.

24 - 25 적국의 침략이나 전쟁에서의 실패를 경험한 자들을 위한 기도이다. 이러한 실패는 흔히 강제로 **땅**에서 떠나야 하는 백성의 포로사건으로 이어진다. 솔로몬 왕은 이러한 패전을 하나님께 대한 범죄 결과 주어진 하나님의 징벌로 이해하고 있다. 패전은 하나님을 의지하지 않고 많은 수의 군대를 의지하거나 외교에 의한 힘을 의지하였을 때 겪게 되기 때문이다. 패전을 통하여 백성은 승리는 힘에 있지 않고 하나님의 것임을 깨닫게 된다. 이러한 인식은 기도하게 하는 중요한 계기가 된다. 그러므로 기도한다는 것은 주의 이름을 인정하고 주께로 돌아오는 것의 다른 표현이 된다. 전쟁에서 돌아온 자들과 땅에 남아 있는 사람들의 기도는 사로잡혀 간 포로들이 하나님이 주신 **땅**으로 돌아오게 한다.

26 - 27 비가 내리지 않아 가뭄이 계속될 때를 위한 기도이다. 비

는 농산물의 수확에 필수 요소이기 때문에 이스라엘의 생존과 밀접하게 관련되어 있다. 첫 번째 공동기도처럼 가뭄도 범죄의 결과이다. 다른 기도에서와는 달리 여기에서는 **마땅히 행할 선한 길을 가르쳐 달라**는 용서의 교육적인 차원이 새로 추가되어 있다(31과 33절 참고). 회복의 모습은 땅에 비를 내리는 것이다. 다른 구절들에서 "우리/그 열조에게 주신 땅"(25, 31, 38절)이라는 표현과는 달리 여기서는 **주의 백성에게 기업으로 주신 주의 땅**으로 기술된다. **기업**의 기본의미는 선물이나 유산으로 주는 토지로서 소유권을 지속적으로 가지는 것을 의미한다.

28 - **31** 기근, 전염병, 농작물이 시들거나, 깜부기, 메뚜기, 황충과 같은 해충이나 병충, 또 적국에 의한 성읍의 포위 등 개인이나 공동체가 당하는 갖가지 재앙과 고통 앞에서 드리는 기도이다. 레위기 26장과 신명기 28장에는 불순종에 대한 결과인 재앙과 염병이 더 구체적으로 열거되어 있다. 그러나 솔로몬의 기도에는 이 재앙들이 불순종과 범죄의 결과로 나타나지 않는다. 개인이 깨닫는 고통의 크기도 각각 다르다. 그러므로 하나님의 갚으심도 **각 사람의 마음**과 **행위**에 따른다. 마음과 행위가 일치해야 한다. 여기에 나열된 재앙은 개인적이거나 특정 집단의 것을 의미하는 것으로 보인다. 정당한 하나님의 심판은 주를 경외하며 주의 길을 걷게 한다. 하나님의 공정한 판단은 사람의 미래 행위를 결정해준다. 여기서도 솔로몬 왕의 관심은 단순히 재앙의 소멸에 있지 않고 하나님을 두려워하는 백성의 일상 생활방식에 있음을 알 수 있다.

32 - **33** 솔로몬의 기도에는 이스라엘에 속하지 않은 이방인을 위한 기도도 포함된다. 여기서 외국인은 이스라엘에 사는 이방인과는 달리, **먼 지방에서** 온 자들을 말한다. 이방인들이 어떤 곤경에 처했는지는 언급되지 않으나 이스라엘의 하나님의 **큰 이름과 능한 손과 펴신 팔**을 위하여 왔다면 그들 또한 삶의 고난 가운데 있음을 짐작할 수 있다. 그들의 기도에 대한 하나님의 응답은 **땅의 만민**이 **주의 이름을 알고** 주를 **경외**하며, 또 솔로몬의 성전이 "주의 이름으로 일컫는 성전"임을 알게 할 것이다.

34 - **35** 24절에서 전쟁에서의 패배 상황이 언급되었지만 이 구절에서는 **주의 보내신 길로 나갈 때**라는 표현을 통해 알 수 있듯이 이스라엘이 하나님의 말씀을 받고 전쟁에 나가는 상황을 말하고 있다. 즉 계획된 원정이다. 전쟁에 나가기 전 하나님의 뜻을 묻는 것은 전쟁의 관행이다(민 27:21; 삿 1:1; 삼상 23:1-2, 30:8; 삼하 2:1; 왕상 22:5 등). **주의 보내신 길**이라는 표현은 하나님의 뜻을 묻는 제의가 이미 있었음을 시사해준다. **전**과 **성**을 향하여 기도한다는 것은 이미 기도자인 군대가 전쟁터에 있음을 암시해준다. 여기서 솔로몬 왕은 성을 하나님이 선택한 장소로, 성전을 자신이 주의 이름을 위해 건축한 것으로 기술한다. 이를 통해 성전은 하나님의 은혜에 대한 솔로몬의 응답으로 제시된다.

36 - **39** **저희가 주께 범죄하므로** 이 기도는 34절에서와 같이 '만일'로 시작된다. '만일 그들이 범죄한다면'이라는 뜻이다. 앞 구절의 맥락에서 본다면 이것은 전쟁에서의 범죄를 말할 것이다. 아간(수 7:1)이나 사울(삼상 13장, 15장)에게서 그 예를 찾아볼 수 있다. 그러나 **범죄치 아니하는 사람이 없사오니**라는 구절은 이 범죄가 전쟁에서의 범죄에 제한하지 않고 백성의 일반적인 죄임을 말해준다. 범죄의 결과 하나님이 진노하시고 그들을 적국에게 넘기신다. 24절에서와 같이 여기서 다시 적국의 침략과 사로잡힘이 언급된다. 또 마찬가지로 패전과 사로잡힘은 하나님께 대한 범죄의 결과로 설명된다. 기도에 대한 응답으로 죄의 용서와 귀환에 대하여 말하는 것도 동일하다(25절과 37절). 그러나 이 기도는 범죄의 결과 특히 적에 의해 끌려가 자신의 땅을 강제로 떠나게 된 경우를 위한 것이다.

36 - **37** **땅의 원근**(36절), **사로잡혀간 땅**(37절), **사로잡은 자의 땅**(37절)과 **적국의 땅**(38절)의 표현을 통해 백성의 포로 상태가 강조된다.

우리가 범죄하여 패역을 행하며 악을 지었나이다 기도문이 직접 인용되어 백성의 회개가 두드러진다.

38 **온 마음과 온 뜻으로**라는 표현 속에는 내적인 회개의 증거가 담겨 있다. 사로잡혀간 백성이 하는 기도의 방향은 앞 단락(35절)에서 말한 **주**

의 빼신 성과 솔로몬이 건축한 **전**에다 **그 열조에게 주신 땅**이 하나 더 추가되어 있다. 땅과 성과 성전은 사로잡혀간 백성에게 자신들의 정체성을 말해주는 상징이다.

39 이러한 낮아짐은 주께로 돌아오는 계기가 된다. 그러나 이 기도에서 왕이 궁극적으로 구하는 것은 기도하는 자들에 대한 하나님의 **용서**이다. 여기서 **용서**란 하나님이 백성의 죄를 덮어주시는 것을 의미할 뿐만 아니라, 구체적인 곤경으로 경험되는 징벌을 거두시는 것을 말한다. 열왕기에서는 앞 단락의 연속으로서 솔로몬 왕이 사로잡힌 자들이 사로잡아간 자들로부터 불쌍히 여김을 받게 해달라고 구하며, 또한 그들이 하나님이 애굽에서 인도한 **주의 백성**, "주의 소유"임을 언급한다(왕상 8:50b-51). 역대기 저자는 이를 생략하고 있다.

(5) 간구(40-42절)

40 - **42** 기도의 결말부분에 해당하는 이 구절은 저본(왕상 8:52-53)을 두루 수용하고 있지만, 저본에서 많이 이탈하여 역대기 고유의 성격을 보여준다. 41-42절은 시편 132:8-10과 유사하다.

40 솔로몬 왕은 미래의 백성을 위한 구체적인 중보기도의 끝에서 기도를 시작할 때와 마찬가지로 다시 한 번 성전에서 하는 기도에 눈을 드시고 귀를 기울이실 것을 청한다. 자신의 기도에 하나님의 응답을 구하는 이 기도는 저본(왕상 8:52)의 것과 일치한다. 그러나 솔로몬 왕이 출애굽 당시 모세를 통해 하신 하나님의 약속에 근거하여 하나님이 자신의 기도에 응답해주실 것을 구하는 열왕기상 8:53은 생략되어 있다. 이에 반해 역대기에서 솔로몬 왕이 하나님을 **나의 하나님이여**!라고 부르는 호칭이 추가되어 있다. 이것은 앞에서 "이스라엘의 하나님 여호와여"라고 불렀던 것과는 차이를 보여준다(14절, 17절). 출애굽이라는 공동체의 경험보다 매우 개인적이며 친밀한 관계를 나타낸다. 솔로몬 왕의 기도는 다시 언약궤 이동 상황으로 되돌아간다.

41 – **42** 5장의 보도에 따르면 성전 모든 기구와 언약궤가 정해진 자리에 안치되었다(5:1, 7). 다른 성전기구들과는 달리 언약궤는 하나님의 '현존'을 상징하므로 언약궤의 안치는 특별한 의미를 갖는다.

여호와 하나님이여 일어나 들어 가사 솔로몬 왕은 이제 궤와 함께 하나님께서 그의 **처소**에 들어가실 것을 간구한다. 이 구절은 민수기 10:35의 언약궤 이동 장면을 연상시킨다. "궤가 떠날 때에는 모세가 말하되 '여호와여 일어나사' 주의 대적들을 흩으시고 주를 미워하는 자로 주의 앞에서 도망하게 하소서." "일어나다"는 표현은 다시 진행하기 위하여 쉬는 상태에서 행동을 개시하는 것을 말한다. 모세의 간구가 말해주듯이 "여호와여 일어나사"는 본래 전쟁 상황에서 구원을 요청하는 외침이었다. 그러나 여기서는 전쟁이나 광야 진행을 위한 외침이 아니라 쉬기 위함이다. **주의 평안한 처소에 계시옵소서**. 솔로몬 왕은 중보기도에서 하나님이 계신 곳을 계속하여 "하늘"이라고 언급하였다. 그러나 이제 솔로몬 왕은 성전을 하나님이 계신 성소로 간청하고 있다.

언약궤는 5장에서 "궤"(5:4, 5, 6, 8, 9, 10) 또는 "여호와의 언약궤"(5:7)로 지칭되었다. 반면 여기서는 **주의 능력의 궤**로 불린다. 이 칭호는 궤가 특별한 능력을 지닌 것으로 간주된 것은 오래된 전통을 반영하고 있다. 가령 위의 민수기의 언약궤 노래가 보여주듯이 궤의 이동은 하나님이 이스라엘의 전사로 백성을 위하여 싸운다는 것을 의미한다(민 10:35). 블레셋과의 전투에서 패배한 이스라엘 백성은 성소에 있는 언약궤를 가져와 원수들의 손에서 자신들을 구원하게 하자고 말한다(삼상 4:3). 블레셋인들도 언약궤를 신과 동일시하면서 재앙으로 자기의 백성의 대적을 친다고 믿었다(삼상 4:7). 블레셋 사람들이 궤를 빼앗아 다곤 신전에 두자 다곤 신상이 궤 앞에서 엎드러졌으며(5:1–5), 언약궤가 가는 곳마다 독한 종기가 발생하여 성읍 사람들이 사망을 면치 못하거나 환난을 당하였다(5:6–12). 언약궤 칭호의 변화는 이 기도가 시편에서 인용한 데서 연유되었을 것이다. "여호와여 일어나사 '주의 권능의 궤'와 함께 평안한 곳으로 들어가소서"(시 132:8).

42 앞에서 제사장과 성도가 복수로 언급되듯이 **주의 기름 부음 받은**

자도 복수로 되어 있다. 여러 사본들과 시편 132:10에는 단수로 되어 있다. 성전 봉헌식이라는 현재의 기도맥락을 고려할 때 여기서 솔로몬 왕은 현재와 미래를 포괄하는 모든 국가기관을 총칭하는 듯하다. 하나님의 거룩한 백성으로서 성전관리인 제사장과 회중인 성도들, 그리고 기름 부음 받은 왕들을 말할 것이다. 따라서 "당신의 기름 부음 받은 자들"은 현재의 왕인 솔로몬을 포함하여 미래의 왕들을 지칭할 것이다. 이들을 위하여 주의 얼굴을 돌리지 말 것을 간구한다. '얼굴을 돌리다'는 표현은 '거절', '거부'를 뜻한다(왕상 2:16, 17; 왕하 18:24 등).

이들에 대한 간구는 **다윗에게 베푸신 은총을 기억**해줄 것으로 지지된다. 이 구절은 시편 132:10에서는 "주의 종 다윗을 위하여…"로 되어 있다. 역대기의 **다윗에게 베푸신 은총**에 해당하는 히브리어 '하스데 다윗'('하스데'의 절대형은 '헤세드'이다.) 즉 '다윗의 은총들'은 두 가지로 해석될 수 있다. 첫째는, 다윗을 주격의 소유격으로 해석할 수 있다. 이 경우에 다윗의 선한 행위들을 의미할 것이다. 다윗의 덕행들이란 그가 성전건축 준비를 위해 행했던 부단한 노력들을 말할 것이다(32:32, 35:26; 느 13:14 참고). 둘째는, 다윗을 목적격 소유격으로 볼 수 있다. 이 경우에 '다윗의 은총들'은 다윗에 대한 여호와의 구원 행위를 의미한다. 이사야 55:3과 특히 시편 89:50(2)이 보여주듯이 다윗왕조에 대한 약속(16-17절)으로서 두 개의 주제인 성전과 왕조를 말하는 것 같다. 두 가지 해석 모두 받아들일 만하다. 앞에서 언급했듯이 열왕기 본문에 따르면 솔로몬 왕은 자신의 간구의 모든 기초를 모세를 통한 약속에 기초하였다(왕상 8:53). 다윗 약속에의 기초는 역대기에서 다윗이 모세와 대등한 위치를 점하고 있음을 알게 해준다. 이것은 다윗이 모세와 같이 **주의 종**이라는 칭호로 불린다는 점에서 확인된다.

¶ 메시지

솔로몬 왕은 어려움에 처하게 될 백성이 이 성전에 와서 하나님께 기도할 때 응답해달라고 기도한다. 솔로몬의 기도에 따르면 하나님의 응답은 용서이다. 그러나 솔로몬은 하나님의 용서에 앞서 회개를 촉구한다. 이처럼 중보기도는 회개와 용서의 간구를 그 내용으로 해야 한다.

2) 하나님의 응답과 회중의 응답(7:1-3)

¶ 본문

[1]솔로몬이 기도를 마치매 불이 하늘에서부터 내려와서 그 번제물과 제
물들을 사르고 여호와의 영광이 그 전에 가득하니 [2]여호와의 영광이 여
호와의 전에 가득하므로 제사장이 그 전에 능히 들어가지 못하였고 [3]이
스라엘 모든 자손은 불이 내리는 것과 여호와의 영광이 전에 있는 것을 보
고 박석 깐 땅에 엎드려 경배하며 여호와께 감사하여 가로되 선하시도다
그 인자하심이 영원하도다 하니라

¶ 주석

[1] 솔로몬이 기도를 마치매 열왕기에서 기도를 마친 솔로몬 왕은 이스라엘 회중을 위하여 축복한다(왕상 8:54b-61). 역대기에서 이 기도는 생략되어 있다. 저자는 이를 통하여 여호와가 성전의 적법성을 인정하는 하나님의 응답을 보여주는 데 집중하고자 하기 때문이다.

불이 하늘에서부터 내려와서 솔로몬의 간구는 즉각적으로 이루어진다. 5:6에 따르면 제사 준비는 이미 완성되었다. 언약궤를 그 처소에 메어 들이고 찬양하였을 때 제사장들이 구름 때문에 능히 서서 섬기지 못하였다(5:13-14). 이제 하늘의 불이 준비되어 있던 제물을 사른다. 여호와가 드디어 영광으로 성전에 들어오신 것이다. 여호와의 영광과 불로 응답하는 방식은 광야에서 지은 회막에서 드린 첫 제사에 관한 보도인 레위기 9:23-24에 나타

난다. "… 여호와의 영광이 온 백성에게 나타나며 불이 여호와 앞에서 나와 단 위의 번제물과 기름을 사른지라.…" 하나님의 응답이 회막과 성전에 동일한 방식으로 임하였다는 것은 두 성소의 연속성을 강조해준다. 동시에 동일한 응답 방식은 기브온에 있는 회막 제의(1:3ff.)가 예루살렘 성전과 그 제단으로 이전되는 것을 하나님께서 마음에 들어 하셨다는 것을 나타낸다. 하나님께서 솔로몬이 건축한 성전과 솔로몬의 기도를 인정한 것이다.

2 - 3 5장에서와는 달리 여호와의 응답에 제사장들만이 아니라 모든 이스라엘도 응답한다. 제사장들은 성전에 들어가지 못한다. 백성도 하나님을 영광을 보고 성전과 기도를 하나님이 성결케 하였음을 보고 땅에 엎드려 하나님께 감사하며 찬양한다. **선하시도다 그 인자하심이 영원하도다**.

¶ 메시지

하나님은 우리의 기도에 응답하신다. 하나님의 응답에 우리는 찬양으로 응답해야 한다. "선하시도다 그의 인자하심이 영원하도다."

3) 성전 낙성식(7:4-10)

¶ 본문

4 이에 왕과 모든 백성이 여호와 앞에 제사를 드리니 5 솔로몬왕의 드린
제물이 소가 이만 이천이요 양이 십 이만이라 이와 같이 왕과 모든 백성이
하나님의 전의 낙성식을 행하니라 6 때에 제사장들은 직분대로 모셔 서고
레위 사람도 여호와의 악기를 가지고 섰으니 이 악기는 전에 다윗왕이 레
위 사람으로 여호와를 찬송하려고 만들어서 여호와의 인자하심이 영원함

을 감사케 하던 것이라 제사장은 무리 앞에서 나팔을 불고 온 이스라엘은
섰더라 7솔로몬이 또 여호와의 전 앞뜰 가운데를 거룩히 구별하고 거기
서 번제물과 화목제의 기름을 드렸으니 이는 솔로몬의 지은 놋단이 능히
그 번제물과 소제물과 기름을 용납할 수 없음이더라 8그 때에 솔로몬이
칠일 동안 절기를 지켰는데 하맛 어귀에서부터 애굽 하수까지의 온 이스
라엘의 심히 큰 회중이 모여 저와 함께 하였더니 9제 팔일에 무리가 한
성회를 여니라 단의 낙성식을 칠일 동안 행한 후 이 절기를 칠일 동안 지
키니라 10칠월 이십 삼일에 왕이 백성을 그 장막으로 돌려보내매 백성이
여호와께서 다윗과 솔로몬과 그 백성 이스라엘에게 베푸신 은혜를 인하여
기뻐하며 마음에 즐거워하였더라

¶ 주석

(1) 성전 낙성식(7:4-7)

4 – **5** 열왕기상 8:62-63과 평행한다. 왕과 백성이 드린 제사와 제물(5:6)이 다시 언급된다. 5장에서 왕과 백성이 드린 제물의 양이 너무 많아 셀 수도 기록할 수도 없었다고 한 반면, 여기서는 솔로몬 왕이 드린 제물의 수가 정확하게 기록되어 있다(소 이만이천 마리, 양 십이만 마리). 막대한 양의 제물은 역대기에 기록된 다른 어떤 제사의 것과 비교되지 않는다(대상 29:21; 대하 1:6, 29:32, 30:24, 35:7-9 참고). 이 제물의 수는 열왕기가 제공한 것이다.

6 낙성식의 모습을 보여주는 이 구절은 역대기 고유의 것이다. 제사장은 직분대로, 레위인은 다윗이 만든 악기를 가지고 섰다. 온 이스라엘도 서 있다. 제사장들의 **직분**이란 제사업무와 관련된 것을 말한다. 제사는 제사장의 일이다. 그러나 찬양은 레위인과 제사장이 함께 담당한다(5:11-14 참고). 레위인은 다윗이 만든 악기를 연주하고 제사장은 나팔을 분다. 제사장이 나팔을 부는 것은 다윗 시대 이전으로 거슬러 올라간다. 그에 반

해 레위인의 악기 연주는 다윗으로부터 시작되었다(대상 23:5 참고). **여호와의 인자하심이 영원**하도다는 찬양이 어떤 곡조를 띠고 있었는지는 알 수 없다.

7 이 구절은 열왕기상 8:64가 약간 수정되어 있다. "여호와의 앞 놋단"이 "솔로몬의 지은 놋 제단"(4:1)으로 변형되었다. 놋단이 "작다"는 표현은 **능히 ~할 수 없다**라는 표현으로 대체되었다. 이를 통해 왕이 드린 많은 제물의 수가 다시 강조된다.

(2) **장막절과 낙성식 종결**(7:8-10)

8 낙성식은 칠일 간의 절기로 계속된다. 그리고 회중의 크기가 **하맛 어귀에서부터 애굽 하수까지의 온 이스라엘**로 기술된다. 북쪽과 남쪽의 경계이다(민 34:5, 8).

9 - **10a** **제팔일**은 칠일간의 낙성식 다음날이다. 낙성식을 위해 모인 회중이 이 날에 **성회**를 연다. 백성이 제23일에 귀향하였으므로 낙성식은 7월 8일에서 14일까지 열렸고, 15일에는 성회가 열렸으며, 16일에서 22일까지 절기를 지킨 셈이다. 율법에 의하면 7월 15일은 초막절(장막절)이다(레 23:34, 39; 참고. 겔 45:25; 민 29:12). 솔로몬은 성전 낙성식을 순례축제인 초막절에 맞춰 정함으로써 국가적 차원의 중요 행사로 치른다. 7일간 지키는 초막절은 첫 날과 여덟째 날에 성회로 모여야 한다는 것은 레위기와 민수기가 규정하고 있다(레 23:36b, 39b; 민 29:35). 이것이 언급되지 않는 규정도 있다(신 16:13; 겔 45:25; 레 23:34, 36a, 39a, 40, 42).

특이하게도 9b절에서 성전 봉헌식은 "단의 낙성식"으로 칭해진다. 저본(왕상 8:66)을 약간 수정한 이 표현은 두 가지 면에서 역대기 저자의 새로운 사상을 드러내고 있다. 첫째, 성전은 여호와의 현현장소이자 기도처이지만(7:13-16), 그러나 그 무엇보다도 성전은-처음부터 성전건축의 목적에서 밝혀졌듯이(2:4)-제의 처소라는 것이다. 성전을 제의처로 간주하는 것은 7:2에서 다시 확인된다. 두 번째 새로운 것은 열왕기 본문과의 비교를 통해 잘 드러난다. 저본은 한편으로는 도합 14일간 절기로 지켰다고 말하면서 다른 한편으로는 왕이 여덟째 날에 백성을 돌려보냈다고 기록하고 있다(왕상 8:65). 그러니까 열왕기 본문은 성전의 낙성식과 초막절이 동시에 치러졌다는 것을 말하고 있다. 그러나 역대기는 **단의 낙성식**이라는 다른 이름을 사용함으로써 서로 다른 두 절기가 별개로 치러졌음을 분명히 하고 있다. 성전의 낙성식과 초막절을 엄격히 분리하고 있다.

10b 백성의 귀향으로 5:2에서 시작된 봉헌식은 종결된다. 이것은 열왕기상 8:66과 평행하는데 약간 수정되어 있다. 첫째, 백성이 왕을 축복하였다는 언급이 생략되어 있다. 둘째, 백성이 기뻐한 근거로서 "다윗과 그의 백성 이스라엘에게 베푸신 모든 은혜"에 **솔로몬**이 추가되어 있다. 솔로몬에게 베푸신 은혜는 무엇보다도 그에게 주어진 지혜로써 성전을 건축한 것을 말한다.

¶ 메시지

건축된 성전에 대한 하나님의 인정은 하늘에서 불이 내려오는 것으로 표현되었다(1절). 성전건축에 대한 백성의 마음은 기뻐함으로 나타난다. 지도자가 행하는 하나님을 위한 일은 백성이 기뻐하는 결과를 수반해야 한다.

6. 하나님의 응답(7:11-22)

11절은 성전 낙성식을 마무리하는 결구로 간주할 수 있다. 그러나 이 구절은 봉헌보다는 건축에 더 초점을 두고 있으므로 이후 구절의 도입구로 보는 것이 나을 것 같다.

12-22절은 솔로몬의 기도에 하나님이 응답하였음을 보여준다. 여호와는 솔로몬 왕이 한 기도(6장)와 연관하여 말씀하신다(왕상 6:26, 28a*β*, 40). 첫 번째 부분(12-16절)은 기도에 대한 직접적인 응답으로, 두 번째 부분(17-22절)은 성전과 땅의 파괴에 대한 설명으로 이루어져 있다. 그러므로 이 단락은 성전건축 보도의 연장으로 보아야 할 것이다. 이러한 맥락에서 클로스터만은 이 단락을 "성전봉헌에 대한 인장"이라고 불렀다. 이 단락은 열왕기상 9:2-9에 기초하고 있으나 변형되었다. 특히 12b*β*-15절이 추가됨으로써 중요한 신학적 의미를 제시하고 있다.[41]

41) H. G. M. Williamson, *Studies in Persian Period History and Historiography*, 191.

¶ 짜임새

7:11	도입
7:12-16	하나님의 응답
7:12a	하나님의 현현
7:12	성전선택
7:13-15	기도에 대한 응답 약속
7:16	응답의 이유
7:17-22	왕과 백성에 대한 경고
7:17-18	솔로몬에게 약속과 경고
7:19-20	백성의 배신과 그 결과에 대한 경고

¶ 평행본문과의 비교

건축 종결 보도	대하 7:11	왕상 9:1
하나님의 현현	7:12a	9:2
성전선택	7:12bα	9:3a
회개와 응답	7:12bβ-15	-
성전선택	7:16	9:3b
왕위 약속	7:17-22	9:4-9

1) 하나님의 현현(7:11-16)

¶ 본문

11 솔로몬이 여호와의 전과 왕궁을 필역하고 무릇 그 심중에 여호와의
전과 자기의 궁궐에 어떻게 만들고자 한 것을 다 형통하게 이루니라 12 밤
에 여호와께서 솔로몬에게 나타나사 이르시되 내가 이미 네 기도를 듣고
이곳을 택하여 내게 제사하는 전을 삼았으니 13 혹 내가 하늘을 닫고 비를
내리지 아니하거나 혹 메뚜기로 토산을 먹게 하거나 혹 염병으로 내 백성
가운데 유행하게 할 때에 14 내 이름으로 일컫는 내 백성이 그 악한 길에
서 떠나 스스로 겸비하고 기도하여 내 얼굴을 구하면 내가 하늘에서 듣고
그 죄를 사하고 그 땅을 고칠찌라 15 이곳에서 하는 기도에 내가 눈을 들
고 귀를 기울이리니 16 이는 내가 이미 이 전을 택하고 거룩하게하여 내
이름으로 여기 영영히 있게 하였음이라 내 눈과 내 마음이 항상 여기 있으
리라

¶ 주석

11 솔로몬은 성전과 왕궁건축이 종결되었으되 솔로몬이 계획한 대로 이루어졌음을 강조한다.

12 열왕기에서는 기브온에서 나타나신 하나님이 "다시" 솔로몬에게 나타났다고 한다(왕상 9:2). 그러나 여기서는 **밤에** 나타나심을 강조한다. 하나님의 응답은 "내가 네 기도를 들었다"는 것과 "이곳을 제사하는 성전"으로 삼았다는 것이다. 앞에서 솔로몬이 기도한 것은 성전에서 또는 성전을 향하여 하는 기도에 대하여 응답하여 달라는 것이었다. 성전은 일차적으로 제사하는 곳이다. **제사하는 전**은 "기도의 집"과 동일하다(사 56:7).

솔로몬 성전이 하나님이 선택한 곳으로 정확히 명시되어 있다. 신명기에 "내가 택할 곳"(신 12:5, 11, 14)을 역대기에서는 분명히 예루살렘 성전으로 밝히고 있다.

13 - 16 솔로몬이 말했던 수많은 재앙 가운데 하나님은 가뭄과 메뚜기 재앙, 전염병을 예로 든다. 이들로 대표되는 재앙은 **악한 길**을 걷는 것에 대한 징계로 나타난다. 백성이 실제 재앙에 즉각 응답할 수 있는 네 가지의 가능성이 단계적으로 기술되어 있다. 첫째, 악한 길에서 떠난다. 둘째, 스스로 낮춘다. 셋째, 기도한다. 넷째, 하나님의 얼굴을 찾는다. 이 네 가지는 순차적으로 일어나는 것이 아니라 거의 동시적이다. 회개의 첫 번째 단계인 '겸비하다'는 역대기의 전형적인 개념이다(30:11, 32:26, 33:12, 19, 23, 34:7, 36:12). 인간의 겸비에 대한 하나님의 응답은 죄를 사하고 땅을 고치는 것으로 나타난다.

15 앞 6:40에 대한 응답이다. **이곳에서 하는 기도에 내가 눈을 들고 귀를 기울이리니**. 성전은 하나님이 택하여 거룩하게 한 곳이며 하나님의 이름이 있기 때문이다. 그러므로 하나님은 그의 눈과 마음을 그곳에 두신다.

¶ 메시지

하나님을 움직이는 기도는 우리의 겸손한 마음이다. 하나님께서는 상하고 통회하는 마음을 멸시하지 않으신다(시 51:17).

2) 경고(7:17-22)

¶ 본문

17 내가 만일 내 앞에서 행하기를 네 아비 다윗 같이 하여 내가 네게 명
한 모든것을 행하여 내 율례와 규례를 지키면 18 내가 네 나라 위를 견고
케 하되 전에 내가 네 아비 다윗과 언약하기를 이스라엘을 다스릴 자가 네
게서 끊어지지 아니하리라 한대로 하리라 19 그러나 너희가 만일 돌이켜
내가 너희 앞에 둔 내 율례와 명령을 버리고 가서 다른 신을 섬겨 숭배하
면 20 내가 저희에게 준 땅에서 그 뿌리를 뽑아내고 내 이름을 위하여 거
룩하게 한 이 전을 내 앞에서 버려 모든 민족 중에 속담거리와 이야기거리
가 되게 하리니 21 이 전이 비록 높을찌라도 무릇 그리로 지나가는 자가
놀라 가로되 여호와께서 무슨 까닭으로 이 땅과 이 전에 이같이 행하셨는
고 하면 22 대답하기를 저희가 자기 열조를 애굽 땅에서 인도하여 내신 자
기 하나님 여호와를 버리고 다른 신에게 부종하여 그를 숭배하여 섬기므
로 여호와께서 이 모든 재앙을 저희에게 내리셨다 하리라 하셨더라

¶ 주석

17 - **18** 조건절로 된 경고문으로 솔로몬에게 하는 선언으로 되어 있다. 첫째, 솔로몬이 다윗처럼 율례와 법규를 잘 지키면 다윗과 언약한 것, 즉 **이스라엘을 다스릴 자가 네게서 끊어지지 아니하리라** 한 약속을 이루실 것이다(6:16 참고). 열왕기에는 "이스라엘의 왕위에 오를 사람"(왕상 9:5)이다. 이 변형은 미가 5:2의 영향으로 설명되기도 하지만, 역대기 저자의 왕에 대한 사상적 의도가 담겨 있을 것이다. 왕조의 영속 여부는 왕의 율법 순종 여부에 달려 있다(6:16 참고).

19 - **22** 두 번째 경고에서 2인칭 복수 **너희**는 열왕기상 9:6에서와 같이 솔로몬 왕과 그 후손이 아니라, 솔로몬과 그 백성이다. 백성이 율례와 명령을 버리고 다른 신들을 섬겨 경배하면 백성은 땅에서 살지 못할 것이며 또한 하나님의 이름을 위하여 거룩하게 한 성전조차도 버릴 것이다. 백성의 삶과 땅과 성전의 운명은 결부되어 있다.

20 - **21** 불순종의 결과로 백성의 사로잡힘과 성전의 파괴가 언급되지만 특히 성전이 더 중심적인 주제를 차지하고 있다. 이것은 성전봉헌식의 문맥에 매우 적합하다.

¶ 메시지

성전에서 하는 기도에 하나님은 귀를 기울이지만 그렇다고 하여 무조건적이지 않다. 겸손한 기도가 하나님을 움직이지만, 하나님의 말씀에 귀기울이지 않는 자에게는 귀를 기울이지 않으신다. 나아가 하나님은 당신의 눈과 마음을 둔 당신의 성전조차도 버리실 수 있다.

7. 그 밖의 솔로몬의 업적(8:1-18)

8장은 열왕기상 9:10-28에 기초하고 있다. 역대기에는 열왕기에서 다루는 모든 주제가 그 순서에 따라 언급되지만 이야기의 초점은 완전히 달라진다. 8장의 내용은 다음과 같이 나누어진다.

¶ 짜임새

A. 8:1	성전과 궁궐 건축 종결
B. 8:2-11	기타 건축
8:2	후람의 성읍 건축과 이주정책
8:3-4	다드몰과 하맛 건축
8:5	벧호론 건축
8:6	바알랏, 예루살렘, 레바논 건축
8:7-10	솔로몬의 역군: 비이스라엘인과 이스라엘 자손
8:11	바로의 딸을 위한 건축
C. 8:12-16	제의 규정 확립
D. 8:17-18	후람과의 동역

¶ 평행본문과의 비교

건축 종결	대하 8:1		왕상 9:10
후람의 성읍	8:2	≠	9:11-13
히람의 금	-		9:14
솔로몬의 건축	8:3-6		9:15-19
솔로몬의 역군	8:7-10		9:20-23
바로의 딸	8:11	≠	9:24
솔로몬의 상번제	8:12-13		9:25a
솔로몬의 제의 규정	8:14-16a		-
성전건축 종결	8:16b		9:25b
후람과의 동역	8:17-18		9:26-28

1) 솔로몬의 다른 건축 사업(8:1-11)

¶ 본문

1솔로몬이 여호와의 전과 자기의 궁궐을 이십년 동안에 건축하기를 마
치고 2후람이 자기에게 준 성읍들을 다시 건축하여 이스라엘 자손으로
거기 거하게 하니라 3솔로몬이 가서 하맛소바를 쳐서 취하고 4또 광야에
서 다드몰을 건축하고 하맛에서 모든 국고성을 건축하고 5또 윗 벧호론
과 아래 벧호론을 건축하되 성과 문과 문빗장이 있게 하여 견고한 성읍을
삼고 6또 바알랏과 자기에게 있는 모든 국고성과 모든 병거성과 마병의
성들을 건축하고 솔로몬이 또 예루살렘과 레바논과 그 다스리는 온 땅에
건축하고자 하던 것을 다 건축하니라 7무릇 이스라엘이 아닌 헷 족속과
아모리 족속과 브리스 족속과 히위 족속과 여부스 족속의 남아 있는자

[8]곧 이스라엘 자손이 다 멸하지 못하였으므로 그 땅에 남아 있는 그 자손
들을 솔로몬이 역군을 삼아 오늘날까지 이르렀으되 [9]오직 이스라엘 자손
은 솔로몬이 노예를 삼아 일을 시키지 아니하였으니 저희는 군사와 장관
의 두목과 그 병거와 마병의 장관이 됨이라 [10]솔로몬왕의 공장을 감독하
는 자가 이백 오십인이라 저희가 백성을 다스렸더라 [11]솔로몬이 바로의
딸을 데리고 다윗성에서부터 저를 위하여 건축한 궁에 이르러 가로되 내
아내가 이스라엘 왕 다윗의 궁에 거하지 못하리니 이는 여호와의 궤가 이
른 곳은 다 거룩함이니라 하였더라

¶ 주석

(1) 성읍 건축(8:1-6)

1 - **2** 솔로몬이 궁궐과 성전을 건축한 기간을 알려준다. 열왕기의 보도에 따르면 성전은 칠 년 동안, 왕궁은 십삼 년 동안 걸렸다(왕상 6:37-7:1).

2 이 구절은 솔로몬과 후람과의 관계를 보여준다. 열왕기 보도에 따르면 솔로몬은 궁궐과 성전을 건축한 후 두로 왕 히람이 백향목과 잣나무와 금을 제공한 값으로 그에게 금 120달란트에 해당하는 갈릴리 땅의 성읍 스무 곳을 주었다. 히람은 이 땅이 맘에 들지 않아 "가불"이라 칭하였다(왕상 9:11-14). 역대기 저자는 솔로몬이 후람에게 성읍을 준 사실에 대하여 침묵하고 있다. 2절에서 '되돌려주다'라고 번역된 동사는 단순히 '주다'의 뜻을 지닌 동사이다. 따라서 역대기 저자는 열왕기의 보도와는 반대로 후람이 솔로몬에게 성읍들을 주었고 솔로몬은 이들을 건축하여 그곳에 사람을 거주하게 했다고 말한다. 만일 역대기와 열왕기가 보도하는 사건이 동일한 것을 말한다면 솔로몬은 성읍 스무 곳을 히람에게 완전히 양도한 것이 아니라 이 성읍에 대한 통치권을 한시적으로 이양했다고 이해해야 할 것이다. 그러나 만일 이것이 서로 다른 두 사건이라면 솔로몬과 히람은 성

읍을 서로 교환하였을 것이다.

야펫은 이 보도가 솔로몬과 히람의 관계를 보여주는 문맥에 자리하고 있다는 것은 역대기가 열왕기의 평행본문을 보충한 것이 아니라 수정한 것이라고 설명한다.[42] 이러한 변형의 결과 역대기에서 후람은 솔로몬에게 종속된 자로 그려지게 되었다(2:14 참고). 역대기 저자에게 후람이 솔로몬으로부터 성읍을 받거나 더구나 그에 대하여 불만족을 표시한다는 것은 언어도단인 셈이다.

3 - **6** 열왕기상 9:15-19와 평행한다. 그러나 6절만 열왕기상 9:18a, 19와 정확하게 일치한다. 5절은 열왕기상 9:17이 확장된 것이라 할 수 있다.

3 솔로몬의 하맛소바 점령에 관한 기록은 열왕기에는 없다. 전쟁하는 솔로몬의 모습은 역대기가 제시하는 "평화의 사람"과 모순된다(대상 22:9). 하맛소바는 이미 다윗이 군사적으로 정복하였던 곳이며(대상 18:3), 그 이후 이스라엘과 하맛은 외교적 관계를 확립하였다(삼하 8:9-10). 솔로몬의 하맛소바 점령은 군사적 정복을 말하는 것이 아니다. 여기서 사용된 동사 '하작'(חזק)은 방비를 강화했다는 것을 의미한다. 솔로몬은 군사력이 아니라 외교적으로 하맛 왕의 양보를 얻어내 하맛 땅에 이스라엘의 기지를 건설할 수 있었을 것이다. 솔로몬 왕국의 북쪽 경계가 하맛 어귀(대하 7:8// 왕상 8:65)였다는 보도는 솔로몬의 영토확장 정책의 가능성에 대하여 긍정적으로 말해준다. 그러나 통치 후기에 북쪽에 대한 솔로몬의 영향력이 감소된 것(왕상 11:14-25)을 고려하면 하맛소바를 방비한 것은 솔로몬의 통치 초기에 속할 것이다. 솔로몬은 결코 전쟁의 사람이 아니다. 역대기에서 솔로몬은 철저히 "평화의 사람"으로 그려져 있다.

4 광야의 다드몰과 하맛의 국고성 건축에 대하여 말한다. 열왕기상 9장, 18장은 솔로몬이 "바알랏과 그 땅의 들에 있는 다말"을 건축하였다고

42) S. Japhet, *I & II Chronicles*, 621.

전한다. '다드몰'(תדמר)은 '다말'(תמר)의 변형된 형태이다. 사해 근처에 있는 '다말'은 남동쪽 경계이다(겔 47:19, 48:28). 바알랏은 기랏여아림의 다른 이름으로(수 15:9, 19:44) 다말과 함께 남동쪽의 경계를 이룬다. 그러나 역대기에서 **다드몰**은 '바알랏'(6절)과 구별되어 언급되고, 대신 **하맛**과 나란히 나오고 있다. 역대기 저자는 **다드몰**을 남쪽에 위치한 '다말'과 동일시하는 것이 아니라 북쪽에 위치한 다른 곳으로 간주하고 있음을 알 수 있다. 이로써 3절과 4절은 솔로몬이 왕국의 북쪽 경계를 확장하고 강화하였음을 보여준다. 솔로몬의 영향이 이전보다 북쪽으로 훨씬 더 멀리 퍼져 나갔다.

하맛의 국고성은 북방과의 무역과 연관하여 솔로몬의 무역상들의 전략적인 기지가 되었을 것이다. 특히 구에에서 사들인 말 무역을 위해 중요한 역할을 했을 것으로 보인다. 여기서 구에에서 사들인 말을 보존하고 중앙 정부에서 필요하게 될 때까지 사육되었을 것이다.[43]

5-**6** 열왕기는 솔로몬 왕이 역군을 일으킨 목적을 "하솔"과 "므깃도"와 "게셀"의 건축 계획으로 밝히고 있다(왕상 9:15). 그러나 이 세 개의 계획 가운데 오로지 게셀의 건축만을 말하고 있다(9:17). 이에 따르면 게셀은 애굽 바로 시아문(Siamun)이 탈취하여(약 주전 970-960년) 솔로몬의 아내가 되는 딸에게 신부지참금으로 준 것이다(왕하 9:16). 그러나 역대기는 이에 대하여 침묵하고 있다. 그것은 아마도 역대기 저자가 게셀이 솔로몬의 직접적인 치적에 귀속되지 않기 때문에 생략한 것 같다.[44] 열왕기가 아랫 벧호론과 바알랏의 건축에 대하여 말하는 반면, 역대기에서는 윗 벧호론도 언급한다. 윗 벧호론과 아랫 벧호론은 예루살렘의 북서쪽에 위치하고 있다. 해안 지역에서 세펠라를 거쳐 산지까지 이르는 곳이다. 성벽과 문과 문빗장이 있는 견고한 성읍으로 건축되었다는 것은 솔로몬 왕이 왕국의 북서쪽 국경을 튼튼히 방비하였다는 말이다. 바산 왕 옥의 성읍이 성벽과 문과 문빗장을 갖춘 요새였다(신 3:5). 솔로몬의 대규모 건축

43) Y. Ikeda, "Solomon's Trade in Horses and Chariots," 238.
44) Rudolph, *Chronikbücher*, 219.

사업은 국경강화를 목적으로 한 것이었음을 알 수 있다. 이것은 애굽의 정치적 상황과 관련이 깊을 것이다. 솔로몬의 통치 후반에 해당하는 솔로몬 24년경(945년경)에 시삭이 애굽을 통일하고 22왕조의 바로로 등장하여 누비아를 탈환하였다. 솔로몬은 이들의 침략을 예상하고 전략적 요충지의 네트워크를 구축하기 위하여 요새를 건축하였을 것이다.[45]

(2) 솔로몬의 역군(8:7-10∥ 왕상 9:20-23)

7 - 8 **이스라엘이 아닌 … 남아 있는 자** 열왕기에서나 역대기에서 동일하게 비이스라엘인을 **헷 족속과 아모리 족속과 브리스 족속과 히위 족속과 여부스 족속의** 자손들로 밝히고 있다(왕상 9:20-21). 이들은 이스라엘 자손이 다 멸하지 못하여 저자의 시대까지 남아 있었다.

그 땅에 남아 있는 그 자손들을 솔로몬이 역군을 삼아 솔로몬 왕이 이스라엘이 아닌 자들을 조사하여 담군과 벌목군과 감독으로 삼았다는 사실은 이미 2장에서 언급되었다(2:17-18). 2장에서 비(非) 이스라엘인은 "이스라엘 땅에 거한 이방 사람"으로 칭해진다. 역대기 저자는 비이스라엘 사람에 대한 상이한 표현으로 2장에서 언급된 "이스라엘 땅에 거한 이방 사람"과 옛 가나안 자손들을 구별하고 있다. 2장에서는 특별히 성전건축에 투입된 이방인들을 다루었다. 그에 반해 여기서는 일반적인 역군에 대하여 말한다.

9 **오직 이스라엘 자손은** 솔로몬 왕이 이스라엘 자손은 노예로 삼지 않고 행정적인 책임을 맡겼다고 증거한다(∥ 왕상 10:22). 이스라엘 자손은 군사와 지휘관의 우두머리들과 그의 병거와 마병의 지휘관으로 일하였다. 이 구절이 "솔로몬 왕이 온 이스라엘에서 역군을 불러일으키니"라는 열왕기상 5:13과 충돌한다고 볼 수 없다. 왜냐하면 그들은 레바논에서 짐꾼과 산에서 돌을 뜨는 특수한 목적을 위해 한시적으로 고용된 자들을 말하기 때문이다. 그 밖의 사역을 감독하는 관리들이 일하는 백성을 거느렸다(왕

45) A. Malamat, "A Political Look at the Kingdom of David and Solomon and Its Relations with Egypt," 189-204.

상 5:15-16). 벌목에서 왕의 공장을 감독하는 이백오십 명이 백성을 다스렸다고 한다. 그러나 열왕기에는 솔로몬 왕이 이스라엘 자손에게 부역을 감당하게 한 것이 암시되고 있다(11:27-28).

10 여기서 언급된 감독은 2:17b(1b)의 감독자 가운데 수장이었을 것이다. 솔로몬이 이스라엘 사람들을 노역으로 끌어들이지 않았다는 주장에 대하여, 2:16-17을 참고하라.

(3) **바로 딸을 위한 건축**(8:11)

11 **바로의 딸** 역대기 저자는 지금까지 바로의 딸에 대하여 언급하지 않았다. 역대기 저자는 솔로몬 왕이 바로의 딸과 혼인한 후 그를 다윗성에 거하게 하고 성전과 궁전, 성의 공사가 끝나기를 기다렸고(왕상 3:1), 또 바로의 딸을 위해 따로 집을 지었다(7:8b)는 일에 대하여 지금까지 침묵하였다.

역대기 저자는 솔로몬이 바로의 딸을 위하여 건축한 사실을 인정한다. 그리고 그가 바로의 딸을 다윗성에 거하지 않게 하였다(왕상 9:24)는 언급을 다시 취하여 설명한다. 열왕기 저자와는 달리 역대기 저자는 왜 바로의 딸이 다윗성에 거해서는 안 되는지에 대하여 신학적인 근거를 제시해준다.

내 아내가 이스라엘 왕 다윗의 궁에 거하지 못하리니 이는 여호와의 궤가 이른 곳은 다 거룩함이니라 이에 따르면 다윗의 왕궁과 궤가 있는 곳(대상 15:1)은 서로 연결되어 있다. 궤는 그 자체로 거룩하고 거룩은 전염되는 성질 때문에 궤가 있는 곳도 거룩해진다. 이미 궤가 성전으로 옮겨졌지만 거룩의 영향은 남아 있다. 여기서 바로의 딸이 이방인이라는 사실은 전혀 문제되지 않는다. 솔로몬이 말기에 하나님을 떠난 근본적인 이유를 그가 바로의 딸 외에 여러 이방여인들을 사랑한 데서 찾고 있는 열왕기의 설명(왕상 11:4-9)은 역대기에 완전히 빠져 있다. 솔로몬 왕은 바로의 딸을 **아내**로 칭한다. 바로의 딸이 다윗성에 거하지 못하는 것은 여성이기 때문이다.[46] 여성이 남자보다 제의적으로 부정에 노출되어 있다(레 15:19f., 12:1f.). 열왕기의 보도에 의하면 솔로몬의 여자로 모압, 암몬, 에돔, 시돈, 헷 출신의 이방여인들은 물론 수많은 후궁과 첩이 있다(왕상 11:1-3). 그에 반해 역대기에는 솔로몬의 아내로 단 두 명의 여인만이 나온다. 바로의 딸과 르호보암의 어머니 암몬 사람 나아마이다(12:30).

¶ 메시지

솔로몬 왕은 하나님을 위항여 성전을 건축하였고 자신을 위하여 왕궁을 건축하였다. 그의 건축은 백성을 위한 것으로 계속된다. 백성의 거주지를 개척하고, 왕국의 방비를 강화한다. 이스라엘 주변 민족의 왕들이 자신의 이름을 위하여 건축에 힘썼던 것과는 대조적인 모습이다. 솔로몬은 결코 명목을 위한 건축이 아니라 실생활을 위해 필요한 건축에 힘썼던 것이다.

2) 제의 규정 확립(8:12-16)

¶ 본문

12 솔로몬이 낭실 앞에 쌓은 여호와의 단위에 여호와께 번제를 드리되
13 모세의 명을 좇아 매일에 합의한대로 안식일과 월삭과 정한 절기 곧 일
년의 세 절기 무교절과 칠칠절과 초막절에 드렸더라 14 솔로몬이 또 그 부
친 다윗의 정규를 좇아 제사장들의 반차를 정하여 섬기게 하고 레위 사람
에게도 그 직분을 맡겨 매일에 합의한대로 찬송하며 제사장들 앞에서 수
종들게 하며 또 문지기로 그 반차를 좇아 각 문을 지키게 하였으니 이는
하나님의 사람 다윗이 전에 이렇게 명하였음이라 15 제사장과 레위 사람
이 국고 일에든지 무슨 일에든지 왕의 명한바를 다 어기지 아니하였더라

46) S. Japhet, *I & II Chronicles*, 625-626.

[16]솔로몬이 여호와의 전의 기지를 쌓던 날부터 준공하기까지 범백을 완비
하였으므로 여호와의 전이 결점이 없이 필역하니라

¶ 주석

12 – **13** 이 구절은 열왕기상 9:25가 대폭 확장된 것이다. 열왕기의 구절은 매년 세 번씩 드리는 번제와 감사제, 제단 분향, 성전건축 종결로 이루어져 있다. 역대기 저자는 "이에 전 역사가 마치니라"는 열왕기의 언급에 따라 이 단락에서 성전의 총체적인 완성에 관하여 보도하고자 한다.

12 솔로몬은 낭실 앞에 쌓은 여호와의 제단 위에 번제를 드렸다. 이것은 성전완공 이후 첫 번제가 된다.

13 다음으로 솔로몬의 일상 제의 생활에 대하여 말한다. 열왕기의 보도와 비교해 볼 때 두 가지 면이 추가되어 있다. 첫째, 일년의 세 절기 외에 상번제와 안식일과 초하루가 더 언급된다. 안식일과 초하루는 민수기 28-29장에 규정되어 있다. 둘째, 솔로몬의 번제가 **모세의 명을 좇아**, 즉 율법에 따라 이루어진 것임이 강조된다.

14 – **15** 언약궤를 성전의 처소에 메어 들일 때 아직 제사장의 반차는 정해지지 않았다(5:11). 이제 솔로몬은 제사장의 반열을 정하여 섬기게 한다. 또 레위 사람들에게도 직분을 맡겼다. 레위인들에게 부여된 일은 찬송하는 일과 제사장들 앞에서 수종드는 것이다. 직무상 레위인은 제사장에게 종속되어 있다. 문지기들에게도 반차가 있어 그에 따라 각 문을 지키게 하였다. 이러한 모든 조치는 다윗이 제정한 것이다(대상 23-26장). 솔로몬은 **다윗의 정규**를 실행하고 있다. 이를 통해 예루살렘 성전제의는 모세를 통해 규정된 제사와 다윗에 의해 제정된 제의관리들의 조직과 찬양으로 구성되어 있음을 알 수 있다. 다윗은 모세와 같이 **하나님의 사람**으로 칭해진다. 다윗이 모세와 대등한 위치를 차지하고 있음을 다시 한 번 확인할

수 있다. 솔로몬이 명령한 것을 제사장들과 레위인이 전혀 어기지 아니하였다고 한다. 13-14절에서 언급된 것 외에 레위인의 업무로 **국고 일**이 언급된다. 이것은 하나님의 전 곳간과 성물 곳간을 말할 것이다(대상 26:20ff. 참고).

16 열왕기상 9:25b와 같이 성전건축 완성에 대한 결구이다. 그러나 역대기에서는 성전공사의 완성은 건축물 자체만의 완공이 아니라 성전의 제의 규정도 포함된다. 성전의 기초가 놓이던 날부터 준공하기까지 전 공사가 결점 없이 완결되었다.

¶ 메시지

성전건축의 완성이란 외적으로 보이는 건물의 완공만을 말하지 않는다. 율법에 따른 예배가 이루어지지 않고서는 성전이 제대로 갖추어졌다고 말할 수 없다. 예배당 건축에는 율법에 맞는 예배 형태 구축이 포함되어야 한다.

3) 무역 사업(8:17-18)

¶ 본문

17 때에 솔로몬이 에돔 땅의 바닷가 에시온게벨과 엘롯에 이르렀더니
18 후람이 그 신복에게 부탁하여 배와 바닷길을 아는 종들을 보내매 저희
가 솔로몬의 종과 함께 오빌에 이르러 거기서 금 사백 오십 달란트를 얻고
솔로몬왕에게로 가져왔더라

¶ 주석

17 솔로몬이 **에돔 땅의 바닷가 에시온게벨과 엘롯**으로 갔다. 이것은 에돔과의 군사적 갈등을 수반하지 않는다. 에시온게벨과 엘롯은 홍해에 이르는 통로이다. 솔로몬은 이러한 길을 이용한다. 에돔 땅이 그의 왕국의 경계 안에 속해 있기 때문이다.

18 솔로몬은 무역 항구를 갖고 있지만 무역로를 알지 못한다. 오빌의 무역을 위하여 솔로몬은 후람에게 도움을 청한다. 후람의 도움으로 오빌 무역에 참여한다(왕상 9:26-27). 두로는 솔로몬 왕국에 속하지 않지만, 무역 파트너로 삼는다.

솔로몬의 마지막 사업으로 오빌에서의 무역이 언급된다. 열왕기에서는 솔로몬은 배를 제조하는 자로 나타난다. 후람의 사람들은 뱃길을 잘 알고, 솔로몬은 아프리카에 이르는 중요한 항구 도시 에시온게벨에 대한 해상권을 지니고 있어 이 무역은 솔로몬과 후람의 동역에 의해 이루어질 수 있다(왕상 10:11, 22).

역대기에서는 솔로몬의 선박제조에 관한 보도는 없다. 솔로몬이 에시온게벨과 엘롯에 이르렀다고 전한다. 후람이 바닷길을 아는 그의 종들뿐만 아니라 선박도 보낸다. 후람은 역대기에서 철저하게 솔로몬에게 종속된 자로 나타난다(2:13-14 참고). 오빌에서의 무역은 금만이 언급된다(9:10).

¶ 메시지

왕국을 위한 솔로몬 왕의 노력은 국경 밖까지 미친다. 그는 노하우를 빌릴 줄 알며 자신의 것을 투자할 줄 안다. 솔로몬 왕은 하나님의 약속(1:12)에 얼마나 적극적으로 임하는가!

8. 솔로몬의 지혜와 부와 명성(9:1-28)

역대기 저자는 스바 여왕의 방문보도를 저본에 기초하고 있다(왕상 10:1-25). 그런 다음 솔로몬에 관한 모든 부정적인 보도는 생략한다(왕상 11:1-40). 지혜를 약속받은 솔로몬은 기브온 산당의 하나님을 방문하였다. 이제 지혜의 왕 솔로몬은 스바 여왕의 방문을 받는다. 앞 단락에서 솔로몬은 하나님께 지혜를 구하였다. 이제 스바 여왕은 솔로몬의 지혜를 찬양한다.

¶ 짜임새

9:1-12	스바 여왕의 방문
9:1-2	스바 여왕의 질문과 솔로몬의 대답
9:3-8	스바 여왕의 찬양
9:9	스바 여왕의 예물
9:10-11	백단목의 출처와 용도
9:12	솔로몬의 답례와 스바 여왕의 귀환
9:13-21	솔로몬의 부
9:13-14	세입금

9:15-16	금방패
9:17-19	보좌
9:20	그릇
9:21	부의 근원
9:22-24	솔로몬의 국제적 위상과 경제적 부
9:22-23	솔로몬의 지혜
9:24	국제적 예물과 조공
9:25-28	기타 정보
9:25	말과 마병(1:14 참고)
9:26	솔로몬 관할 범위
9:27	은과 백향목(1:15 참고)
9:28	수입 말(1:16 참고)

¶ 평행본문과의 비교

스바 여왕의 방문	대하 9:1-12	왕상 10:1-13
솔로몬의 부	9:13-21	10:14-22
솔로몬의 국제적 위상	9:22-24	10:23-25
말과 마병	9:25	10:26
솔로몬 관할 범위	9:26	-
은과 백향목	9:27/1:15	10:27
수입 말	9:28/1:16	10:28
병거	-	10.29

1) 스바 여왕 방문(9:1-12)

¶ 본문

1스바 여왕이 솔로몬의 명예를 듣고 와서 어려운 문제로 솔로몬을 시험
코자하여 예루살렘에 이르니 수원이 심히 많고 향품과 많은 금과 보석을
약대에 실었더라 저가 솔로몬에게 나아와 자기 마음에 있는 것을 다 말하
매 2솔로몬이 그 묻는 말을 다 대답하였으니 솔로몬이 은미하여 대답지
못한 것이 없었더라 3스바 여왕이 솔로몬의 지혜와 그 건축한 궁과 4그
상의 식물과 그 신복들의 좌석과 그 신하들의 시립한 것과 그들의 공복과
술 관원들과 그들의 공복과 여호와의 전에 올라가는 층계를 보고 정신이
현황하여 5왕께 고하되 내가 내 나라에서 당신의 행위와 당신의 지혜에
대하여 들은 소문이 진실하도다 6내가 그 말들을 믿지 아니하였더니 이
제 와서 목도한즉 당신의 지혜가 크다 한 말이 그 절반도 못 되니 당신은
내가 들은 소문보다 지나도다 7복되도다 당신의 사람들이여, 복되도다 당
신의 이 신복들이여, 항상 당신의 앞에 서서 당신의 지혜를 들음이로다
8당신의 하나님 여호와를 송축할찌로다 하나님이 당신을 기뻐하시고 그
위에 올리사 당신의 하나님 여호와를 위하여 왕이 되게 하셨도다 당신의
하나님이 이스라엘을 사랑하사 영원히 견고하게 하시려고 당신을 세워 저
희 왕을 삼아 공과 의를 행하게 하셨도다 하고 9이에 저가 금 일백 이십
달란트와 심히 많은 향품과 보석을 왕께 드렸으니 스바 여왕이 솔로몬왕
께 드린 향품 같은 것이 전에는 없었더라 10(후람의 신복들과 솔로몬의
신복들도 오빌에서 금을 실어 올 때에 백단목과 보석을 가져온지라 11왕
이 백단목으로 여호와의 전과 왕궁의 층대를 만들고 또 노래하는 자를 위
하여 수금과 비파를 만들었으니 이같은 것들은 유다 땅에서 전에는 보지
못하였더라) 12솔로몬왕이 스바 여왕의 가져온대로 답례하고 그외에 또
저의 소원대로 무릇 구하는 것을 주니 이에 저가 그 신복들로 더불어 본국
으로 돌아갔더라

¶ 주석

열왕기에는 재판 이야기(왕상 3:16-28)를 통해 솔로몬의 지혜를 간접적으로 드러내고, 또 직접적으로 그의 뛰어난 지혜를 찬양한다(왕상 4:29-34). 이 보도들은 역대기에는 생략되어 있다. 역대기에서 솔로몬의 지혜는 스바 여왕의 입을 통해 간접적으로 제시된다(5-8절). 또 스바 여왕의 태도를 통해 솔로몬의 정치적, 경제적 우위가 드러난다. 1-12절에서의 주인공은 솔로몬이지만 스바 여왕의 옴(1절)과 돌아감(12절)에 따라 이야기가 시작되고 종결된다.

(1) 도입(1-2절)

1 - **2** 열왕기상 4:34에 따르면 "솔로몬의 지혜의 소문을 들은 천하 모든 왕 중에서" 솔로몬의 지혜를 들으러 왔다. 그에 반해 스바 여왕은 직접 솔로몬 왕을 방문한다. 스바 여왕은 그 소문이 맞는지 시험하고자 찾은 것이다. 그러나 스바 여왕이 향품과 많은 금과 보석을 가지고 왔다는 사실은 그 소문의 정도를 말해주며 스바 여왕이 그 소문을 의심하지 않았음을 시사한다. 솔로몬은 스바 여왕의 어려운 질문에 다 대답하였다.

(2) 스바 여왕의 반응(3-8절)

3 - **4** 스바 여왕이 보고 느낀 점에 대하여 기술하고 있다. 스바 여왕이 본 것은 첫째, 솔로몬의 지혜이다. 둘째는, 그가 건축한 '궁'이다. 셋째, 왕궁의 음식물, 신하들의 좌석과 신하들의 도열, 신하들의 의복, 술관원과 그들의 의복이다. 넷째로는, 성전의 층계이다. 스바 여왕은 솔로몬의 궁전을 그의 지혜의 결과로 보고 있다. 고대 세계에서 '지혜'는 이렇게 모든 기술의 실용적인 측면과 관련되었다. 이 모든 것에 대한 스바 여왕의 반응은 **정신이 현황하여**라는 표현으로 요약된다. '현황하다'는 표현은 여호수아 5:1에서 가나안과 아모리 족속이 요단강을 넘어온 이스라엘의 기적

에 대한 반응이기도 하다. 이것은 두려움과 찬양을 동시에 나타낸다.[47)]

솔로몬의 지혜에 대한 스바 여왕의 발언은 다음 구절에서 세 가지 차원에서 점층적으로 강조된다.

[5] – [6] 첫째, 스바 여왕은 솔로몬의 지혜에 대하여 그가 들은 소문에서 출발하여 말한다. 1) 소문이 진실하다. 2) 그 소문의 말들을 스바 여왕은 "믿지 못하였다." 3) 스바 여왕은 직접 보고서야 믿게 되었다. 4) 소문은 사실의 절반에도 못 미친다. 역대기에는 솔로몬의 지혜를 알려주는 구체적인 사건이 전혀 보도되지 않았지만 독자들은 스바 여왕의 입을 통해 충분히 솔로몬의 지혜가 얼마나 대단했는지를 상상해 볼 수 있다.

[7] 둘째, 스바 여왕은 왕궁에 속한 자들이 복되다고 한다. 그의 지혜를 듣기 때문이다. 지혜의 왕을 찾아온 스바 여왕이 지혜를 얼마나 사모했는지를 확인시켜준다. 지혜는 치리하며 공의를 세우며 다스리는 능력의 원천이다(잠 8:15-16).

[8] 셋째, 스바 여왕은 이스라엘의 하나님을 찬양한다. 하나님께서 솔로몬을 왕으로 삼으신 이유는 하나님을 위함이며, 이스라엘을 사랑하시기 때문이다. 후람도 이를 강조하였다(2:12). 두 이방 왕의 고백을 통해 솔로몬 왕국이 이스라엘에 대한 하나님의 사랑의 증거로 드러난다. 솔로몬이 왕으로서 해야 할 일은 **공과 의**를 행하는 일이다. 이것은 하나님께서 아브라함을 선택하신 목적이기도 하다(창 18:19).

(3) 예물 교환(9-12절)

두 왕은 예물을 교환한다.

---

47) S. Japhet, *I & II Chronicles*, 636.

9 스바 여왕은 솔로몬 왕에게 금 백이십 달란트와 매우 많은 향품과 보석을 왕께 드린다. 1절에서 스바 여왕이 가져온 예물에 대하여 언급되었다. 여기에서는 특별히 **향품**에 대하여 말한다. 이것은 이스라엘 왕국에서 이전에는 없던 것으로 이제 처음 들어온 것이다.

10 – **11** 이 두 구절은 스바 여왕의 방문 보도(1-9절과 12절) 사이에 끼어 문맥의 흐름을 방해한다. 21절 뒤에 놓여야 적합할 것이다. 또 주기의 성격을 지닌다. 어색한 위치와 주기의 성격은 이미 저본에서부터 시작되었다(왕상 10:11-12). 역대기 저자는 자신의 신학적 입장에 어긋나지 않는 한 저본의 기록을 수정하지 않은 듯하다.

후람과 솔로몬의 공동 무역은 이미 8장(17-18절)에서 언급되었다. 그러나 거기에서는 오로지 금만 언급되었다. 여기에는 **백단목과 보석**도 언급된다. 11절은 특히 백단목의 용도에 대하여 말한다. **전과 왕궁의 층대**에서 **층대**로 번역된 히브리 단어는 '메실라'(מסלה), 즉 '길'을 의미한다. 백단목은 또 **수금과 비파**의 재료가 되었다. 다윗과 마찬가지로 솔로몬 왕도 노래하는 자들의 악기를 제조하였다. 오빌의 백단목으로 만든 물건들의 유일성이 강조된다. 후람과 솔로몬의 무역은 스바 여왕이 현재 보고 있는 것들의 유일성 때문에 향품 다음의 이 자리에 추가되었을 것이다.

12 솔로몬은 스바 여왕의 예물에 답례한다. 그 외에 스바 여왕이 소원하는 대로 모두 주었다는 언급은 솔로몬 왕의 관대함을 보여준다. 스바 여왕이 돌아갔다. 스바 여왕의 방문 목적을 상업 관계를 매듭짓고 애굽 시삭의 회복에 대한 위협에 대처하기 위한 것으로 추측하는 설명이 있다.[48)]

---

48) A. Malamat, "A Political Look at the Kingdom of David and Solomon and Its Relations with Egypt," 189-204.

¶ 메시지

스바 여왕은 말로만 들었던 솔로몬의 지혜를 직접 경험하고 그의 지혜를 찬양한다. 솔로몬의 지혜가 찬양받는 것은 그것이 말의 차원을 넘어서서 왕국의 모든 건축과 제도 등에서 구체화되어 있기 때문이다. 지혜란 단순히 '묻는 말에 다 대답'하는 말에 있지 아니하다. 지혜는 우리가 일상을 가장 구체적으로 잘 살아내게 하는 덕목이기에 솔로몬 왕이 부나 재물이나 영광이나 원수의 생명 멸하기나 장수를 구하지 아니하고 오직 지혜를 구하였듯이 우리도 먼저 지혜를 구하여야 할 것이다. 우리의 지혜도 말을 넘어서 일상의 실천을 통해 구체화되어 드러나야 할 것이다.

2) 솔로몬의 지혜와 재산(9:13-28)

¶ 본문

13 솔로몬의 세입금의 중수가 육백 육십 륙 금 달란트요 14 그 외에 또 상
고와 객상들의 가져온 것이 있고 아라비아 왕들과 그 나라 방백들도 금과
은을 솔로몬에게 가져온지라 15 솔로몬왕이 쳐서 늘인 금으로 큰 방패 이
백을 만들었으니 매 방패에 든 금이 육백 세겔이며 16 또 쳐서 늘인 금으
로 작은 방패 삼백을 만들었으니 매 방패에 든 금이 삼백 세겔이라 왕이
이것들을 레바논나무 궁에 두었더라 17 왕이 또 상아로 큰 보좌를 만들고
정금으로 입혔으니 18 그 보좌에는 여섯 층계와 금 족대가 있어 보좌와 연
하였고 앉는 자리 양편에는 팔걸이가 있고 팔걸이 곁에는 사자가 하나씩
섰으며 19 또 열 두 사자가 있어 그 여섯 층계 좌우편에 섰으니 아무 나라
에도 이같이 만든 것이 없었더라 20 솔로몬왕의 마시는 그릇은 다 금이요
레바논나무 궁의 그릇들도 다 정금이라 솔로몬의 시대에 은을 귀히 여기

지 아니함은 21왕의 배들이 후람의 종들과 함께 다시스로 다니며 그 배가
삼년에 일차씩 금과 은과 상아와 잔나비와 공작을 실어옴이더라 22솔로
몬왕의 재산과 지혜가 천하 열왕보다 큰지라 23천하 열왕이 하나님께서
솔로몬의 마음에 주신 지혜를 들으며 그 얼굴을 보기 원하여 24각기 예물
을 가지고 왔으니 곧 은 그릇과 금 그릇과 의복과 갑옷과 향품과 말과 노
새라 해마다 정한 수가 있었더라 25솔로몬의 병거 메는 말의 외양간이 사
천이요 마병이 일만 이천이라 병거성에도 두고 예루살렘 왕에게도 두었으
며 26솔로몬이 유브라데강에서부터 블레셋 땅과 애굽 지경까지의 열왕을
관할하였으며 27왕이 예루살렘에서 은을 돌 같이 흔하게 하고 백향목을
평지의 뽕나무 같이 많게 하였더라 28솔로몬을 위하여 애굽과 각국에서
말들을 내어왔더라

¶ 주석

이 본문에서는 솔로몬의 재산과 지혜를 주제로 삼고 있다. 13-24절은 열왕기상 10:14-25와 같다. 특히 18절과 21절에서 약간 벗어난다. 25-28절은 혼합되어 있다. 25a(= 왕상 5:6); 25b(= 왕상 10:26b); 26절(= 왕상 5:1a); 27절(= 왕상 10:27). 28절은 열왕기상 10:28-29를 요약하면서 동시에 강조하며 반복한다.

(1) 금(9:13-21)

솔로몬의 막대한 재산 가운데 금에 대하여 언급한다.

13 - **14** 솔로몬의 금의 원천은 1) 세입금, 2) 무역상과 객상들, 3) 아라비아 왕들과 그 나라 방백들이다.

15 - **16** 솔로몬이 금으로 만든 크고 작은 방패들은 군사적 무기로 사용된 것이 아니다. 시삭이 성전과 궁궐의 보물을 약탈하는 중 금 방패를

취하였다는 언급(왕상 14:25-28// 대하 1:9-11)으로 미루어보아 이 방패들은 왕궁 기념식이나 왕 개인의 경호를 위해 사용되었을 것이다. **레바논 나무 궁**은 열왕기상 7:2-5에 따르면 솔로몬이 지은 왕궁의 일부이다. 길이 100규빗, 너비 50규빗, 높이 30규빗의 규모를 지닌 것으로 "솔로몬이 거처할 왕궁"(왕상 7:8)과는 다른 건축물이다. 이 건물의 용도는 언급되지 않았으나 역대기의 맥락에서 보면 아마도 병기고 정도로 사용된 것 같다.

17 - **19** 상아로 된 큰 보좌는 특히 솔로몬 왕의 부를 과시한다. 팔걸이가 있고 팔걸이 옆에는 사자가 하나씩 있다(왕상 10:19). 보좌에 이르기까지 여섯 층계와 금 발판을 거쳐야 한다. 보좌는 일곱째 층계에 있는 셈이다. 여섯 층계에는 열두 사자가 위용을 드러내고 있다. 이러한 형태의 보좌는 유일한 것이었다. 보좌에 대한 감탄으로 설명은 종결된다. **아무 나라에도 이같이 만든 것이 없었더라**.

20 왕이 마시는 그릇과 레바논 나무 궁의 그릇들도 순금으로 되었다. 왜냐하면 솔로몬 시대에 은을 귀하게 여기지 않았기 때문이다.

21 솔로몬의 부의 근원은 후람과 함께한 다시스 무역의 결과였다. 무역선은 삼 년에 한차례씩 다시스의 금과 은과 상아와 원숭이와 공작을 실어 왔다. "왕이 바다에 다시스 배들을 두어 히람의 배와 함께 있게 하고 그 다시스 배로 삼 년에 일차씩 금과 은과 상아와 잔나비와 공작을 실어 왔음이더라"(왕상 10:22)에서 열왕기의 "다시스의 배"가 역대기에서는 **왕의 배들**로, "히람의 배"는 **후람의 종들**로 대체되어 있다. 역대기에서는 철저히 솔로몬 왕이 무역의 주체로 나와 있다. 후람은 단지 노동력만을 제공했을 뿐이다. 이는 후람이 "배와 바닷길을 아는 종들을" 솔로몬 왕에게 보냈다는 역대하 8:18의 언급과 다소 모순되는 점이 있다. 솔로몬 왕의 배들이 다시스를 왕래하였다는 언급을 고려한다면 여기서 저자는 아마도 홍해에 있는 에시온게벨과 엘롯에서 출발하는 오빌 무역과 지중해의 다시스의 무역을 구별하고자 하는 것 같다. 지중해 무역을 통하여 솔로몬 왕국의 힘은 서쪽으로까지 확대된다(8:1-4 참고).

(2) 솔로몬의 지혜와 부(9:22-28)

22 - **24**, **26** 솔로몬의 부의 원천은 또한 솔로몬의 지혜에 있었다. 천하의 열왕이 솔로몬의 지혜를 듣고 그의 얼굴을 보고자 예물을 가지고 찾아왔기 때문이다. 이러한 대표적인 예로서 바로 앞에서 스바 여왕의 방문이 보도되었다. 그러나 열왕들의 방문은 스바 여왕의 방문과는 다른 성격을 지닌다. 그들은 매년 정해진 조공을 가지고 와서 의무적으로 알현하였다. 조공은 은 그릇, 금 그릇, 의복, 갑옷, 향품, 말, 노새이다. 역대기 저자는 예물을 가지고 온 열왕들이 누구인지 밝힌다. 26절에 의하면 그들은 **유브라데 강에서부터 블레셋 땅과 애굽 지경까지의 열 왕**들이다(왕상 4:21 참고). 솔로몬 왕국은 다윗이 정복한 지역을 반영하고 있다. 솔로몬의 통치는 블레셋 땅까지 뻗치고 있다. 다윗은 세 전쟁에서 블레셋을 침략하였다고 한다(대상 14:8-12, 13-16, 20:4-8). 다윗은 그들로부터 금과 은을 취해왔다(대상 18:11). 블레셋은 이미 다윗 왕국에 속하였다.

25, **27** - **28** 솔로몬의 많은 병거(25절)와 풍부한 은과 백향목(27절)에 대해서는 이미 역대하 1:14-15에서 언급되었다. 열왕기에서는 "병거"(1,400)와 "마병"(12,000)의 수를 보도하는 반면, 역대기에서는 **병거 메는 말의 외양간**(4,000)과 마병(12,000)의 수를 보여준다. 28절은 솔로몬의 말의 출처에 대한 정보를 추가하고 있다. 열왕기에서는 솔로몬 왕이 수입한 말의 가격과 헷 사람과 아람 왕들과의 말 무역에 대하여 보도한다(왕상 10:29). 그러나 역대기에서는 솔로몬의 말들은 애굽과 각국에서 가져왔다고만 말한다. 그 말들을 솔로몬이 사육하여 병거성에 두고 예루살렘에 두었음을 보여준다(왕상 10:28 참고).

솔로몬의 부는 그의 지혜의 표시이자 하나님의 은혜와 복 주심의 구체적 표현이다. 하나님이 처음 나타났을 때 지혜와 지식을 구하는 솔로몬에게 "지혜와 지식을 주고 부와 재물과 존영도 주리라"(1:12)고 하셨다. 솔로몬이 누린 지혜, 지식, 부, 재물, 존영은 곧 하나님의 약속의 성취로 나타난다.

¶ 메시지

솔로몬의 지혜를 듣고 모든 왕이 그의 얼굴을 보고자 찾아온다(23절). 지혜는 사람을 불러모은다. 우리가 복음을 지혜롭게 전할 때도 이와 같을 것이다. 사람들은 지혜의 복음을 듣고자 그리스도께로 나아올 것이다.

9. 솔로몬의 죽음(9:29-31)

역대기 저자는 솔로몬 통치에 대한 부정적인 평가와 왕국 분열의 이유를 담은 열왕기상 11장을 완전히 생략하고 솔로몬 왕에 관한 보도를 종결한다. 이로써 역대기 저자는 솔로몬 왕을 하나님의 왕조 약속에 필요한 조건인 율법에 순종한 자로 제시한다. 이에 따라 역대기 저자는 왕국 분열에 대한 설명을 달리 제시해야 할 과제를 남기게 된다.

솔로몬에 관한 자료와 관련된 29절은 열왕기의 것에서 이탈한다(왕상 11:41). 그러나 통치기간과 죽음과 장사에 관한 정보(30-31절)는 동일하다(왕상 11:42-43).

¶ 본문

29 이 외에 솔로몬의 시종 행적은 선지자 나단의 글과 실로 사람 아히야
의 예언과 선견자 잇도의 묵시 책 곧 잇도가 느밧의 아들 여로보암에게 대
하여 쓴 책에 기록되지 아니하였느냐 30 솔로몬이 예루살렘에서 온 이스
라엘을 다스린지 사십년이라 31 솔로몬이 그 열조와 함께 자매 그 부친 다
윗의 성에 장사되고 그 아들 르호보암이 대신하여 왕이 되니라

¶ 주석

29 열왕기에서 말하는 "솔로몬의 실록" 대신 역대기는 솔로몬의 행적에 관한 자료로 세 개의 예언서, 즉 나단의 글과 실로 사람 아히야의 예언, 그리고 선견자 잇도의 묵시책을 언급하고 있다. 열왕기에서 솔로몬과 르호보암 시대의 나단(왕상 1장)과 실로의 아히야(왕상 11:29f., 14:2f.), 또 스마야(왕상 12:22; 대하 12:15)와 무명의 예언자(왕상 13장)가 등장한다.

나단의 글 나단은 솔로몬 통치 초기에 활동한 자이다(왕상 1장).

실로 사람 아히야의 예언 열왕기상 11:29-40에 따르면 실로 사람 아히야는 솔로몬 통치 말기에 여로보암에게 하나님의 왕조 약속을 전달한다. 왕조약속에 대한 아히야의 예언은 생략하고 있지만, 여기서 이미 왕국 분열이 암시된다.

잇도의 묵시책 요세푸스는 열왕기상 13장의 무명의 예언자를 여로보암에 대하여 예언한 예언자 야돈, 즉 잇도와 동일인물이라고 말한다.[49]

30 - **31** 솔로몬은 **온 이스라엘**을 다스렸다. 다윗은 '온 이스라엘과 유다'(삼하 5:5) 또는 '이스라엘'(왕상 2:11)을 다스렸다. 솔로몬은 다윗의 성에 장사되었다.

¶ 메시지

인간의 가치는 그의 삶의 행적, 즉 자신의 삶의 자취를 통하여 드러난다. 솔로몬의 행적이 여러 선견자와 예언자의 글을 통해 남겨졌듯이 우리 그리스도인의 삶의 흔적도 예수 그리스도 안에서 사라지지 않는다. 우리는 그리스도 안에서 의미 있는 삶의 자취를 남겨야 한다.

49) F. Josephus, *Ant.* VIII 8:5.

제2부
온 이스라엘의 분열과 유다의 왕(10-28장)

열왕기서와는 달리 역대기 저자는 남왕국 유다의 왕들에게 제한하여 역사를 기술하고 있다. 북왕국의 왕들이 유다와의 관계에서 단지 제한적으로 언급되는 것은 역대기 저자가 온 이스라엘의 역사를 그리고 있기 때문이다. 분열 직후 역대기 저자는 르호보암, 아비야, 아사의 기사를 통해 남왕국이 남북왕국, 즉 전체 이스라엘의 대표 왕국이며, 유다 왕이 온 이스라엘을 다스릴 통치자로 제시한다. 온 이스라엘의 왕으로서 르호보암, 아비야, 아사는 분열 이후 비록 유다 지역에 한정되어 있긴 하지만 통일왕국의 이념 아래 유다 왕국의 기초를 닦은 왕에 속한다. 역대기 저자의 기술에 따르면 특히 여호사밧 시대에는 유다 왕국이 북왕국보다 모든 면에서 우위에 섰고 남북의 통일을 꾀하였다. 그러나 여호사밧과 아합의 혼인동맹 관계는 북왕국의 부정적인 영향에 의해 아하시야 시대에 이르러 유다 왕국을 멸망 위기로 몰아넣는다. 제사장 여호야다의 주도로 유다 왕조가 회복되었으나 아하스 시대에 이르러 다시 유다 왕국은 멸망의 전조를 맞게 된다. 이러한 시기에 통치한 왕들은 대부분 제한된 긍정적인 평가를 받는다.

1. 르호보암(10:1-12:16)

르호보암이 솔로몬을 대신하여 왕이 되었다는 9:31b(//왕상 11:43)는 솔로몬 기사의 결말구이면서 동시에 르호보암 기사의 도입구에 해당한다. 그가 왕이 되는 과정은 10장에서 자세히 서술되고 있다. 역대기 저자는 열왕기상 12:1-20을 수용하면서도 중요한 점만을 변경하여 기록하고 있다. 그러나 10장은 왕국 분열의 과정만을 설명한다. 열왕기에서 솔로몬이 통치 후기에 저질렀던 배역은 왕국의 미래에 결정적인 역할을 한다. 그는 많은 이방 여인을 아내로 삼았고(왕상 11:4) 그로 인해 솔로몬이 하나님을 떠나게 되었다(11:6). 산당을 건축하고 이방신들을 섬김으로써 솔로몬은 여호와의 진노를 일으켰고(11:9), 급기야 왕국의 열 조각을 찢어내게 하였다. 다윗에게 하신 하나님의 약속(11:13) 때문에 솔로몬의 아들은 하나님의 진노의 완전한 영향에서 살아남을 수 있었다. 역대기에서 왕국 분열은 완전히 다르게 설명된다.

역대기 저자가 열왕기상 11:1-40의 여로보암의 사건은 생략한 후 세겜 사건만을 수용한 것은 르호보암과 여로보암의 전체적인 '상'에 큰 변화를 주게 된다. 앞에서는 솔로몬의 죄와 하나님의 심판예고, 그리고 여로보암에 대한 아히야의 예언도 모두 빠져 있고, 솔로몬에 대해서는 긍정적으로만 기술되어 있기 때문에 역대기에서 르호보암과 여로보암에 대한 평가는 현저하게 달라진다.

¶ 짜임새

1) 10:1-11:4	왕국 분열
10:1-15	르호보암과 이스라엘의 담판
10:16-10	이스라엘의 배반
11:1-4	형제 전쟁 금지
2) 11:5-23	르호보암의 강화정책
11:5-12	건축정책
11:13-17	북왕국 출신의 도움
11:18-23	르호보암의 가족정책
3) 12:1-12	시삭의 유다 원정
12:1	르호보암의 범죄
12:2-4	시삭의 침공
12:5-8	스마야의 말씀
12:9	시삭의 약탈
12:10-12	르호보암의 겸비
4) 12:13-14	르호보암에 대한 평가
12:13	통치기간과 어머니
12:14	르호보암의 악행
5) 12:15-16	르호보암의 행적 사료, 죽음과 장사

¶ 평행본문과의 비교

르호보암 이야기는 열왕기상 12-14장에 걸쳐 기술된다.

북이스라엘과의 담판	대하 10:1-15	왕상 12:1-15
왕국 분열	10:16-19	12:16-19
여로보암의 즉위	-	12:20

형제 전쟁 금지	11:1-3	12:21-24
르호보암의 건축	11:5-12	-
여로보암의 건축	-	12:25
르호보암의 종교정책	11:13-17	-
여로보암의 종교정책	-	12:26-33
벧엘 제단에 대한 예언	-	13장
르호보암의 가족정책	11:18-23	-
여로보암의 아들	-	14:1-18
여로보암의 사적, 죽음	-	14:19-20
르호보암의 통치	[12:13-14]	14:21-22
르호보암의 범죄	12:1-2a	14:22-24
시삭의 침공	12:2b	14:25
시삭의 군대	12:3	-
시삭의 요새 점령	12:4	-
스마야의 예언	12:5-8	-
시삭의 약탈	12:9	14:25-26
르호보암의 대응	12:10-12	14:27-28
르호보암의 통치	12:13a	[14:21a]
통치기간, 출신	12:13b	[14:21b]
르호보암의 악행	12:14	[14:22a]
사적	12:15a	14:29
전쟁, 죽음	12:15b-16	14:30-31

1) 왕국 분열(10:1-11:4)

¶ 본문

1르호보암이 세겜으로 갔으니 이는 온 이스라엘이 저로 왕을 삼고자 하
여 세겜에 이르렀음이더라 2느밧의 아들 여로보암이 전에 솔로몬왕의 얼
굴을 피하여 애굽으로 도망하여 있었더니 이 일을 듣고 애굽에서부터 돌
아오매 3무리가 보내어 저를 불렀더라 여로보암과 온 이스라엘이 와서 르
호보암에게 고하여 가로되 4왕의 부친이 우리의 멍에를 무겁게 하였으나
왕은 이제 왕의 부친이 우리에게 시킨 고역과 메운 무거운 멍에를 가볍게
하소서 그리하시면 우리가 왕을 섬기겠나이다 5르호보암이 대답하되 삼
일 후에 다시 내게로 오라 하매 백성이 가니라 6르호보암왕이 그 부친 솔
로몬의 생전에 그 앞에 모셨던 노인들과 의논하여 가로되 너희는 어떻게
교도하여 이 백성에게 대답하게 하겠느뇨 7대답하여 가로되 왕이 만일 이
백성을 후대하여 기쁘게하고 선한 말을 하시면 저희가 영영히 왕의 종이
되리이다 하나 8왕이 노인의 교도하는 것을 버리고 그 앞에 모셔 있는 자
기와 함께 자라난 소년들과 의논하여 9가로되 너희는 어떻게 교도하여 이
백성에게 대답하게 하겠느뇨 백성이 내게 말하기를 왕의 부친이 우리에게
메운 멍에를 가볍게 하라 하였느니라 10함께 자라난 소년들이 왕께 고하
여 가로되 이 백성들이 왕께 고하기를 왕의 부친이 우리의 멍에를 무겁게
하였으나 왕은 우리를 위하여 가볍게 하라 하였은즉 왕은 대답하시기를
나의 새끼손가락이 내 부친의 허리보다 굵으니 11내 부친이 너희로 무거
운 멍에를 메게 하였으나 이제 나는 너희의 멍에를 더욱 무겁게 할찌라 내
부친은 채찍으로 너희를 징치하였으나 나는 전갈로 하리라 하소서 12삼일
만에 여로보암과 모든 백성이 르호보암에게 나아왔으니 이는 왕이 명하여
이르기를 삼일만에 내게로 다시 오라 하였음이라 13왕이 포학한 말로 대
답할쌔 노인의 교도를 버리고 14소년의 가르침을 좇아 저희에게 고하여
가로되 내 부친은 너희의 멍에를 무겁게 하였으나 나는 더할찌라 내 부친

은 채찍으로 너희를 징치하였으나 나는 전갈로 하리라 하니라 15 왕이 이
같이 백성의 말을 듣지 아니하였으니 이 일은 하나님께로 말미암아 난것
이라 여호와께서 전에 실로 사람 아히야로 느밧의 아들 여로보암에게 고
한 말씀을 응하게 하심이더라 16 온 이스라엘이 자기들의 말을 왕이 듣지
아니함을 보고 왕에게 대답하여 가로되 우리가 다윗과 무슨 관계가 있느
뇨 이새의 아들에게서 업이 없도다 이스라엘아 각각 너희 장막으로 돌아
가라 다윗이여 이제 너는 네 집이나 돌아보라 하고 온 이스라엘이 그 장막
으로 돌아가니라 17 그러나 유다 성읍들에 사는 이스라엘 자손에게는 르호
보암이 그 왕이 되었더라 18 르호보암왕이 역군의 감독 하도람을 보내었더
니 이스라엘 자손이 저를 돌로 쳐 죽인지라 르호보암왕이 급히 수레에 올
라 예루살렘으로 도망하였더라 19 이에 이스라엘이 다윗의 집을 배반하여
오늘날까지 이르니라

11:1 르호보암이 예루살렘에 이르러 유다와 베냐민 족속을 모으니 택한
용사가 십 팔만이라 이스라엘과 싸워 나라를 회복하여 르호보암에게 돌리
려 하더니 2 여호와의 말씀이 하나님의 사람 스마야에게 임하여 가라사대
3 솔로몬의 아들 유다왕 르호보암과 유다와 베냐민의 이스라엘 무리에게
고하여 이르기를 4 여호와의 말씀이 너희는 올라가지 말라 너희 형제와 싸
우지 말고 각기 집으로 돌아가라 이 일이 내게로 말미암아 난 것이라 하셨
다 하라 하신지라 저희가 여호와의 말씀을 듣고 돌아가고 여로보암을 치
러 가지 아니하였더라

¶ 주석

(1) 북이스라엘과의 담판(10:1–15)

1 온 이스라엘이 저로 왕을 삼고자 하여 르호보암은 온 이스라엘이 모인 세겜으로 간다. **온 이스라엘**이 왕으로 삼고자 하였다는 것은 르호보암 왕의 즉위식을 말하는가? 그렇다면 왕의 즉위식은 왜 세겜에서 거행되는가? 다윗은 헤브론에서 유다 지파에 의해 기름 부음을 받았고 다시 예루살

렘에서 온 이스라엘에 의해 왕으로 추대되었다(대상 11:1-3// 삼하 5:1-3). 솔로몬 왕의 즉위식은 예루살렘에서 거행되었다. 1-5절에서 르호보암은 왕으로 지칭되지 않고 여로보암과 대등하게 언급되지만 6절 이하에서는 '왕'으로 언급된다. 이것은 르호보암 왕의 즉위식이 이미 예루살렘에서 이루어졌음을 말해준다. **온 이스라엘**은 10장 전체 문맥에서 보면 백성 전체를 말하는 것이 아니라 '북이스라엘 지파'만을 뜻한다. 따라서 세겜 사람들의 독립적인 행동은 다윗 가문과 북지파들 사이에 맺어진 연대가 차차 느슨해졌다는 것을 암시해준다. 솔로몬 왕의 즉위식은 다윗 왕의 생존시에 있었다. 이것은 왕과 백성의 언약체결을 말한다. 유다의 왕 다윗은 헤브론에서 온 이스라엘과 언약을 체결하였다(대상 11:1, 3). 그래서 이 구절은 르호보암과 북왕국 지파와의 언약체결을 말한다. 르호보암이 북왕국 지파와 특별히 언약을 체결할 필요가 있었다는 것은 다윗-솔로몬 이래 누적된 갈등이 가시화되었다는 것을 시사해준다. 언약은 왕은 백성에게 왕의 의무를, 백성은 왕에게 충성을 맹세하는 의식이다.

2a 열왕기의 보도에 따르면 여로보암은 솔로몬 왕을 대적하였으며(왕상 11:26), 솔로몬이 여로보암을 죽이려고 하므로 그가 애굽으로 도망하였다(11:40). 열왕기에서 여로보암이 솔로몬을 대적한 이유는 솔로몬의 건축사업과 직접적으로 연관된 것 같다(11:27). 동시에 여로보암의 대적과 도피의 원인은 여로보암에게 열 지파를 주리라는 아히야의 예언으로 설명된다(11:28-39). 열왕기에 따르면 솔로몬에게 대적한 사람이 더 있다. 수리아의 르신과 에돔의 하닷이다(11:14-25). 이들의 대적은 솔로몬의 죄와 그에 대한 하나님의 심판 결정에 의한 도구로 쓰인다. 여로보암의 반역도 여기에 속한다. 그러나 역대기에서는 느밧의 아들 여로보암이 왜 솔로몬 왕의 낯을 피해 애굽으로 도망하였는지 알 수 없다. 솔로몬의 성전 건축 과정에서는 어떠한 불협화음도 흘러나오지 않았다. 여로보암에게 열 지파를 주리라는 아히야의 예언도 역대기에는 빠져 있다. 역대기에서 왕국 분열의 전야는 전혀 감지되지 않는다. 그렇다면 왕국 분열의 책임은 누구에게, 아니면 어디에 있는가? 열왕기의 보도를 많이 생략함으로써 역대기 저자는 여로보암을 처음부터 솔로몬에 대항한 자로 보여준다.

2b **이 일을 듣고** (여로보암이) **애굽에서부터 돌아오매** 여기에서 **이 일**이란 이스라엘이 르호보암을 왕으로 삼고자 세겜에 모였다는 소식이다. 여로보암이 즉각 애굽에서 귀환한 것은 앞으로 이루어질 왕과의 담판에서 여로보암의 적극성과 앞으로 주도할 그의 역할을 암시한다. 그의 주도적 역할은 여로보암이 이 소문을 듣고 여전히 애굽에 체류하였다고 하는 열왕기의 보도(왕상 12:2)와 비교할 때 더욱 분명해진다. 그러므로 역대기에서 여로보암은 사건의 결과에 대해 책임을 피할 수 없는 인물이다.

3 열왕기 저자는 한편으로는 애굽에 있는 여로보암을 이스라엘 사람들이 불러왔으며(왕상 12:3), 다른 한편으로는 여로보암이 돌아왔다는 말을 듣고 사람들이 그를 공회로 불러 왕으로 삼았다고 보도한다(12:20). 상치하는 이 두 구절을 조화시킨다면 르호보암 왕과의 담판은 여로보암 없이 치러졌고, 그 담판에 실패하자 이스라엘 회중은 여로보암을 왕으로 삼았다고 보아야 할 것이다. 역대기에서 이러한 모순은 말끔히 해소되었다. 솔로몬을 피하여 애굽으로 도망했었던 여로보암이 애굽에서 돌아오자 무리가 사람을 보내 그를 부른다. 역대기 저자는 저본을 약간 수정함으로써 여로보암이 특정 목적을 지니고 귀환했다는 것을 암시해준다. 그것은 르호보암과의 담판이다. **여로보암과 온 이스라엘**이 르호보암에게 간다. **온 이스라엘**은 북지파 사람들이다. 이들은 **르호보암**과 대등한 위치에 있다.

4 여로보암이 대표하는 협상단과 르호보암의 협상이 시작된다. **왕의 부친이 우리의 멍에를 무겁게 하였**다와 "왕의 부친이 우리에게 시킨 고역과 메운 무거운 멍에"라는 여로보암과 백성의 말은 솔로몬 시대의 정치적 상황을 암시해준다. **멍에, 고역, 무거운 멍에**라는 표현을 통해 솔로몬 시대에 20년간 지속된 궁전과 성전건축으로 인하여 백성의 부담이 매우 컸음을 짐작할 수 있다. 열왕기는 솔로몬의 역군에 대하여 거듭 증거하고 있다(왕상 5:13-14, 9:15). 그러나 역대기의 솔로몬 기사에는 솔로몬이 이스라엘 백성에게 부역을 부과했다는 언급이 없다. 솔로몬 왕은 "이스라엘 자손을 노예로 삼아 일을 시키지 아니하였다"고 분명히 언급하고 있다(2:17-18, 8:9). 그러므로 북이스라엘이 불평하고 노역을 경감해 달라고 요구(4

절)할 근거는 전혀 뒷받침되지 않는다. 여로보암과 온 이스라엘의 요구는 부당할 뿐이다. 이것은 역대기에 일관적으로 흐르는 입장이다(13:6-7). 애굽에서 돌아온 여로보암이 백성과 함께 르호보암 왕을 찾아가 감역을 요구하였다는 것은 여로보암이 백성을 선동한 셈이 된다.

부당한 요구에도 불구하고 르호보암 왕은 그들에게 생각할 시간을 요청한다.

5 **백성이 가니라** "여로보암과 온 이스라엘"(3절)이 **백성**이라 칭해진다.

6 - 7 르호보암은 먼저 **솔로몬의 생전에 그 앞에서 모셨던 노인들과** 의논한다. 르호보암 왕과 원로들은 "여로보암과 온 이스라엘"을 **백성**이라 일컫는다. 열왕기에서 원로들은 르호보암 왕의 물음에 "우리가 왕을 섬기겠나이다"(왕상 12:4)라는 백성의 말을 수용하여 왕에게 조언한다. "왕이 만일 오늘날 이 백성의 종이 되어 저희를 섬기고" 섬김을 받으려거든 먼저 섬겨야 한다는 것이다. 그러나 이 말은 역대기에서 달라져 있다. 원로들은 왕에게 백성을 섬길 것을 조언하지 않는다. 대신 **백성을 후대하여 기쁘게** 할 것을 권한다.

8 - 11 르호보암 왕은 원로들의 조언을 귀담아듣지 않는다. 그는 젊은 신하들과 재차 의논한다. 젊은 신하들도 "여로보암과 온 이스라엘"을 **백성**이라 칭한다. 르호보암 왕은 백성이 자신에게 요구한 조건만을 언급한다. **백성이 내게 말하기를 왕의 부친이 우리에게 메운 멍에를 가볍게 하라 하였느니라**. 그 결과인 "그리하시면 우리가 왕을 섬기겠나이다"는 생략한다. 젊은 신하들에게 백성의 노역경감 요구는 명령조로 들렸을 것이다. 젊은 신하들의 조언은 은유로 가득 차 있다.

(1) **나의 새끼손가락이 내 부친의 허리보다 굵**다. 능력 면에서 부왕 솔로몬을 능가한다는 말이다. 젊은 신하들은 르호보암과 함께 자라난 자들이다. 이 말은 르호보암의 교만을 드러낸다.

(2) **내 부친은 채찍으로 너희를 징치하였으나 나는 전갈로 하리라**.

왕이 신하들과 의논하는 모습은 유다 왕국이 민주주의적 통치체제를 취하고 있음을 보여준다. 그러나 민주적인 형태는 결국 왕국 분열을 초래한다.

12 - **14** 삼일 후에 백성이 다시 왕을 찾는다. 3절의 "온 이스라엘"은 **모든 백성**으로 칭해진다. 르호보암은 젊은 신하들의 말을 따른다. 역대기 저자는 젊은 신하들의 조언을 **포학한 말**로 규정한다.

15 역대기 저자는 왕이 연로한 신하들의 조언을 따르지 않은 것을 두고 그가 **백성의 말**을 듣지 아니하였다고 말한다. 여기서의 **백성**은 앞 여러 구절(5, 6, 7, 9, 10, 12절)에서와는 달리 노인들을 지시한다. 원로들이 백성을 대변하고 있다. 백성의 뜻을 따르는 자가 곧 백성이다.

이 일은 하나님께로 말미암아 난 것이라 르호보암이 백성의 말을 분별하지 못한 어리석음은 하나님의 뜻이었다. 르호보암의 어리석음은 **여호와께서 전에 실로 사람 아히야로 느밧의 아들 여로보암에게 고한 말씀을 응하게** 하기 위한 도구로 사용된다.

여호와께서 전에 실로 사람 … 아히야로 전하게 한 **말씀**은 솔로몬(왕상 11:4, 6, 9)과 백성(11:33)의 배역과 이방신 숭배 때문에 다윗의 자손을 괴롭게 하기 위하여 다윗과 솔로몬의 손에서 열 지파를 빼앗아 한시적으로 여로보암에게 준다는 하나님의 말씀(왕상 11:31-39)이다. 여호와가 직접 여로보암을 열 지파의 왕으로 삼고 그를 위해 확실한 집을 세우고 그에게 이스라엘을 주리라(11:37-39)고 약속하셨다. 역대기에서는 실로의 아히야가 예언한 내용이 나타나 있지 않다.

(2) 왕국 분열(10:16-19)

16 원로들의 말을 듣지 않은 것은 곧 **온 이스라엘**의 말을 듣지 않은 것이다. **우리가 다윗과 무슨 관계가 있느뇨 이새의 아들에게서 업이 없도다. 이스라엘아 각각 너희의 장막으로 돌아가라 다윗이여 이제 너는 네 집이나 돌아보라.** 이것은 이스라엘과 다윗 가문 사이의 계약을 무효화하자는 요청이다. 열왕기에서 이 캐치프레이즈는 언제나 다윗 가문에 반역할 때 사용된다. 다윗이 압살롬의 반역을 피해 길갈로 피난했을 때 세바가 "우리는

다윗과 함께할 분의가 없으며 이새의 아들과 함께할 업이 없도다 이스라엘아 각각 장막으로 돌아가라"(삼하 20:1)라고 말하였다.

17 르호보암을 왕으로 삼은 자들은 **유다 성읍들에 사는 이스라엘 자손**이다(// 왕상 12:17). 여로보암을 왕으로 삼은 열왕기상 12:20과 대조된다. 열왕기에서 이들은 유다지파를 제외한 지파들을 말한다(왕상 12:20 참고).

18 솔로몬 이야기에서 저자는 솔로몬 왕이 비이스라엘인을 역군으로 삼았다고 하였다(8:7-8; 왕상 9:21). 그러나 이 구절은 북이스라엘 지파들이 역군으로 종사했음을 시사해준다(왕상 5:13-14 참고). 르호보암에게 반역한 자들은 감독 하도람을 돌로 쳐 죽인다. 르호보암은 급히 예루살렘으로 돌아온다.

19 역대기 저자는 이때부터 이스라엘이 다윗의 집을 배반하여 오늘까지 이르렀다고 말한다. 르호보암과의 담판에 참여했던 '온 이스라엘'의 명칭은 여기서 **이스라엘**로 바뀌어져 있다. 역대기에서나 열왕기에서 르호보암 왕과의 담판은 여로보암과 온 이스라엘 회중에 의해 이루어지지만(대하 10:3, 12// 왕상 12:3, 12) 분열을 선포하는 이들은 이스라엘이다(대하 10:16// 왕상 12:16). 이들은 17절의 "유다 성읍들에 사는 이스라엘 자손"과 대비된다. 이 두 명칭은 '온 이스라엘'이 두 갈래로 갈라졌음을 말해주고 있다. 열왕기에 따르면 다윗의 집을 배반한 이스라엘이 여로보암을 왕으로 삼았다고 말한다(왕상 12:20). 그러나 역대기는 여로보암의 즉위에 대하여 침묵한다.

(3) 형제 전쟁 금지(11:1-4)

1 예루살렘에 도착한 르호보암은 유다와 베냐민 족속 가운데 용사 십팔만을 선발한다. 선발된 용사들은 이스라엘과 싸워 분열된 나라를 회복하여 르호보암에게 돌리고자 하였다(// 왕상 12:24). 전쟁의 상대로서 열왕

기의 "이스라엘 족속"(문자적으로 이스라엘의 집)은 **이스라엘**로 대체되었다. "유다의 집"(예를 들면, 대상 28:4; 대하 22:10)처럼 "이스라엘의 집"도 왕가를 나타내는 의미를 띠고 있기 때문으로 보인다.

2 이때 여호와의 말씀이 스마야에게 임한다. 그는 **하나님의 사람**이라는 칭호를 얻고 있다. 이 칭호는 모세와 다윗에게 사용된다(대상 6:49, 23:14; 대하 8:14, 24:9, 30:16). 열왕기에서 스마야는 한 번 등장하지만, 역대기에서 그의 역할은 훨씬 폭넓다. 그는 시삭의 원정(12:5, 7)과 르호보암의 사적(12:15)에서 다시 등장한다.

3 하나님의 말씀은 **솔로몬의 아들 유다 왕 르호보암**에게, 그리고 **유다와 베냐민의 이스라엘 무리**에게 선포된다. 다윗은 온 이스라엘의 왕(대상 29:26)이었고, 솔로몬은 온 이스라엘을 다스렸다(9:30). 반면 르호보암은 유다 왕이라 칭해진다. "유다 성읍들에 사는 이스라엘 자손"에게 왕이 되었기 때문이다(10:17).

열왕기에서 스마야에게 임한 하나님 말씀의 수신자는 "유다와 베냐민 온 족속과 또 그 남은 백성"(왕상 12:23)이다. 역대기 저자는 이를 **유다와 베냐민의 이스라엘 무리**라고 변형한다. 여기서 **유다와 베냐민**은 지파가 아니라 유다와 베냐민 지역을 말한다. 즉 유다와 베냐민 지역에는 유다와 베냐민 지파만이 아니라 모든 이스라엘 지파들이 살고 있다는 것을 의미한다. 이들은 "유다 성읍들에 사는 이스라엘 자손"(대하 10:17 = 왕상 12:17)과 동의어이며, 반역한 이스라엘 사람들(10:18)과는 구별된다.

4 **너희는 올라가지 말라 너희 형제와 싸우지 말고** 하나님은 전쟁을 금지한다. 하나님은 이 전쟁이 형제와의 싸움임을 가르쳐 주신다.

각기 집으로 돌아가라 형제 전쟁을 아예 포기하라는 것이다.

이 일이 내게로 말미암아 난 것이라에서 **이 일**이란 앞에서와 같이 왕국 분열을 말한다. 백성의 반역이 하나님의 뜻이라고 말한다. 분열에 대한 이러한 해석은 이미 역대하 10:15에서 표현되었다(// 왕상 12:15). 이것은 분열에 대한 책임이 인간에게 없다는 말을 의미하는 것일까? 10장의 기술에서 분열의 책임은 백성을 선동한 여로보암에게 있었다. 하나님은 형제의 분열을 허락하셨다. 왜 하나님은 형제의 분열을 오히려 야기하시는 것인가? 전쟁을 하는 적대적인 관계는 허락하지 않으시면서 말이다. 이것은 시간적으로 제한된 분열 상태를 통하여 르호보암 왕과 유다와 베냐민에 속한 모든 무리가 이스라엘과의 관계에서 **형제**라는 공동체성을 확고히 하도록 노력하라는 말이다. 이제 유다는 배반한 이스라엘을 형제로 여겨야 하는 시험대에 올랐다.

저희가 여호와의 말씀을 듣고 돌아가고 하나님 말씀을 듣고 순종한 자들에는 무장한 군사들뿐만 아니라 르호보암도 포함된다. 그들은 하나님의 말씀의 뜻을 간파하였고 이를 순종한다. 앞서 르호보암은 백성의 말을 듣지 아니하였고 그것은 치명적인 결과를 낳았다. 이제 르호보암은 하나님 말씀 앞에 겸손하다. 그는 자신의 계획을 포기하고 군사를 집으로 돌려보낸다. 왕과 유다와 베냐민에 속한 모든 이스라엘 무리의 태도는 그들이 여로보암과 그 함께한 이스라엘을 하나님의 말씀처럼 형제로 간주하고 있다는 것을 증거해준다.

¶ 메시지

솔로몬에게서 보았듯이 지혜는 사람을 불러온다. 지혜는 화합을 가져오지만, 어리석음은 분열을 초래할 뿐이다. 분열된 것을 무력으로 하나 되게 하는 것은 불가능하다. 오직 우리의 지혜가 되시는 예수 그리스도를 통하여 한 형제가 될 때 우리는 나뉜 것을 하나 되게 할 수 있다.

2) 르호보암의 초기 삼 년(11:5-23)

¶ 본문

5 르호보암이 예루살렘에 거하여 유다 땅에 방비하는 성읍들을 건축하
였으니 6 곧 베들레헴과 에담과 드고아와 7 벧술과 소고와 아둘람과 8 가
드와 마레사와 십과 9 아도라임과 라기스와 아세가와 10 소라와 아얄론과
헤브론이니 다 유다와 베냐민 땅에 있어 견고한 성읍이라 11 르호보암이
이 모든 성읍을 더욱 견고케 하고 장관을 그 가운데 두고 양식과 기름과
포도주를 저축하고 12 각 성읍에 방패와 창을 두어 심히 강하게 하니라 유
다와 베냐민이 르호보암에게 속하였더라

13 온 이스라엘의 제사장과 레위 사람이 그 모든 지방에서부터 르호보암
에게 돌아오되 14 레위 사람이 그 향리와 산업을 떠나 유다와 예루살렘에
이르렀으니 이는 여로보암과 그 아들들이 저희를 폐하여 여호와께 제사장
의 직분을 행치 못하게 하고 15 여로보암이 여러 산당과 수염소 우상과 자
기가 만든 송아지 우상을 위하여 스스로 제사장들을 세움이라 16 이스라
엘 모든 지파 중에 마음을 오로지하여 이스라엘 하나님 여호와를 구하는
자들이 레위 사람을 따라 예루살렘에 이르러 그 열조의 하나님 여호와께
제사하고자 한지라 17 그러므로 삼년 동안 유다 나라를 도와 솔로몬의 아
들 르호보암을 강성하게 하였으니 이는 무리가 삼년을 다윗과 솔로몬의
길로 행하였음이더라

18 르호보암이 다윗의 아들 여리못의 딸 마할랏으로 아내를 삼았으니 마
할랏은 이새의 아들 엘리압의 딸 아비하일의 소생이라 19 그가 아들들 곧
여우스와 스마랴와 사함을 낳았으며 20 그 후에 압살롬의 딸 마아가에게
장가 들었더니 저가 아비야와 앗대와 시사와 슬로밋을 낳았더라 21 르호
보암이 아내 십 팔과 첩 육십을 취하여 아들 이십 팔과 딸 육십을 낳았으
나 압살롬의 딸 마아가를 모든 처첩보다 더 사랑하여 22 마아가의 아들 아
비야를 세워 장자를 삼아 형제 중에 머리가 되게 하였으니 이는 저로 왕이

되게 하고자 함이라 [23]르호보암이 지혜롭게 행하여 그 모든 아들을 유다
와 베냐민의 온 땅 모든 견고한 성읍에 흩어 살게 하고 양식을 후히 주고
아내를 많이 구하여 주었더라

¶ 주석

열왕기에서 왕국 분열 직후 긴 여로보암의 이야기가 계속된다(왕상 12:25-14:20). 여로보암의 건축, 종교적 기초 확립, 그 가족 이야기로 구성되어 있다. 그러나 서술의 초점은 여로보암의 죄를 고발하는데 있다. 이에 반해 역대기 저자는 여로보암이 아니라 르호보암의 행적에 관심하고 있다.

(1) 르호보암의 요새 건축(11:5-12)

바로 앞 단락에서 드러났듯이 르호보암은 하나님의 말씀에 순종하였다. 이러한 모습은 계속된다. 왕국 분열 이후 르호보암은 먼저 성읍 건축에 착수한다. 열왕기에서는 이 자리에서 여로보암이 세겜에 거주하며 세겜과 부느엘을 건축하였다고 보도한다(왕상 12:25). 여로보암은 왕도를 건축한 것이다. 그러나 르호보암은 예루살렘에 거주하면서 유다 땅에 성읍을 건축한다. 여로보암과 대조적이다. 르호보암의 건축 보도는 5절과 10절을 통해 "방비하는 성읍들"에 관한 것임이 강조된다.

5 르호보암이 예루살렘에 거하였다. 다윗 자손의 거주지는 예루살렘이다. 르호보암 왕이 건축한 성읍의 명단은 6-10절에 이른다.

6 - **10** 르호보암이 건축한 방비하는 성읍은 베들레헴, 에담, 드고아, 벧술, 소고, 아둘람, 가드, 마레사, 십, 아도라임, 라기스, 아세가, 소라, 아얄론, 헤브론이다. 이 성읍 목록을 르호보암 시대가 아니라 후대의 것으로 간주하는 학자들이 있다. 예를 들면 알트는 요시야 시대의 것으로 본다.[50] 이 견해는 그다지 지지를 얻고 있지 않다. 루돌프는 이 성읍들을 지

리적 순서에 따라 다음과 같이 정렬하였다. 1) 베들레헴에서 시작하여 남쪽, 서쪽, 북쪽 방향으로, 2) 에담, 3) 드고아, 4) 벧술, 5) 헤브론, 6) 십, 7) 아도라임, 8) 라기스, 9) 마레사, 10) 가드, 11) 아둘람, 12) 소고, 13) 아스가, 14) 소라, 15) 아얄론으로 배치된다.[51]

10 이들은 **다 유다와 베냐민 땅에** 속한 **견고한 성읍이**다. 각 성읍은 왕국을 방어하는 기능을 하고 있다. 베들레헴과 에담과 드고아, 벧술은 동쪽을 방어한다. 십, 아도라임, 라기스는 남쪽을 방어한다. 서쪽의 방어선은 소고, 아둘람, 가드(블레셋 도시), 마레사(남쪽)와 아스가, 소라, 아얄론(북쪽)이다. 아얄론은 유다와 블레셋의 경계에 놓여 있으며, 단 지파에 속한 땅으로(수 19:42) 레위인 성읍으로 지정되었고(수 21:24), 베냐민 지파와 갓 족속과의 분쟁 지역이기도 하다(대상 8:13). 아얄론의 지리적 위치는 요새로서의 필요성을 충분히 입증해주고 있다. 아스가, 아둘람, 소라, 아얄론은 쉐펠라 지역의 동쪽에 위치해 있다. 쉐펠라 지역의 서쪽 요새는 해안평야에서 중앙산지로 들어오는 가장 중요한 관문이다. 엘라 골짜기를 통해 들어오는 길목은 소고와 아둘람이 보호한다. 남쪽에서 오는 길은 아도라임과 십과 헤브론이, 반면 베들레헴과 에담과 벧술은 헤브론에서 예루살렘으로의 길을 차단한다. 드고아는 엔게디에서 요단 광야를 통해 베들레헴으로 인도하는 길의 전초기지이다.[52] 이 성읍들은 방어 전략에 따라 선택적으로 건축된 것이다. 르호보암의 요새 건축은 쉐펠라와 "유대평야 남동쪽"을 건축한 것이었다.[53] 이 목록은 남서쪽으로부터의 공격으로부터 유다를 보호하기 위한 것이다.

르호보암이 건축한 성읍들을 보면 왕국의 북쪽에는 요새를 전혀 새로이 건축하지 않았다는 점이 눈에 띈다. 이 사실은 왕국이 분열되어 북왕국과 대치하고 있는 르호보암 시대의 정치적 상황과 전혀 맞아 떨어지지 않는

50) A. Alt, "Festungen und Levitenorte im Lande Juda," 306-315.

51) Rudolph, *Chronikbücher*, 228-229.

52) V. Fritz, "Rehoboams Fortresses," 48.

53) V. Fritz, "Rehoboams Fortresses," 48; 참고. J. A. Thompson, *1, 2 Chronicles*, 254; D. Elgavish, "Baashas War," 148.

건축정책이다. 그럼에도 불구하고 르호보암의 건축 조치를 통해 왜 역대기 저자가 이 보도에 집중하고 있는지 그 의도를 알 수 있다. 르호보암의 건축은 분명히 북왕국을 방어하기 위한 것이 아니었다는 것이다. 이것은 본문에 아주 잘 들어맞는다. 앞에서 르호보암은 분열된 북왕국을 회복하고자 전쟁하려 했으나 형제와 싸우지 말라는 하나님의 말씀에 순종하였다. 건축정책에서도 하나님 말씀에 대한 르호보암의 순종하는 자세가 나타나고 있다. 르호보암은 왕국의 강화에 집중하였던 것이다. 르호보암은 솔로몬의 계승자로서 솔로몬의 건축정책을 확장한다. 열왕기에 따르면 솔로몬은 게셀과 아래 벧호론과 바알랏을 건축하였다(왕상 9:17-18).

이 요새들의 건축시기에 대한 견해가 분분하다. 이러한 논란은 시삭의 침공으로 유다 왕국의 취약성이 드러난 사실에 의해 정당하게 평가된다. 과연 르호보암은 분열 직후의 혼란스런 시기에 이렇게 대대적인 건축에 착수하고 단 삼 년 만에(11:17 참고) 완공할 수 있었을까? 르호보암의 요새 건축은 시삭의 침공 이후의 것으로 보는 것이 더 적합해 보인다. 사라 야펫은 요새건축에 대한 보도가 시삭 침공 기사 이전에 놓인 문학적인 구도 설정에는 역대기 저자의 신학적인 이유가 있다고 설명한다.[54] 즉 르호보암이 범죄하였을 때 그에 대한 하나님의 심판으로 시삭이 침공하였고, 시삭은 르호보암으로부터 그가 하나님의 길을 걸었던 때에 행한 업적을 빼앗아갔다는 죄와 심판의 도식이다. 야펫은 르호보암이 건축한 요새는 시삭의 침공 전후에 있었던 것으로 본다.

11 - **12a** 르호보암이 그 방비하는 성읍들을 더욱 견고하게 하였다. 즉 그는 건축으로 그친 것이 아니라 그곳에 지휘관을 두고, 양식과 기름과 포도주를 저축하여 전쟁상태를 대비하였다. 르호보암은 또 모든 성읍에는 방패와 창을 두어 만반의 태세를 갖추었다.

12b **유다와 베냐민이 르호보암에게 속하였더라** 10절에서 유다와 베냐민은 지리적인 영역을 칭하였다.

54) S. Japhet, *I & II Chronicles*, 666.

(2) 북왕국 출신의 야훼 신앙자(11:13-17)

이 부분도 역대기에만 존재한다. 열왕기에서는 여로보암의 종교정책이 언급되고 있다(왕상 12:26-33). 여기에서도 역대기 저자는 여로보암의 종교적 죄 대신 르호보암이 유다 왕국의 종교를 굳건히 한 바를 보도한다.

13 온 이스라엘의 제사장들과 레위 사람들이 르호보암에게 왔다. **그 모든 지방에서부터** 북왕국 지역을 말한다.

14-**15** 이 보도는 열왕기에 근거하고 있다(왕상 12:31-32, 13:33). 열왕기에서 여로보암의 죄가 세 가지로 지적되고 있다. 첫째, 그는 두 금송아지를 만들어 벧엘과 단에 두었고(왕상 12:28-29), 둘째, 레위자손 아닌 보통 백성을 제사장으로 삼았으며(12:31), 셋째, 유다의 절기와 비슷하게 여덟째 달 15일을 절기로 삼았다(12:32, 33). 역대기 저자의 기술 관점은 다르다. 역대기에서는 여로보암의 죄에 대한 지적이 아니라 레위 사람들이 왜 르호보암에게 돌아왔는지를 설명하는 데 서술의 목적이 있다.

첫째, 여로보암이 레위 사람들을 해임하여 제사장 직분을 행하지 못하게 하였기 때문이다. 열왕기에서 레위인이 아닌 다른 사람을 제사장으로 삼은 것은 여로보암의 죄이다(왕상 12:31). 그러나 역대기 저자는 **여로보암과 그 아들들**의 일로 돌리고 있다. 여로보암의 죄는 그 다음 세대까지 이어진다.

레위 사람은 여호와께 제사장의 직분을 행하는 자들이다. 14절에서 사용한 칭호 **레위 사람**은 13절에서와는 달리 제사장들과 레위 사람들을 포함한 성전관리 전체를 통칭하는 상위개념이다. 레위 사람들은 온 이스라엘의 지역에 거주한다(14절; 참고. 대상 13:2; 민 35:1f.; 수 21장 // 대상 6:39f. 참고). 그들은 제사장 직분을 행할 수 없게 되자 자기들의 **향리와 산업을 떠나** 유다 예루살렘으로 내려왔다.

둘째, 여로보암은 스스로 제사장들을 세웠다. 그들은 여러 산당과 숫염소 우상과 송아지 우상을 위한 제사장이다. 열왕기에 따르면 여로보암은 산당들을 지었으며(왕상 12:31a), 송아지를 만들었다(왕상 12:28, 32). 열왕기가 보도하는 여로보암의 죄는 여기서 더 가중되어 나타난다. **산당**과 **송아지** 외에 **수염소 우상**('세아림')이 추가되어 있다. '세아림'은 원래 염소 같이 생긴 짐승으로 일종의 숫염소(레 17:7[왕하 23:8b], 사 13:21, 34:14)이다.

여기서 서술의 초점은 여로보암의 잘못된 행위를 지적하는 데 있지 않다. 또 레위 사람들이 단순히 일자리를 잃고 유다와 예루살렘으로 밀려났다는 것을 말하는 것이 아니다. 여로보암으로 인해 북이스라엘 지역의 여호와 종교가 부정하게 되자 레위 사람들은 참 여호와 종교가 있는 유다와 예루살렘으로 갔다는 사실을 강조하고 있다

16 레위인들이 남하할 때 이들을 따르는 평민들이 있었다. 역대기 저자는 그들에 대하여 1) 이스라엘의 모든 지파로 구성되었다. 2) 마음을 굳게 하였다. 3) 이스라엘의 하나님 여호와를 찾는 자들이라고 설명한다.

여로보암 당시 예루살렘 성전은 북왕국 사람들에게 순례하고자 하는 성전이었다는 사실은 열왕기에 이미 드러나 있다(왕상 12:27a; 참고. 렘 41:5). 그러나 역대기 저자는 그것이 북왕국의 평민들이 예루살렘으로 남하하는 직접적인 계기는 아니라고 강조한다. 그들이 레위 사람들을 따라 예루살렘으로 온 이유는 **그 열조의 하나님 여호와께 제사하고자** 함이었다. 여로보암은 백성이 제사를 드리고자 예루살렘에 있는 여호와의 성전으로 올라가면 백성의 마음도 르호보암에게 돌아갈 것을 염려하였다(왕상 12:27). 그러나 백성의 마음이 르호보암에게 돌아가게 한 본질적인 이유는 여로보암이 북왕국에서 여호와 종교를 타락시킨 데 있었다. 여로보암의 종교적인 죄는 **이스라엘 하나님**, **열조의 하나님**으로 하여금 오직 예루살렘에만 계시게 하였던 것이다.

17 예루살렘으로 이주한 북왕국 사람들은 르호보암이 통치하는 초기 삼 년 동안 그를 도와 강성하게 하였다. 그들은 삼 년간 다윗과 솔로몬의 길로 행하였다. 통치를 공고화 기간을 **삼년 동안**이라고 제시하는 것은 이들의 믿음의 시기가 첫 삼 년에 한정되었으며 곧 반대 국면으로 이어진다는 것을 암시해준다.

(3) 르호보암의 가족정책(11:18-23)

이 단락의 내용도 열왕기에 나타나지 않는다. 열왕기에서는 여로보암의 종교적 죄가 언급된 후에 여로보암의 가족 이야기(왕상 14:1-18)가 등장한다. 여로보암의 아들이 병에 들어 그 아내가 실로의 아히야 선지자를 찾아간다. 아히야는 이때 여로보암의 아내에게 여로보암의 집에 재앙과 멸망을 예고한다(왕상 14:10). 다시 역대기 저자는 이 자리에서 여로보암의 가족과 그 운명 이야기 대신 르호보암의 가족정책에 대하여 보도한다.

18 - **19** 르호보암의 첫 번째 아내는 그의 종자매인 마할랏이다. 르호보암은 다윗의 손자이다. 그의 아내 마할랏도 다윗의 손녀이다. 마할랏의 아버지는 여리못이라고 한다. 그러나 여리못은 다윗의 계보(대상 3:1-9)에 나오지 않는다. 아마도 그는 소실의 아들인 것 같다(대상 3:9). 그의 어머니는 다윗의 맏형 엘리압(대상 2:13)의 딸로서 이새의 집안에 속한다. 마할랏은 부계 쪽으로나 모계 쪽으로 이새의 증손녀이다. 마할랏의 아들은 여우스, 스마랴, 사함이다.

20 **그 후에** 르호보암은 세 아들을 낳은 후 마아가에게 장가들었다. 둘째 부인 마아가는 압살롬의 딸이다(왕상 15:2, 10). 압살롬은 무남독녀를 두었다(삼하 14:27, 18:18). 마아가도 다윗의 손녀이다(왕상 15:2, 10). 마아가는 아비야와 앗대와 시사와 슬로밋의 어머니이다. 열왕기에 따르면 아비야의 어머니인 마아가는 아사 왕의 어머니이기도 하다(왕상 15:2, 10). 사무엘하 3:2에 의하면 압살롬의 어머니도 마아가라고 불린다. 즉 다윗은 그술 왕 달매의 딸인 마아가와 혼인하였다.

21 - **22** 르호보암이 18명의 아내를 두었으나 그 가운데 단지 두 사람의 이름(마할랏과 마아가)만이 언급된다.

르호보암은 여러 처첩으로부터 28명의 아들과 60명의 딸을 두었다. 이 가운데 장자는 마할랏의 여우스이다(19절). 그러나 르호보암은 장자가 아님에도 불구하고 아비야를 후계자로 삼았다. 왜냐하면 마아가를 사랑하였기 때문이다. 'Spanier'는 르호보암이 왕국 분열로 인해 여로보암으로부터 빼앗긴 영토를 회복하고 왕국을 통일하고자 하는 계획의 일환으로 마아가를 승격시키기 위하여 그의 아들을 후계자로 삼았다고 본다. 그는 마아가를 다윗의 아내 마아가처럼 그술 왕국 출신이며 마아가 지역과 연관되어 있다고 보기 때문이다. 이러한 입장의 근거는 이 인맥이 르호보암에게 유다 왕국의 동쪽 국경을 보호해 주는 힘이 되었고 다음으로는 그가 북왕국 지역으로 나아가게 하는 발판이 되어주었기 때문이라는 것이다.[55] 율법 규정에도 불구하고(신 21:15-17 참고) 르호보암의 상속정책은 전혀 비난을 받지도, 비판되지도 않는다.

23 르호보암의 후계자 정책은 장자에게 불이익을 주는 것을 의미한다. 그러나 르호보암은 **지혜롭게** 행하였다. 르호보암은 형제간에 갈등이 없게 하기 위하여 모든 아들을 유다와 베냐민 땅에 있는 견고한 성읍에 흩어 살게 하였다. 또 그들에게 양식과 아내를 주었다. 미래에 일어날 수 있는 왕자들 간의 불화를 미연에 방지하고자 한 것이다. 이러한 르호보암의 가족정책은 르호보암의 지혜로 평가된다. 초창기 어리석음을 드러냈던 것과는 대조적으로 분열 이후 르호보암은 지혜를 보여준다. 역대기 저자는 이러한 가족정책도 르호보암의 통치 초기에 나라가 공고해지는 데 기여한 것으로 긍정적으로 평가한다.

¶ 메시지

르호보암 통치 조기 삼 년간 유다 왕국은 큰 부흥을 맞이하였다. 이것은 르호보암 왕이 맡은 바 왕의 직무를 충실히 수행하였기 때문이며, 또한 이로 말미암아 북왕국의 여호와를 찾는 자들이 르호보암에게로 와서 다윗과 솔로몬의 길로 행하며 그를 도왔기 때문이다. 왕과 백성의 협동으로 왕국

55) Spanier, "The Northern Israelite Queen Mother in the Judaen Court: Athalia and Abi.," 192.

은 전성기를 맞이하게 된 것이다. 이와 같이 부흥은 모든 것이 제자리에서 제 기능을 발휘할 때 자동적으로 뒤따라오는 것이다. 부흥이 결코 목적이 되어서는 안 된다. 우리는 맡은 바 사명을 온전히 감당하는 것을 목표로 해야 한다. 그렇게 할 때 부흥은 자연히 수반되는 것이다.

3) 시삭의 유다 원정(12:1-12)

¶ 본문

1 르호보암이 나라가 견고하고 세력이 강하매 여호와의 율법을 버리니
온 이스라엘이 본받은지라 2 저희가 여호와께 범죄하였으므로 르호보암
왕 오년에 애굽 왕 시삭이 예루살렘을 치러 올라오니 3 저에게 병거가 일
천 이백승이요 마병이 육만이며 애굽에서 좇아나온 무리 곧 훕과 숩과 구
스 사람이 불가승수라 4 시삭이 유다의 견고한 성읍을 취하고 예루살렘에
이르니 5 때에 유다 방백들이 시삭을 인하여 예루살렘에 모였는지라 선지
자 스마야가 르호보암과 방백들에게 나아와 가로되 여호와의 말씀이 너희
가 나를 버렸으므로 나도 너희를 버려 시삭의 손에 붙였노라 하셨다 한지
라 6 이에 이스라엘 방백들과 왕이 스스로 겸비하여 가로되 여호와는 의
로우시다 하매 7 여호와께서 저희의 스스로 겸비함을 보신지라 여호와의
말씀이 스마야에게 임하여 가라사대 저희가 스스로 겸비하였으니 내가 멸
하지 아니하고 대강 구원하여 나의 노를 시삭의 손으로 예루살렘에 쏟지
아니하리라 8 그러나 저희가 시삭의 종이 되어 나를 섬기는 것과 열국을
섬기는 것이 어떠한지 알게 되리라 하셨더라 9 애굽 왕 시삭이 올라와서
예루살렘을 치고 여호와의 전 보물과 왕궁의 보물을 몰수히 빼앗고 솔로
몬의 만든 금방패도 빼앗은지라 10 르호보암왕이 그 대신에 놋으로 방패
를 만들어 궁문을 지키는 시위대 장관들의 손에 맡기매 11 왕이 여호와의
전에 들어갈 때마다 시위하는 자가 그 방패를 들고 갔다가 시위소로 도로

가져갔더라 [12]르호보암이 스스로 겸비하였고 유다에 선한 일도 있으므로
여호와께서 노를 돌이키사 다 멸하지 아니하셨더라

¶ 주석

이 단락은 열왕기의 본문이 거의 문자적으로 반복되고 있다. 그러나 열왕기상 14:25와 26절 사이에 역대기 저자는 열왕기에는 없는 자료(2b-9a절)를 삽입한다. 예루살렘뿐만 아니라 견고한 성읍도 침략당한다. 예루살렘의 위협 전에 스마야의 예언이 배치되어 있다. 역대기 저자는 스마야의 예언을 보도함으로써 열왕기의 보도에서 암시된 것을 명시적으로 서술한다.

(1) 르호보암과 온 이스라엘의 범죄(12:1)

1 분열 직후 르호보암의 통치 초기 삼 년간 유다 왕국은 정치 종교적으로 기틀을 확고히 세웠다. 이것은 남하한 성전관리들과 여호와 신앙인들에 의해 가능했다. 국방력 강화를 위한 요새건축과 가족정책으로 르호보암의 왕국은 견고해지고 세력이 강성해졌다. 이러한 공고화 과정은 르호보암과 온 이스라엘의 범죄로 중단된다.

르호보암이 … 여호와의 율법을 버리니 온 이스라엘이 본받은지라 르호보암이 구체적으로 율법의 어떤 조항을 범했는지는 언급되지 않는다. 열왕기에 따르면 유다는 각종 우상을 섬기는 죄를 범하였다(왕상 14:22-24). 그러나 이 본문은 역대기에 생략되어 있고 다만 르호보암의 죄와 그의 부정적인 영향을 지적한다. 역대기에서 르호보암의 죄는 제일 먼저 그의 가족정책을 생각해 볼 수 있다.[56] 르호보암은 장자에게 합법적인 승계권이 있다고 하는 율법 규정을 무시하고(신 21:15-17) 자신이 사랑하는 아내의 아들에게 왕위를 주었기 때문이다. 그러나 위에서 보았듯이 이러한 르호보

56) W. Rudolph, *Chronikbücher*, 233.

암의 정책은 왕국을 강성하게 하는 힘으로 평가되고 있기 때문에 이것을 르호보암의 죄로 간주할 수 없다.[57] 두 번째 가능성은 "르호보암과 여로보암 사이에 항상 전쟁이 있었다"는 결구(12:15; 왕상 14:30)의 언급을 고려하여 형제와 전쟁하지 말라는 하나님 말씀을 순종하지 않은 것일 수 있다. 그러나 이보다 더 가능한 해석은 **나라가 견고하고 세력이 강하매**라는 표현이 제공해준다. 이 구절은 르호보암이 자신의 힘을 신뢰하거나 교만하였다는 것을 암시해준다. 나라가 강해지자 르호보암은 교만하게 되었고 그리하여 여호와를 떠나게 된 것이다. 이러한 예는 다른 왕에게서도 나타난다(26:16, 32:25-26 참고).

유다의 죄를 열거하고 있는 열왕기에서 백성이 본받은 것은 르호보암이 아니라 "여호와께서 이스라엘 자손 앞에서 쫓아내신 국민의 모든 가증한 일"이다(왕상 14:24). 구체적인 죄의 내용은 산 위에와 모든 푸른 나무 아래 산당과 우상과 아세라 목상을 세운 것과 남색하는 것이다(왕상 14:23-24). 그러나 역대기에서 백성의 범죄는 왕에게서부터 시작된다. 왕이 교만해지자 그의 백성도 그를 본받았다. 마음을 굳게 하여 여호와를 제사하고자 북에서 이주해온 자들도 여기에 포함된다고 보아야 할 것이다. 한 왕국의 정책적 방향은 지도자에 의해 결정되기 때문에 지도자의 자세는 그 구성원에게 영향을 미칠 수밖에 없다.

(2) 시삭의 침공(12:2-4)

2 **르호보암왕 오년에** 시삭이 예루살렘을 침공하였다(왕상 14:25). 시삭(주전 945-924년)은 이집트 제22왕조를 창설한 시삭(쇼생크 또는 세숑크)이다. 상이집트 카르낙 아문 신전의 벽에 시삭의 침략에 대해 새겨 있다.

저희가 여호와께 범죄하였으므로 역대기 저자는 시삭의 침공의 원인을 추가한다. 그에 따르면 시삭의 침공은 단순히 이집트 왕의 정치적 야망에 의한 것이 아니라 유다가 범죄한 결과였다. 여호와의 토라를 버리는 것은

57) H. G. M. Williamson, *1 and 2 Chronicles*, 244.

항상 징벌을 요구한다. 역대기 저자는 시삭의 침략을 르호보암과 백성의 범죄에 대한 하나님의 심판으로 이해한다(6절에서도). 시삭은 하나님의 도구이다. 르호보암과 백성의 범죄는 제 사년에 있었을 것이다.

3 - 4 역대기 저자는 시삭 침공의 과정을 열왕기에서보다 상세하게 기술하고 있다.

3 시삭 군대는 병거가 천이백 대, 마병이 육만 명이었다. 여기에 리비아와 숙과 구스 사람이 합세하였다. **불가승수라**. 헤아릴 수 없이 많았다. 시삭의 마병은 솔로몬의 마병(9:25)의 다섯 배에 이른다. 연합군의 무수한 수와 힘을 강조한다.

4 **유다의 견고한 성읍을 취하고 예루살렘에 이르니** 열왕기 보도에 따르면 시삭의 침공은 오로지 예루살렘에만 한정된다(왕상 14:25ff.). 그러나 역대기 저자에 따르면 시삭은 예루살렘에 이르기 전 유다의 견고한 성읍들을 빼앗았다. 역대기의 보도가 역사적 사실에 더 가깝다. 솔로몬의 주요 성읍인 므깃도에는 두 개의 성이 발견되었는데, 하나는 가나안 형태이고, 다른 하나는 마구간 형태로 되어 있는데, 이것이 불로 탄 흔적이 남아 있다. 시삭의 침공은 고대 이스라엘과 유다에 심각한 영향을 미쳤다. 시삭의 목적은 유다가 네겝 지역으로 확장하는 것을 막고, 유다의 주요 무역로를 차단시키고 이스르엘 지역에 대한 이스라엘의 지배권을 축소하는 것이었다.[58] 르호보암은 통치 초기에 견고한 성읍들을 건축하여 국방에 힘썼다(11:5-12). 그것은 믿음의 시기에 이룬 업적이었다. 그러나 시삭 군대는 이 요새들을 다 정복하고 예루살렘까지 진입하였다. 방비하고자 한 인간의 노력이 모두 허사가 되어버렸다. 왜냐하면 그들이 여호와의 율법을 버렸기 때문이다.

58) J. A. Blakely, "Reconciling Two Maps," 52.

(3) 스마야의 예언(12:5-8)

이 본문도 역대기에만 등장한다.

5 **선지자 스마야** 예루살렘이 시삭의 침공으로 위협에 처하자 유다 방백들이 모였다. 예언자 스마야가 왕과 방백들에게 나아와 하나님의 말씀을 전한다. 선지자 스마야는 열왕기에는 오직 한번 언급되며 하나님의 사람으로 칭해진다(왕상 12:22). 그러나 역대기에서 스마야는 왕국 분열 초기에 형제 전쟁을 금지하는 맥락에서 등장하였다(11:2). "하나님의 사람"으로 불린 그는 여기서는 **선지자** 칭호를 띠고 있다. 스마야는 르호보암의 사적에도 등장한다(12:15).

너희가 나를 버렸으므로 나도 너희를 버려 "너희들이 나를 버렸다"는 표현은 역대기에 자주 등장한다(7:19, 22, 13:10b-11a, 15:2, 21:10, 24:18, 20, 28:6, 29:6, 34:25).

6 – **7** 선지자의 경고에 르호보암과 **이스라엘 방백들**은 겸비한다. 특이하게도 5절의 '유다의 방백'이라는 칭호는 여기서 **이스라엘 방백들**로 바뀌어 있다. '유다'와 '이스라엘'이 동일한 명칭으로 사용된다. 이는 '유다' 왕국이 온 이스라엘을 대표한다는 뜻이다.

여호와는 의로우시다 자신들이 여호와를 버린 일을 인정하며 자신들을 시삭의 손에 넘긴 일을 하나님의 정당한 처사로 받아들인다. 왕과 지도자들의 겸비함으로 재앙의 위협은 약화되고 예루살렘은 보호받는다. 시삭의 침략에서 유다 왕국은 무사할 것이다. 하나님은 회개한 마음을 만나는 즉시 그에게 은혜를 베푸신다.

8 **그러나** 하나님의 징벌은 완화되지만 유다는 배워야 한다. 교육적 차원의 징벌을 받을 것이다. 유다 왕국이 배워야 할 교훈은 하나님을 섬기는 것과 땅의 왕국을 섬기는 것의 차이이다.

시삭의 종이 되어 나를 섬기는 것 유다는 애굽 왕 시삭에게 다스림을 받아야 한다. 시삭의 통치를 통하여 유다 백성은 하나님을 섬기게 될 것이다.

(4) **예루살렘의 구원**(12:9-12)

9 - **12** 시삭의 예루살렘 약탈에 관한 내용은 열왕기상 14:26-28 그대로다. 역사적으로 시삭의 예루살렘 정복은 단기간에 이루어졌을 것이다. 시삭의 침략을 하나님의 징벌로 보고 있기 때문에 역대기 저자는 여기에 시삭의 침략에 대한 신학적 평가를 덧붙인다.

9 하나님의 징벌은 성전과 궁전의 보물고와 솔로몬의 금방패가 약탈되는 것으로 실현된다. 그러나 예루살렘은 보호된다. 성전과 궁전 보물고의 손실은 지상왕국을 섬기는 것을 의미한다. 이에 비해 성전과 궁전의 보물은 하나님의 통치를 상징할 것이다. 이것은 예루살렘의 선택을 통해 확증된다(13절 참고).

10 - **11** 르호보암이 겸비한 증거는 빼앗긴 솔로몬의 금방패 대신 청동 방패를 만든 것이다. 금방패는 왕이 성전을 드나들 때 가지고 다니던 것이었다. 전쟁의 무기로 사용된 것이 아니라 제의적 기능을 가졌던 것이다. 따라서 르호보암이 재빨리 금방패를 놋방패로 대체했다는 것은 예루살렘이 다시 제의적 기능을 회복했다는 것을 의미한다.

12 시삭의 예루살렘 약탈은 비교적 경미하였다. 르호보암과 백성이 여호와를 배반한 일은 하나님과의 관계를 단지 한시적으로 악화시킬 뿐이었다. 왕이 겸비하고, 또 유다에 선한 일도 있었기 때문이다. **선한 일**이란 르호보암이 초기에 이룩한 제의적 성실성을 말할 것이다(19:3 참고).

¶ 메시지

나라가 강해지자 르호보암은 교만하게 되어 죄를 범한다. 그러나 르호보암이 자기의 죄를 뉘우치고 스스로 겸손했을 때 하나님은 용서하시는 은혜를 베푸셨다. 우리는 언제나 죄를 범할 수 있는 존재이다. 그러므로 언제나 겸비하고 은혜를 구하는 삶을 살아야 한다. 하나님은 “내 백성이 그들의 악한 길에서 떠나 스스로 낮추고 기도하여 내 얼굴을 찾으면 내가 하늘에서 듣고 그들의 죄를 사하고 그들의 땅을 고칠지라”(7:14)고 약속하셨기 때문이다.

4) 결구(12:13-16)

¶ 본문

13 르호보암왕이 예루살렘에서 스스로 강하게 하여 치리하니라 르호보
암이 위에 나아갈 때에 나이 사십 일세라 예루살렘 곧 여호와께서 이스라
엘 모든 지파 중에서 택하여 그 이름을 두신 성에서 십 칠년을 치리하니라
르호보암의 모친의 이름은 나아마라 암몬 여인이더라 14 르호보암이 마음
을 오로지하여 여호와를 구하지 아니함으로 악을 행하였더라 15 르호보암
의 시종 행적은 선지자 스마야와 선견자 잇도의 족보책에 기록되지 아니
하였느냐 르호보암과 여로보암 사이에 항상 전쟁이 있으니라 16 르호보암
이 그 열조와 함께 자매 다윗성에 장사되고 그 아들 아비야가 대신하여 왕
이 되니라

¶ 주석

(1) 르호보암에 대한 평가(12:13-14)

13-14절은 열왕기상 14:21-22에 해당한다. 내용적으로는 동일하지만 두 본문의 위치는 완전히 다르다. 열왕기에서 이 구절은 시삭의 침공 보도 이전에 자리하고 있다.

13a **스스로 강하게 하여** 시삭의 침공 이후 르호보암은 통치를 강화하였다(// 왕상 14:21a). 이 표현은 솔로몬에게도 사용되었다(1:1 참고). 르호보암의 경우 역대기 저자는 전반절과 후반절 사이에 열왕기에는 없는 '키'(כִּי, 왜냐하면)를 삽입하여 이 언급을 그의 즉위 연령과 연관시킨다. 이 연결을 통하여 저자는 이 구절을 르호보암 통치 전체에 대한 평가로 제시하고자 한다.

13b 르호보암이 41세에 왕위에 올라 예루살렘에서 십칠 년간 다스렸다(왕상 14:21b). 대체로 서두에 언급되는 즉위 연령과 통치기간이 이 자리에 놓인 것은 저자의 의도를 부각시키기 위한 문학적 기술로 보인다. 첫째, 역대기 저자는 이 언급을 시삭의 침공 기사 뒤에 놓음으로써 애굽의 침공의 위기가 그만큼 위태로운 것이었으며, 왕과 지도자의 겸비함으로 반전될 수 있었다는 것을 말하고 있다. "겸비함"의 중요성을 강조하고 있다. "겸비"에 대한 강조는 다음의 구절들을 보라(7:14, 12:12, 13:8, 28:19, 30:11, 32:26, 33:19, 23, 34:27, 36:12). 둘째, 르호보암이 시삭의 침공 이후에도 더 통치할 수 있었다는 보도는 르호보암의 통치 시기가 총체적인 쇠퇴의 시기가 아니라는 것을 말해준다. 왕의 통치는 새로이 강화된다. 셋째, 르호보암의 악행에도 불구하고 그가 계속하여 통치할 수 있었던 것은 그의 행위에 근거한 것이 아니다. 하나님이 자신의 이름을 두셨기 때문에 예루살렘이 이전처럼 여호와에 의해 선택된 유일한 성읍으로 존재할 수 있었다는 것을 역대기는 강조한다.

14 **르호보암이 … 악을 행하였더라** 르호보암에 대한 최종적인 평가로서 왕에 대한 부정적인 평가가 다시 두드러지게 나타난다. 열왕기에서 이 구절은 "유다"의 죄를 고발하고 있다. "유다가 여호와 보시기에 악을 행하였다"(왕상 14:22a). 르호보암의 악은 여호와를 구하는 마음을 굳게 하지 아니한 것이다. 르호보암은 초기에는 여호와를 구하였으나 나중에는 여호와께 범죄하였다. 변치 않는 신앙을 유지하기 위해서는 마음을 굳게 하는 일이 필요하다.

(2) 결구(12:15-16)

15 르호보암의 행적에 관한 기록은 스마야와 잇도의 족보책이다. 분열 직후 형제와 싸우지 말라는 하나님의 말씀(11:4)은 단지 일회적으로 지켜졌다. 이후에 두 왕국 사이에는 전쟁이 있었다(왕상 14:30, 15:6 참고).

16 르호보암은 다윗 성에 장사되고 그의 아들 아비야가 왕이 된다. 르호보암의 어머니 암몬 사람 나아마에 관한 보도(왕상 14:31b)는 생략하고 있다. 그의 아들의 이름은 열왕기에서 아비얌(왕상 14:31, 15:1, 7, 8)이나 아비야로 나타난다.

¶ 메시지

르호보암이 교만해지고 악을 행하게 된 것은 그가 "여호와를 구하는 마음을 굳게 하지 아니"하였기 때문이다(14절). 굳은 마음이란 분열되지 않은 마음상태를 말한다. "선을 행하지 아니하면 죄가 문에 엎드려"(창 4:7) 항상 우리를 노리고 있다. 그러므로 우리는 하나님과 악 사이에서 갈라진 마음으로 갈팡질팡하지 말고 온전한 마음으로 하나님을 구하며 죄를 다스려야 한다.

2. 아비야(13:1-14:1)

아비야의 보도는 열왕기상 15:1-8과 비교된다. 역대기의 도입(1-5절)과 결론(7-8절)에 해당되는 열왕기의 아비야 기사는 역대기에서 거의 세 배로 확장되어 있다. 역대기에서의 아비야의 모습은 열왕기에서의 부정적인 평가와 많이 동떨어져 있다. 열왕기의 기록 가운데 아비야에 대한 중립적인 보도에 해당하는 1-2절과 7-8절만 역대기에 수용되어 있다. 그 다음에는 아비야와 여로보암의 전쟁에 대하여 보도한다. 4절과 19절의 지명은 이 전쟁의 역사성을 매우 지지해준다. 역대기의 특수 자료인 아비야의 설교(4-12절)는 북왕국에 대한 역대기 저자의 종교적인 평가를 담고 있기 때문에 역대기의 신학을 보여주는 매우 중요한 자료이다. 아비야와 여로보암의 전쟁보도를 통해 열왕기가 제시하는 아비야의 부정적인 상(특히 왕상 15:3)은 완전히 긍정적으로 변모되었다. 열왕기에 따르면 아비야는 하나님이 다윗과 하신 언약 때문에 그나마 은혜를 누릴 수 있었다면, 역대기에서 아비야는 여호와를 의지하고, 왕국의 영토를 넓히는 왕이다. 그렇다면 왜 역대기에서 겨우 삼 년 다스린 아비야는, 더구나 신명기사가에 의해 간략하고도 비우호적으로 다루어진 아비야는, 이러한 대승리를 이룬 왕으로 그려진 것일까? 그것은 실제 역사에 바탕을 둔 전쟁 전승을 역대기 저자가 가지고 있었기 때문일 것이다.

그러나 이보다 더 중요한 이유는 아비야의 설교에서 드러나듯이 여호와

께서 이미 분열 왕국 초기에 유다 왕국을 선택하였다는 것을 말하고자 했기 때문일 것이다.[59]

¶ 짜임새

1) 도입	13:1-2
2) 여로보암과의 전쟁	13:3-21
3) 결구	13:22-14:1

¶ 평행본문과의 비교

도입구	대하13:1-2a	왕상 15:1-2
종교적 평가	-	15:3-5
르호보암과 여로보암의 전쟁	-	15:6
아비야와 르호보암의 전쟁	13:2b	15:7b
아비야와 르호보암의 실제전쟁	13:3-21	-
자료	13:22	15:7a
죽음과 장사	14:1a	15:8
전쟁 이후	14:1b	-

59) Rudolph, *Chronikbücher*, 237.

1) 도입(13:1-2a)

¶ 본문

[1] 여로보암왕 제 십팔년에 아비야가 유다 왕이 되고 [2a] 예루살렘에서 삼
년을 치리하니라 그 모친의 이름은 미가야라 기브아 사람 우리엘의 딸이
더라

¶ 주석

1 열왕기에서는 왕국 분열 이후의 왕들에 관한 기사가 시작될 때 항상 남북 왕들의 즉위 시기가 나란히 소개된다. 그에 반해 역대기에는 오로지 유다 왕들만이 언급되면서 이러한 틀이 나타나지 않는다. 그러나 아비야 기사에는 여로보암의 통치년도에 따라 아비야의 즉위 시기가 기술된다. 아비야는 여로보암 왕 제18년, 즉 왕국 분열 후 18년 뒤에 왕위에 오른다.

2a 아비야의 통치기간은 겨우 삼 년이다. 단명(短命)은 흔히 하나님의 징벌로 간주되기 때문에 신학적인 설명을 요구한다(예를 들면 요시야 왕). 열왕기 저자는 그의 죄에서 그 이유를 찾는 듯하다(왕상 15:3-5). 그러나 역대기 저자는 아비야의 단명에도 불구하고 아비야의 삼 년을 여호와를 찾은 시기로, 아비야를 의로운 왕으로 평가한다. 이 점은 아비야에 관한 역대기의 자료가 역사적 사실임을 간접적으로 증거해준다.

아비야의 모후가 "기브아 사람 우리엘의 딸 미가야"로 밝혀지는데, 이 정보는 역대기 내에서는 물론 열왕기상의 보도와도 일치하지 않는다. 역대기는 "압살롬의 딸 마아가"(11:20), 또는 "마아가"(15:16)라고 밝히고 있고, 열왕기상에서는 "아비살롬의 딸 미가야"(왕상 15:2)로 제시한다. 즉 역대하 11:20, 15:16과 열왕기상 15:2가 일치한다고 볼 수 있다.

2) 여로보암과의 전쟁(13:2b-21)

¶ 본문

2b아비야가 여로보암으로 더불어 싸울쌔 3아비야는 택한바 싸움에 용
맹한 군사 사십만으로 싸움을 예비하였고 여로보암은 택한바 큰 용사 팔
십만으로 대진한지라 4아비야가 에브라임산 중 스마라임산 위에 서서 가
로되 여로보암과 이스라엘 무리들아 다 들으라 5이스라엘 하나님 여호와
께서 소금 언약으로 이스라엘 나라를 영원히 다윗과 그 자손에게 주신 것
을 너희가 알것이 아니냐 6다윗의 아들 솔로몬의 신복 느밧의 아들 여로
보암이 일어나 그 주를 배반하고 7난봉과 비류가 모여 좇으므로 스스로
강하게 하여 솔로몬의 아들 르호보암을 대적하나 그 때에 르호보암이 어
리고 마음이 연약하여 능히 막지 못하였었느니라 8이제 너희가 또 다윗
자손의 손으로 다스리는 여호와의 나라를 대적하려 하는도다 너희는 큰
무리요 또 여로보암이 너희를 위하여 신으로 만든 금송아지가 너희와 함
께 있도다 9너희가 아론 자손 된 여호와의 제사장과 레위 사람을 쫓아내
고 이방 백성의 풍속을 좇아 제사장을 삼지 아니하였느냐 무론 누구든지
수송아지 하나와 수양 일곱을 끌고 와서 장립을 받고자하는 자마다 허무
한 신의 제사장이 될 수 있도다 10우리에게는 여호와께서 우리 하나님이
되시니 그를 우리가 배반치 아니하였고 여호와를 섬기는 제사장들이 있으
니 아론의 자손이요 또 레위 사람이 수종을 들어 11조석으로 여호와 앞에
번제를 드리며 분향하며 또 깨끗한 상에 진설병을 놓고 또 금 등대가 있어
그 등에 저녁마다 불을 켜나니 우리는 우리 하나님 여호와의 계명을 지키
나 너희는 그를 배반하였느니라 12하나님이 우리와 함께 하사 우리의 머
리가 되시고 그 제사장들도 우리와 함께하여 경고의 나팔을 불어 너희를
공격하느니라 이스라엘 자손들아 너희 열조의 하나님 여호와와 싸우지 말
라 너희가 형통치 못하리라 13여로보암이 유다의 뒤를 둘러 복병하였으
므로 그 앞에는 이스라엘 사람이 있고 그 뒤에는 복병이 있는지라 14유다

사람이 돌이켜 보고 자기 앞 뒤의 적병을 인하여 여호와께 부르짖고 제사
장은 나팔을 부니라 [15]유다 사람이 소리 지르매 유다 사람의 소리 지를
때에 하나님이 여로보암과 온 이스라엘을 아비야와 유다 앞에서 쳐서 패
하게 하시니 [16]이스라엘 자손이 유다 앞에서 도망하는지라 하나님이 그
손에 붙이신고로 [17]아비야와 그 백성이 크게 도륙하니 이스라엘의 택한
병정이 죽임을 입고 엎드러진 자가 오십만이었더라 [18]그 때에 이스라엘
자손이 항복하고 유다 자손이 이기었으니 이는 저희가 그 열조의 하나님
여호와를 의지하였음이라 [19]아비야가 여로보암을 쫓아가서 그 성읍들을
빼앗았으니 곧 벧엘과 그 동네와 여사나와 그 동네와 에브론과 그 동네라
[20]아비야 때에 여로보암이 다시 강성하지 못하고 여호와의 치심을 입어
죽었고 [21]아비야는 점점 강성하며 아내 열 넷을 취하여 아들 스물 둘과
딸 열 여섯을 낳았더라

¶ 주석

(1) 도입(13:2b-3)

2b **아비야가 여로보암으로 더불어 싸울새** 열왕기에서 이 자리는 르호보암과 여로보암 사이에 지속적인("사는 날 동안") 전쟁이 있었다는 보도가 차지하고 있다(왕상 15:6). 아비야와 여로보암 사이에는 전쟁이 있었다(왕상 15:7b)는 언급은 아비야의 보도 결구에 들어 있다. 역대기 저자는 아비야와 여로보암 사이에 있었던 전쟁을 중요한 사건으로 매우 상세하게 소개하고 있다.

3 아비야의 군대는 사십만 명이요, 여로보암의 군대는 팔십만 명이다. 여로보암의 군사력이 르호보암의 두 배에 해당한다. 이것은 결코 과장된 것이 아닐 것이다. 다윗 왕 시대에 요압의 북왕국 인구조사 결과를 보면 "이스라엘에서 칼을 빼는 담대한 자가 팔십만이요 유다 사람이 오십만"이었다(삼하 24:9). 군대 수로 보자면 아비야 시대의 유다 왕국은 분열 이후

북왕국보다 약하였다.

(2) 아비야의 설교(13:4-12)

4 아비야는 에브라임 산 중 스마라임 산 위에 선다. 에브라임 산은 남북의 경계에 위치한 산지이다. 이곳에 여로보암이 세겜을 건축하였다(왕상 12:25). 이곳에서 아비야는 여로보암과 이스라엘 무리들에게 설교를 행한다. 전쟁의 주도권이 아비야에게 있다. 전쟁의 원인이 무엇인지는 알 수 없다. 열왕기에서와는 달리 역대기에서는 여로보암과 아비야 사이에 전쟁이 항상 있었던 것으로 나타나지 않기 때문에 역대기 저자는 일회적인 이 전쟁에 특별한 목적을 제시하고자 할 것이다. 그것은 그의 설교에 들어 있다.

5 아비야의 설교는 수사의문문으로 시작된다. 하나님이 다윗과 그의 자손에게 이스라엘 나라를 영원히 주셨다는 것을 상기시킨다. 이것은 다윗과 다윗 자손에게 주신 **소금 언약**이다. **소금 언약**이라는 표현은 다윗 가문에 주어진 약속의 영원한 기간을 보여준다(민 18:19; 레 2:13과 특히 스 4:14 참고).

6 - **7** 느밧의 아들 여로보암은 솔로몬의 신하였으나 자신의 주군을 배반하였다. 여로보암의 배반에 대한 열왕기상 11:26-40의 보도를 역대기 저자는 생략하였다. 열왕기에서 여로보암의 배반은 신학적인 정당한 이유를 지닌다. 반면 역대기에 따르면 여로보암의 배반은 정당한 이유가 없다. **난봉과 비류**와 힘을 합하여 르호보암에 대적한 것이다. **난봉과 비류**는 북이스라엘을 대표하는 자들로 이해한다. 반면, 르호보암은 **어리고 마음이 연약하**였다. 르호보암에 관한 기술은 솔로몬의 것과 유사하다(대상 22:5, 29:1). 그러나 솔로몬의 경우와는 달리 여기서 "어리다"는 말은 신체적 나이를 말하는 것이 아니다. 르호보암은 나이 사십이 넘은 성인이기 때문이다. 이 표현은 여로보암의 대적이 비정상적인 것임을 말해준다.[60] **능히 막지 못하였었느니라** 다윗 가문의 왕에 대한 반역을 일반적인 상황에서는 막

을 수 없었다. 여로보암과 그의 패거리들에 의해 왕국이 분열된 것이다.

8 – 9 **이제** 아비야는 현재 상황으로 주의를 돌린다. 아비야는 북이스라엘군에게 그들이 이제 또다시 유다에 대항하고 있다고 말한다. **다윗 자손의 손으로 다스리는 여호와의 나라** 유다에 대항하는 것은 여호와의 나라를 대적하는 것이다. 다윗 자손에 대한 여로보암의 반기는 역사에서 끊임없이 되풀이되는 여타 왕가에 대한 것이 아니라, 다름 아닌 여호와의 통치권에 대항하는 것이다.[61] 왜냐하면 여호와는 그의 나라에 대한 통치를 다윗 자손의 손에 맡기셨기 때문이다(대상 17:14 참고).

8b **너희는 큰 무리요 또 여로보암이 너희를 위하여 신으로 만든 금송아지가 너희와 함께 있도다** 이 구절은 두 개의 절로 되어 있는데 앞 문장은 양보절로 이해해야 한다. 북이스라엘군이 비록 대군일지라도 그들에게는 금송아지들이 함께한다는 것이다. 이것은 북이스라엘이 아비야와 전쟁을 하지 말아야 할 첫 번째 이유이다.

9 여로보암은 금송아지를 만듦으로써 자신과 자신의 사람들에게 또 다른 죄를 저지르게 하였다. 그들은 아론 자손의 제사장과 레위 사람을 쫓아내고, 이방 백성의 풍속을 따라 제사장을 삼았다(11:14-15 참고). 어린 수송아지 한 마리와 숫양 일곱 마리를 가져오면 누구든지 제사장이 될 수 있었다. 그들은 **허무한 신의 제사장**이다. 이 표현은 호세아 8:6에서 사마리아의 소를 표현하는데 사용된다. 여로보암은 정치적으로뿐만 아니라 제의적으로도 여호와의 나라에서 스스로 이탈하였다.

10 – 12a **우리에게는 여호와께서 우리 하나님이 되시니** 여로보암의 군대가 전쟁을 하지 말아야 할 두 번째 이유이다. 여호와는 유다에게 하나님이 되신다. 왜냐하면 그들이 여호와를 배반하지 않았기 때문이다. 그 중

60) Williamson, *1 and 2 Chronicles*, 254.

61) Rudolph, *Chronikbücher*, 237.

거는 유다 왕국에 여호와를 섬기는 아론 자손의 제사장과 레위 사람들이 있다는 것이다. 성전관리의 존재는 여호와께 정규적인 제사 드리는 일을 가능케 하기 때문이다. 유다에는 아침 저녁으로 번제를 드리고 진설병을 놓으며 등불을 켠다. 이것이 여호와의 계명이다. 유다는 율법에 따른 바른 제의 규정을 준수하고 있다(2:3, 4:7 참고). 일상 제의의 실행은 유다 왕국이 여호와를 버리지 않았다는 징표이다. 반면 여호와에 대한 일상제의가 없는 북이스라엘은 여호와를 배반한 것이다. 그러므로 하나님은 유다와 함께하시며 유다의 머리가 되신다. 하나님의 제사장들도 전쟁의 나팔을 분다. 제사장이 전쟁 나팔을 부는 것은 이 전쟁이 하나님의 전쟁(민 10:8-9, 31:6)임을 암시한다.

12b 위에서 말한 두 가지 이유로 아비야는 북이스라엘에게 전쟁하지 말 것을 호소한다. 이 전쟁은 여호와 전쟁이다. 아비야 왕은 이스라엘 군대에게 여호와를 **너희 열조의 하나님**이라고 말하고 있다. 북이스라엘이 비록 숫염소 우상과 금송아지 우상을 섬긴다 할지라도(11:15) 여호와 하나님은 여전히 유다와 이스라엘의 하나님이라고 아비야는 호소하고 있다. 이것은 유다와 이스라엘이 한 하나님을 섬기는 한 형제임을 상기시켜 주는 것이다.

여호와 전쟁이기 때문에 북이스라엘은 유다보다 두 배의 군사를 가졌다 할지라도 승리할 전망이 없음은 분명하다. 아비야의 설교는 르호보암과 유다 왕국 사람들에게 형제와 전쟁하지 말라고 한 스마야의 설교(11:4)를 반향하고 있다.

(3) 유다의 승리(13:13-19)

13 - **14** 이러한 아비야의 전쟁 금지 호소에 대하여 여로보암은 침묵하면서 전략적인 조치로 대응한다. 여로보암은 유다의 뒤에 복병을 둔다. 이러한 전술에 대하여 여호수아 8장과 사사기 20:29f.의 이야기들을 참고하라.

유다 백성은 앞뒤로 이스라엘 군에 의해 포위되었다. 이 상황에서 유다가 취할 수 있는 유일한 대응 조치는 여호와께 도와달라는 외침이었다. 제사장들은 나팔을 불었다. 나팔은 민수기 10:9에 따르면 전쟁에서 여호와의 도움을 부르는 것이다. 백성의 외침과 나팔을 부는 것은 여리고 성을 점령하는 방법이었다(수 6:20). 여호와가 다른 편과 함께하신다면 군사력도 인간적인 지혜도 아무런 도움이 되지 않을 것이다.

15 - **19** 유다 사람이 소리를 지르자 하나님이 공격하신다. 그것은 여로보암에게 완전한 패배를 가져다주기에 충분한 것이었다. 하나님이 여로보암과 온 이스라엘을 아비야와 유다의 손에 넘기셨다. 여로보암의 병사들은 오십만이 사망하였고, 남은 자들은 항복하였다. 하나님은 인간의 힘과 인간의 기지를 깨신다(14:13 참고).

18b 유다의 승리는 그의 사십만 군대가 움직여서 이루어진 것이 아니라 유다가 하나님을 의지하였기 때문이다. 이와 유사한 "전쟁" 보도는 여러 차례 나타난다(14:11f., 20, 32:7-8).

19 아비야는 여로보암을 추격하여 여러 성읍을 빼앗는다. 벧엘과 여사나와 에브론과 그에 딸린 동네들이다. 이들은 모두 유다 왕국의 북쪽 국경에 위치해 있어 지리적으로 한 단위를 이룬다(수 18:22-23). 아비야와 여로보암의 전쟁은 언제나 국경 근처에서 벌어졌을 것이다. 벧엘의 손실은 매우 주목할 만하다. 열왕기의 보도에 따르면 벧엘은 여로보암이 성소로 삼았던 이스라엘의 제의중심지였다(왕상 12:28-29).

(4) **여로보암과 아비야의 운명**(13:20-21)

20 전쟁 이후 여로보암은 다시 회복하지 못했다. 아비야가 통치하는 동안에는 유다가 이스라엘보다 강성하였다. 아비야가 살아 있는 동안에 여로보암은 하나님의 징벌로 죽는다.

열왕기상의 보도에 따르면 아비야는 여로보암 왕 이십년에 유다의 왕위에 올라 여로보암보다 1-2년 앞서 죽는다(왕상 14:20, 15:9). 여기서 발생하는 연대기적 문제는 역대기 저자가 연대 문제보다 자신의 신학에 더 중점을 두고 있다는 것으로 이해해야 할 것이다. 역대기 저자는 열왕기 저자가 말하지 아니한 여로보암의 죽음을 일반적인 형태의 죽음이 아니라는 것을 말하고자 한다(21:18; 삼상 25:38 참고). 역대기 저자는 여로보암의 죽음을 하나님의 징벌로 해석한다. 역대기의 응보신앙에 따르면 참 이스라엘로부터 스스로 떨어져 나간 사람은 보편적인 죽음을 맞기에 합당하지 않다. 아비야의 설교에서 나타나 있듯이 주인 솔로몬에 반역하고 그의 아들 르호보암의 유약함을 이용한 정치적 죄에다가 허무한 신들을 섬긴 제의적, 종교적 죄에 대한 징벌이다.

21 그에 반하여 아비야는 점점 강성하여 갔다. 이것은 하나님이 주신 복이었다. 역대기 저자는 특히 아비야의 많은 자녀를 하나님이 주신 복의 표시로 제시하고 있다.

3) 결구(13:22-14:1)

¶ 본문

22아비야의 남은 사적과 그 행위와 그 말은 선지자 잇도의 주석 책에 기
록되니라 14:1아비야가 그 열조와 함께 자매 다윗성에 장사되고 그 아들
아사가 대신하여 왕이 되니 그 시대에 그 땅이 십년을 평안하니라

¶ 주석

22 22절과 14:1a의 결구는 열왕기상 15:7a, 8에 부합한다. 아비야에 관한 자료는 예언자 잇도의 **주석책**이다. 잇도는 솔로몬과 르호보암과 연관

하여 등장하였고 그때마다 칭호는 달랐다. 잇도는 왕들의 역사 자료로 세 차례나 나타난다. **주석책**에 해당하는 히브리 단어는 "미드라쉬"로서 여기서 처음으로 나타나 두 번 쓰인다(24:27). 이것은 후대 랍비문학을 일컫는 것이 아니라 단순히 '이야기'를 나타낸다.

나중에 언급되는 16:3에 따르면 아비야는 아람과 동맹관계에 있었다. 그러나 역대기 저자는 이에 대하여 보도하지 않는다.

아비야의 죽음과 장사와 승계에 관한 표준양식(왕상 15:9)은 문자적으로 그대로 수용하고 있다.

14 : **1** 아사 시대 초기 10년간의 평화 상태는 역대기에만 언급된다. 땅의 평안은 아사의 아버지 아비야가 하나님께 대한 신뢰로 이룩한 것이었다. 역대기 저자는 아사 시대를 특징짓는 평화상태의 실현이 아비야로부터 기인되었다고 간주한다.

¶ 메시지

아비야의 군대는 여로보암 군대의 절반밖에 되지 아니하였지만 아비야는 여로보암보다 더 당당하고 자신감 있다. 이는 그가 하나님을 의지하고 있기 때문이다. 아비야가 하나님을 의지하면서 승리를 확신할 수 있는 것은 무엇 때문일까? 그것은 자신은 하나님의 계명을 따르고 있지만, 여로보암은 그렇지 않기 때문이다. 하나님을 의지하는 것은 하나님의 계명을 지키는 것이다. 하나님은 자신을 의지하는 자에게 기이한 도우심을 베푸신다.

3. 아사(14:2-16:14)

역대기에서 아사 왕에 관한 보도는 석 장에 걸쳐 있다. 열왕기에서는 한 장에서 그는 의로운 왕이었으며 제의적인 잘못을 제거하였고(11-12절), 북왕국 바아사와 전쟁을 치렀으며(16절), 나이 들어 병에 걸렸다(23b절)고 전한다. 이 보도는 역대기 저자에게 두 가지 면에서 문제를 일으켰음직하다. 첫째, 역대기 저자의 신학에 따르면 중병은 죄에 대한 징벌인데, 그렇다면 언제 어떻게 의로운 왕에게 중병이 발병했는가 하는 것이다. 둘째, 경건한 신앙은 평안을 보증해 주는데(14:4, 15:7, 15b), 왜 아사 시대에는 오랜 전쟁이 지속되는가? 역대기 저자는 두 번의 전쟁과 그 결과에 초점을 맞추어 아사의 행적을 다시 더듬어 보면서 자신이 제기한 문제들에 대한 답을 찾아간다. 역대기의 아사 이야기는 특히 연대기적 틀을 지니고 있다(14:1, 15:10, 19, 16:1, 12, 13).

¶ 짜임새

1) 14:2-15	아사의 초기 개혁
2) 15:1-15	아사랴의 설교와 그 결과
3) 15:16-19	아사 왕의 후기 개혁

4) 16:1–10 아사 왕의 후기 행적
5) 16:11–14 결구

¶ 평행본문과의 비교

평가	대하 14:2	왕상 15:11
종교개혁	14:3–6	15:12
건축	14:7	–
군대	14:8	–
구스 전쟁	14:9–15	–
언약체결	15:1–15	–
개혁	15:16–18	15:13–15
결론	15:19	[15:16]
바아사와의 전쟁	16:1–6	15:16–22
예언자 경고	16:7–10	–
결구	16:11–14	15:23–24

1) 아사의 초기 개혁(14:2–15)

¶ 본문

2아사가 그 하나님 여호와 보시기에 선과 정의를 행하여 3이방 제단과
산당을 없이하고 주상을 훼파하며 아세라 상을 찍고 4유다 사람을 명하
여 그 열조의 하나님 여호와를 구하게 하며 그 율법과 명령을 행하게 하고
5또 유다 모든 성읍에서 산당과 태양상을 없이하매 나라가 그 앞에서 평
안함을 얻으니라 6여호와께서 아사에게 평안을 주셨으므로 그 땅이 평안

하여 여러해 싸움이 없은지라 저가 견고한 성읍들을 유다에 건축하니라
7아사가 일찌기 유다 사람에게 이르되 우리가 우리 하나님 여호와를 찾았
으므로 이 땅이 아직 우리 앞에 있나니 우리가 이 성읍들을 건축하고 그
주위에 성곽과 망대와 문과 빗장을 만들자 우리가 주를 찾았으므로 주께
서 우리에게 사방의 평안을 주셨느니라 하고 이에 저희가 성읍을 형통하
게 건축 하였더라 8아사의 군대는 유다 중에서 큰 방패와 창을 잡는 자가
삼십만이요 베냐민 중에서 작은 방패를 잡으며 활을 당기는 자가 이십 팔
만이라 다 큰 용사더라

9구스 사람 세라가 저희를 치려하여 군사 백만과 병거 삼백승을 거느리
고 마레사에 이르매 10아사가 마주 나아가서 마레사의 스바다 골짜기에
진 치고 11그 하나님 여호와께 부르짖어 가로되 여호와여 강한 자와 약한
자 사이에는 주 밖에 도와줄 이가 없사오니 우리 하나님 여호와여 우리를
도우소서 우리가 주를 의지하오며 주의 이름을 의탁하옵고 이 많은 무리
를 치러 왔나이다 여호와여 주는 우리 하나님이시오니 원컨대 사람으로
주를 이기지 못하게 하옵소서 하였더니 12여호와께서 구스 사람을 아사
와 유다 사람 앞에서 쳐서 패하게 하시니 구스 사람이 도망하는지라 13아
사와 그 좇는 자가 구스 사람을 쫓아 그랄까지 이르매 이에 구스 사람이
엎드러지고 살아 남은 자가 없었으니 이는 여호와 앞에서와 그 군대 앞에
서 패망하였음이라 노략한 물건이 심히 많았더라 14여호와께서 그랄 사
면 모든 성읍 백성을 두렵게 하시니 무리가 그 모든 성읍을 치고 그 가운
데 있는 많은 물건을 노략하고 15또 짐승 지키는 천막을 치고 양과 약대
를 많이 이끌고 예루살렘으로 돌아왔더라

¶ 주석

(1) 십년간의 평화시대(14:2-8)

열왕기 저자는 아사 이야기를 그의 통치기간과 어머니에 대한 기록으로 시작한다(왕상 15:9-10). 그러나 역대기에는 아사 이야기의 전형적인 도

입구가 나타나지 않는다.

2 열왕기에서 아사에 대한 평가는 다윗에 비교되지만(왕상 15:11), 역대기에서는 이를 생략하고 **선과 정의를 행하**였다고 말한다. 그 구체적인 내용은 다음과 같다.

3 – 5 아사는 첫째 이방 제단과 산당을 제거하고, 주상을 깨트리며, 아세라 상을 찍고 유다 모든 성읍에서 산당과 태양상을 없앴다. 아사의 종교개혁은 신명기법을 성취한 것이다(신 16:21–22). 열왕기는 아사가 남색하는 자를 쫓아내고 우상을 없앴다고 보도한다(왕상 15:12). 이것은 신명기 23:18의 규정을 행한 것이다. 열왕기에서 "남색하는 자"는 이미 르호보암 시대에서부터 시작하여 지속적으로 존재했다고 언급하지만(왕상 14:24, 15:12, 22:46; 왕하 23:7), 역대기는 이에 대하여 침묵하고 있다.

4 내적으로 아사는 백성에게 여호와를 찾게 함은 물론 여호와의 율법과 명령을 지키게 하였다. "여호와를 구하다"는 흔히 "제비를 통해 묻다" 또는 병과 같은 구체적인 계기에 하나님의 사람을 통해서 하나님께 묻는 행위를 말한다. 그러나 역대기에서 '하나님을 구하다'는 것은 3절과 5절이 보여준 것처럼 하나님 중심의 자세나 하나님을 진지하게 받아들이는 내적인 의미에 더 치중한다.

5 **나라가 그 앞에서 평안함을 얻으니라** 역대기 저자는 아사 왕의 외적, 내적 업적이 왕국의 평안을 가져다주었다고 본다. 이 상태는 아사가 즉위한 후에도 십년간이나 지속된다. 그것은 아사가 하나님으로부터 받은 보상이기도 하다.

6 이 평안은 여호와께서 주신 것이다. 평안은 전쟁이 없으므로 지속된다.

7 아사 왕의 견고한 성읍 건축은 평화시대에 이루어진다. 또한 왕과

백성의 화합으로 가능한 것이었다. 아사는 백성에게 호소한다. 땅을 보존한 것은 하나님을 찾은 결과로 주어진 하나님의 보상이다. 이를 관리하는 것은 그들의 몫이다. 그러므로 아사 왕은 **성읍들을 건축하고 그 주위에 성곽과 망대와 문과 빗장을 만들자**고 호소한다.

형통하게 건축하였더라 건축은 평화시대에 가능하다.

8 아사는 군대도 정비한다. 유다에서 삼십만, 베냐민에서 이십팔만이었다.

십년간 평화시대가 지속되었다면 또 여호와를 신뢰하는 것이 승리를 보장한다면, 이러한 군사적 조치는 왜 필요한 것인가? 이것은 하나님이 가능하게 하신 평화시대를 유지하게 하며, 미래에 있을 수 있는 전쟁에 대비하는 조치이다. 인간적 예방 조치는 결정적인 순간에 자신의 힘의 수단으로 사용하지 않는다면(10절) 결코 불신앙이 아니다. 역대기 저자는 이러한 건축조치들을 하나님으로부터 복 받은 왕의 통치를 표시하는 것으로 그의 업적에 포함시킨다.[62]

(2) 구스 전쟁(14:9-15)

9 - 10 평화시대는 구스 사람 세라가 유다를 치기 위하여 군사 백만과 병거 삼백 대라는 거대한 군사력을 거느리고 마레사에 진치게 됨으로써 중단된다. 아사의 군사력은 세라 군대의 반에 지나지 않는다. 마레사는 르호보암이 건축한 요새로서(11:8) 유다 남서쪽을 방비해 주었다. **스바다 골짜기**는 알려져 있지 않다.

구스인은 12장에 따르면 애굽 군대에 속한다. 그랄은 세라가 거주한 지역의 중심지인 것으로 보인다(13절). 전통적으로 세라는 파라오 오소르콘 1세와 동일시되곤 하는데 루돌프에 따르면 이것은 언어적으로 성립될 수 없다고 한다. 루돌프는 그들을 그랄에 거주하지만 애굽과 아무런 연관이 없는 애굽인 용병들이나, 또는 하박국 3:7에서 구산으로 불리며 모세의

62) Rudolph, *Chronikbücher*, 243.

"구스" 아내에서 기원한(민 12:1) 아라비아족에 속한 자들(26:7 참고)이라고 생각한다.[63] 이 전쟁은 평화시대가 십년간 지속되었다는 1절로 보아 아사 왕 제11년에 있었을 것이다.

11 아사 왕은 자신의 군사력이 세라 군에 미치지 못한다는 것을 인식하고 있다. 그러므로 하나님께 부르짖는다. 하나님은 약한 자를 돕는다. 약한 자를 도울 이는 하나님뿐이다. 아사는 자신의 군대가 단지 대적의 반에 불과하지 않았지만 **주의 이름을 의탁하**여 이들에게 대항하고자 한다.

사람으로 주를 이기지 못하게 하옵소서 하나님을 신뢰하면 대적이 아무리 강하더라도 전혀 중요하지 않게 된다. 여호와는 이 신뢰를 실망시키지 않을 것이며 그 어떤 인간의 힘도 여호와를 맞서지 못한다는 것을 보여줄 것이다.

12 – **15** 아사의 기도는 놀랍게 이루어진다. 여호와가 직접 관여하셔서 대적을 치신다. 12절에서 **유다 사람**으로 옮겨진 **사람**은 히브리 성서에는 "여호와의 진영"으로 되어 있다. 이것은 분명히 '거룩한 전쟁'(聖戰)을 말하는 용어에 속한다(출 7:4, 12:41; 삼상 17:26 참고). 이 전쟁은 여호와와 세라 군대와의 전쟁이다.

13 아사와 백성은 도망하는 구스 사람들을 그랄까지 추격하여 전멸하고 물건을 노략한다. 생존한 구스 사람이 없었다. 구스 사람들이 **여호와 앞에서와 그 군대 앞에서 패망하였**다. 아사와 그의 백성이 여호와의 **군대**로 불린다. 구스 전쟁에서의 승리는 아사가 건축한 요새(5b; 왕상 15:23 참고)나 군대를 정비한(7절) 인간적인 노력의 도움을 입지 않고 이루어진다. 이것이 바로 거룩한 전쟁이다(출 14:14; 삼상 17:47; 신 7:17-21, 23, 30:3-4).

14 – **15** 이 전쟁으로 **그랄 사면 모든 성읍 백성을 두렵게 하**신다.

63) Rudolph, *Chronikbücher*, 243.

하나님에 대한 두려움으로 그들이 마비되었을 때 아사와 백성은 천막과 양과 낙타 등 많은 물건을 약탈하고 예루살렘으로 돌아간다.

열왕기상 15 : 23의 결말보도에서 언급되는 아사의 "권세"(גבורה)는 분명 구스 전쟁과 관련되어 있을 것이다.[64]

¶ 메시지

아사 왕은 아버지 아비야가 이룩해 놓은 정치적 평화 상태를 유지할 뿐만 아니라 바른 하나님 신앙으로써 질적 평화 상태를 구축한다. 그는 자신이 하나님 보시기에 선과 정의를 행함은 물론 백성으로 하여금 하나님을 찾게 하고 하나님의 법에 따라 살게 한다. 평화 상태뿐만 아니라 어려움을 당했을 때에도 아사 왕은 자신의 힘이나 소유를 의지하지 아니하고 우상에게 의탁하지 아니하고, 하나님께 부르짖는다. 아사 왕은 그 어떤 인간적인 것이 하나님을 결코 이길 수 없다는 것을 알고 있다.

2) 아사랴의 설교와 그 결과(15 : 1–15)

¶ 본문

1 하나님의 신이 오뎃의 아들 아사랴에게 임하시매 2 저가 나가서 아사
를 맞아 이르되 아사와 및 유다와 베냐민의 무리들아 내 말을 들으라 너희
가 여호와와 함께하면 여호와께서 너희와 함께하실찌라 너희가 만일 저를
찾으면 저가 너희의 만난바 되시려니와 너희가 만일 저를 버리면 저도 너
희를 버리시리라 3 이스라엘에는 참 신이 없고 가르치는 제사장도 없고

64) Rudolph, *Chronikbücher*, 243.

율법도 없은지가 이제 오래였으나 4그 환난 때에 이스라엘 하나님 여호와
께 돌아가서 찾으매 저가 그들의 만난바가 되셨나니 5그 때에 열국에 거
한 모든 백성이 크게 요란하여 사람의 출입이 평안치 못하며 6이 나라가
저 나라와 서로 치고 이 성읍이 저 성읍과 또한 그러하여 피차 상한바 되
었나니 이는 하나님이 모든 고난으로 요란케 하셨음이니라 7그런즉 너희
는 강하게 하라 손이 약하지 않게 하라 너희 행위에는 상급이 있음이니라

8아사가 이 말 곧 선지자 오뎃의 예언을 듣고 마음을 강하게 하여 가증
한 물건을 유다와 베냐민 온 땅에서 제하고 또 에브라임 산지에서 빼앗은
성읍들에서 제하고 또 여호와의 낭실 앞 여호와의 단을 중수하고 9또 유
다와 베냐민의 무리를 모으고 에브라임과 므낫세와 시므온 가운데서 나와
서 저희 중에 우거하는 자를 모았으니 이는 이스라엘 사람들이 아사의 하
나님 여호와께서 그와 함께하심을 보고 아사에게로 돌아오는 자가 많았음
이더라 10아사왕 십 오년 삼월에 저희가 예루살렘에 모이고 11그 날에 노
략하여 온 물건 중에서 소 칠백과 양 칠천으로 여호와께 제사를 드리고
12또 마음을 다하고 성품을 다하여 열조의 하나님 여호와를 찾기로 언약
하고 13무릇 이스라엘 하나님 여호와를 찾지 아니하는 자는 대소 남녀를
무론하고 죽이는 것이 마땅하다 하고 14무리가 큰 소리로 부르며 피리와
나팔을 불어 여호와께 맹세하매 15온 유다가 이 맹세를 기뻐한지라 무리
가 마음을 다하여 맹세하고 뜻을 다하여 여호와를 찾았으므로 여호와께서
도 저희의 만난바가 되시고 그 사방에 평안을 주셨더라

¶ 주석

14:2ff.에 따르면 아사는 개혁을 주도하였다. 이 단락에서는 예언자에 의해 고무되어 개혁이 재개된다.

(1) 아사랴의 선포(15:1–7)

1 **하나님의 신이 … 임하시매** 사사들이 활동을 시작할 때 자주 반복되

는 구문이다(삿 3:10, 6:34, 11:29; 삼상 19:20 외).

오뎃의 아들 아사랴는 처음 나타난다. 오뎃은 아하스 시대의 예언자이다(28:9).

[2] 예언자는 나가서 아사를 맞이한다. 아사와 군대들이 예루살렘으로 돌아올 때이다(14:15).

아사와 및 유다와 베냐민의 무리들아 이 호칭은 분열 직후 북이스라엘과 전쟁하기 위해 나가는 르호보암과 유다와 베냐민에 속한 모든 이스라엘 무리를 부르는 스마야의 설교를 생각나게 한다(11:3).

너희가 만일 저를 버리면 저도 너희를 버리시리라 이 내용은 역대기에 자주 등장한다(14:6a, 12:5, 24:20; 대상 28:9b). 전쟁에서 돌아오는 백성이 하나님께 대한 믿음으로 승전하였다면 백성이 하나님을 버린 일은 무엇일까? 이 선포는 아사 왕 초기의 평화시대와 제의개혁, 그리고 구스 전쟁에서의 여호와에 대한 신뢰로 얻은 승리를 고려할 때 전혀 문맥에 맞지 않는 듯 보인다. 예언자는 일반적인 진리를 말하는 것일까?

[3]–[6] **이스라엘에는 참 신이 없고 가르치는 제사장도 없고 율법도 없은지가 이제 오래였으나** 예언자는 이스라엘의 과거 역사를 회고한다. 루돌프에 따르면, 이것은 사사시대의 상황을 반영한 것이다.[65] 사사기와 유사한 표현들이 3절(// 삿 2:11-14와 17:5, 6, 21:25), 4절(// 삿 2:18, 3:9, 15, 6:6bf., 10:9bf.), 5a절(// 삿 5:6, 6:2f.), 6절(// 삿 8:5-9, 17-17, 9, 12:4f., 20-21)에 나타난다.[66] 3절은 특히 호세아 3:4와 유사하다. 오랜 기간의 무정부 상태에 대해 말한다.

[5] **열국에 거한 모든 백성** 세계의 모든 주민에 대해서 말한다. 그 시대에는 모든 주민이 요란하며, 출입이 평안하지 못하며, 나라들 간의 전쟁이 특징을 이룬다.

65) Rudolph, *Chronikbücher*, 245.
66) *Ibid.*

7 **그런즉** 과거 역사를 말하는 것은 단순한 일반적 진리가 아니라 현재를 위한 가르침을 주기 위함이다. 그렇다면 유다의 현재 상황은 무엇인가?

너희는 강하게 하라 손이 약하지 않게 하라 이 명령은 전쟁에서 승리하고 돌아온 상황보다는 유다가 현재 어떤 일을 시도하고 있다는 것을 암시해준다. 아사의 초기 개혁이 전쟁으로 인해 중단되었다고 보아야 할 것이다. 그러나 그 전쟁은 구스 전쟁이 아닐 것이다. 8절에서 "에브라임에서 빼앗은 성읍들"이라고 언급된다. 이것은 구스 전쟁 전에 유다와 북왕국 사이에 전쟁이 있었다는 것을 말해준다. 아마도 이 전쟁으로 인해 아사는 종교개혁(14:3, 5)을 하던 중 요새 건축(14:7)으로 방향을 돌리게 되었을 것이다. 요새 건축은 이 전쟁의 주도권이 북이스라엘이 아니라 유다에 있었다는 것을 시사해준다. 북왕국과의 전쟁은 하나님을 버린 일로 간주된다(2절). 북왕국과의 전쟁에서, 다시 구스 전쟁에서 승리하였다. 이제 왕과 그 백성은 교만으로 치우칠 수 있다. 바로 이때 예언자는 전쟁에서 승리하고 돌아오는 왕과 백성에게 이제야말로 아사 왕이 당초 계획했던 것으로 돌아가 그것을 완성해야 할 때가 이르렀음을 확인시켜주는 것이다.

(2) 제의적 · 종교적 쇄신(15:8-15)

8 **선지자 오뎃의 예언** 1절의 "오뎃의 아들 아사랴"와 불일치한다. 불가타는 '~의 아들 아사랴'를 삽입하여 1절과 맞춘다.

아사 왕은 예언자의 말씀을 듣고 적극적으로 응답한다. 예언자의 말씀을 듣는 것은 곧 하나님을 신뢰하는 것이다. 여호와에 대한 아사의 신실성은 구스 전쟁에서도 증명되었다.

예언자의 말에 아사는 범국가적인 개혁을 추진한다. 먼저 그는 유다와 베냐민, 그리고 에브라임 산지에서 빼앗은 성읍들에서, 즉 자신이 통치하는 전 영역에서 **가증한 물건**을 제거하는 것으로 시작한다. **가증한 물건**이란 이방민족의 신과 신상들을 말한다(왕상 15:12; 왕하 23:13, 24).

에브라임 산지에서 빼앗은 성읍들은 아사 시대에 북쪽으로 영토를 확장하였음을 증거해준다. 구체적으로 이 성읍들이 어디인지 명시되지 않는다.

이 성읍들을 16장에서 보도하는 북왕국이 건축하다 중단한 게바와 미스바(16:6// 왕상 15:22)로 간주하는 이들이 있다. 그러나 이 성읍들은 베냐민 성읍이기 때문에 이렇게 보기 어렵다. 또 아비야가 빼앗은 벧엘, 여사나, 에브론(13:19)으로 간주하기도 한다. 이 또한 맞지 않는 것은 역대기 저자는 아사가 북왕국의 성읍을 에브라임 성읍들을 정복하였다고 일관적으로 주장하기 때문이다(17:2). 필자는 앞에서 언급했듯이 아사의 요새건축이 바로 유다와 북왕국의 또 다른 전쟁과 승리를 암시한다고 본다. 특히 이 시대에 북왕국은 내적으로는 일곱 명의 왕들이 바뀌고 외적으로는 아람과 블레셋의 압력으로(왕상 15:25-16:29) 매우 불안정한 정치적 상황을 감안할 때 국경지역에서의 전쟁 가능성은 매우 높다고 할 수 있다. 이 전쟁은 아사 제11년에서 14년 사이, 구스 전쟁이 이전에 있었다고 보아야 한다.

다음으로 아사는 성전 앞에 있는 번제단을 재건한다. 이것은 제단을 제의적으로 정화한 것이 아니라 일반적인 의미의 갱신, 즉 시대마다 항상 필수적으로 요청되는 건물의 검사수리에 해당된다.[67]

9 - **15** 예언자의 선포에 대한 아사의 세 번째 응답은 언약체결이다. 외적인 개혁에 내적 갱신이 추가된다.

9 아사 왕은 유다와 베냐민의 무리를 예루살렘으로 모은다. 그뿐만 아니라 아사 왕은 에브라임과 므낫세와 시므온 지파의 사람들도 소집하였다. 이들은 **저희 중에 우거하는** 자들이다. 이들이 어떻게 유다와 베냐민 사람들과 살게 되었는지 설명된다. 그들은 아사의 하나님이 아사와 함께하심을 보고 아사에게로 돌아왔다. 왕국이 분열된 직후에 북이스라엘 사람들이 남유다로 월남하였다(11:16-17). 남하는 계속 이루어지고 있다. 모든 이스라엘에 대한 다윗 자손의 통치(13:5)는 이렇게 실현되고 있다.

북왕국의 지파들 가운데 **에브라임과 므낫세와 시므온**만이 언급된다. 유다 왕국 주변에 위치한 지파들이다.

---

67) Rudolph, *Chronikbücher*, 245; Japhet, *I & II Chronicles*, 723.

10 예루살렘에 모인 때를 제15년 3월로 기록한다. 아사의 초기 십년을 평화시기로 제시하고, 이 집회에서 노략물을 제물로 사용하고 있다면 구스 전쟁은 빨라야 14년이 될 것이다. 11년에서 14년 사이의 시기를 전쟁 시기로 보아야 할 것이다.

11 – **14** 백성은 구스 전쟁에서 취한 전리품 가운데 소와 양으로 제사를 드린다. 짐승의 수 칠백과 칠천은 상징적인 특징을 띤다.

12 – **13** 언약체결의 내용은 **마음을 다하고 성품을 다하여 열조의 하나님 여호와를 찾**는 것이다. 여기서 '언약체결'에 대한 표현은 전형적인 양식인 '카라트 베리트'(כרת ברית)가 아니라 문자적으로 '언약으로 들어가다'를 뜻하는 '보 바베릿트'(בוא בברית)가 사용된다.

언약체결 대상은 누구인가? 이 언약을 지키지 않을 경우 나이와 성별을 고려하지 않고 죽이는 것이 마땅하다고 맹세(신 17:2-5 참고)하는 것은 백성 상호 간의 의무 서약으로 보인다. 맹세 언약과 미준수시의 엄격한 처벌은 느헤미야 시대의 언약에서 나타난다(느 10:29).

14 맹세의식은 백성의 외침과 피리와 나팔로 절정을 이룬다.

15 백성의 자발적인 서원은 온 유다의 기쁨으로 표현된다. 기쁨은 마음을 다한 증거이다. 역대기 저자는 이 일을 백성이 여호와를 찾은 사건으로 간주한다. 그 결과로 여호와께서는 그들의 사방에 평안을 주셨다.

무리가 … 여호와를 찾았으므로 여호와께서도 저희의 만난바가 되시고 이 결론은 아사 15년의 언약체결이 선지자 아사랴의 예언에 의해 동인되었다는 것을 말한다. 이것은 또한 유다가 여호와를 버렸으며 그 결과 평안이 없었던 시기가 있었음을 재삼 확인해준다. 하나님과 만날 때만 인간은 평화를 누릴 수 있다.

¶ 메시지

아사 왕은 큰 승리에도 불구하고 교만하지 아니하고 예언자 아사랴의 경고를 수용하여 온 백성과 함께 '마음을 다하고 목숨을 다하여 조상들의 하나님 여호와를 찾기로 언약'(12절)을 맺는다. 성공했을 때 하나님께 향하는 일은 결코 쉬운 일이 아니다. 하나님은 이들을 만나주시고 평안을 주신다.

3) 아사 왕의 후기 개혁(15:16-19)

¶ 본문

16 아사왕의 모친 마아가가 아세라의 가증한 목상을 만들었으므로 아사
가 그 태후의 위를 폐하고 그 우상을 찍고 빻아 기드론 시냇가에서 불살랐
으니 17 산당은 이스라엘 중에서 제하지 아니하였으나 아사의 마음이 일
평생 온전하였더라 18 저가 또 그 부친의 구별한 물건과 자기의 구별한 물
건 곧 은과 금과 기명들을 하나님의 전에 드렸더니 19 이 때부터 아사왕
삼십 오년까지 다시는 전쟁이 없으니라

¶ 주석

16 아사는 그의 어머니를 모후의 자리에서 폐위한다. 왜냐하면 어머니 마아가가 아세라 목상을 만들었기 때문이다. 나아가 아사는 어머니가 만든 우상을 찍고 빻아 기드론 시냇가에 불살랐다.

17 아사가 산당만은 제거하지 않았다는 이 구절의 보도는 산당을 제거하였다는 14:2, 4와 모순된다. 그러나 두 구절에는 차이가 있다. 17절(=왕상 15:14)에는 14장과는 달리 산당을 "이스라엘에서" 제하지 않았다고 덧붙인다. 이 표현은 저본(왕상 15:14)에 나타나지 않는다. 이 모순은 흔히 17절의 **제하지 아니하였으나**를 "완전히 제하지 않았다"로 이해함으로써 해결되곤 한다. 또는 14장에서의 산당은 이방신들을 위한 제의처로, 그에 반해 15장의 산당은 여호와의 성소로 간주함으로써 이 모순을 해결하려고도 한다. 만약 역대기 저자가 이 두 가지 경우를 말하고자 했다면, 14:2에서도 15:17에서와 마찬가지로 "이스라엘에서"를 추가했을 것이다.[68] 15장의 "이스라엘"은 북왕국을 의미할 것이다. 14장의 개혁이 유다 왕국에 제한되어 있다는 것을 감안하면, 14장에서는 아사가 유다에서 산당을 제거했다는 것을 말한다(14:2, 4). 북왕국에서 산당을 제거하지 않았다는 말은 무엇일까? 아사는 15장에서 유다와 베냐민은 물론 에브라임, 므낫세, 시므온과 같은 북이스라엘 이주민을 껴안았다. 이것은 아사 왕의 정치가 북왕국을 염두에 두었다는 것을 말해준다. 정치적으로 북왕국이 아사 왕의 통치 영역에 속하지 않았기 때문에 아사 왕의 염원에도 불구하고 북왕국에서 산당을 제거하기란 실제로 불가능했을 것이다. 그러므로 **아사의 마음이 일평생 온전하였더라**고 말할 수 있다. 아사에 대한 이러한 평가는 저본에서 그대로 수용한 것이다(왕상 15:13-15). 열왕기에서 이 평가에 맞게 아사는 긍정적으로 나타난다. 그러나 역대기에서 이 평가는 16장에서 보도되는 아사의 모습과 확연한 대조를 이룬다. 아사는 바아사와의 전쟁에서 "전심으로 자기에게 향하는 자"(16:9)로 증명되지 않았으며 또한 아사는 병들었을 때 "여호와께 구하지" 않았다(16:12). 그러므로 우리는 이 평가를 15장의 정책에 제한하여 이해해야 할 것이다.

18 아사 왕은 아버지를 본받아 구별하여 성전에 은과 금과 그릇들을 드렸다.

---

68) Rudolph, *Chronikbücher*, 241.

19 이러한 아사 왕의 신실함에 하나님은 전쟁 없는 상태로 보상해준다. 평화시대는 만 20년간 지속되었다. 초기 십년간의 평화시대의 갑절이나 된다. 예언자 아사랴의 선포대로 그들의 "행위에는 상급이" 있다(7절).

¶ 메시지

아사 왕은 어머니라 할지라도 우상을 섬긴다면 이를 용납하지 않았다. 예수께서 말씀하시기를 "아버지나 어머니를 나보다 더 사랑하는 자는 내게 합당하지 아니하고 아들이나 딸을 나보다 더 사랑하는 자도 내게 합당하지 아니하며"(마 10:37), 또 "나와 복음을 위하여 집이나 형제나 자매나 어머니나 아버지나 자식이나 전토를 버린 자는" 그것을 백 배나 받는다고 하셨다(막 10:29-30). 하나님은 그런 상급을 주신다.

4) 아사 왕의 후기 행적(16:1-10)

¶ 본문

1아사왕 삼십 륙년에 이스라엘 왕 바아사가 유다를 치러 올라와서 라마
를 건축하여 사람을 유다 왕 아사에게 왕래하지 못하게 하려 한지라 2아
사가 여호와의 전 곳간과 왕궁 곳간의 은금을 취하여 다메섹에 거한 아람
왕 벤하닷에게 보내며 가로되 3내 부친과 당신의 부친 사이에와 같이 나
와 당신 사이에 약조하자 내가 당신에게 은금을 보내노니 와서 이스라엘
왕 바아사와 세운 약조를 깨뜨려서 저로 나를 떠나게 하라 하매 4벤하닷
이 아사왕의 말을 듣고 그 군대 장관들을 보내어 이스라엘 두어 성읍을 치
되 이욘과 단과 아벨마임과 납달리의 모든 국고성을 쳤더니 5바아사가
듣고 라마 건축하는 일을 파하여 그 공역을 그친지라 6아사왕이 온 유다

무리를 거느리고 바아사가 라마를 건축하던 돌과 재목을 수운하여다가 게
바와 미스바를 건축하였더라
7 때에 선견자 하나니가 유다 왕 아사에게 나아와서 이르되 왕이 아람
왕을 의지하고 왕의 하나님 여호와를 의지하지 아니한고로 아람 왕의 군
대가 왕의 손에서 벗어났나이다 8 구스 사람과 룹 사람의 군대가 크지 아
니하며 말과 병거가 심히 많지 아니하더이까 그러나 왕이 여호와를 의지
한고로 여호와께서 왕의 손에 붙이셨나이다 9 여호와의 눈은 온 땅을 두
루 감찰하사 전심으로 자기에게 향하는 자를 위하여 능력을 베푸시나니
이 일은 왕이 망령되이 행하였은즉 이 후부터는 왕에게 전쟁이 있으리이
다 하매 10 아사가 노하여 선견자를 옥에 가두었으니 이는 그 말에 크게
노하였음이며 그 때에 아사가 또 몇 백성을 학대하였더라

¶ 주석

(1) 바아사와의 충돌(16:1–6)

이 단락은 열왕기상 15:17–22에 기초하고 있다. 아사 왕 삼십 오년까지 20년간 지속된 평화상태(15:19)는 북이스라엘 왕 바아사의 침략으로 일단락된다. 또 6절은 아사 시대에 유다는 적어도 베냐민의 일부, 즉 예루살렘 전방을 확실히 소유하지 않았다는 것을 말해준다.

1 아사왕 삼십 륙년에 북이스라엘 왕 바아사가 라마를 건축한 연대는 열왕기에서의 정보와 충돌한다. 열왕기에 따르면 바아사는 이미 아사 왕 제26년에 사망했기 때문이다(왕상 16:8). 열왕기 저자는 바아사와의 전쟁이 언제 있었는지 밝혀주지 않는다(왕상 15:16). 역대기 저자는 신학적인 이유 때문에 바아사와의 전쟁을 아사 왕 36년으로 말할 것이다.[69] 그럼에도 불구하고 역대기 저자가 재구성한 이 연대는 열왕기 분열왕국의 연대

---

69) Rudolph, *Chronikbücher*, 247.

를 정비하는 데 중요한 초석이 된다.[70] 역대기 저자의 이러한 확신은 이 벤하닷이 아합의 철천지원수인 벤하닷과 동일인물일 것이라는 것을 보여주는 벤하닷 비문에 기초하고 있다. 이것은 여기에 관련된 사건이 역대기 저자가 암시하는 것처럼 후대일 경우에만 성립될 수 있다.[71]

이스라엘 왕 바아사가 … 라마를 건축하여 이스라엘의 남진정책을 보여준다. 아비야(13:19)와 아사(14:8)의 북진 이후 처음으로 남북왕국의 힘의 판도가 달라졌음을 암시해준다. 라마는 베냐민 지역의 심장으로 예루살렘에서 13km 떨어져 있다. **유다를 치러 올라와서** 라마를 건축하기 전 바아사는 유다가 앞서 정복했던 땅 대부분을 되찾았을 것이다.

바아사가 라마를 건축한 것은 유다로의 왕래를 막기 위함이었다. 본래 열왕기에서 "왕래하다"는 히브리 동사는 군사적인 의미를 띠고 있다. 즉 바아사는 국방력을 강화하는 차원에서 라마에 군사적 조치를 취한 것이다. 그 목적은 이스라엘과 유다 왕국 사이의 끊임없는 국경분쟁에 종지부를 찍기 위한 것이었다. 바아사는 북왕국으로 진군하는 공격로를 아예 막아버리고자 한 것이다.[72] 그러나 역대기에서 이 조치는 군사적 조치로서의 의미를 잃고 만다.[73] 왜냐하면 역대기에는 북이스라엘과 유다 사이에 지속적인 전쟁이 있었다는 열왕기의 보도(왕상 14:30, 15:7b, 16)가 생략되어 있고, 그 반대로 아사 시대에 평화 상태가 지속되었다고 강조되고 있기 때문이다(15:15, 19). 역대기에서 남북의 왕래는 군사적 차원이 아니라 정치적 차원이다. 르호보암 시대에 백성이 조상들의 하나님을 찾아 남쪽으로 내려왔고(11:13, 16), 아사 시대에도 북왕국의 백성은 하나님이 아사와 함께하심을 보고 남하하였다(15:9). 이러한 언급을 통해 볼 때 역대기 저자는 바아사가 일반 백성의 왕래를 차단하고자 라마를 건축했다고 이해하고 있음을 알 수 있다. 바아사는 마치 여로보암이 일반 백성이 예루살렘으로 갈 것을 두려워하여 벧엘과 단에 성소를 세웠던 것처럼(왕상 12:27) 자신의 백성이 아사에게로 계속 남하할 것을 두려워하여 국경에 일종의 장벽을

---

70) Williamson, *1 and 2 Chronicles*, 273.

71) *Ibid.*

72) E. Würthwein, *Könige*, 188.

73) H.-S. Bae, *Vereinte Such nahc JHWH*, 85.

쌓았던 것이다.

2 – **3** 바아사가 예루살렘에서 불과 13km 떨어진 라마를 건축하자 유다의 아사는 큰 위협을 느낀다. 아사는 바아사의 국방력 강화 조치를 유다 침공 행위로 받아들였음이 분명하다. 일을 당하기도 전에 두려운 나머지 행동하게 되면 오히려 더 큰 화를 자초할 수 있다. 아사가 그 경우이다.

위협에 직면했다고 판단한 아사는 이를 직접 대면하지 않고 외세를 끌어들인다. 그는 다메섹 아람 왕 벤하닷에게 원조를 요청한다. 역대기 저자는 저본의 벤하닷의 긴 이름 "헤시온의 손자 다브림몬의 아들 벤하닷"(왕상 15:18)을 **벤하닷**이라고만 쓴다. 열왕기에서 아사는 원조 요청을 위해 "여호와의 전 곳간과 왕궁 곳간에 남은 은금을 몰수히"(15:18) 바쳤다. 그러나 역대기에서 아사가 바친 은금은 **여호와의 전 곳간과 왕궁 곳간의 은금**이다. 약간 수정된 표현을 통해 역대기에서 아사가 바친 제물은 열왕기의 양보다 축소된 것이라는 느낌을 주고 있다.

다음으로 아사는 벤하닷에게 그들의 부왕들이 동맹관계에 있었음을 상기시켜준다. 그러나 열왕기에서 아사와 벤하닷이 이미 동맹관계에 있고 그가 보낸 예물은 양국의 조약을 더 강화하고 대신 이스라엘과의 약조를 파기하는 것에 대한 보답으로 제시하고 있다(왕상 15:19). 그러나 역대기는 달리 보도한다. 아사는 자신들의 부왕들처럼 자신과도 동맹을 맺고, 이미 동맹관계에 있는 바아사와는 동맹을 파기하고 그의 공격을 물리쳐 줄 것을 요청한다. 아사가 보낸 예물은 그에 대한 대가이다. 아비야와 벤하닷의 부친과의 동맹은 성서에 증거되고 있지 않다.

아사의 이러한 행동은 유다를 침공한 시삭에게 성전과 곳간을 털어 받친 르호보암 왕의 대응을 상기시켜준다(12장).

4 – **5** 아람 왕 벤하닷은 아사의 요청에 응답한다. 그는 군대를 보내 이스라엘의 여러 국고성을 공격하였다. **이욘과 단과 아벨마임과 납달리의 모든 국고성**이다. 이에 반하여 열왕기는 벤하닷이 친 성읍들을 "이욘과 단과 아벨벧마아가와 긴네렛 온 땅과 납달리 온 땅"으로 열거하고 있다(왕상 15:20). "아벨벧마아가"가 **아벨마임**으로 바뀌어 나타나고, "긴네렛의 온

땅과 납달리 온 땅"은 **납달리의 모든 국고성**으로 대체되어 있다.

6 벤하닷의 즉각적인 대응으로 바아사는 라마 건축을 포기하였다. 아사는 이 기회를 이용한다. 바아사가 라마를 건축하기 위해 준비해 놓은 돌과 재목을 운반하여 게바와 미스바를 건축한다. 아사의 근시안적인 대처는 위기를 모면하고 왕국에 유익을 가져다준 것으로 보인다. 그러나 이것이 끝은 아니다.

(2) 하나니의 심판설교와 그 결과(16:7-10)

7 **때에** 아사가 아람의 도움으로 바아사를 방어하고 게바와 미스바를 건축하는 외관상 큰 성과를 거둔 때를 말한다.

선견자 하나니가 유다 왕 아사에게 나아와서 아사의 대처와 외적인 성공은 그것으로 끝난 것이 아니라 다시 새로운 사건의 시작이 된다.

선견자 하나니는 열왕기에서 선지자 예후의 아버지로 나온다(왕상 16:1, 7). 역대기에서 예후는 여호사밧 통치시기에 다시 등장한다(19:2, 20:34).

선견자 하나니는 아사의 행위에서 신학적인 결론을 끌어낸다. 하나니는 먼저 아사 왕에게 하나님을 의지하지 않고 아람 왕을 의지한 점을 지적한다. 아람 왕의 군대가 왕의 손에서 벗어난 것은 바로 그 때문이다. 그런데 **아람 왕의 군대**라는 말은 어색하다. 왜냐하면 유다는 아람과 동맹관계에 있었기 때문이다. 그래서 칠십인경은 "아람"(ארם)을 "이스라엘"(ישראל)로 바꿔 쓴다. 앞에서 아사 왕이 아람이 아니라 이스라엘과 적대관계에 있었기 때문에 칠십인경의 읽기가 더 타당해 보인다. 그러나 유다와 북이스라엘의 직접적인 전쟁에 대하여 보도하고 있지 않기 때문에 야펫은 이 표현을 유다와 이스라엘 간에 존재하는 위험을 인정하는 말로 이해한다.[74] 본래 쓰인 대로 **아람**이 원문에 가까운 읽기일 것이다.[75] 그렇다면 대적관계가 아닌 아람군대를 놓쳤다는 말은 무슨 뜻인가? 윌리엄슨의 주석에 따르

74) Japhet, *I & II Chronicles*, 736.

75) Rudolph, *Chronikbücher*, 248; Williamson, *1 and 2 Chronicles*, 274.

면 하나니는 여기서 아사 왕에게 만일 그가 하나님을 의지하였다면 북이스라엘은 물론 아람까지도 능가할 수 있었다는 것을 말하는 것이다.[76] 유다는 북이스라엘을 막기 위하여 성전과 궁전의 보물고를 터는 그런 큰 희생을 치르지 않을 수 있었다. 위기 앞에서 하나님을 의지하지 않고 아람에 기댐으로써 아사는 진정한 승리를 상실하였다는 뜻이다.

8 하나니는 아사 왕에게 구스 전쟁(14:9)을 상기시켜준다. 여기서는 구스 전쟁에 참여한 대적으로서 구스 사람 외에 14장의 보도에서 언급되지 않은 **룹 사람**이 추가되어 있다. 군대의 수가 많음을 강조하기 위함으로 보인다. 구스의 군대는 유다의 두 배에 이르렀다(14:8, 9). 유다가 이 전쟁에서 승리한 것은 군대의 크고 작음에 있지 않았다. 여호와를 의지하였을 때 유다는 상급을 받았다. 구스 전쟁에서 아사 왕은 그 어떤 대적도 여호와를 이기지 못한다는 사실을 배울 수 있었다. 그런 그가 북이스라엘의 위협 앞에서 하나님을 의지하지 않고 아람 왕을 의지하였다고 선견자는 지적한다.

9 대적이 어디에서 오든 그것은 중요하지 않다. 왜냐하면 **여호와의 눈은 온 땅을 두루 감찰하**시기 때문이다. 이 말은 스가랴 4:10의 말씀을 인용한 것이다. 여호와는 무소부재(無所不在)하시며 항상 도울 준비가 되어 있기 때문에 우리는 어떤 위험에 처하였든지 어떤 위협을 당하든지 그를 전심으로 신뢰하기만 하면 된다.

아사가 하나님을 의지하지 않은 것에 대한 심판은 "끊임없는 전쟁"이다. 한 왕국의 지도자의 불신은 백성의 미래에 큰 손해를 끼친다. 전쟁을 피하기 위하여 아람과 연합하였으나 오히려 그것은 더 길고 긴 전쟁을 품안으로 끌어들이는 결과를 가져왔다(참고 18:3ff., 22:5). 아사에 대한 심판 말씀은 이사야가 아하스에게 전한 심판 말씀을 상기시켜준다(사 7장). 이방 세력을 끌어들임으로써 승리를 보장하고자 했던 아하스의 외교정책도 심판을 초래하였다. 현실에서 해답을 찾는 자는 세상의 주를 한쪽으로 제쳐

76) Williamson, *1 and 2 Chronicles*, 274.

두기 때문에 어리석은 신앙인 곧 어리석은 정치가가 될 수밖에 없다(대상 21:8; 참고. 삼상 13:13).

10 아사 왕은 하나니의 말에 주의를 기울이지 않는다. 그는 여기서 그치지 않고 선견자의 심판 말씀에 진노하고, 나아가 그를 옥에 가두는 일까지 저지른다. 또한 왕의 진노는 일부 백성에게까지 뻗쳐 그들을 학대하기에 이른다. 이 백성은 아마도 예언자에 대한 왕의 행위에 분개한 사람들일 것이다. 심판을 선포하는 예언자에 대한 학대는 예레미야에서 찾아볼 수 있다(렘 20:2-3, 29:26).

아사 왕의 후기 행적은 삼십 오년간의 치적에서 나타나는 상에 잘 맞지 않는다. 역대기 저자는 이 점을 결말부분에서 해결한다.

¶ 메시지

사람은 위기에 처했을 때 당장 눈앞에 보이는 것을 의지하기가 쉽다. 하나님은 우리의 눈에 보이지 아니하므로 우리가 급박한 상황에 처하게 되면 하나님보다 실제적인 도움을 찾게 된다. 그러나 우리 눈에 보이지 않는 하나님은 우리를 두루 감찰하고 계시며, 전심으로 자기에게 향하는 자들을 찾아 능력을 베푸신다. 그러므로 하나님은 어떤 상황에서도 우리가 참으로 의지할 분이시다.

5) 결구(16:11-14)

¶ 본문

[11]아사의 시종 행적은 유다와 이스라엘 열왕기에 기록되니라 [12]아사가
왕이 된지 삼십 구년에 그 발이 병들어 심히 중하나 병이 있을 때에 저가
여호와께 구하지 아니하고 의원들에게 구하였더라 [13]아사가 위에 있은지
사십 일년에 죽어 그 열조와 함께 자매 [14]다윗성에 자기를 위하여 파 두
었던 묘실에 무리가 장사하되 그 시체를 법대로 만든 각양 향재료를 가득
히 채운 상에 두고 또 위하여 많이 분향하였더라

¶ 주석

11 아사에 대한 사료에 대하여 역대기의 구절은 두 가지 면에서 차이를 나타낸다. 첫째 사료로서 열왕기에서는 "유다의 열왕기"(개역: "유다왕 역대지략")가, 역대기에서는 **유다와 이스라엘 열왕기**가 소개된다. 이 사료는 역대기에서 처음으로 언급되고 있다. 역대기 저자는 역사기록을 위한 다른 사료를 가진 것일까? **유다와 이스라엘 열왕기**는 구약정경의 열왕기서를 말하는 것은 아니다. 이 책은 열왕기서보다 더 많은 역사적 기록을 담고 있을 것이다.

열왕기에서 "아사의 남은 사적과 모든 권세와 무릇 그가 행한 일과 성읍을 건축한 것"(왕상 15:23a)이 언급되는 반면, 역대기 저자는 이 모든 것을 **아사의 시종 행적**이라는 표현에 다 포괄시키려는 듯하다.

12 - **14** **아사가 왕이 된지 삼십 구년에** 아사 왕이 발에 병을 얻었다. 열왕기에서의 "늘그막에"를 역대기 저자는 구체적인 때를 기록하고 있다. 이로써 저자는 아사 왕의 발병이 나이 들어 생기는 자연적인 생리현상

이 아니라는 점을 강조하고자 한다.

열왕기에서도 역대기에서도 아사의 발병 이야기는 결구양식 밖에서 기술된다. 이것은 열왕기에서는 아사 왕이 그의 병 때문에 더는 통치하지 못하게 되었으므로 그가 생존해 있는 동안에 후계자에게 통치권을 이양했다는 것을 암시하기 위함인 것으로 보인다.[77] 그러나 역대기에서는 다른 경우이다.

역대기는 열왕기의 순서를 그대로 따르고 있다. 그러나 아사의 발병은 그의 행위에 대한 심판으로 나타난다. 아사는 하나님을 의지하지 않은 행위에 대하여 끊임없는 전쟁을 심판으로 선고받았으므로 아사의 발병의 원인을 하나님을 의지하지 않은 일에 대한 심판으로 간주할 수 없다. 발병의 근본적 원인은 아사가 선견자와 그의 사람들을 잘못 대우한 것(10절)에 있다고 보아야 한다.

역대기 저자는 그의 병에 대한 신학적인 해석을 더 추가한다. 아사의 병은 매우 심하였다. 그럼에도 불구하고 아사는 하나님을 구하지 않았다. 이미 아람 왕에게 도움을 구할 때 드러났던 아사 왕의 불신앙은 병들었을 때 더욱 분명히 드러난다. 그는 여호와께 구하지 아니하고 그 대신 **의원들**을 찾았다. 이러한 잘못은 우리에게 당시의 의원들이 주문(呪文)이나 다른 주술적 수단을 드물지 않게 사용했다는 것을 추측하게 한다. 구약은 자연치료제를 부인하지 않기 때문에(왕하 20:7; 참고. 집회서 38:1f.) 우리는 병에 걸렸을 때 의원의 도움을 받는 것을 죄로 단정해서는 안 된다.[78] 그러나 전체적인 문맥을 통해 볼 때 역대기 저자는 아사의 경우를 달리 본다. 역대기 저자는 아사에 관한 기사에서 끊임없이 여호와에 대한 신뢰를 강조하고 있기 때문에 아사가 의원에게 구한 것은 여호와께 대한 불신의 표현으로 간주하고 있음을 알 수 있다. 아사의 말기의 삶이 보여주듯이 여호와께 대한 아사의 태도가 병의 원인이 되었다. 아사 왕은 생명의 주가 되시는 하나님을 잊었던 것이다. 그것은 벌을 받을 만했다.

---

77) Rudolph, *Chronikbücher*, 249.

78) *Ibid.*

13 아사 왕은 통치한 지 사십일 년 후에 죽었다. 아사의 통치기간이 열왕기에서는 도입구에서 소개된 반면(왕상 15:10), 역대기 저자는 끝에서 보도하고 있다. 르호보암과 여호사밧의 경우가 그렇다(12:13, 20:31). 이것은 역대기 저자가 열왕기의 것보다 이야기체로 기록한 것 때문인 것으로 보인다.[79)]

14 아사의 장사에 관한 역대기 저자의 기술은 열왕기와 비교해 볼 때 능동태로 기술되고 있다는 점이 눈에 띈다. 아사는 자신을 위하여 다윗 성에 묘실을 파 두었고, 무리가 그를 장사하였다. 통치 후기의 아사의 불신앙적인 모습을 볼 때 죽음 이후에 이루어진 아사의 장례 의식은 아사 왕의 명예가 전혀 훼손되지 않고 있음을 보여준다.

아사에 관하여 매우 독특한 장례예식이 기술되고 있다. 아사 왕이 장사된 후에 무리가 **그 시체를 법대로 만든 각양 향 재료를 가득히 채운 상에** 두고 **분향**하였다. 유다 왕국의 관습에 따르면 죽은 왕들에게는 분향이 이루어졌던 것 같다(21:19; 렘 34:5 참고). 그러므로 장사 후 이루어진 이러한 독특한 장례예식은 아사 왕에게만 치러진 특별한 경우라기보다는 일반적인 장례 관습을 보여주는 것으로 보아야 한다. 그런데 죽은 왕에게 분향하지 아니하는 것은 불명예스런 죽음을 나타내기 때문에(21:19), 장례예식은 아사 왕에 대한 긍정적인 평가를 담고 있다고 할 수 있다. 이것은 두 가지로 해석될 수 있을 것이다. 아사에 대한 최종적인 평가는 열왕기에 나타난 아사에 부합한다.

¶ 메시지

이미 하나님을 의지하지 않으므로 전쟁의 심판을 경험한 아사 왕은 다시 똑같은 죄를 반복한다. 아사 왕은 젊어서는 하나님을 의지했으나 늙어가면서 하나님보다 보이는 군대나 의원을 의지하였다. 나이가 들어가고 경

---

79) S. Japhet, *I & II Chronicles*, 739.

험이 많아진다 하여 믿음이 절로 깊어지는 것은 아니다. 사도 바울이 "나의 선한 싸움을 싸우고 나의 달려갈 길을 마치고 믿음을 지켰으니"(딤후 4:7)라고 고백하였듯이 믿음은 지키는 자의 것이다.

4. 여호사밧(17:1–21:1)

역대기에서 여호사밧에 관한 보도는 열왕기의 것과 대조된다. 도입구와 결구(왕하 15:24, 22:41–50)와 아합과의 연합전쟁(왕하 22:1–35a)만이 거의 문자적으로 수용되어 있고, 여호사밧에 관한 행적의 대부분은 새로운 것이다.

¶ 짜임새

1) 17:1–19	여호사밧의 성공적인 통치
(1) 17:1–6	여호사밧의 통치 일반
(2) 17:7–9	여호사밧 제 삼년의 교육 개혁
(3) 17:10–11	여호사밧의 외교적 관계
(4) 17:12–19	여호사밧의 건축과 군사
2) 18:1–19:3	여호사밧과 아합
(1) 18:1–27	길르앗 라못 동맹전쟁
(2) 18:28–19:3	길르앗 라못 전쟁의 결과
3) 19:4–11	여호사밧의 사법개혁
4) 20:1–30	여호사밧의 승전

5) 20:31-21:1	여호사밧 통치의 종결
(1) 20:31-34	여호사밧 통치 일반
(2) 20:35-37	여호사밧 통치 말기
(3) 21:1	죽음과 장사

¶ 평행본문과의 비교

즉위	대하 17:1a	왕상 15:24b
방비정책	17:1b-2	-
여호사밧의 신앙	17:3-4	-
여호사밧의 부귀와 영광	17:5	-
제의개혁	17:6	(22:46-47)
교육개혁	17:7-9	-
여호사밧의 부	17:10-11	-
여호사밧의 건축	17:12-13	-
여호사밧의 군대	17:14-19	-
길르앗 라못 전쟁	18:1-19:3	22:1-37
사법개혁	19:4-11	-
암몬전쟁	20:1-30	(왕하 3:4-27 ?)
통치햇수 등	20:31	22:41-42
평가	20:32-33	22:43
남북관계	-	22:44
사료	20:34	22:45
제의개혁	(17:6)	22:46-47
아하시야와의 연합무역	20:35-37	22:48-49
죽음과 장사	21:1	22:50

1) 여호사밧의 성공적인 통치(17:1-19)

¶ 본문

1 아사의 아들 여호사밧이 대신하여 왕이 되어 스스로 강하게 하여 이스
라엘을 방비하되 2 유다 모든 견고한 성읍에 군대를 주둔하고 또 유다 땅
과 그 아비 아사의 취한바 에브라임 성읍들에 영문을 두었더라 3 여호와
께서 여호사밧과 함께하셨으니 이는 저가 그 조상 다윗의 처음 길로 행하
여 바알들에게 구하지 아니하고 4 오직 그 부친의 하나님께 구하며 그 계
명을 행하고 이스라엘의 행위를 좇지 아니하였음이라 5 그러므로 여호와
께서 나라를 그 손에서 견고하게 하시매 유다 무리가 여호사밧에게 예물
을 드렸으므로 저가 부귀와 영광이 극하였더라 6 저가 전심으로 여호와의
도를 행하여 산당과 아세라 목상들도 유다에서 제하였더라 7 저가 위에
있은지 삼년에 그 방백 벤하일과 오바댜와 스가랴와 느다넬과 미가야를
보내어 유다 여러 성읍에 가서 가르치게 하고 8 또 저희와 함께 레위 사람
스마야와 느다냐와 스바댜와 아사헬과 스미라못과 여호나단과 아도니야
와 도비야와 도바도니야등 레위 사람을 보내고 또 저희와 함께 제사장 엘
리사마와 여호람을 보내었더니 9 저희가 여호와의 율법책을 가지고 유다
에서 가르치되 그 모든 성읍으로 순행하며 인민을 가르쳤더라

10 여호와께서 유다 사면 열국에 두려움을 주사 여호사밧과 싸우지 못하
게 하시매 11 블레셋 중에서는 여호사밧에게 예물을 드리며 은으로 공을
바쳤고 아라비아 사람도 짐승떼 곧 수양 칠천 칠백과 수염소 칠천 칠백을
드렸더라 12 여호사밧이 점점 강대하여 유다에 견고한 채와 국고성을 건
축하고 13 유다 각 성에 역사를 많이 하고 또 예루살렘에 크게 용맹한 군
사를 두었으니 14 군사의 수효가 그 족속대로 이러하니라 유다에 속한 천
부장 중에는 아드나가 으뜸이 되어 큰 용사 삼십만을 거느렸고 15 그 다음
은 장관 여호하난이니 이십 팔만을 거느렸고 16 그 다음은 시그리의 아들
아마시야니 저는 자기를 여호와께 즐거이 드린 자라 큰 용사 이십만을 거

느렸고 [17]베냐민에 속한 자 중에 큰 용사 엘리아다는 활과 방패를 잡은 자 이십만을 거느렸고 [18]그 다음은 여호사밧이라 싸움을 예비한 자 십 팔만을 거느렸으니 [19]이는 다 왕을 섬기는 자요 이 외에 또 온 유다 견고한 성에 왕이 군사를 두었더라

¶ 주석

(1) 여호사밧의 통치 일반(17:1-6)

1 - 2 아사의 아들 여호사밧이 대신하여 왕이 되어 이 구절은 아사 왕 이야기의 결구인 열왕기상 15:24b와 같다. 열왕기에서 아사 왕 이야기의 결구인 이 구절은 역대기에서는 여호사밧 이야기의 도입구가 된다. 열왕기에서는 아사와 여호사밧 이야기 사이에 북이스라엘의 왕들(왕상 15:33-16:34)과 엘리야 이야기(17-21장)가 끼어 있다.

스스로 강하게 하여 이것은 적극적인 의지와 추진력을 강조하는 역대기의 특징적인 표현이다(1:1 참고).

이스라엘을 방비하되 여호사밧의 첫 번째 치적이다. **이스라엘** 앞에는 흔히 적대적인 뜻을 지닌 전치사 '알'(על)이 쓰였기 때문에 대부분의 번역본에서는 이를 "이스라엘을 방어"하다로 옮겨놓고 있다. 이 번역은 이스라엘과 적대관계에 있다는 뜻을 품고 있다. **이스라엘**은 북왕국을 말하는 것일까? 만약 **이스라엘**이 북왕국을 말하는 것이라면, 군사 정치적인 것이든 또는 영적인 것이든 간에, 그것은 문맥에 들어맞지 않는다. 왜냐하면 여호사밧은 계속하여 북왕국과 우호적인 관계를 맺는 통치를 지향하고 있기 때문이다(18:1ff., 20:35ff. 참고).

스스로 강하게 하여 이스라엘을 방비한다는 표현은 역대하 1:1에 비추어 볼 때 "이스라엘을 견고히 하다"는 뜻을 함축하고 있다. 그렇다면 여호사밧은 북왕국 이스라엘을 견고히 했다는 말인가? 그것은 "이스라엘을 방어"한 구체적인 조치 내용을 살펴보면 밝혀질 것이다.

[2] 여호사밧은 군사적 조치를 취한다. 첫째, **유다 모든 견고한 성읍에 군대를 주둔**시킨다. 이 언급은 19절에서도 반복된다. 르호보암은 견고한 성읍을 건축하고(11:5-10) 그곳에 지휘관('나기드')을 두고 양식과 무기를 두어 강하게 하였다(11:11-12). 여호사밧이 이보다 더 요새를 강화하고 있음을 알 수 있다.

특이하게도 여기서 **견고한 성읍**에 대한 용어는 '아레 … 핫베추로트'(עָרֵי … הַבְּצֻרוֹת)가 사용되었다(19:15에서도). 반면 19절에서는 새로운 단어 '아레 핫미브차르'(עָרֵי הַמִּבְצָר)가 사용된다. 역대기에서 '견고한 성읍'에 대한 용어로는 가장 흔히 쓰이는 표현은 '아레 핫메추롯트'(עָרֵי הַמְּצֻרוֹת)이다(8:5, 11:5, 11, 23, 12:4, 14:6, 21:3). 사라 야펫은 다양한 표현 차이를 서로 다른 자료에서 기인된 것으로 설명하고 있다.[80]

둘째, **에브라임 성읍들에 영문을** 둔다. 우리말로 '영문'으로 옮겨진 '네치빔'(נְצִיבִים)은 다른 곳에서 '수비대'로 번역되었다(대상 18:13; 삼하 8:6, 14).

여호사밧의 군사적 조치는 유다에 제한되어 있다. 그렇다면 1절의 "이스라엘"은 남왕국을 의미하게 된다. 여호사밧은 '유다' 왕국을 견고히 하였다.

아사의 취한 바 에브라임 성읍들은 15:8에 따르면 "에브라임 산지에서 빼앗은 성읍들"이다. 여기서 **에브라임**은 지리적 용어로 사용되고 있다. 그러나 만약 이것이 16:6의 게바와 미스바의 건축 사건을 말하는 것이라면 이때의 **에브라임**은 분명히 북왕국을 칭하는 용어가 된다. 왜냐하면 이 성읍들은 베냐민 지파 구역에 위치해 있기 때문이다.[81] 여기서 우리는 역대기 저자가 1절에서 남왕국 유다를 의도적으로 '이스라엘'이라고 칭하고, 북왕국은 '에브라임'으로 쓴 것 같다. 그런데 왜 역대기 저자는 여기서 유다 왕국을 '이스라엘'이라 칭하는 것일까? 특별한 의도가 있을 것이다.

[3]-[4] 여호사밧의 안보정책은 긍정적인 평가를 받는다. **여호와께서 여호사밧과 함께하셨으니** 이 선언의 이유는 첨사 '키'(כִּי)로 시작되는 두

80) S. Japhet, *I & II Chronicles*, 746.
81) Rudolph, *Chronikbücher*, 249.

개의 문장으로 설명된다.

(כִּי) … 다윗의 처음 길로 행하여 바알들에게 구하지 아니하였다(3b).
(כִּי) 오직 … 그의 계명을 행하고 … 이스라엘의 행위를 따르지 아니하였다(4절).

이 두 구절은 똑같이 '…는 행하고 …는 하지 않았다'는 형태의 문장으로 4절은 내용상 3b절을 반복하고 있다. 달리 살펴보면 3b절에서 4a절의 내용은 동사에 따라 교차적으로 배열되어 있다.

a. 그의 조상 … 의 처음 길로 행하여('할락' הלך),
 b. 바알들에게 구하지 아니하고('다라쉬' דרשׁ),
 b′. 오직 … 하나님께 구하며('다라쉬' דרשׁ)
a′. 그의 계명을 행하고('할락' הלך)

이를 종합하면 3-4절은 내용상, 구조상 다음과 같이 분류된다.

선언(3a): 여호와께서 함께하심
이유(3b-4a): 행하고 구함
결과(4b): 이스라엘의 행위와 같지 않음

3b - 4 그 조상 다윗의 처음 길 여러 사본들은 '다윗'이 없는 본문을 증거하고 있는데 그것이 더 타당해 보인다. 왜냐하면 이 표현은 여호와에 대한 다윗의 태도가 시기에 따라 달라졌다는 것을 암시해주기 때문이다. 역대기에서 다윗은 일평생 시기적인 차이 없이 일관되게 긍정적으로 평가되고 있다. 열왕기의 본문도 '그의 아버지의 처음 길'이란 읽기를 지지해준다. 왜냐하면 열왕기에서 여호사밧은 그의 아버지 아사 왕과 비교되기 때문이다(왕상 22:43). 아사 왕은 하나님에 대한 태도 면에서 통치 초기와 후기에 큰 대조를 보여주었다. 여호사밧은 아버지 아사 왕이 초기에 보여준 모범적인 길을 따랐다.

바알들에게 구하지 아니하고 여호사밧이 다스리는 시기에 북이스라엘에서는 아합이 통치하였다. 아합과 이세벨의 통치 아래 북왕국에서는 바알제의가 성행하였다. 그러나 여호사밧은 **오직 그 부친 하나님께 구하**였다.

그 계명을 행하고 여호사밧이 그의 아버지와 비교되는 점은 특히 그의 아버지의 하나님께 구하며 그의 계명을 행한 점이다. 아사 왕은 선과 정의를 행하여 유다 백성에게 조상의 하나님을 찾게 하였으며 산당을 없애고 아세라 상을 찍었다(14:2-5).

결과적으로 여호사밧은 **이스라엘의 행위를 좇지 아니하였**다. 여기서 용어 '이스라엘'은 분명히 북왕국을 가리킨다. 여호사밧의 행위가 북왕국의 행위와 비교되는 것은 당시 북왕국의 제의가 여호와 종교에서 극히 멀어졌음을 암시해준다. 특히 여호사밧이 계속하여 북왕국과 긴밀히 연합한 점을 고려하면(18장과 20:35-37) 여호사밧이 북왕국의 종교에 물들지 않은 것은 가히 놀랄 만하다.

5 여호와에 대한 여호사밧의 이러한 헌신에 대한 보상으로 여호와는 **나라를 그 손에서 견고하게** 하셨다. 여호와께서 그에게 정치적인 영속을 선사하신 결과 여호사밧은 백성의 사랑을 받는다. 백성이 왕에게 예물을 바치므로 여호사밧 왕은 많은 부와 명예를 얻게 되었다. 이러한 보상은 의로운 왕에게 주어지는 것이다(대상 29:28; 대하 1:12 참고).

6 여호사밧 왕은 여호와의 은혜를 받고 더욱 여호와의 길을 걷는다. **전심으로**라고 옮겨진 표현은 문자적으로 '마음에 용기를 얻다'를 말한다. 이 히브리어 표현은 주로 '교만해지다'는 부정적인 의미로 사용된다. 그러나 여기서는 긍정적인 의미로 쓰였다. '마음에 용기를 얻어 하나님의 길을 걸었다'는 말은 여호사밧이 하나님의 길을 걷는 데 있어 더 적극적이 되었다는 것을 말한다. 앞에서 보았듯이 여호사밧은 바알을 찾지 않았다. 이러한 수동적인 자세에서 **산당과 아세라 목상들도** 제거하는 적극적인 행동을 취한 것이다. 아사 왕은 유다에서 '산당'과 '아세라 상'을 제거하였다(14:3). 여호사밧이 "다시" 산당들과 아세라 목상들을 유다에서 제거했다는 것은 아사 왕이 그의 말기에 여호와를 떠났으므로 산당과 아세라 상을

비롯한 우상 숭배가 다시 성행해졌다는 것을 말해준다.

이 단락에서 역대기 저자의 용어 사용에 주의할 필요가 있다. 2-6절에서만 보면 "이스라엘"은 북왕국을, "유다"는 남왕국을 말한다. 이 단락 전체는 유다에서의 개혁조치를 말하기 때문에 앞에서 보았듯이 1절은 여호사밧이 남왕국 유다를 강화하였다는 것을 의미한다. 그런데 특이하게도 1절에서는 유다 왕국이 '이스라엘'로, 2절과 5-6절에서는 '유다'로, 서로 상이하게 지칭되고 있다. 루돌프는 이러한 비일관적인 용어 사용을 근거로 1b절과 2절은 역대기 저자가 서로 다른 자료에서 끌어다 쓴 것이라고 추론한다.[82] 이러한 설명은 궁색하다. 문제는 다른 곳에서 여호사밧 왕을 "유다의 왕"으로 자주 칭하고 있는데(18:28, 19:1, 20:31, 21:2), 왜 1절에서만 유다 왕국에게 특별히 "이스라엘"이라는 칭호를 부여하는 것일까? 하는 것이다. 1절은 1-6절 단락에 대한 요약이다. 1절은 2-6절에서 유다 왕국에 대한 여러 가지 조치가 '이스라엘'을 견고히 하는 것이었다고 선언한다. 따라서 저자는 1절의 용어 사용을 통해서 유다 왕국에 대한 통치는 곧 "여호와께서 소금언약으로" 다윗과 그의 자손에게 주신 "이스라엘 나라"에 대한 통치라는 선언을 하고 있다(13:5). 따라서 다윗 자손이 통치하는 나라에 대하여 '이스라엘'과 '유다'를 번갈아 사용하면서 역대기 저자는 이 점을 확인시켜주고 있는 것이다. 역대기 저자는 여호사밧이 통치 초기에 이미 '온 이스라엘'의 이상을 품고 유다 왕국을 강화하는 정책을 펼쳤다는 것을 보이고자 했을 것이다.

(2) 여호사밧 제 삼년의 교육 개혁(17:7-9)

7 저가 위에 있은 지 삼년에 여호사밧이 삼 년 동안 아사와 함께 통치하였을 수 있다. 앞 장 16:12-13에서 암시되듯이 아사 왕이 제 삼십 구년에 병이 들어 더는 통치할 수 없게 되고 여호사밧이 아사 왕이 생존하는 동안 이미 왕위에 올라 나라를 다스리기 시작하여 아사 왕이 죽기까지 2년 동안 섭정을 하였다면, 여호사밧의 제 삼년은 그가 독자적으로 통치하게

82) Rudolph, *Chronikbücher*, 249.

되는 첫 해가 된다. 이미 군사정책과 제의조치들로 나라를 부강하게 한 여호사밧은 제 삼년에 강한 개혁 의지로써 통치를 시작했다는 것을 알 수 있다.[83] 무엇보다도 여호사밧 왕은 율법 교육에 착수한다. 그는 다섯 명의 방백을 유다 여러 성읍에 보내 가르치게 한다.

8 방백 외에 왕은 여덟 명('도바도니야'를 '도비야'의 중복오사로 간주한다면) 또는 아홉 명의 레위인과 두 명의 제사장을 보낸다. 왕이 보낸 자들로서 세 부류의 관리들이 언급된다. 방백, 레위인, 제사장의 순서를 야펫은 각각의 지위를 오름순으로 기록한 것으로 본다. 제사장은 감독과 지도의 책임자로, 다음으로 레위인과 관리 순이라는 것이다.[84] 그러나 8절의 문장은 오히려 레위인과 제사장을 방백들의 수행원으로 제시하고 있다. "또 그들과 함께(עמהם) … 레위 사람들을 보내고 또 그들과 함께(עמהם) 제사장을 보내었다." 이 구문은 방백들을 교육개혁의 총 책임 관리자로, 레위인과 제사장을 율법 교육의 주체로 간주하게 한다.

구약성서는 하나님의 말씀을 가르치고 전수하는 것은 제사장의 임무에 속한다고 말한다(호 4:6; 렘 18:18; 학 2:11; 겔 7:26; 레 10:11 참고). 그런데 여기에서는 레위인도 그 책임을 제사장과 함께 나누고 있다. 윌리엄슨은 이 구절에서 레위인이 제사장 앞에 언급되고 있다는 것은 역대기 저자 이전 자료일 가능성을 말해주는 단서라고 본다.[85] 루돌프도 평민들에게 가르치는 임무와 율법 교육의 책임을 부여하는 7절의 언급과 제사장의 책임을 말하는 9절은 오래된 것으로 간주한다.[86] 레위인이 백성의 종교교육을 담당한 자로 제시되는 것은 역대기의 특성이다(참고. 35:3). 특히 포로기 이후에는 레위인이 율법을 해석해주는 일을 담당하고 있음을 분명히 보여준다(느 8:7-8). 그래서 8절은 역대기 저자 시대의 상황을 인위적으로 여호사밧 시대에 투사시킨 것으로 설명되곤 한다.

이 구절의 요지는 왕이 왕국의 모든 주요 관리들을 파견함으로써 율법

83) Williamson, *1 and 2 Chronicles*, 282.
84) S. Japhet, *I & II Chronicles*, 750.
85) Williamson, *1 and 2 Chronicles*, 282.
86) Rudolph, *Chronikbücher*, 251.

교육을 주도하였다는 데 있다. 여호사밧은 이 점에서 신명기의 율법 가운데 왕의 법(신 17:18-20)을 가장 적극적으로 실천한 왕이다. 그는 하나님의 계명을 행할 뿐만 아니라 백성에게도 배우게 하였다(아사의 경우에도 14:4).

9 왕의 명령이 실행된다. 방백들과 레위인과 제사장들은 유다에서 가르쳤다. 그들이 가르친 것은 **여호와의 율법책**이다. 그들은 유다 모든 성읍을 두루 다니며 백성을 가르쳤다. 율법을 지키기 위해서는 율법을 배워야 한다(신 5:1). 율법 교육이 역사적 사건으로 언급된 유일한 예이다. 여기서 언급된 **여호와의 율법책**이 오늘날의 오경과 같은 것인지는 확인하기 어렵다. 여호사밧 왕이 "여호와의 계명을 행하"였던 것처럼, 백성도 율법 교육을 통하여 여호와의 계명대로 행하는 법을 배우게 된다.

(3) 여호사밧에 대한 하나님의 복(17:10-11)

10-11절은 5절과 같은 맥락에 속한다. 5절에서 왕의 경건한 행위에 대한 보상으로 왕과 백성의 관계 면에서 복된 상태가 언급되었다면, 10-11절은 외적들로부터의 평안을 말한다.

10 여호와는 유다 사방의 모든 나라에 두려움을 주어 여호사밧과 전쟁하지 못하게 하였다. 안정은 하나님이 주신 복이다(14:13, 20:29).

11 주변 민족들은 공격을 하지 않을 뿐더러 가신처럼 여호사밧에게 예물과 조공을 갖다 바쳤다. 블레셋은 은으로, 아라비아 사람들은 짐승 떼를 공물로 바쳤다. 아라비아 사람들은 구스의 이웃이다(14:9ff., 21:16).

12 - 13a **점점 강대하여** 왕국은 외부에서 흘러들어오는 수입을 통해 더욱 강해졌다. 이것으로 여호사밧 왕은 요새와 국고성을 건축한다. 요새 건축은 3년간 통치한 아비야(13:1)를 제외한 모든 선왕의 업적이었다. 솔로몬(8:5-6), 르호보암(11:5-11), 아사(14:5-6). 성읍 건축도 르호보암

(11:5-12)과 아사(14:6) 정책의 연속선상에 속한다. 건축사업은 유다 왕국의 부강을 단적으로 말해준다.

(4) **군사정책**(17:13b-19)

13b 2절에서는 요새에 주둔시킨 군대에 대하여 언급되었다. 여기에서는 예루살렘에 군사를 두었다고 말한다.

14 - **18** 예루살렘 군사의 수효와 장관의 이름이 나열되고 있다. 유다와 베냐민의 군대 수가 이전보다 상세하게 언급된다. 군대는 **족속대로**(לבית אבותיהם) 편성된 것 같다. 유다의 군대는 세 부대로 나뉘어 있다. 세 명의 지휘관은 아드나와 여호하난과 아마시야로 **천부장**(שׂרי אלפים)이라는 칭호를 지닌다. 이들에게는 군대가 주어졌다. 제1천부장의 용사는 삼십만 명, 제2천부장의 용사 이십팔만, 제3천부장은 이십만을 부대를 이끈다. 특히 제2천부장 아마시야는 **자기를 여호와께 즐거이 드린 자**라는 칭호를 가지고 있다. 유다의 군대는 총 칠십팔만 명이다. 베냐민의 군대는 두 부대로 구성되어 있으며 **활과 방패를 잡은 자** 이십만 명, **싸움을 예비한 자** 십팔만 명으로 오십 팔만이다. 여호사밧의 군대는 총 136만이다. 아비야 시대보다 세 배 이상으로(13:3), 아사 시대보다(14:6) 갑절 이상으로 증가되었음을 알 수 있다. 분열 이후 유다 왕국은 점점 강대해진다.

19a 14-18절의 목록에서 말하는 용사들은 다 **왕을 섬기는 자**이다. 즉 그들은 왕의 관리였다는 것이다. 이것은 14절에서 사용된 "천부장"(שׂרי אלפים)이라는 칭호가 입증해준다. 그들은 "감독관"(23:18 비교)이나 "지휘관" 자리를 맡은 예루살렘 주둔군의 장교라 할 수 있다.

윌리엄슨은 여기에 상비군과 징병군이 구분되지 않고 뒤섞여 언급되었을 것이라고 추측한다. 상비군임을 말해주는 요소로 그는 **왕을 섬기는 자**의 언급과 각 지휘관의 개인적인 이름, 그리고 예루살렘에 주둔했다는 사실을 든다.[87] 이에 반하여 징병군은 "족속대로" 모집하고, 지파에 따라(유다와 베냐민) 분류하는 방식 배후에 있다고 본다.

19b 여호사밧 왕은 예루살렘 외에 온 유다의 견고한 성읍에도 군사를 두었다(2, 19b절).

¶ 메시지

하나님은 여호사밧과 함께하셨다(3절). 하나님은 나라를 여호사밧의 손에 견고하게 하셨다(5절). 하나님은 유다 사방의 모든 나라에 두려움을 주어 여호사밧과 전쟁하지 못하게 하셨다(10절). 하나님의 도우심으로 인하여 여호사밧의 통치 아래 유다 왕국은 그 어느 때보다도 부강하게 되었다. 이러한 이면에는 하나님의 계명을 행하고, 모든 백성에게 그 율법을 힘써 가르친 여호사밧 왕이 있었다. 하나님을 구하고 그의 계명을 지키는 자에게 하나님은 보답하신다.

2) 여호사밧과 아합(18:1-19:3)

¶ 본문

1 여호사밧이 부귀와 영광이 극하였고 아합으로 더불어 연혼하였더라
2 두어해 후에 저가 사마리아에 내려가서 아합에게 나아갔더니 아합이 저와
종자를 위하여 우양을 많이 잡고 함께 가서 길르앗 라못 치기를 권하더라
3 이스라엘 왕 아합이 유다 왕 여호사밧에게 이르되 당신은 나와 함께
길르앗 라못으로 가시겠느뇨 대답하되 나는 당신과 일반이요 내 백성은
당신의 백성과 일반이니 당신과 함께 싸우리이다 4 여호사밧이 또 이스라
엘 왕에게 이르되 청컨대 먼저 여호와의 말씀이 어떠하신지 물어 보소서

87) Williamson, *1 and 2 Chronicles*, 284.

[5]이스라엘 왕이 이에 선지자 사백인을 모으고 저희에게 이르되 우리가 길
르앗 라못에 가서 싸우랴 말랴 저희가 가로되 올라 가소서 하나님이 그 성
을 왕의 손에 붙이시리이다 [6]여호사밧이 가로되 이 외에 우리가 물을만
한 여호와의 선지자가 여기 있지 아니하니이까 [7]이스라엘 왕이 여호사밧
에게 이르되 오히려 이믈라의 아들 미가야 한 사람이 있으니 저로 말미암
아 여호와께 물을 수 있으나 저는 내게 대하여 길한 일은 예언하지 아니하
고 항상 흉한 일만 예언하기로 내가 저를 미워하나이다 여호사밧이 가로
되 왕은 그런 말씀을 마소서 [8]이스라엘 왕이 한 내시를 불러 이르되 이믈
라의 아들 미가야로 속히 오게 하라 하니라

[9]이스라엘 왕과 유다 왕 여호사밧이 왕복을 입고 사마리아 성문 어귀
광장에서 각기 보좌에 앉았고 모든 선지자가 그 앞에서 예언을 하는데
[10]그나아나의 아들 시드기야는 철로 뿔들을 만들어 가지고 말하되 여호와
의 말씀이 왕이 이것들로 아람 사람을 찔러 진멸하리라 하셨다하고 [11]모
든 선지자도 그와 같이 예언하여 이르기를 길르앗 라못으로 올라가서 승
리를 얻으소서 여호와께서 그 성을 왕의 손에 붙이시리이다 하더라 [12]미
가야를 부르러 간 사자가 일러 가로되 선지자들의 말이 여출일구하여 왕
에게 길하게 하니 청컨대 당신의 말도 저희중 한 사람처럼 길하게 하소서
[13]미가야가 가로되 여호와의 사심을 가리켜 맹세하노니 내 하나님의 말씀
하시는 것 곧 그것을 내가 말하리라하고 [14]이에 왕에게 이르니 왕이 저에
게 이르되 미가야야 우리가 길르앗 라못으로 싸우러 가랴 말랴 가로되 올
라가서 승리를 얻으소서 저희가 왕의 손에 붙인바 되리이다 [15]왕이 저에
게 이르되 여호와의 이름으로 진실한것만 말하라고 내가 몇번이나 너로
맹세케 하여야 하겠느냐 [16]저가 가로되 내가 보니 온 이스라엘이 목자 없
는 양 같이 산에 흩어졌는데 여호와의 말씀이 이 무리가 주인이 없으니 각
각 평안히 그 집으로 돌아갈 것이니라 하셨나이다 [17]이스라엘 왕이 여호
사밧에게 이르되 저 사람이 내게 대하여 길한 것을 예언하지 아니하고 흉
한 것만 예언하겠다고 당신에게 말씀하지 아니하였나이까 [18]미가야가 가
로되 그런즉 왕은 여호와의 말씀을 들으소서 내가 보니 여호와께서 그 보
좌에 앉으셨고 하늘의 만군이 그 좌우편에 모시고 섰는데 [19]여호와께서
말씀하시기를 누가 이스라엘 왕 아합을 꾀어 저로 길르앗 라못에 올라가

서 죽게 할꼬 하시니 하나는 이렇게 하겠다 하고 하나는 저렇게 하겠다 하
였는데 20 한 영이 나아와 여호와 앞에 서서 말하되 내가 저를 꾀이겠나이
다 여호와께서 저에게 이르시되 어떻게 하겠느냐 21 가로되 내가 나가서
거짓말 하는 영이 되어 그 모든 선지자의 입에 있겠나이다 여호와께서 가
라사대 너는 꾀이겠고 또 이루리라 나가서 그리하라 하셨은즉 22 이제 여
호와께서 거짓말 하는 영을 왕의 이 모든 선지자의 입에 넣으셨고 또 여호
와께서 왕에게 대하여 화를 말씀하셨나이다 23 그나아나의 아들 시드기야
가 가까이 와서 미가야의 뺨을 치며 이르되 여호와의 영이 나를 떠나 어디
로 말미암아 가서 네게 말씀하더냐 24 미가야가 가로되 네가 골방에 들어
가서 숨는 그 날에 보리라 25 이스라엘 왕이 가로되 미가야를 잡아 부윤
아몬과 왕자 요아스에게로 끌고 돌아가서 26 말하기를 왕의 말씀이 이 놈
을 옥에 가두고 내가 평안히 돌아올 때까지 고생의 떡과 고생의 물로 먹이
라 하라 27 미가야가 가로되 왕이 참으로 평안히 돌아오시게 될찐대 여호
와께서 나로 말씀하지 아니하셨으리이다 또 가로되 너희 백성들아 다 들
을찌어다 하니라

28 이스라엘 왕과 유다 왕 여호사밧이 길르앗 라못으로 올라가니라 29 이
스라엘 왕이 여호사밧에게 이르되 나는 변장하고 군중으로 들어가려 하노
니 당신은 왕복을 입으소서 하고 이스라엘 왕이 변장하고 둘이 군중으로
들어가니라 30 아람 왕이 그 병거 장관들에게 이미 명하여 이르기를 너희
는 작은 자나 큰 자나 더불어 싸우지 말고 오직 이스라엘 왕과 싸우라 한
지라 31 병거의 장관들이 여호사밧을 보고 이르되 이가 이스라엘 왕이라
하고 돌이켜 저와 싸우려 한즉 여호사밧이 소리를 지르매 여호와께서 저
를 도우시며 하나님이 저희를 감동시키사 저를 떠나가게 하신지라 32 병
거의 장관들이 저가 이스라엘 왕이 아님을 보고 쫓기를 그치고 돌이켰더
라 33 한 사람이 우연히 활을 당기어 이스라엘 왕의 갑옷 솔기를 쏜지라
왕이 그 병거 모는 자에게 이르되 내가 부상하였으니 네 손을 돌이켜 나로
군중에서 나가게 하라 하였으나 34 이 날의 전쟁이 맹렬하였으므로 이스
라엘 왕이 병거에서 스스로 부지하며 저녁때까지 아람 사람을 막다가 해
가 질 즈음에 죽었더라

19:1 유다 왕 여호사밧이 평안히 예루살렘에 돌아와서 그 궁으로 들어가

니라 [2]하나니의 아들 선견자 예후가 나가서 여호사밧 왕을 맞아 가로되
왕이 악한 자를 돕고 여호와를 미워하는 자를 사랑하는 것이 가하니이까
그러므로 여호와께로서 진노하심이 왕에게 임하리이다 [3]그러나 왕에게
선한 일도 있으니 이는 왕이 아세라 목상들을 이 땅에서 없이하고 마음을
오로지하여 하나님을 찾음이니이다 하였더라

¶ 주석

여호사밧과 아합이 길르앗 라못을 연합하여 얻고자 한 이야기는 열왕기상 22장에서 자세히 보도된다. 저본의 이야기는 역대기에 거의 그대로 수용되었다. 단지 열왕기의 도입(왕상 22:1)과 결구(35b-38절) 부분이 역대기 저자의 것(18:1-2와 19:1-3)으로 대체 손질되어 있다. 역대기 저자에게 경건한 왕 여호사밧이 북왕국의 왕과 함께 연합한다는 사실은 당연히 걸림돌이었을 것이다. 그럼에도 불구하고 역대기 저자가 이를 생략하지 않고 거의 그대로 재기록하고 있다는 것은 역대기 저자의 특별한 의도를 담고 있을 것이다.

(1) 도입(18:1-2)

길르앗 라못 전쟁의 서두에 속하는 1-2절은 열왕기에는 없는 것으로 역대기 저자의 것이다. 이 추가 부분을 통하여 길르앗 라못 전쟁에 관련하여 여호사밧과 아합의 관계가 열왕기에서와는 달리 제시되어 있다.

1 여호사밧이 부귀와 영광이 극하였고 아람과 이스라엘 사이에 삼 년간 전쟁이 없었다는 열왕기의 서두(왕상 22:1) 대신 역대기 저자는 앞에서 다루었던 여호사밧의 부귀와 영광을 다시 언급한다. 여호사밧의 부귀와 영광은 그의 경건에 대한 보상으로 하나님께서 그의 나라를 "견고하게" 하신 결과였다(17:5). 부귀와 영광은 이미 여호사밧 통치 초기부터 그의 특징을 이루었다. 이 자리에서 다시 여호사밧의 부귀와 영광이 강조된다. 이것은

아합과의 관계에서 여호사밧이 우위를 차지하고 있다는 것을 드러내준다. 그러나 여기서 저자가 여호사밧의 부귀와 영광을 재차 언급하는 이유는 다른 데 있어 보인다.

아합으로 더불어 연혼하였더라 이 구절은 앞 절을 강조보다는 양보절로 이해해야 한다.[88] 즉 여호사밧이 부귀와 영광을 크게 떨쳤음에도 불구하고 아합 가문과 인척관계를 맺었다는 것이다. 외교적인 정략결혼이 필요치 않은데도 말이다. 오므리 왕가의 아달랴와 다윗 왕조의 한 사람과의 혼인이다. 아달랴가 여호사밧의 며느리가 된 것이다.

열왕기에서는 남유다와 북이스라엘 사이에 전쟁이 계속되었다는 점을 강조한다(왕상 14:30, 15:7, 15:16, 32). 결혼을 통한 북왕국과의 연합은 오랫동안 적대관계에 있었던 남북을 화평하게 하였다(왕상 22:41, 44). 남북 왕국은 사실상의 통일을 이룩한 것이다. 그러나 역대기는 이러한 입장을 취하지 않는다. 그것은 역대기에 남북의 적대관계에 대한 언급이 생략되어 있다는 점에서 분명히 드러난다. 역대기에 따르면 여호사밧에게 북왕국과의 연합은 사실상 불필요한 것이었다. 여호사밧이 아합과 연합한 것은 단지 부와 권력의 증대를 목적으로 한 일종의 정략결혼이었다는 것이다. 1절에서 저자가 양보 구문으로써 말하고자 하는 바는 여호사밧이 부귀와 영광을 떨쳤으므로 이러한 연합은 사실상 필요치 않았다는 것이다. 정략결혼에 대한 역대기 저자의 적극적인 입장 표현은 뒤에 나타난다(19:2).

2 **두어해 후에** 열왕기에는 "제 삼년에"(왕상 22:2)라고 말하여 아람과 이스라엘 간에 전쟁이 없던 시기를 지시한다. 그러나 역대기에서 **두어해 후**는 여호사밧과 아합이 인척관계를 맺은 이후의 시간을 말한다.

저가 사마리아에 내려가서 아합에게 나아갔더니 여호사밧이 아합에게 내려갔다는 사실은 여호사밧과 아합의 힘의 관계를 암시해준다. 열왕기의 보도를 미루어 볼 때 아합은 길르앗 라못 연합원정을 위해 여호사밧을 소환한 듯한 인상을 준다. 그러나 역대기 저자는 여호사밧의 사마리아 행을 인척관계에 따른 방문으로 제시한다.

88) Rudolph, *Chronikbücher*, 253.

아합 왕은 양과 소를 많이 잡아 자신을 방문한 여호사밧과 그가 데리고 온 시종을 융숭하게 대접한다. 그리고 길르앗 라못을 함께 치자고 권한다.

길르앗 라못은 동요르단 지역에 위치하고 있으며, 왕의 대로를 통해 아카바만과 홍해, 그리고 아라비아 반도와 동아프리카로 나아갈 수 있는 지리적 요충지이다. 이 성읍은 본래 갓 지파에 속한 땅으로 모세에 의해 도피처로 지정되었고(신 4:43; 수 20:8, 21:38), 솔로몬 당시에는 길르앗과 바산을 통치하는 지방 관장이 거하는 수도였다(왕상 4:13). 왕국이 분열된 후 길르앗 라못은 북왕국에 속한 땅으로(왕상 22:3) 북이스라엘과 아람의 경계에 놓인 전략적 요충지였다.

권하더라 열왕기에서 아합은 길르앗 라못이 본래 이스라엘의 것이기 때문에 연합하여 다시 얻자고 권한다(왕상 22:3). 그러나 역대기 저자는 이 말을 생략한다. 게다가 아합이 길르앗 라못을 치도록 여호사밧을 '유혹'하였다('수트' סות)고 말한다. 역대기 저자는 처음부터 아합의 길르앗 라못 정복 제안에는 부정적인 의도가 담겨 있다고 단정한다. 그 과정은 열왕기의 기록에 따라 비교적 자세히 설명된다.

(2) 아합의 제안(18:3–8)

길르앗 라못 출정을 결정하기까지 여호사밧과 아합이 나누는 대화가 열왕기의 기록대로 요약되어 있다. 그러나 다소 수정되어 있다. 선지자 미가야와 시드기야의 이야기도 문자적으로 거의 그대로 수용되어 있다.

3 이스라엘 왕 아합이 유다 왕 여호사밧에게 말한다. 이 단락의 열왕기 본문은 여호사밧을 줄곧 왕의 칭호 없이 "여호사밧"(왕상 22:4, 5, 7, 8)이라 부르는 반면, 아합은 **이스라엘 왕**(4, 5, 8, 9절)이라 부른다. 이 현상은 역대기에도 그대로 반영되어 있다(18:4, 6, 7). 그러나 첫 번째 언급되는 3절에서는 **유다 왕 여호사밧**이라고 분명히 한다.

열왕기에서 아합 왕은 여호사밧 왕에게 길르앗 라못 원정을 제안하고 여호사밧 왕이 그 제안에 응한다. 열왕기에서 여호사밧은 이스라엘 왕에게 **나는 당신과 일반이요 내 백성은 당신의 백성과 일반이니 당신과 함께 싸우**

리이다라고 응답한다. 그러나 역대기에서는 아합 왕의 질문과 여호사밧 왕의 응답은 모두 아합의 말로 되어 있다.

> 열왕기상 22:4
>
> ['이스라엘 왕이' …] 여호사밧에게 이르되 당신은 나와 함께 길르앗 라못으로 가서 싸우시겠느뇨 '여호사밧이 이스라엘 왕에게 이르되' 나는 당신과 일반이요 내 백성은 당신의 백성과 일반이요 내 말들도 당신의 말들과 일반이니이다.

> 역대하 18:3
>
> **이스라엘 왕 아합이** 유다 왕 여호사밧에게 이르되 당신은 나와 함께 길르앗 라못으로 가시겠느뇨(하고 그에게) **대답하되** 나는 당신과 일반이요 내 백성은 당신의 백성과 일반이니 당신과 함께 싸우리이다.

열왕기에는 마치 가신이 주군에게 하는 말과 같은 대답이 여호사밧이 아합 왕에게 하는 말로 분명히 언급되어 있다. 그러나 열왕기의 "여호사밧이 이스라엘 왕에게 이르되"('바요메르 여호샤팟 엘멜렉 이스라엘', ויאמר יהושפט אל־מלך ישראל)라는 구문은 역대기에서 "그에게 대답하되"('바요메르 로', ויאמר לו)로 바뀌어 있다. 따라서 역대기에서 아합은 먼저 풍부한 음식으로 여호사밧에게 길르앗 라못 원정을 권유하고 아첨으로 부추기고 있다.

4 여호사밧 왕은 응답하기에 앞서 **여호와의 말씀**이 어떠한지 듣고자 한다. 전쟁에 나가기 전 하나님의 뜻을 묻는 것은 전형적인 관행이다(민 27:21; 삿 1:1; 삼상 23:1-2, 30:8; 삼하 2:1 참고). 그럼에도 불구하고 이러한 모습은 여호사밧이 오직 하나님께 구하였다는 평가에 부합한다(17:4). 열왕기에서와는 달리 여호사밧은 아직 연합전쟁 제안을 수락하지 않았기 때문이다. 그에게는 하나님의 말씀이 모든 결정보다 앞섰다.

5 여호사밧의 요청에 따라 아합 왕은 선지자 사백 명을 불러모아 그

들에게 출정 여부를 묻는다. **우리가 길르앗 라못에 가서 싸우랴 말랴**? 사백 명의 선지자들은 긍정적인 답을 하였다. **올라가소서!** 열왕기에서 "선지자 사백 명"은 이세벨에게 속한 바알과 아세라 선지자를 연상시킨다(왕상 18:19). 그러나 역대기에서 엘리야의 이야기는 생략되었으므로 독자들은 그들의 존재를 알지 못한다.

하나님이 그 성을 왕의 손에 붙이시리이다 사백 명의 선지자들은 자신들의 긍정적인 답변에 하나님으로 힘을 싣는다. 열왕기에서 사백 명의 선지자들은 "주"('아도나이' אדני)께서 승리를 주실 것이라고 말한다. 역대기 저자는 '주' 대신 보통명사 **하나님**('엘로힘')을 사용하여 그 말씀이 여호와로부터 나온 말씀이 아님을 암시해준다. 이를 통해 역대기 저자는 사백 명의 선지자가 참 예언자가 아니라 바알 선지자임을 살며시 드러낸다.

6 사백 명이 만장일치로 하는 긍정적인 대답을 여호사밧은 하나님의 말씀으로 신뢰할 수가 없었다. 여호사밧 왕은 **여호와의 선지자**로부터 대답을 듣고자 한다. 사백 명의 선지자가 여호와의 선지자가 아님을 말해준다. 여호사밧은 진정으로 **여호와** 신앙을 소유한 자였다. 여호사밧은 아합 왕국에 바알신앙이 널리 퍼졌음에도 불구하고 바알들에게 구하지 아니하고 오직 하나님께 구한다(17:3-4).

7 - 8 이스라엘 왕은 여호와께 물을 수 있는 사람으로서 **한 사람**이 (더) 있다고 한다. **오히려**라고 번역된 단어는 '더'의 의미를 지닌다. 그는 이믈라의 아들 미가야이다. **한 사람이 있으니**라는 말을 통해 이스라엘 왕은 이 한 사람과 사백 명의 선지자를 구별하지 않고 있음을 알 수 있다. 그에게는 모두 같은 선지자이다. 자신에게 긍정적인 말을 하느냐 부정적인 말을 하느냐에 따라 선호하거나 선호하지 않는 것이다. 그러나 여호사밧 왕은 그렇지 않다. 오로지 여호와의 선지자만이 진정한 선지자이다.

왕은 신하를 불러 이믈라의 아들 미가야를 데려오게 한다.

(3) 시드기야와 미가야(18:9-27)

9 **이스라엘 왕과 유다 왕 여호사밧이** 두 왕을 동등하게 기술함으로써 새로운 단락을 알린다. 사백 명의 선지자들이 예언하는 장면이 좀 더 상세히 기술된다. 두 왕은 **사마리아 성문 어귀 광장**에 앉았고 그 앞에 선지자들이 있다. 두 왕은 **왕복을 입고 … 보좌에 앉**아 있다. 왕복은 나중에 전쟁터에서 매우 특별한 기능을 한다. 전쟁터에서 여호사밧은 왕복으로 인해 위험에 처한다(29, 31절). 아합 왕은 위험을 피하고자 왕복을 벗었으나 이를 피할 수 없게 된다.

10 - **11** 여러 선지자들 가운데 **그나아나의 아들 시드기야**가 독보적인 존재로 출현한다. 그는 철로 뿔들을 만들어서 보여주며 이것으로 아람을 이길 것이라는 예언을 상징적으로 보여준다. 상징행위는 예언의 내용을 극화하는 일종의 연극으로 고대 예언자들이 자신의 메시지에 확신을 불어넣기 위하여 사용한 수단이었다.

시드기야의 예언에 따라 사백 명의 선지자들은 길르앗 라못 승리를 더욱 확신 있게 주장한다. 앞에서 그들은 "엘로힘"이 승리를 주실 것이라고 말하였다. 그러나 이제 그들은 **여호와께서** 승리를 주시리라고 시드기야의 상징예언을 확인시켜준다.

12 - **13** 미가야를 부르러 간 사자와 미가야의 대화이다. 왕의 내시는 미가야를 데려오는 도중에 미가야에게 다른 선지자들처럼 왕에게 좋게 말할 것을 부탁한다.

미가야는 신하의 부탁에 **여호와께서 사심을 가리켜 맹세**하면서 오로지 **내 하나님의 말씀하시는 것**만을 말하겠다고 한다. 맹세로 시작하는 그의 말은 그가 바로 '여호와의 예언자'임을 나타내준다(신 13:1-11, 18:14-22). 왕의 내시는 왕이 보낸 자요, 미가야는 여호와의 보낸 자이다. 왕과의 대결이 감지된다.

14 미가야는 두 왕 앞에 인도된다. 아합 왕이 미가야에게 다른 선지

자들에게 물은 것과 같이 길르앗 라못 원정 여부를 묻는다. 미가야는 내시가 부탁한 대로 사백 명의 선지자들이 말한 것과 똑같이 대답한다. 미가야는 선지자들의 말(5절과 11절)을 되뇌지만 선지자들이 예언한 승리를 결코 여호와 하나님의 행위로 선언하지 않는다.

선지자들: 올라가소서 '하나님이' 그 성읍을 왕의 손에 붙이시리이다(5절); 길르앗 라못으로 올라가서 승리를 얻으소서 '여호와께서' 그 성읍을 왕의 손에 붙이시리이다(11절).

미가야: 올라가서 승리를 얻으소서 저희가 왕의 손에 붙인 바 되리이다.

미가야는 진실을 말하는 것이 아니라 조롱조로 말한 것이다.

15 아합 왕은 미가야가 예언자들과 똑같이 말하지만 그의 예언이 진실이 아님을 금새 알아차린다. 여호사밧은 사백 명의 선지자들이 한 사람처럼 말하는 데서 그 예언의 진실성을 얻지 못했다. 아합은 아마도 미가야가 예언하는 어조를 통해 진실이 아님을 알았을 것이다. 아합 왕은 미가야에게 **여호와의 이름으로 진실**을 말하도록 한다.

16 **내가 보니** 미가야의 예언은 환상에 기초하고 있다. 미가야는 목자 없는 양 같이 산에 흩어져 있는 온 이스라엘을 본다. 이스라엘이 양 떼로 비유되고 있다(민 27:17; 렘 23:1-2; 겔 34:1-6; 슥 13:7). 미가야는 이 환상의 의미를 **여호와의 말씀**을 통하여 알게 된다. 무리가 주인이 없으므로 자기 집으로 평안히 돌아간다는 것은 백성이 왕을 잃게 된다는 것이다. 시드기야와 여러 예언자들과는 달리 미가야는 여호와의 말씀으로 패전과 왕의 종말을 예언한다. 그럼에도 불구하고 미가야의 환상과 여호와의 말씀은 이스라엘 백성에게 초점을 두고 있어서 매우 평온한 분위기를 자아내고 있다.

17 미가야의 예언에 대하여 아합은 여호사밧에게 말한다. 아합은 미가야가 사적인 감정으로 자신에게 **흉한 것만 예언**하는 자로 알고 있다.

18 - 22 왕의 반응에 미가야는 두 번째 환상으로 응답한다.

18 **왕은 여호와의 말씀을 들으소서** 미가야가 두 번째 환상을 말하는 목적은 왜 자신의 예언과 시드기야의 예언이 다르게 되었는지를 밝혀주면서 자신의 예언의 정당성을 확인시키기 위함이다. 미가야가 본 환상은 천상회의 장면이다(사 6장 참고). 천상에는 여호와가 보좌에 앉아 있고 그의 좌우편에 하늘의 만군이 서 있다. 이 모습은 현재 아합이 자신의 신하들을 세워놓고 예언자들과 어떤 일에 대하여 협의하고 있는 모습과 유사하다.

19 여호와께서 묻는다. **누가 … 아합을 꾀어 저로 길르앗 라못에 올라가서 죽게 할꼬**? 첫 번째 환상과 여호와의 말씀에서 드러났듯이(16절) 아합의 길르앗 라못 전쟁은 아합의 죽음을 초래할 것이다. 하나님의 질문은 아합에 대한 심판 결정(왕상 21:19, 21-22)을 전제한다.

20 - 21 한 영이 거짓말하는 영이 되어 아합의 선지자의 입에 있겠다고 하자 여호와가 이를 허락한다.

22 이 환상을 통하여 미가야는 어떻게 모든 선지자들이 같은 예언을 하게 되었는지, 그리고 진실은 왕이 재앙을 당하게 되는 것임을 확인시켜 준다.

모든 선지자의 입에 거짓말하는 영이 있다는 것을 알게 되었으니 아합은 선택할 수 있게 되었다. 만일 아합이 미가야가 들려주는 '여호와의 말씀'에 주의를 기울인다면 그는 예고된 재앙을 피할 수 있을 것이다.

23 - 24 미가야가 본 환상은 제일 먼저 그나아나의 아들 시드기야를 분개케 하였다. 시드기야는 미가야의 빰을 때리며 모욕을 준다(욥 16:10; 사 50:6; 애 3:30 참고).

여호와의 영이 나를 떠나 어디로 말미암아 가서 네게 말씀하더냐 시드기야는 자신을 여호와의 선지자로 밝히면서 미가야를 고발하고 있다. 예언자와 예언자 사이의 논쟁에 대하여 다음을 참고하라(암 7:10-17; 렘 28장,

23:9-32; 겔 13장). 미가야는 자신이 참 예언자임을 주장하지 않는다. 시드기야는 스스로 보게 될 것이다.

25 - 27 아합 왕도 자신에 대한 재앙 예언을 물리친다. 그는 미가야를 감옥에 가두고 자신이 전쟁에서 돌아올 때까지 먹을 것과 마실 것을 주지 못하게 한다. 아합은 자신이 **평안히** 돌아오게 되리라 믿는다. 하나님은 재앙을 미리 알리시는 분이다. 거짓 말씀과 참 말씀의 진위는 예언한 바가 성취되었을 때에야 판가름날 것이다(신 18:21-22).

(4) **길르앗 라못 전쟁 결과**(18:28-19:3)

이 단락은 길르앗 라못 전쟁 결과를 다루고 있다. 아합은 전쟁에서 죽고(18:28-34), 여호사밧은 예언자로부터 책망을 받는다(19:1-3). 전자는 열왕기상 22:29-38을 수용한 것이며, 후자는 역대기 특수 자료에 속한다.

(a) 아합의 죽음(18:28-34)

28 - 34 **이스라엘 왕과 유다 왕 여호사밧이** 사건의 새로운 전환을 알린다. 미가야의 예언에도 불구하고 두 왕은 길르앗 라못으로 가기로 결정한다. 여호사밧은 자신이 여호와의 선지자를 불렀고 그로부터 여호와의 말씀을 들었지만 그 말에 영향을 받지 않고 아합의 영향을 받아 길르앗 라못 원정을 감행한다. "이스라엘의 행위를 좇지 아니하였다"(17:4)는 칭송이 무색하다.

이스라엘 왕은 변장하고 여호사밧에게 왕복을 입게 한다.

30 아람 왕은 오로지 이스라엘 왕하고만 싸우고자 한다. 미가야가 본 환상대로 길르앗 라못 전쟁은 아합을 죽게 하려는 하나님의 계획이다.

31 입은 왕복으로 인해 여호사밧은 위험에 처한다. 변장한 여호사밧을 이스라엘 왕으로 안 아람 군사들의 공격에 직면하자 여호사밧은 소리를

지른다.

여호와께서 저를 도우시며 역대기 저자는 여호사밧의 외침을 하나님께 대한 구원 기도로 이해한다. 그의 외침에 하나님께서 응답하신다. 아람 군사들이 여호사밧을 떠나게 하셨다. 아람 군사들이 여호사밧 추격하기를 그쳤다는 것은 하나님의 직접적인 역사의 결과이다. 아합은 한 사람이 쏜 활에 의해 부상을 당하고 전사하기에 이른다.

(b) 선견자의 여호사밧 책망(19:1-3)

1 여호사밧은 아합과는 달리 평안히 예루살렘에 돌아왔다. 미가야는 온 이스라엘이 평안히 돌아올 것이라고 예언하였다(16절). 역대기 저자는 미가야 예언의 성취에 여호사밧을 특히 언급한다.

2 **하나니의 아들 선견자 예후**가 전쟁에서 돌아오는 왕을 맞이한다. 예후는 여호사밧에게 아합과의 교제를 통해 그가 얼마나 큰 죄를 짓게 되었는지를 제시한다(2절, 참고. 16:7f.). 여호사밧의 죄는 **악한 자를 돕고 여호와를 미워하는 자를 사랑한 것**이었다. 문맥상 악한 자는 아합 왕이다. 여호사밧은 길르앗 라못 원정에서 아합을 도왔다. 이것을 예언자는 적극적으로 **사랑하는** 것이라고 지적한다

하나님을 사랑하는 자가 악한 자와 함께할 수 있는가? "의인은 죄인의 자리에 앉지 아니하고 오만한 자의 자리에 서지 아니하고 …"(시 1:1). 하나님을 알지 못하는 자와 하나님을 사랑하는 자가 같은 일을 도모할 수 있는가?

길르앗 라못 전쟁은 하나님의 계획이었지만, 여기에 여호사밧이 동참할 필요는 없었다.

여호사밧의 잘못은 이스라엘 왕의 영향을 받아 하나님의 말씀을 거역한 것이다. 여호와의 선지자를 통해 주어진 하나님의 말씀을 거부하였기 때문에 여호사밧은 여호와의 진노를 살 것이다.

3 그러나 그가 행한 **선한 일**로 인해 여호와는 은혜를 베풀 것이다. 선

한 일은 그가 아세라 목상들을 없애고(17:6) 하나님을 찾았던 일을 말할 것이다(21:12, 22:9).

¶ 메시지

여호사밧은 아합이 바알을 따르고 있음을 알면서도 그와 혼인관계를 맺는다. 그리고 여호와의 선지자인 미가야의 부정적인 말에도 불구하고 아합과 길르앗 라못 동맹 전쟁에 나간다. 여호사밧은 여호와 하나님을 구하고 그의 계명을 지키는 자였지만 아합과의 관계 때문에 하나님의 선지자의 말씀을 소홀히 하였다. 사람들의 관계보다 하나님의 말씀이 앞서야 한다.

3) 여호사밧의 개혁(19:4-11)

¶ 본문

4 여호사밧이 예루살렘에 거하더니 나가서 브엘세바에서부터 에브라임
산지까지 민간에 순행하며 저희를 그 열조의 하나님 여호와께로 돌아오게
하고
5 또 유다 온 나라 견고한 성에 재판관을 세우되 성마다 있게 하고 6 재
판관에게 이르되 너희는 행하는 바를 삼가하라 너희의 재판하는 것이 사
람을 위함이 아니요 여호와를 위함이니 너희가 재판할 때에 여호와께서
너희와 함께하실지라 7 그런즉 너희는 여호와를 두려워하는 마음으로 삼
가 행하라 우리의 하나님 여호와께서는 불의함도 없으시고 편벽됨도 없으
시고 뇌물을 받으심도 없으시니라
8 여호사밧이 또 예루살렘에서 레위 사람과 제사장과 이스라엘 족장 중
에서 사람을 세워 여호와께 속한 일과 예루살렘 거민의 모든 송사를 재판

하게 하고 예루살렘으로 돌아가니라 9 저희에게 명하여 가로되 너희는 여
호와를 경외하고 충의와 성심으로 이 일을 행하라 10 무릇 어느 성읍에 거
한 너희 형제가 혹 피를 흘림이나 혹 율법이나 계명이나 율례나 규례를 인
하여 너희에게 와서 송사하거든 저희를 경계하여 여호와께 죄를 얻지 않
게 하여 너희와 너희 형제에게 진노하심이 임하지 말게 하라 너희가 이렇
게 행하면 죄가 없으리라 11 여호와께 속한 모든 일에는 대제사장 아마랴
가 너희를 다스리고 왕에게 속한 모든 일은 유다 지파의 어른 이스마엘의
아들 스바댜가 다스리고 레위 사람들은 너희 앞에 관리가 되리라 너희는
힘써 행하라 여호와께서 선한 자와 함께 하실찌로다 하니라

¶ 주석

(1) 하나님께로 돌아오게 함(19:4)

4 **여호사밧이 예루살렘에 거하더니** 아합과의 연합전쟁에서 간신히 목숨을 건져온 여호사밧이 그때부터 더는 북왕국에 가지 않았다는 말이다. 북왕국과 연합하는 대신에 그는 다시 백성을 살피는 일에 전념한다.

여호사밧은 스스로 민간에 두루 다니며 백성을 하나님께 돌아오게 한다. **브엘세바에서부터 에브라임 산지까지** 여호사밧 당시 남왕국의 영역을 나타낸다(17:2 참고). 여호사밧의 활동이 왕국 전역에 미쳤음을 알 수 있다. 17장은 여호사밧 왕이 관리들을 보내 백성에게 여호와의 율법을 가르치게 했던 일을 보도하였다(17:7ff.). 그러나 여기에서 여호사밧 왕은 직접 행동한다. 여호사밧 왕이 선견자 예후의 책망에 즉각 응답하고 있음을 볼 수 있다.[89] 하나님을 섬기는 것은 삶의 모든 영역과 관련된다.

백성이 하나님의 법에 따라 살기 위해서는 구체적으로 율법에 따른 재판이 실행될 때 가능하다. 이를 위해 여호사밧 왕은 지방과 중앙에 법원을 설립한다.

89) Rudolph, *Chronikbücher*, 256.

(2) 법원 설립(19:5-11)

여기에서는 여호사밧의 사법개혁을 보도한다. 역사적으로 볼 때 왕국의 행정력은 8세기에서야 등장하였고 7세기에 눈에 띄게 성장하였다. 왕국의 행정력은 특히 재판에서 인지되었다. 전통적으로 재판은 성읍의 장로에 의해 이루어졌다. 그러나 차차 전문적인 재판관이 등장한다.[90] 여호사밧의 사법개혁은 이러한 역사적 정황을 반영하고 있다고 평가할 수 있다. 여호사밧 왕은 지방(5-7절)과 중앙(8-11절)에 법원을 설립한다.

5 - **7** 유다의 견고한 성읍에 재판관을 세운다. 재판관의 구성에 대해서는 언급되지 않는다. 모든 성읍에 재판관을 세운 뒤 왕은 그들에게 훈계한다. 재판할 때 여호와가 함께하시므로(참고. 신 1:17), 여호와를 위한 것인지 사람을 위한 것인지 살펴야 한다. 재판의 자리에는 하나님이 함께 하신다. 그러므로 재판관은 여호와를 두려워하는 마음으로 재판해야 한다. 여호와는 어떤 분이신가?

> **여호와께서는 불의함도 없으시고 편벽됨도 없으시고 뇌물을 받으심도 없으시니라**(7절)

재판관은 재판장에서 하나님의 특성을 닮아 행동으로 나타내야 한다(참고. 신 10:17; 습 3:5).

여호사밧의 개혁조치는 신명기가 규정하는 율법을 실행하는 것이다.

> "네 하나님 여호와께서 네게 주시는 각 성에서 네 지파를 따라 재판장들과 지도자들을 둘 것이요 그들은 공의로 백성을 재판할 것이니라" (신 16:18).

용어와 표현상의 차이는 있지만 훈계 또한 매우 유사하다.

---

90) Nier, "Die Reform des Joschija," 45.

"너는 굽게 판단하지 말며 사람을 외모로 보지 말며 또 뇌물을 받지 말라 …"(신 16:19).

그러나 차이가 있다. 신명기에서 이 훈계는 "재판관들과 지도자들"에게 요구된다. 반면 역대기의 구절은 하나님의 속성에 관한 것이다. 여기에는 하나님의 속성을 인간이 닮아야 한다는 간접적인 요구가 들어 있다.

8 여호사밧 왕은 예루살렘에 법원을 설립한다. 예루살렘 법원은 레위인과 제사장과 이스라엘 족장들 가운데 선발된 자로 구성된다. 그들의 직무는 **여호와께 속한 일**과 **예루살렘 거민의 모든 송사**를 재판하는 것이다.

9 지방 재판관들에게와 같이 왕은 예루살렘 재판관들에게도 진실하고 양식적인 판결을 명령한다. 재판관들에게 바른 재판은 곧 **충의와 성심으로** 여호와를 경외하는 것과 동일하다.

10 예루살렘 재판관들은 그들의 **형제**, 즉 지방성읍에 있는 형제들이 그들에게 가져온 재판을 결정한다. 여기서는 **피를 흘림**에 관한 사건, 즉 그것이 살인인지 아니면 상해인지를 결정하는 일과, 또 율법이나 계명이나 율례나 규례가 논란이 되는지 아니면 모순되는지 주석하는 일을 다룬다. 이와 함께 예루살렘 재판관들은 "예루살렘 주민들"의 분쟁사건을 판결해야 한다. 즉 예루살렘 법원은 지방의 재판관들이 지방에서 하듯이 지방재판소의 기능을 가지고 있다. 지방법원과 대법원이라는 두 가지 기능을 가진 것이다.

이 조치 또한 율법 규정을 실행한 것이다. 신명기 17:8-13은 중앙법원에 대하여 말한다.

11 여호사밧의 훈계에 속한다. **여호와께 속한 모든 일**은 대제사장이, **왕에게 속한 모든 일**은 유다 지파의 어른이, 레위 사람들은 **관리**가 된다. 예루살렘 법원은 "여호와의 일"에 대하여, 즉 종교-제의적인 일에 대하여 대제사장 아마랴가 책임을 지고, "왕의 일에 대하여", 즉 세속적인 일에 대

하여는 "유다의 집의 지도자" 세바댜가 책임을 진다. 하위 기관으로 그들은 레위인을 사용한다.

여호사밧 왕의 사법 개혁이 신명기 16:18-20과 17:8-13과 유사성을 띠고 있다는 것은 오랫동안 인식되었다. 이를 근거로 신명기 개혁이 여호사밧 시대로 설정되었다고 가정하게 되었다. 그리고 역대기 저자가 신명기의 재판 규정이 이미 여호사밧 왕 시대에 제정되게 한 이유를 여호사밧 왕의 이름에서 찾았다("여호와는 재판관이시다"). 그러나 역대기의 여호사밧 개혁과 신명기의 규정에는 분명한 차이가 존재하기 때문에 이 주장을 단순히 받아들이기에는 어려움이 있다. 이에 대한 루돌프의 설명을 들어보자.

첫째, 신명기의 규정과는 달리(16:18) 여호사밧 개혁에서 지방재판관들은 일반 지방성읍이 아니라 견고한 성읍에 임명된다.

둘째, 신명기에서는 "재판장들과 지도자들"(שפטים ושטרים)을 각 성에 세우도록 하지만(신 16:18), 역대기에서는 "재판장"(שפטים)은 각 견고한 성읍에, 레위인들이 "지도자들"(שטרים)로서 예루살렘에 세워진다.

셋째, 예루살렘에서 왕에게 속한 일은 "유다 지파의 어른"이 다스리는데, 이는 왕의 관리가 아니라 유다 지파의 장로들이다. 만일 그가 상급법원의 수장이라면(11절), 지파의 장로가 그 사회에서 또 다른 역할을 수행하는 시대가 전제된다. 그 시대는 왕정 가운데 비교적 초기가 될 것이다. 여호사밧 왕이 군대가 주둔한(17:2a) 견고한 성읍에 한정하여 재판관을 세웠다는 것은 임명된 재판관들이 주둔군과 백성의 분쟁거리를 재판해야 했다는 것을 말한다. 그렇다면 대제사장과 유다 지파의 장로가 최고 자리에 있는 상급법원과 똑같은 것이 예루살렘 상급법원에도 해당된다. 분명히 용병의 지방지휘관들은 장로들로 구성된 지방재판관들의 법적인 인어와 능력을 잘 알지 못하였을 것이다. 그래서 왕은 군대와 시민 사이의 분쟁사건을 처리하기 위하여 고유한 재판관을 마련하는 것이 필요하다고 보았을 것이다.[91]

---

91) Rudolph, *Chronikbücher*, 257.

¶ 메시지

하나님은 심판하시는 분이시다. 하나님의 심판은 의롭고 올바르다. 재판관은 이러한 하나님의 심판을 대행하는 자들이다. 그러므로 그들은 재판할 때 하나님과 같은 성품을 지녀야 한다. 재판관은 백성 사이에 일어나는 분쟁을 올바르게 재판하여 억울함이 없게 해야 한다. 옳지 못한 재판은 곧 백성으로 하여금 죄를 짓게 하며, 재판관 또한 죄를 짓게 된다. 그러므로 재판관의 올바른 재판은 진실과 성심으로 여호와를 경외하는 일과 같다.

4) 여호사밧의 승전(20:1-30)

¶ 본문

1 그 후에 모압 자손과 암몬 자손이 몇 마온 사람과 함께 와서 여호사밧
을 치고자 한지라 2 혹이 와서 여호사밧에게 고하여 가로되 큰 무리가 바
다 저편 아람에서 왕을 치러 오는데 이제 하사손다말 곧 엔게디에 있나이
다 3 여호사밧이 두려워하여 여호와께로 낯을 향하여 간구하고 온 유다 백
성에게 금식하라 공포하매 4 유다 사람이 여호와께 도우심을 구하려 하여
유다 모든 성읍에서 모여와서 여호와께 간구하더라
5 여호사밧이 여호와의 전 새 뜰 앞에서 유다와 예루살렘의 회중 가운데
서서 6 가로되 우리 열조의 하나님 여호와여 주는 하늘에서 하나님이 아니
시니이까 이방 사람의 모든 나라를 다스리지 아니하시나이까 주의 손에
권세와 능력이 있사오니 능히 막을 사람이 없나이다 7 우리 하나님이시여
전에 이 땅 거민을 주의 백성 이스라엘 앞에서 쫓아내시고 그 땅으로 주의
벗 아브라함의 자손에게 영영히 주지 아니하셨나이까 8 저희가 이 땅에 거
하여 주의 이름을 위하여 한 성소를 건축하고 이르기를 9 만일 재앙이나

난리나 견책이나 온역이나 기근이 우리에게 임하면 주의 이름이 이 전에
있으니 우리가 이 전 앞과 주의 앞에 서서 이 환난 가운데서 주께 부르짖
은즉 들으시고 구원하시리라 하였나이다 [10]옛적에 이스라엘이 애굽 땅에
서 나올 때에 암몬 자손과 모압 자손과 세일산 사람을 침노하기를 주께서
용납하지 아니하시므로 이에 치우쳐 저희를 떠나고 멸하지 아니하였거늘
[11]이제 저희가 우리에게 갚는 것을 보옵소서 저희가 와서 주께서 우리에
게 주신 주의 기업에서 우리를 쫓아 내고자 하나이다 [12]우리 하나님이여
저희를 징벌하지 아니하시나이까 우리를 치러 오는 이 큰 무리를 우리가
대적할 능력이 없고 어떻게 할줄도 알지 못하옵고 오직 주만 바라보나이
다 하고 [13]유다 모든 사람은 그 아내와 자녀와 어린 자로 더불어 여호와
앞에 섰더라

[14]여호와의 신이 회중 가운데서 레위 사람 야하시엘에게 임하셨으니 저
는 아삽 자손 맛다냐의 현손이요 여이엘의 증손이요 브나야의 손자요 스
가랴의 아들이더라 [15]야하시엘이 가로되 온 유다와 예루살렘 거민과 여호
사밧왕이여 들을찌어다 여호와께서 너희에게 말씀하시기를 이 큰 무리로
인하여 두려워하거나 놀라지 말라 이 전쟁이 너희에게 속한 것이 아니요
하나님께 속한 것이니라 [16]내일 너희는 마주 내려 가라 저희가 시스 고개
로 말미암아 올라 오리니 너희가 골짜기 어귀 여루엘 들 앞에서 만나려니
와 [17]이 전쟁에는 너희가 싸울 것이 없나니 항오를 이루고 서서 너희와 함
께한 여호와가 구원하는 것을 보라 유다와 예루살렘아 너희는 두려워하며
놀라지 말고 내일 저희를 마주 나가라 여호와가 너희와 함께 하리라 하셨
느니라 하매 [18]여호사밧이 몸을 굽혀 얼굴을 땅에 대니 온 유다와 예루살
렘 거민들도 여호와 앞에 엎드려 경배하고 [19]그핫 자손과 고라 자손에게
속한 레위 사람들은 서서 심히 큰 소리로 이스라엘 하나님 여호와를 찬송
하니라

[20]이에 백성들이 일찌기 일어나서 드고아 들로 나가니라 나갈 때에 여
호사밧이 서서 가로되 유다와 예루살렘 거민들아 내 말을 들을찌어다 너
희는 너희 하나님 여호와를 신뢰하라 그리하면 견고히 서리라 그 선지자
를 신뢰하라 그리하면 형통하리라 하고 [21]백성으로 더불어 의논하고 노래
하는 자를 택하여 거룩한 예복을 입히고 군대 앞에서 행하며 여호와를 찬

송하여 이르기를 여호와께 감사하세 그 자비하심이 영원하도다 하게 하였
더니 [22]그 노래와 찬송이 시작될 때에 여호와께서 복병을 두어 유다를 치
러 온 암몬 자손과 모압과 세일산 사람을 치게 하시므로 저희가 패하였으
니 [23]곧 암몬과 모압 자손이 일어나 세일산 거민을 쳐서 진멸하고 세일 거
민을 멸한 후에는 저희가 피차에 살륙하였더라 [24]유다 사람이 들 망대에
이르러 그 무리를 본즉 땅에 엎드러진 시체뿐이요 하나도 피한 자가 없는
지라 [25]여호사밧과 그 백성이 가서 적군의 물건을 취할쌔 본즉 그 가운데
에 재물과 의복과 보물이 많이 있는고로 각기 취하는데 그 물건이 너무 많
아 능히 가져갈 수 없을만큼 많으므로 사흘 동안에 취하고 [26]제 사일에 무
리가 브라가 골짜기에 모여서 거기서 여호와를 송축한지라 그러므로 오늘
날까지 그곳을 브라가 골짜기라 일컫더라 [27]유다와 예루살렘 모든 사람이
여호사밧을 선두로 즐거이 예루살렘으로 돌아왔으니 이는 여호와께서 저
희로 그 적군을 이김을 인하여 즐거워하게 하셨음이라 [28]무리가 비파와
수금과 나팔을 합주하고 예루살렘에 이르러 여호와의 전에 나아가니라

[29]이방 모든 나라가 여호와께서 이스라엘의 적군을 치셨다 함을 듣고
하나님을 두려워한고로 [30]여호사밧의 나라가 태평하였으니 이는 그 하나
님이 사방에서 저희에게 평강을 주셨음이더라

¶ 주석

여호사밧의 전쟁 이야기는 열왕기하 3장의 것과 유사하다. 열왕기하 3장의 것과 비교해 볼 때 대적으로 인한 곤경에 직면하였을 때 왕이 하는 기도(1-12절)와, 레위인 야하시엘의 등장(13-19절), 대적 진멸(20-30절)은 역대기에만 나타난다. 이 전쟁보도에는 다른 곳과는 달리 숫자에 대한 정보는 없고(13:3, 14:8) 제의적인 내용과 형태만을 담고 있다.

(1) 도입(20:1-4)

1 **그 후에** 일반적으로 이 표현은 사건적으로 실제로 연관되지 않은

이야기의 연속을 나타낼 때 사용된다(삿 16:4; 삼상 24:6; 삼하 2:1, 8:1, 21:8). 역대기에서도 자주 쓰인다(대상 18:1, 19:1, 20:4; 대하 20:35, 24:4, 32:1). 그러나 이 자리에서 이 표현은 저자의 특별한 의도를 담고 있어 보인다. 전쟁은 흔히 하나님의 심판으로 이해되므로 20장에서의 전쟁을 19:1-3의 비판과 관련한 여호사밧에 대한 하나님의 징벌이라고 이해할 수 있다. 이 때문에 저자는 전쟁을 19장에서 보도된 사건의 후속으로 배치하고 이 시간을 나타내는 부사로써 아람 전쟁을 여호사밧에 대한 징벌로 이해하는 것을 막는다.

모압 자손과 암몬 자손이 몇 마온 사람과 함께 연합하여 여호사밧을 치고자 한다. **마온** 대신 히브리 원문은 '메우님'(מעונים)을 제시한다. 이에 대하여는 역대상 4:41과 역대하 26:7-8에 언급된다. '메우님'이 아닌 '마온'(מעון)이라는 형태가 여호수아 15:55; 사무엘상 23:24, 25:2ff.; 역대상 2:45에서 나타나는데 '마온'은 네게브 지방에 속한다. 그런데 이 본문에서 '마온'은 사해의 서쪽에 위치한 것으로 나타난다. **마온 사람**은 에돔 지역에 있는 "세일산 사람"으로 불린다(20:10, 22-23).

[2] 한 사람의 보고에 따르면 이 세 민족의 연합군은 **바다 저편 아람에서** 와서 **엔게디에** 집결해 있다. 여기서 **바다**는 사해를 말한다. 사해 동편에서 왔다면 2절의 **아람**은 마소라 본문이 제시하듯이 '에돔'으로 읽는 것이 더 알맞다. 사해의 서쪽 해안에 놓인 엔게디(수 15:62; 삼상 24:1; 겔 47:10; 아 1:14)는 창세기 14:7에서 언급된 '하사손다말'과 동일한 것으로 간주된다. 대적은 사해 남쪽 끝에서부터 서쪽 해안을 따라 올라왔을 것이다.[92]

여호사밧의 요새 건축에도 불구하고(17:12) 이 지역은 취약지로 드러난다. 르호보암이 건축한 요새 가운데 베들레헴과 에담과 드고아가 이 지역에 놓여 있다.

[3] - [4] 큰 무리의 진군 소식에 놀라 왕이 두려움에 빠진다. 어려움에

92) Becker, *2 Chronik*, 65.

직면한 왕은 백만이 넘는 그의 군대(17:13-19)가 아니라 하나님께 향한다. 그는 하나님을 구한다. '다라쉬 여호와'(דרשׁ יהוה)라는 표현양식은 역대기의 중심 주제이다. 여호사밧 기사에서만 세 번이나 나온다(17:2-3, 19:3, 22:9). '여호와를 구하는 것'은 역대기 저자가 왕들을 평가하는 기준이기도 하다(대상 13:3, 15:13, 16:11, 21:30, 22:19, 28:9 등). 이 점이 부족하여 사울은 하나님으로부터 거부당하였다(대상 10:14). '여호와를 구하는 것'은 두 가지 태도로 나타난다. 하나는 하나님께 도움을 구하는 것을 말한다(대상 10:13-14; 대하 1:5 등). 다른 하나는 좀 더 넓은 의미로 하나님을 신령과 진정으로 예배하는 것을 말한다(15:2, 17:2-4, 19:3, 22:9). 여호사밧의 경우는 첫 번째에 해당한다. 적의 공격에 직면한 그는 두려워하지만 하나님께 향하고 온 백성에게 금식을 선포한다(렘 36:9; 욜 2:12ff. 참고). 이것이 여호와를 구하는 것이다. 왕의 명령에 따라 유다 사람이 **유다 모든 성읍에서** 모여와 기도한다.

(2) **예루살렘 금식 집회**(20:5-19)

5 회중은 여호와의 전 새 뜰 앞에 모였다. **새 뜰**이란 바깥마당을 의미한다(4:9, 6:13). 여호사밧 왕이 백성 앞에 서서 기도한다. 왕의 기도는 국가적 탄원, 즉 공동체 탄원시이다. 이 기도는 '예전'의 형태를 지니고 있다.

6 - **13** 왕의 대표기도는 '할로 아타'(הלא אתה)로 시작하는 세 개의 수사의문문(6, 7, 12절)으로 구성되어 있다('당신은 … 하지 아니하셨나이까?'). 이와 함께 10절의 '이제'(ועתה)는 전체 기도의 구조를 결정한다. 기도는 6절, 7-9절, 10-11절, 12-13절로 나뉜다.

6 기도는 하나님을 부름으로 시작한다. **우리 열조의 하나님 여호와여!** 이 호칭은 역대기의 전형이다.

다음으로 왕은 수사의문문 '할로 아타'(הלא אתה)로 상대방의 동의를 이끌어낸다. 한글개역에는 두 개의 수사의문문으로 되어 있으나 본래 수사의문사는 한 번 나온다. **여호와여 주는 하늘에서 하나님이 아니시나이까 이방**

사람의 모든 나라를 다스리지 아니하시나이까? 뒷 문장은 앞 문장을 재서술하는 기능을 한다. 즉 "하늘의 하나님"은 "이방 사람의 모든 나라를 다스리는 분"이다(대상 29:30; 대하 12:8, 17:10, 20:29). 그런데 '하늘'과 대비되는 용어 '땅'을 사용하지 않은 것을 무엇일까? 역대기 저자는 여기서 **이방 사람**을 여호사밧 왕이 대표하는 공동체에 대비되는 것으로 그리기 위함이다.[93] 내용적으로 이 구절은 하나님의 속성에 관하여 말한다. 하나님은 세상의 주이며 전능한 주이시다. 이 속성에 대한 결론은 주와 맞설 사람이 없다는 것이다.

7 – 9 하나님의 보편적인 주로서의 위치를 말한 다음 여호사밧 왕은 이제는 하나님과 이스라엘의 특별한 관계를 언급한다.

7 왕의 기도는 다시 수사의문사 '할로'(הלא)로 시작한다. 개역은 **우리 하나님이시여!**로 시작한다. **우리 하나님** '엘로헤누'(אלהינו)는 6절의 호칭과는 달리 수사의문문 가운데 들어와 있어 번역에 혼란을 초래할 수 있다. 그러니까 6절과 같이 '당신은 우리 하나님이 아니십니까?'로 읽을 수 있다. 그러나 이러한 형태의 문장에는 '아타'(אתה) 다음에 '후'(הוא)가 쓰이므로(시 44:5; 느 9:6, 7; 대상 17:26; 사 37:16; 렘 14:22) 여기서는 **우리 하나님**을 호칭으로 보는 것이 좋겠다.[94]

수사의문문은 여호와께서 이 땅에 살던 원주민을 이스라엘 백성 앞에서 쫓아내셨던 과거의 행위를 확인시키고 있다.

주의 벗 아브라함의 자손은 **주의 백성 이스라엘**과 동격이다. 그 땅의 소유권을 영원히 보장해 주셨다고 찬양한다.

8 – 9 주의 백성, 아브라함의 자손이 성소를 건축한 일을 언급한다. 성서에서 대체로 성전의 건축은 솔로몬에게로 돌아간다. 땅을 유업으로 받은 자들을 3인칭으로 서술하고 있다. 특히 여호사밧 왕은 하나님이 주의

93) P. C. Beentjes, *Tradition and Transformation*, 66.
94) *Ibid.*, 67.

이름이 있는 성전에서 환난 가운데 부르짖을 때 들으시는 계시 장소로 인정해 주셨음을 상기시킨다. 여호사밧의 기도는 솔로몬의 성전봉헌 기도의 한 대목을 요약한 것이다(6:24-39, 특히 28절). 솔로몬의 기도는 하나님의 응답을 요구하는 여호사밧 기도의 서문으로 사용되고 있다. 솔로몬 시대의 상황처럼 현재 백성이 성전 앞에 모여 있다.

10-**11** 여호사밧 왕은 하나님의 신속한 구원 행위를 간구하는 대신 다시 옛적의 일을 상기시켜준다. 암몬 자손과 모압 자손과 세일 산 사람들을 고발한다. 그들은 옛적에 이스라엘이 애굽을 탈출할 당시에 여호와의 요구에 따라 진멸되지 아니하였다(참고. 민 20:14-21; 신 2:1-19; 삿 11:14-18). 여호와께서 남겨두신 그들이 이제 이스라엘로 하여금 환난에 처하게 하였다. 신명기 2:1-22에 의하면 이스라엘은 세일, 모압, 암몬 지역을 통과하도록 허락받았다. 민수기 20:14-21과 사사기 11:14-18에 의하면 에돔과 모압이 통행을 허락하지 않는다. 이 두 전승이 역대기에서는 완전히 새로운 형태로 나온다. 하나님이 이 세 백성을 살려두게 하셨다.[95] 그런데 바로 그들이 이제 이스라엘 백성을 주의 주신 땅에서 쫓아내려 한다. 그들은 은혜를 원수로 갚으려 하고 있다.

12 그러므로 하나님이 그들을 징벌하는 것은 당연하다. '징벌하다'는 동사는 '샤파트'(שפט)이다. 여호사밧 왕의 이름 속에 들어 있다. 여호사밧 왕은 전쟁에서의 승리를 간구하는 것이 아니라 그들이 당하고 있는 재난에 대하여 부당함을 호소하는 것이다.[96] 여호사밧 왕은 수많은 군대를 소유하고 있음에도 불구하고 유다가 그들의 옳지 못한 대적에 맞설 능력이 없다고 고백한다. 능력은 오로지 여호와께 있으니(6절) 여호사밧 왕은 여호와의 개입을 간청한다. 군사력을 소유하고 있지만 하나님을 의지하는 모습은 선한 왕의 표본이 된다.

95) *Ibid.*, 69.

96) S. Japhet, *I & II Chronicles*, 792.

13 4절에서 왕의 금식선포에 모인 모든 백성이 간구하였다. 이 구절은 예루살렘에 모인 회중의 구성원이 남자만이 아니라 아내와 자녀와 어린이가, 즉 모든 백성이 참여하였음을 강조한다.

14-17절은 예언자를 통한 하나님의 응답을 다룬다.

14 여호사밧이 백성의 대표로 하는 기도에 대한 하나님의 응답은 여호와의 영을 받은 야하시엘을 통해 나온다. 야하시엘은 일반적인 예언자가 아니다. 그는 다윗 시대의 성전 찬양대의 수장을 지낸 아삽(대상 25:1-2)의 자손으로 성전 가수이다. 역대기에서 레위인의 찬양은 예언으로 간주된다(대상 25:1, 2, 3, 5).

15 - **17** 하나님의 응답은 **온 유다와 예루살렘 거민과 여호사밧 왕**, 즉 모든 회중에게 임한다. 야하시엘의 예언은 제사장의 구원말씀 양식인 **두려워하거나 놀라지 말라**(15, 17절)로 시작되고 그것으로 종결된다. 대적은 **큰 무리**이다. 그럼에도 불구하고 두려워하지 말아야 할 이유가 있다. **이 전쟁이 … 하나님께 속한 것**이며(15절), 여호와가 함께하시기 때문이다(17절). 이 말은 부정문으로 다시 반복된다. **이 전쟁이 너희에게 속한 것이 아니요, 이 전쟁에는 너희가 싸울 것이 없나니**.

16 - **17** "우리가 어떻게 할 줄도 알지 못하옵고"(12절)라는 여호사밧 왕의 기도에 대하여 하나님은 구체적으로 유다와 예루살렘이 어떻게 전쟁에 임할지를 지시하신다. **내일 너희는 마주 내려 가라**(16a), **내일 저희를 마주 나가라**(17b).

16 왕과 백성은 예루살렘에서 **골짜기 어귀 여루엘 들**까지 가야 한다. 대적들은 사해에서부터 **시스 고개**로 올라온다. 이 두 지역의 정확한 위치는 성서에서 증거되지 않는다. 그러나 기술된 지형으로 미루어 볼 때 유다 군대가 대적들을 마주치게 될 때에는 실제로 그들이 지쳐 있을 가능성이 매우 높다.

17 **항오를 이루고 서서 … 여호와가 구원하는 것을 보라** 유다 군대가 대열을 이루고 서 있으면 여호와 혼자서 전쟁을 이끌어 유다 백성을 구원할 것이다. 유다는 싸울 필요가 없다. 이것은 여호와의 전쟁을 말한다. 이 구절은 출애굽기 14장을 상기시켜준다(출 14:13-14; 참고. 삼상 17:47).

내일 저희를 마주 나가라 이것은 싸우기 위해서가 아니라 여호와의 승리를 경험하기 위함이다. 하나님의 구원을 보기 위하여 유다 백성은 대적을 맞서야 한다.

18 - **19** 여호사밧 왕은 하나님의 구원 약속을 하나님을 경배함으로 받는다. 온 유다와 예루살렘 주민들도 왕을 따라 한다. 그핫 자손과 고라 자손에게 속한 레위 사람들은 큰소리로 하나님을 찬송한다.

(3) 여호와의 전쟁(20:20-28)

20 백성이 다음날 아침 일찍이 하나님의 명령에 따라 드고아 들로 진군한다. 전투가 벌어지기 전 여호사밧 왕은 이제는 마치 제사장처럼(신 20:2-4) 다시 한 번 여호와를 신뢰할 것을 요구한다.

여호와를 신뢰하라 그리하면 견고히 서리라 이 구절은 선지자 이사야가 아하스에게 한 하나님의 말씀과 유사하다(사 7:9). 여기에 **그 선지자를 신뢰하라 그리하면 형통하리라**가 추가되어 있다. 선지자는 여호와와 마찬가지로 신뢰의 대상이다.

'형통'하다는 동사 '찰라흐'(צלח)는 역대기에서 하나님으로부터 지도를 바라는 사람이 얻는 성과를 상징한다(26:5 참고).[97]

21 왕은 백성과 의논하여 노래하는 자들을 선발하여 찬송하게 한다. 그리고 그들에게 예복을 입고 군대 앞에서 행진하며 찬송하게 한다. **여호와께 감사하세 그 자비하심이 영원하도다.** 이것은 즉흥적인 조치이다. 백성의 참여가 이 조치의 합법성을 인정한다. 전쟁에 나갈 때 노래하는 자를

97) P. C. Beentjes, *Tradition and Transformation*, 76.

세우는 것은 이례적인 조치이다. 이스라엘 백성이 진행할 때에나 전쟁에는 흔히 언약궤가 앞섰다(민 10:33; 수 3:6 외). 그러나 이제는 찬양이 언약궤를 대신한다. 이러한 질서정연한 용병술은 결정적이었다.

22 – **23** 노래하는 자들의 찬양과 동시에 이상한 일이 벌어진다. 대적들이 서로를 죽이는 것이었다(삿 7:22; 겔 38:21; 슥 14:13 비교). 먼저 암몬과 모압 자손이 세일 산 주민들을 쳐서 진멸하였고, 그 후에는 남은 자들끼리 서로 전쟁하였다. 이러한 치명적인 혼란은 여호와 하나님이 복병을 두어 일어나게 하였다. 역대기 저자는 이 복병을 유다 사람이나 대적의 한 사람으로 보는 것이 아니라 어떤 초월적인 힘, 천사로 간주하는 것 같다(17절 참고).

24 – **26** 골짜기 어귀에 있던 유다 백성은 들 망대에 이르러 보니 적군은 한 사람도 없고 적군의 물건이 즐비하게 늘어 있었다. 재물, 의복, 보물 등 적군의 물건이 능히 가져갈 수 없을 정도로 많아 이를 거두는 데 사흘이 걸렸다. 하나님 신뢰에는 물질적인 보상도 따른다. 선택받은 자는 재앙과 재난 앞에서 인간적인 어떤 준비보다 하나님에 대한 완전한 신뢰로 나아가는 일이 가장 요구된다.

전리품을 거둔 후 백성은 브라가 골짜기에 모여 여호와를 찬양한다. 위기에 처했을 때에는 모여 간구하고, 위기가 지나간 후에는 모여 하나님을 송축한다.

27 – **28** 여호사밧 왕과 유다와 예루살렘 모든 사람이 왕을 선두로 하여 예루살렘으로 돌아온다. 예루살렘에 도착하기까지 그들은 비파와 수금과 나팔을 합주한다. 여호사밧이 아합과의 길르앗 라못 전쟁에서 귀환할 때와는 완전히 대조되는 분위기이다. 예루살렘에 이르자 그들은 성전으로 간다. 대적의 위협에 직면했을 때 모였던 곳이다.

(4) 결구(20:29-30)

29 여호사밧과 유다의 승리는 모든 이방 나라로 하여금 여호와 하나님을 두려워하게 하였다(17:10).

30 이 전쟁 승리로 인하여 여호사밧의 왕국은 태평하게 된다. 왜냐하면 이스라엘에 대항하는 것은 여호와께 대하여 싸우는 것을 의미하며, 그 의미가 다시 모든 세계에 분명해졌기 때문이다. 여호사밧과 백성의 올바른 행동으로 여호사밧은 평강 가운데 통치하게 된다(참고. 14:4, 15:15).

¶ 메시지

어떤 어려움에 처하여 우리가 하나님을 전심으로 의지할 때 그 어려움은 이제 우리의 일이 아니라 하나님의 일이 된다(15절). 하나님의 구원의 약속은 영원하다. 우리가 할 일은 오직 이 약속을 신뢰하는 것뿐이다.

5) 여호사밧 통치의 종결(20:31-21:1)

¶ 본문

31 여호사밧이 유다 왕이 되어 위에 나아갈 때에 나이 삼십 오세라 예루
살렘에서 이십 오년을 치리하니라 그 모친의 이름은 아수바라 실히의 딸
이더라 32 여호사밧이 그 부친 아사의 길로 행하여 돌이켜 떠나지 아니하
고 여호와 보시기에 정직히 행하였으나 33 산당은 폐하지 아니하였으므로
백성이 오히려 마음을 정하여 그 열조의 하나님께로 돌아오지 아니하였더
라 34 이 외에 여호사밧의 시종 행적이 하나니의 아들 예후의 글에 다 기록

되었고 그 글은 이스라엘 열왕기에 올랐더라
35 유다 왕 여호사밧이 나중에 이스라엘 왕 아하시야와 교제하였는데 아
하시야는 심히 악을 행하는 자이었더라 36 두 왕이 서로 결합하고 배를 지
어 다시스로 보내고자 하여 에시온게벨에서 배를 지었더니 37 마레사 사람
도다와후의 아들 엘리에셀이 여호사밧을 향하여 예언하여 가로되 왕이 아
하시야와 교제하는고로 여호와께서 왕의 지은 것을 파하시리라 하더니 이
에 그 배가 파상하여 다시스로 가지 못하였더라 21:1 여호사밧이 그 열조와
함께 자매 그 열조와 함께 다윗성에 장사되고 그 아들 여호람이 대신하여
왕이 되니라

¶ 주석

(1) 여호사밧의 통치 일반(20:31-34)

이 부분은 열왕기상 22:41-47에 기초하고 있다.

31 여호사밧의 즉위 연령, 통치기간, 모친에 관한 정보가 들어 있다. 아합과의 연합이 보도되었지만(18장) 아합과 관련하여 전혀 언급되지 않는다.

32 - **33** 여호사밧은 아사와 비교되어 평가된다. 역대기에서 아사 왕은 이중적으로 평가된다. 앞 장에서 기술된 불신(15:19-16:14) 때문에 그의 처음 행위만이 긍정적으로 평가된다(17:3b). 이러한 이중적 평가가 나타나지 않는 것은 역대기 저자가 여호사밧에 대하여 평가할 때 저본(왕상 22:43)을 그대로 수용하였기 때문일 것이다. 저본에서 아사 왕은 산당을 제거하지 않은 것만을 제외하고는 흠 없는 왕으로 평가되고 있다.

여호사밧 왕이 산당을 철거하지 않았다는 언급은 역대기 안에서 모순된다(17:6, 19:3). 17:6을 액면 그대로 받아들이면 문제는 간단히 해결된다. 여호사밧이 **유다**에서 산당을 철거했다면, 이 구절은 여호사밧이 '온 이스

라엘'에서 산당을 철폐하지 않았다는 것을 말할 것이다. 그렇다면 여호사밧이 온 이스라엘에서 산당을 철폐할 위치에 있었는가? 역대기 저자는 그렇게 간주하고 있다. 왜냐하면 아합과 인척관계에 있었기 때문이다. 역대기 저자에 따르면 산당의 존재는 백성이 하나님께로 돌아오는 길을 가로막았다.

17장은 여호사밧 왕이 북왕국의 아합과 평화관계를 유지하였고, 또 이 관계에서 우위 자리를 차지하였음을 보여주었다. 인척관계와 우위적 위치로 인해 여호사밧은 충분히 북이스라엘에 그의 영향력을 미칠 수 있었다. 그러나 여호사밧은 이스라엘과의 관계에서 자신의 위치를 망각하고 오히려 아합의 영향을 받았다. 그는 17장과 19:4-20장에서와 같이 이스라엘에서도 여호와 신앙을 추진할 수 있었다. 이렇게 본다면 역대기 저자는 꼭 아합과의 인척관계에 대하여 부정적 입장을 내비치지는 않는다는 결론에 이른다.

34 역대기 저자는 자신의 자료로서 **예후의 글**(19:2)을 언급하고 있다. 역대기 저자에 의하면 **예후의 글**은 **이스라엘 열왕기**에 등재되어 있다. **이스라엘 열왕기**라는 명칭에서 **이스라엘**은 분명히 유다를 의미할 것이다.

(2) 여호사밧의 통치 말기(20:35-37)

이 단락은 열왕기상 22:48-50에 기초하며 그와 마찬가지로 결구 뒤에 놓여 있다. 그러나 그 내용은 열왕기로부터 현저하게 벗어난다. 열왕기에서는 여호사밧이 왜 에돔의 에시온게벨에 가지 못하였는지가 설명되고 있다(왕상 22:48). 그에 따르면 여호사밧은 오빌에서 금을 얻고자 다시스의 선박들을 건축하였으나 에시온게벨에서 이미 파선하였다. 그로 인하여 사기가 꺾이자 그는 이스라엘 선원으로 돕고자 했던 이스라엘 왕 아하시야의 제안을 거절하였다(왕상 22:49). 역대기 저자는 아하시야의 동역 제안을 변형하고 북왕국과의 협력 또한 시간적으로 앞선 것으로 변형한다.

35 여호사밧은 아하시야와 교제하였다. 그는 심히 악을 행하는 자이다.

36 열왕기에서와는 달리 아하시야는 처음부터 여호사밧의 선박 건조에 참여한다. 다시스로 가는 배를 에시온게벨에서 제조한다. 여기에는 지리적인 변형이 나타난다. 열왕기에 따르면 이 선박의 목적지는 오빌이다(왕상 22:49). 역대기 저자는 "다시스의 선박을 제조하였다"는 저본을 **배를 지어 다시스로 보내고자** 하였다로 이해한다. 다시스는 지중해에 있는 항구인 것 같다. 반면 에시온게벨은 홍해에 놓여 있다(8:17; 왕상 9:26).

37 마레사 사람 도다와후의 아들 엘리에셀이 여호사밧에게 예언한다. **여호와께서 왕의 지은 것을 파하시리라** 무역을 위한 선박 제조와 원정무역은 솔로몬에서부터 이미 시작되었다. 이 무역은 두로와의 연합에 의해 가능했다. 이것은 왕국의 부 획득에 중요한 자원이 되었다. 그러나 두로와의 연합무역은 전혀 비판의 대상이 되지 않는다. 엘리에셀은 여호사밧의 원정무역의 패배의 근본적 원인을 아하시야와의 교제에서 찾는다. 그렇다면 이 연합무역의 문제는 무엇일까? 첫째, 역대기 저자는 처음부터 아하시야는 "심히 악을 행하는 자"(35절)라고 규정한다. 그러므로 그와의 연합은 처음부터 잘못된 것이다. 둘째, 역대기 저자는 북이스라엘 왕과의 교제와 연합에 있어서 유다 왕 여호사밧의 주도권을 강조한다(36a, 37b). 이 점은 아합과의 관계에서 여호사밧이 주도적 위치에 있었던 것과 같은 선상에 있다. 여기서도 마찬가지로 역대기 저자가 비판하고자 하는 것은 북이스라엘 왕과의 교제 자체가 아니라 "악을 행하는 자"와의 교제를 주도적으로 하였다는 것이다.

(3) 여호사밧의 죽음과 장사(22:1)

여호사밧의 죽음과 장사, 그리고 그를 승계하는 아들에 대한 보도는 열왕기상 22:51을 그대로 따르고 있다.

¶ 메시지

여호사밧은 그의 삶을 통하여 하나님을 온전히 의지하였음에도 불구하고 전적으로 긍정적인 평가를 받은 것은 아니다. 그것은 그가 북왕국과 관련된 일에서 언제나 하나님의 말씀보다 북왕국과의 관계를 더 중시했기 때문이다. 우리는 모든 인간적인 관계를 넘어 하나님의 말씀에 순종해야 한다.

5. 여호람(21 : 2–20)

여호람의 이야기는 열왕기하 8 : 16–24에 기초하고 있다. 열왕기에서는 단지 열 구절이 할당되어 있으나, 역대기에서는 그 두 배의 양을 할애하고 있으며 내용은 다소 변형되어 있다. 두 차례의 반란(8 : 20–22)은 그가 행한 일에 대한 하나님의 심판으로 밝혀지고, 엘리야의 예언에 따라 왕의 죄와 응보가 연결된다. 이러한 패턴은 역대기에 자주 나타난다(12 : 1–11, 16 : 1–12, 18 : 1–19 : 3, 20 : 35–37, 24 : 17–27, 25 : 17–28, 26 : 16–21, 35 : 20–25, 36 : 11–21).

사료에 관한 구절(8 : 23)은 빠져 있다. 여호람의 범죄와 그에 대한 신학적 평가와 함께 많은 부분이 추가되어 있다.

열왕기에서 여호람은 '악한' 왕이다. 그러나 그는 평화로운 죽음을 맞으며 관습에 따라 장사된다(8 : 24). 그리고 그의 통치기간에 있었던 반역(8 : 20–22)은 그가 행한 일에 대한 하나님의 심판으로 평가되지도 않는다.

¶ 짜임새

1) 21 : 2–11 여호람의 죄
   (1) 21 : 2–4 여호람의 정치적 죄

(2) 21:5-7　　여호람의 통치
(3) 21:8-10　　정치적 손실
(4) 21:11　　여호람의 종교적 죄
2) 21:12-20　　하나님의 심판
(1) 21:12-15　　엘리야의 하나님 심판 선언
(2) 21:16-19　　하나님의 심판
(3) 21:20　　여호람의 죽음, 장사

¶ 평행본문과의 비교

[여호람의 승계	대하 21:1	왕하 8:16]
여호람의 악행	21:2-4	-
여호람의 통치정보	21:5	8:17
종교적 평가	21:6-7	8:18-19
정치적 평가	21:8-10	8:20-22
종교적 죄	21:11	-
엘리야의 편지	21:12-15	-
정치적 재난	21:16-17	-
여호람의 사료	-	8:23
여호람의 병과 죽음	21:18-20	8:24

1) 여호람의 죄(21:2-11)

¶ 본문

2 여호사밧의 아들 여호람의 아우 아사랴와 여히엘과 스가랴와 아사랴

와 미가엘과 스바댜는 다 유다 왕 여호사밧의 아들이라 3그 부친이 저희
에게는 은금과 보물과 유다 견고한 성읍들을 선물로 후히 주었고 여호람
은 장자인고로 왕위를 주었더니 4여호람이 그 부친의 위에 올라 세력을
얻은 후에 그 모든 아우와 이스라엘 방백 중 몇 사람을 칼로 죽였더라 5여
호람이 위에 나아갈 때에 나이 삼십 이세라 예루살렘에서 팔년을 치리하
니라 6저가 이스라엘 왕들의 길로 행하여 아합의 집과 같이 하였으니 이
는 아합의 딸이 그 아내가 되었음이라 저가 여호와 보시기에 악을 행하였
으나 7여호와께서 다윗의 집을 멸하기를 즐겨하지 아니하셨음은 이전에
다윗으로 더불어 언약을 세우시고 또 다윗과 그 자손에게 항상 등불을 주
겠다고 허하셨음이더라 8여호람 때에 에돔이 배반하여 유다의 수하에서
벗어나 자기 위에 왕을 세운고로 9여호람이 장관들과 모든 병거를 거느
리고 출정하였더니 밤에 일어나서 자기를 에워싼 에돔 사람과 그 병거의
장관들을 쳤더라 10이와 같이 에돔이 배반하여 유다의 수하에서 벗어났
더니 오늘날까지 그러하였으며 그 때에 립나도 배반하여 여호람의 수하에
서 벗어났으니 이는 저가 그 열조의 하나님 여호와를 버렸음이더라 11여
호람이 또 유다 여러 산에 산당을 세워 예루살렘 거민으로 음란하듯 우상
을 섬기게 하고 또 유다를 미혹케 하였으므로

¶ 주석

(1) 여호람의 정치적 죄(21:2-4)

2-**3** 여호람의 즉위 배경을 설명해주고 있다. 선왕 여호사밧 왕은 장자인 여호람에게 왕위를 주고 다른 여섯 아들에게는 풍부한 재산을 마련해주고 견고한 성읍을 하사하였다. 여호람의 왕위 계승은 여호사밧 생존 시에 이루어졌음을 암시한다. 열왕기 저자가 말하는 것처럼 여호람이 아합의 아들 요람 제 오년에 왕위에 올랐다면(왕하 8:16), 이것은 역사적으로 맞다.

유다 왕 여호사밧의 아들 여호사밧 왕의 아들들의 이름은 이곳에서만 나

타난다. 왕자들에게 대한 여호사밧의 후대는 르호보암 왕의 조치를 상기시켜준다(11:22-23). 그러나 르호보암과는 달리 여호사밧은 장자에게 왕권을 물려준다. 왕자들을 이렇게 대우하는 것은 왕가의 관례였을 것이다. 그럼에도 불구하고 여기서 이에 대해 특별히 언급되는 것은 바로 그들의 운명 때문일 것이다.[98]

특이하게도 마소라 본문은 여호사밧을 "이스라엘 왕"(מלך־ישׂראל)이라고 칭하고 있다. 여호사밧은 유다 왕국의 왕이기 때문에 많은 역본들(칠십인경, 시리아역, 불가타 등)은 이를 **유다 왕**(מלך יהודה)으로 고쳐 읽고 있다. 개역도 이를 따르고 있다. 그러나 어려운 읽기인 "이스라엘 왕"이 본래 형태일 것이다. 왜냐하면 여호사밧 왕과 그의 시대에 유다는 자주 **이스라엘**이라 칭해지고 있기 때문이다(21:2b, 4b; 비교 17:1b). 그렇다면 왜 역대기 저자는 여호사밧을 **유다 왕**이 아닌 '이스라엘 왕'이라 칭하고 있는가? 이것은 여호사밧 당시에 유다와 아합 왕조가 인척관계를 맺음으로써 유다 왕국과 이스라엘 왕국이 하나가 되었고 아합이 아니라 여호사밧이 남북 왕국을 대표하는 '이스라엘'의 대표임을 나타내고자 하기 위함으로 보인다.

4 왕위에 오른 후 여호람은 그의 여섯 형제들과 지도층에 속한 몇 사람을 숙청한다. 이 구절의 한글번역은 수정이 필요하다.

> "여호람이 그 부친의 위에 올라 세력을 얻은 후에 …"

히브리 본문을 직역하면,

> "여호람이 그의 아버지의 왕국'에 대하여 일어나' 스스로 강하게 한 후 그의 형제들을 칼로 죽였다."

히브리 표현 '…에 대하여 일어나다'는 히브리 표현 '쿰 알'(קום על־)은

98) Rudolph, *Chronikbücher*, 265.

'…에 대하여 반기를 들다'는 적대적인 의미를 내포하고 있다. 이 구절은 여호람이 반기를 들어 자신의 세력을 굳혔다는 의미로 이해된다. 이러한 맥락에서 볼 때 여호람이 형제들과 고위 관리들을 숙청한 사건은 자신의 정치적 입지를 굳히기 위한 쿠데타로 이해할 수 있다.

(2) **여호람의 통치**(21:5-7)

5 - 7 이 구절은 저본(왕하 8:17-22)에 상당히 충실하게 보도하고 있다.

5 이 구절은 열왕기에서와 같이 여호람이 왕위에 오른 나이와 통치기간, 그리고 그에 대한 부정적 평가를 다룬다. 여호람은 삼십 이세에 왕위에 올라 팔년간 다스렸으며(왕하 8:17), 이스라엘 왕들처럼 여호와의 눈에 거슬리는 왕이 되었다(8:18). 그런데 정형적인 이 구절에는 여호람의 어머니에 대한 소개가 없다(르호보암 12:13; 아비야 13:2; 아사 15:16; 여호사밧 20:31; 여호람 없음; 아하시야 22:2; 요아스 24:1; 아마샤 25:1; 웃시야 26:3; 요담 27:1 등). 이것은 아달랴가 왕국에서 행사한 영향력이 이미 막강하여 전통적으로 모후가 갖게 되는 자리를 대신했다는 것을 암시해준다.[99]

6 여호람은 이스라엘 왕들 특히 아합의 집과 비교된다. 그 까닭은 **아합의 딸이 그 아내가 되었음이라** 아달랴가 여호람에게 부정적인 영향을 끼쳤음을 말한다. 남편의 왕궁에서 왕비인 여성이 차지하는 권위의 정도는 흔히 조약을 체결한 힘의 균형을 나타낸다. 아달랴가 유다 왕국에 영향을 끼쳤다는 것은 이스라엘이 유다와의 조약체결에서 우위를 차지하고 있다는 말이다.[100] 아달랴의 영향은 그의 아들에게도 미친다(22:3 참고). 그러나 역대기 저자는 위에서 본 것처럼 남왕국의 우위를 강조한다(18:1-3 주석 참고).

---

99) Spanier, "The Northern Israelite Queen Mother," 143.
100) *Ibid.*, 140.

7 7a절은 저본과 상당한 차이를 보여준다.

> 여호와께서 '그 종 다윗을 위하여' '유다 멸하기를' 즐겨하지 아니하셨으니 이는 저와 그 자손에게 항상 등불을 주겠다고 허셨음이더라(왕하 8:19).

> 여호와께서 '다윗의 집을 멸하기를' 즐겨하지 아니하셨음은 '이전에 다윗으로 더불어 언약을 세우시고' 또 다윗과 그의 자손에게 항상 등불을 주겠다고 말씀하셨음이더라(21:7).

저본의 "유다"가 **다윗의 집**으로 대체되어 있다. 또 "그 종 다윗을 위하여"가 **다윗으로 더불어 언약을 세우시고**로 바뀌어 있다. 이 두 가지의 변화를 통해 역대기에서는 결과적으로 다윗 왕조에 대한 무조건적인 약속이 강하게 암시된다.[101] 다윗과 맺은 계약 때문에 하나님은 다윗 왕가를 멸망하고자 하지 않으셨다. 이것은 여호람의 죄가 왕가의 멸망까지 초래할 정도로 컸다는 말이다. 그러나 하나님은 한번 약속하신 말씀은 변개치 않으시고, 꺼져가는 불씨를 끄지 않으신다.

(3) 정치적 손실(21:8-10)

8 - **10** 여호람이 통치하는 동안 정치적인 상황에 대하여 말한다. 열왕기하 8:20-22와 상응한다. 열왕기의 보도에 따르면 에돔이 유다를 배반하자 여호람은 에돔을 징벌하러 출정한다. 그러나 그는 오히려 에돔 군에게 포위되어 밤에 탈출한다(왕하 8:21). 역대기 저자는 여호람이 도망한 사실을 생략한다(왕하 8:21b). 전쟁을 했지만 성과가 없었다고 말한다. 에돔이 독립할 때 립나도 유다를 배반하였다. 열왕기는 이 점을 역사적 사실로서 객관적으로 보도하고 있는 반면, 역대기 저자는 이러한 여호람의 정치적 실패를 여호람의 종교적 죄에 대한 하나님의 징벌로 설명하고 있다.

101) Williamson, *1 and 2 Chronicles*, 305.

그가 조상의 하나님 여호와를 버렸기 때문이다.

(4) 여호람의 종교적 죄(21:11)

11 여호람의 죄에 대한 구체적인 예는 유다 여러 산에 산당을 세우고 예루살렘 주민을 유혹하여 우상을 섬기게 한 것이다. 백성의 죄는 왕의 탓이었다.

¶ 메시지

여호람은 아버지 여호사밧에 의해 당당하게 왕위를 물려받았음에도 불구하고 왕위에 오르자 형제와 신하들을 죽인다. 이는 아합의 집과 친밀한 관계를 유지하게 된 데서 연유하였다. 여호람의 큰 죄에도 불구하고 그는 다윗 자손에게 항상 등불을 주겠다는 하나님의 언약 덕분에 왕위를 유지하게 된다. 언약에 신실하신 하나님 덕분에 죄와 허물로 가득 찬 우리도 오늘 생을 이어가고 있는 것이 아니겠는가!

2) 하나님의 심판(21:12-20)

¶ 본문

12 선지자 엘리야가 여호람에게 글을 보내어 가로되 왕의 조상 다윗의
하나님 여호와의 말씀이 네가 네 아비 여호사밧의 길과 유다 왕 아사의 길
로 행치 아니하고 13 오직 이스라엘 열왕의 길로 행하여 유다와 예루살렘
거민으로 음란하듯 우상을 섬기게 하기를 아합의 집과 같이 하며 또 너의
아비 집에서 너보다 선한 아우들을 죽였으니 14 여호와가 네 백성과 네 자

녀와 네 아내들과 네 모든 재물을 큰 재앙으로 치리라 [15]또 너는 창자에
중병이 들고 그 병이 날로 중하여 창자가 빠져나오리라 하셨다 하였더라
[16]여호와께서 블레셋 사람과 구스에서 가까운 아라비아 사람의 마음을
격동시키사 여호람을 치게 하셨으므로 [17]그 무리가 올라와서 유다를 침
노하여 왕궁의 모든 재물과 그 아들들과 아내들을 탈취하였으므로 말째
아들 여호아하스 외에는 한 아들도 남지 아니하였더라 [18]이 모든 일 후에
여호와께서 여호람을 치사 능히 고치지 못할 병이 그 창자에 들게 하셨으
므로 [19]여러 날 후 이년만에 그 창자가 그 병으로 인하여 빠져나오매 저
가 그 심한 병으로 죽으니 백성이 그 열조에게 분향하던것 같이 저에게 분
향하지 아니하였으며 [20]여호람이 삼십 이세에 즉위하고 예루살렘에서 팔
년을 치리하다가 아끼는 자 없이 세상을 떠났으며 무리가 저를 다윗성에
장사하였으나 열왕의 묘실에는 두지 아니하였더라

¶ 주석

(1) 엘리야의 하나님 심판 선언(21:12-15)

12 여호람의 종교적 범죄에 예언자 엘리야가 개입한다. 엘리야는 디셉 사람으로 길르앗에 우거한다(왕상 17:1). 그는 직접 여호람에게 하나님의 말씀을 전하는 것이 아니라 글을 보낸다. 엘리야의 편지는 역대기 특수자료이기 때문에 역사성에 관한 문제를 제기할 수 있다. '역사적으로 엘리야와 여호람이 동시대 인물인가?' 하는 문제이다. 열왕기하 2장에 의하면 엘리야의 승천은 여호람이 즉위하기 이전에 일어났다. 그러나 열왕기하 3:11에 의하면 여호사밧 제18년에 엘리야는 이미 사후의 인물로 나타난다. 루돌프는 편지가 당도한 시기를 엘리야의 승천 이후로 간주하는 주석가들(Keil, Bertheau, van Selms)의 견해를 소개한다. 이들은 "엘리야가 편지를 보냈다"는 표현이 아니라 "엘리야로부터 편지가 그에게 왔다"는 특이한 표현으로부터 엘리야가 죽기 전에 여호람의 죄를 미리 알고 편지를 써 두었다가 전달을 부탁했다고 이해하였다는 것이다.[102] 그러나 역대기

저자는 여호람과 엘리야가 만날 가능성을 인정한다. 왜냐하면 열왕기하 1 : 17에 따르면 이스라엘의 아하시야가 죽으리라는 엘리야의 예언이 적중했을 때 유다에서는 이미 여호람이 통치한 지 2년이 되었기 때문이다.[103)]

열왕기에는 이스라엘의 여호람의 즉위년도가 두 가지로 제시되어 있다. 여호사밧 18년(왕하 3 : 1)과 여호람 제2년(왕하 1 : 17)이다. 이것은 여호람과 여호사밧이 함께 다스렸다는 것을 말할 것이다. 여호람이 849년 또는 848년에 왕위에 올랐다면 그의 즉위는 엘리야의 승천보다 앞선다. 엘리야는 여호람 섭정의 제2년(852년)과 여호사밧의 죽음(848년) 사이에 승천하였을 것이다.[104)] 그렇다면 엘리야가 편지를 보내는 일은 가능하다. 엘리야가 이세벨을 피해 유다 왕국 브엘세바로 도망하였다는 언급(왕상 19 : 3)을 통해 미루어 볼 때 분열왕국 당시에 남북의 왕래가 가능하였기 때문에 편지의 왕래는 충분히 있을 법한 일이다.

12a - **15** 엘리야는 여호람을 질책한다. 첫째, 여호람이 선왕인 여호사밧과 아사의 모범(14 : 2, 4, 17 : 6)을 따르지 않고 이스라엘 왕들의 길을 따른 점이다. 둘째, 백성으로 하여금 우상을 섬기게 하여 아합의 집을 본받게 하였으며 자기보다 선한 형제들을 살인한 점이다. 여호람의 범죄에 대한 징벌은 그의 백성, 자녀, 여자, 가축과 또한 그 자신에게 해당된다.

이 편지는 순전히 상상에 의해 만들어진 것으로 간주되기도 한다.[105)] 이 편지는 엘리야가 쓴 것이 아니라 역대기 저자가 작성하여 추가했다는 것이다. 이 편지는 전설이나 저자의 상상에 의해 만들어진 산물로 간주되곤 한다. 그러나 유다 왕국의 아모스가 북이스라엘 왕국에 가서 하나님의 말씀을 전한 예를 보라.

---

102) W. Rudolph, *Chronibücher*, 267.

103) W. Rudolph, *Chronibücher*, 267 ; Becker, *2 Chronik*, 71.

104) R. E. Knuteson, "Elijah's little-known letter in 2 Chronicles 21 : 12-15," 23-32.

105) Curtis and Madsen, *The Books of Chronicles*, 415.

(2) 하나님의 심판(21:16-19a)

16 - **17** 이 경고의 말씀은 차례차례 성취된다. 첫째, 여호와는 징벌 도구로서 블레셋과 아랍인을 사용하신다. 그들은 여호사밧에게 경의를 표한 자들이었다(17:11). 그러나 이제 그들은 유다로 올라와 성을 뚫고 왕궁에서 보는 모든 것을 포획하였다. 또한 왕의 아들들과 여자들을 사로잡았다. 왕에게는 오로지 막내 아들인 여호아하스(22장에서는 아하시야로 칭해진다.)만 남게 되었다. 막내 아들이 재앙을 모면하게 된 것은 하나님의 말씀(7절)을 확증해준다.

18 - **19a** 그 후에 왕에게 고통스러운 병이 찾아온다. 하나님 심판 말씀의 성취이다(15절). 여호람은 고칠 수 없는 병으로 2년 간 고생하다가 죽음을 맞이한다.

(3) 여호람의 죽음과 장사(21:19b-20)

19b **분향하지 아니하였으며** 왕이 죽었으나 백성은 경의를 표하지 않았다. 아사의 경우를 통해(16:12-14) 분향은 일반적인 관례인 것을 보았다. 아사는 심한 병이 있음에도 불구하고 그에게 분향은 이루어졌다. 여호람에게 분향하지 않았다는 것은 그의 생애가 어떠했는지를 암시해준다. 할아버지와 아버지의 길로 행하지 아니한(12절) 여호람은 백성에 의해 **그 열조에게 분향하던** 분향을 받지 못한다. 바로 이러한 백성의 평가가 역대기 저자로 하여금 여호람을 열왕기에서보다 심화된 부정적 평가를 하게 된 근거로 보인다.

여호람에 대한 사료정보는 역대기에는 빠져 있다(왕하 8:23).

20 5절에서 언급된 여호람의 즉위 나이와 통치기간이 다시 반복된다.

아끼는 자 없이 세상을 떠났으며 17절은 여호람의 아들 가운데 여호아하스만이 남았다고 하였다. 그러므로 이 표현은 여호람의 자식 없음을 말하지 않는다. **아끼는 자 없이**로 옮겨진 히브리어 표현 '벨로 헴다'(בלא חמדה)는

'애도 받지 않았다'는 뜻을 지닌다. 분향하지 않았다는 것이 이 점을 확인시켜준다.

다윗 성에 장사하였으나 열왕의 묘실에는 두지 아니하였다는 말도 이에 상응한다. 열왕기에서는 여호람이 다윗 성에 장사되었다는 점만 언급된다(왕하 8:24). 열왕의 묘실에는 장사되지 아니한 것은 여호람이 백성의 존경을 받지 않았다는 사실을 다시 말해준다.

¶ 메시지

여호람은 아버지 여호사밧도, 할아버지 아사도 닮지 못하였다. 여호사밧은 아합의 집과 친척관계에 있었으나 우상을 제하였고, 아사는 우상을 섬긴다는 이유로 어머니도 태후의 자리에서 폐하였다. 그러나 여호람은 아내 아달랴의 영향에서 벗어나지 못하여 아합의 집을 따라 우상을 섬기며 죄를 행하였다.

6. 아하시야(22:1-9)

아하시야는 일년간 통치한다. 그러나 역대기에서 그의 시대는 이스라엘의 영향을 가장 강하게 받은 때로 규정되고 있다. 이스라엘의 영향으로 인하여 왕국은 쇠약해진다. 아하시야 왕에 관한 보도는 열왕기하 8:24b-10:36의 내용이 배경이 된다.

¶ 짜임새

1) 22:1-6	아하시야와 요람
(1) 22:1	아하시야의 즉위 배경
(2) 22:2	아하시야의 통치 정보
(3) 22:3-4	아하시야의 악행
(4) 22:5-6	요람과의 동맹전쟁
2) 22:7-9	아하시야의 죽음

¶ 평행본문 비교

아하시야의 즉위	대하 22:1	왕하 8:25
아하시야	22:2	8:26
평가	22:3-4	8:27
요람과 연합	22:5-6	8:28-29
예후의 혁명	-	9:1-26
아하시야의 죽음	22:7-9	9:27-29

1) 아하시야와 요람(22:1-6)

¶ 본문

1 예루살렘 거민이 여호람의 말째 아들 아하시야로 위를 이어 왕을 삼았
으니 이는 전에 아라비아 사람과 함께 와서 영을 치던 부대가 그의 모든
형을 죽였음이라 그러므로 유다 왕 여호람의 아들 아하시야가 왕이 되었
더라 2 아하시야가 왕이 될 때에 나이 사십 이세라 예루살렘에서 일년을
치리하니라 그 모친의 이름은 아달랴라 오므리의 손녀더라 3 아하시야도
아합의 집 길로 행하였으니 이는 그 모친이 꾀어 악을 행하게 하였음이라
4 그 부친이 죽은 후에 저가 패망케 하는 아합의 집 교도를 좇아 여호와 보
시기에 아합의 집 같이 악을 행하였더라 5 아하시야가 아합의 집 교도를
좇고 이스라엘 왕 아합의 아들 요람과 함께 길르앗 라못으로 가서 아람 왕
하사엘로 더불어 싸우더니 아람 사람들이 요람을 상하게 한지라 6 요람이
아람 왕 하사엘과 싸울 때에 라마에서 맞아 상한 것을 치료하려 하여 이스
르엘로 돌아왔더라 아합의 아들 요람이 병이 있으므로 유다 왕 여호람의
아들 아사랴가 이스르엘에 내려가서 방문하였더라

¶ 주석

1-6절은 열왕기하 8:24b-29와 상응한다.

1 아하시야는 예루살렘 주민에 의해 왕위에 오른다. 이 보도는 열왕기에는 없다(왕하 8:24 참고). 백성에 의해 왕위에 오른 왕들이 있다. 요아스(왕하 11:2-20∥ 대하 23:1), 웃시야(왕하 14:21∥ 대하 26:1), 요시야(왕하 21:24∥ 대하 33:24), 여호아하스(왕하 23:30∥ 대하 36:1)의 즉위는 선왕이 일반적인 죽음을 맞지 않았을 때 일어난다.

아하시야는 여호람의 막내아들이다. 장자가 아니라 막내아들이 왕위에 오르게 된 이유는 여호람의 모든 아들이 아라비아 사람들에 의해 죽었기 때문이다(21:16-17).

2 아하시야의 즉위 나위는 **사십 이세**였다. 그러나 열왕기는 이십이 세로 전한다(왕하 8:26). 여호람이 사십세에 죽었다면(21:5, 20), 그의 막내아들 아하시야가 즉위 당시에 사십세였다는 것은 무리가 있다. 열왕기의 보도가 역사적으로 더 타당해 보인다.

아하시야의 어머니는 아달랴이다. 아달랴를 **오므리의 손녀**로 밝히고 있다. 그러나 역사적으로 볼 때 아달랴는 오므리의 딸이며 아합의 누이였다(왕하 8:18, 26). 그러므로 아하시야는 아합의 집과 밀접한 관계를 맺었을 것이다.

3 – **5** 역대기 저자는 아합 왕조의 영향을 매우 강조한다. **아합의 집 길로 행하였으니**(3절), **아합의 집 교도를 좇아**(4, 5절). 열왕기 저자도 아하시야가 아합의 길로 행하고 그 영향을 받은 점을 지적한다. 열왕기 저자가 그 근본적 원인을 아합 왕조와의 인척관계에 있다고 평가하는 반면(왕하 8:26), 역대기 저자는 무엇보다도 아달랴의 역할을 강조한다. **그 모친이 꾀어 악을 행하게 하였음이라**. 아달랴는 여호람에게도 영향력을 행사하였다(21:6 참고).

아하시야가 아합의 집의 영향을 받아 악을 행한 극단적인 실례는 요람과 함께 길르앗 라못으로 가서 아람 왕 하사엘과 전쟁한 일이다. 아합이 여호사밧과 연합하여 길르앗 라못을 탈환하려 하였으나 실패하였다(18:2ff.// 왕상 22:3ff.). 길르앗 라못은 북왕국의 숙원사업이다. 아합의 죽음 이후 요람이 다시 아하시야에게 연합전쟁을 요구하였다. 그러나 이 연합은 두 왕에게 모두 치명적인 결과를 초래한다. 이 전쟁에서 요람은 아람군에 의해 해를 입게 된다.

6 요람은 치료를 위해 이스르엘로 돌아온다. 이때 아하시야는 요람을 문병한다(왕하 9:16).

¶ 메시지

아하시야 시대에 북왕국의 영향력은 절정에 달한다. 아하시야는 요람의 아람 정복 제안을 거절하지 못한다. 이는 그의 어머니 아달랴가 북왕국과의 동맹을 더욱 꾀었기 때문이다. 아달랴는 아하시야의 할아버지 여호사밧이 자신의 친정인 아합과 길르앗 라못 전쟁을 함께하였던 선례를 들먹이며 아하시야에게 북왕국과의 동맹을 적극 추진하도록 영향을 미쳤을 것이다. 아하시야는 어머니의 조언을 물리치지 못하였다.

2) 아하시야의 죽음(22:7–9)

¶ 본문

7아하시야가 요람에게 가므로 해를 받았으니 이는 하나님께로 말미암
은 것이라 아하시야가 갔다가 요람과 함께 나가서 임시의 아들 예후를 맞

았으니 그는 여호와께서 기름을 부으시고 아합의 집을 멸하게 하신 자더
라 [8]예후가 아합의 집을 징벌할 때에 유다 방백들과 아하시야의 형제의
아들들 곧 아하시야를 섬기는 자들을 만나서 죽였고 [9]아하시야는 사마리
아에 숨었더니 예후가 찾으매 무리가 예후에게로 잡아다가 죽이고 이르기
를 저는 전심으로 여호와를 구하던 여호사밧의 아들이라 하고 장사하였더
라 이에 아하시야의 집이 약하여 왕위를 지키지 못하게 되니라

¶ 주석

열왕기하 9장이 보도하는 예후의 혁명이 간략히 요약되어 있다. 7-8절은 열왕기하 9:21과 10:13에, 9절은 열왕기하 9:27-28에 상응한다.

7 아하시야가 … 해를 받았으니 이것은 아하시야가 요람에게 갔을 때 예후의 쿠데타에서 당한 희생을 말한다. '해를 입다'로 옮겨진 히브리 단어 '테부사'(תבוסה)는 칠십인경에서 '재앙, 재난'으로 옮겨졌다. 이 의미를 채택하여 히브리 본문의 이 구절을 직역하면 7a절은 "아하시야의 재앙이 하나님으로부터 나와서 (그가) 요람에게 갔다"가 되어야 한다. 이것은 의미상 어색하다. 그래서 루돌프는 테부사의 연계형인 '테부사트'를 역대하 10:15에서와 같이 '네싯바'(נסבה)의 연계형인 '네싯바트'(נסבת)로 고쳐 읽어 "아하시야의 사건의 전환이 하나님으로부터 말미암았다"로 번역할 것을 제안한다.[106]

요양 차 이스르엘에 가 있는 이스라엘 왕 요람과 아하시야가 함께 예후를 맞이한다. 역대기 저자는 님시의 아들 예후에 대하여 **여호와께서 기름을 부으시고 아합의 집을 멸하게 하신 자**라고 밝히고 있다. 선지자 엘리사의 제자에 의한 예후의 기름 부음과 아합의 집에 대한 멸망예언(왕하 9:1-10)을 전제하고 있다. 예후는 아합의 집을 심판하기 위한 하나님의 도

106) W. Rudolph, *Chronikbücher*, 268.

구였다.

8 - 9 **예후가 아합의 집을 징벌할 때에** 아합의 집을 심판하는 예후의 칼은 유다 방백들과 왕의 형제들인 관리들에게로 향한다. 이들은 열왕기에서 "왕자들과 태후의 아들들에게 문안하러 내려 가는" 길에 재앙을 만나는 "아하시야의 형제"들을 말할 것이다(왕하 10:13-14). 아하시야는 이 자리를 피하여 숨었지만 곧 발견되어 죽임을 당한다. 아하시야의 죽음과 장사에 관한 보도는 저본에서 현저히 떨어져 있다. 열왕기하 9:27-28에 따르면 아하시야는 도망하다가 예후의 추격을 받아 므깃도에서 죽는다. 또 그의 부하들에 의해 예루살렘으로 이송되어 다윗성에 조상들과 함께 장사된다. 여기에 역대기 저자는 예후의 고백을 추가한다. 아하시야는 **전심으로 여호와를 구하던 여호사밧의 아들**이었다는 것이다. 아하시야의 어머니가 아달랴라면(2절) 아하시야는 여호람의 아들이요, 여호사밧의 손자가 될 것이다. 그러나 아하시야가 여호사밧의 아들이라면 선왕 여호람과는 형제 관계이다. 그러나 역대기 저자에 따르면 여호람은 그의 모든 아우를 숙청하였다(21:2). 예후는 아하시야가 여호사밧의 후손인 점을 감안하여 아하시야를 장사한다. 여호사밧에 대한 평가가 이곳에서 더욱 강조된다.

예후의 쿠데타로 인한 희생은 유다 왕국의 존립에 위기를 가져다주었다. 왕위를 지킬 수 없게 된 것은 유다 관리와 아하시야 왕의 형제들, 그리고 아하시야 왕까지 죽었기 때문이다.

¶ 메시지

아하시야는 북왕국과의 관계로 인하여 결국 해를 입게 된다. 아하시야의 죽음으로 유다 왕국은 왕위를 지킬 만한 힘이 없게 되었다. 여호람이 이미 그의 형제들을 다 살해하여 왕위를 이을 만한 사람이 남아 있지 않았기 때문이다. 이 일의 시작은 여호사밧에게로 소급된다. 여호사밧은 남북통일이라는 원대한 계획을 가지고 아합 왕조와의 결혼을 추진하였을 것이다. 그러나 그는 바알을 좇는 아합 왕조와 결혼의 영향은 대수롭지 않게 여겼던 것 같다. 그러나 이것은 결국 자신의 자식들을 죽음으로 몰아넣고 왕국의 존립을 흔들리게 만들었다. 가정만큼 구성원의 영향력이 큰 공동체는 없다. 그러므로 가정을 세우는 일에는 다른 어떤 조건이나 요소가 개입되어서는 안 되고 오로지 하나님의 말씀이 그 기초에 있어야 한다.

7. 요아스(22:10-24:27)

아하시야의 죽음 이후 유다 왕국은 아달랴의 통치를 받는다. 아달랴는 다윗의 자손이 아니다. 그러므로 아달랴가 비록 나라를 다스렸으나 왕으로 인정되지는 않는다.

아달랴에 관한 보도는 열왕기하 11장의 순서와 같다. 그러나 역대기에서는 손질되고 보충된 흔적이 나타난다. 특히 역대기 저자의 손질은 성전과 성전관리에 해당하며 '온 이스라엘'의 참여를 강조하는 데서 두드러지게 나타난다.

열왕기하 12장의 요아스 이야기는 도입구와 결구를 제외하면, 세 가지 주제로 구성되어 있다. 요아스의 성전 보수 조치(5-17절), 하사엘의 예루살렘 위협(18-19절), 요아스 왕의 암살(21-22절)에 관한 것이다. 역대기에서 이것은 전면적으로 변형되어 있다. 역대기 저자는 요아스 왕의 생애를 두 시기로 나누어 기술함으로써 정직한(왕하 12:2) 왕에게 임한 나중의 재앙을 신학적으로 설명한다. 여호야다가 살아 있을 때, 요아스 왕은 정직한 왕이었다(2절). 그러나 여호야다의 사후에 요아스는 이방신에 빠져 하나님의 징벌을 초래하였다(15-22절).

¶ 짜임새

1) 22:10-12	아달랴의 통치
2) 23:1-15	요아스 즉위
(1) 23:1-7	왕과 백성의 언약과 즉위 계획
(2) 23:8-15	아달랴 처형
3) 23:16-21	언약체결과 제의개혁
4) 24:1-16	요아스의 통치 전기
(1) 24:1-3	도입
(2) 22:4-14	성전회복
(3) 22:15-16	여호야다의 죽음
5) 22:17-27	요아스의 통치 후기
(1) 22:17-19	범죄
(2) 22:20-22	스가랴의 경고
(3) 22:23-26	심판
(4) 22:27	결구

¶ 평행본문과의 비교

아달랴의 통치	대하 22:10-12	왕하 11:1-3
여호야다의 명령	23:1-7	11:4-8
요아스의 즉위	23:8-15	11:9-16
여호야다의 개혁	23:16-21	11:17-20
요아스의 통치	24:1-3	11:21-12:2
요아스의 산당제사	-	12:3
성전회복	24:4-14	12:4-16
여호야다의 죽음	24:15-16	-
요아스의 범죄	24:17-18	-

스가랴의 경고	24:19-22	-
하사엘의 전쟁	24:23-24	12:17-18
결구	24:25-27	12:19-21

1) 아달랴의 통치(22:10-12)

¶ 본문

10 아하시야의 모친 아달랴가 그 아들의 죽은 것을 보고 일어나 유다 집
의 왕의 씨를 진멸하였으나 11 왕의 딸 여호사브앗이 아하시야의 아들 요
아스를 왕자들의 죽임을 당하는 중에서 도적하여 내고 저와 그 유모를 침
실에 숨겨 아달랴를 피하게 한고로 아달랴가 저를 죽이지 못하였더라 여
호사브앗은 여호람왕의 딸이요 아하시야의 누이요 제사장 여호야다의 아
내더라 12 요아스가 저희와 함께 하나님의 전에 육년을 숨어 있는 동안에
아달랴가 나라를 다스렸더라

¶ 주석

10 아달랴의 통치는 유다 왕국에 남은 자를 진멸하는 것으로 시작된다. 아달랴는 자신의 아들 아하시야가 때이른 죽음을 당하자 남은 왕자들을 죽인다. 아달랴가 유다 왕국의 왕자들을 진멸한 행위는 여호사밧의 모든 아들들, 즉 자신의 아우들을 죽인 여호람의 행위와 일치한다(21:4). 또 예후가 아합의 아들들을 죽인 일과 유사하다(왕하 10:11). 아달랴는 북왕국의 오므리 왕조가 예후에 의해 멸망하자 남유다에서 세력을 얻고자 했을 것이다. 아달랴는 여호람과 아하시야 시대에 세력을 얻음으로써 군대를 소집할 수 있는 힘을 가졌던 것 같다. 오므리 왕조에 충성하는 북왕국 군

대의 지지도 받았을 수 있다.[107] 한때 이방민족에 의해 진멸 위기에 처했던 유다 왕국이(21:16-17), 이제는 형제민족에 의해 또다시 멸망의 길에 놓이게 된다.

열왕기에서는 아달랴가 "왕의 자손"을 모두 멸절하였다고 말하는 반면(왕하 11:1), 역대기에서는 "왕의 자손" 대신 **유다 집의 왕의 씨**를 진절하였다고 한다. 이 대체된 표현은 왕권을 가진 자를 말한다. 즉 아달랴가 왕국의 통치권을 탈취하였다는 것이다. 그러나 아달랴는 합법적인 통치자가 아니다. 이 점을 저자는 아달랴의 즉위에 대한 도입양식과 결구의 틀을 생략함으로써 암시한다.

11 왕자들이 죽임을 당할 때 여호사브앗이 자신의 조카 아하시야의 아들을 아달랴의 칼에서 도피시킨다. 여호사브앗(열왕기에서는 여호세바)은 **여호람 왕의 딸**이자 **아하시야의 누이**이므로 왕궁에 용이하게 접근할 수 있었을 것이다.

다른 한편, 여호사브앗은 **제사장 여호야다의 아내**로 소개된다. 열왕기에 없는 이 점을 역대기 저자가 추가로 언급하는 것은 요아스가 어떻게 성전에 오랫동안 숨어 있을 수 있었는지를 밝히고자 함일 것이다.

12 열왕기하 11:3과 거의 문자적으로 같다. 작은 차이 하나는 요아스가 육년간 성전에 함께 숨어 있었던 사람의 수이다. 열왕기에서는 단수로, 역대기에서는 복수로 되어 있다. 열왕기에서 단수는 분명히 여호사브앗을 말한다. 그러나 역대기에서 **저희**에는 여호사브앗 부부와 그의 유모도 포함된다. 여성에게 성전출입이 허락되지 않았다는 점을 고려할 때(8:11 참고) 이 점은 역사적으로 성립되기 어렵지만, 그러나 여기서 역대기 저자는, 마치 모세의 생존이 여인들에 의해 이루어진 것처럼(출 1-2장), 그렇게 요아스의 성장과 "왕의 씨"의 보존이 여성의 역할을 통해서 이루어지고 있다는 점을 간과하지 않고자 하는 듯하다. 요아스가 성전에 있는 동안 아달랴는 나라를 다스렸다.

107) Spanier, "The Northern Israelite Queen Mother," 143 참고.

¶ 메시지

모든 것이 끝난 듯 보이는 암울한 절망의 상황에서도 하나님은 여전히 은혜를 베푸신다. 주님은 상한 갈대를 꺾지 아니하며 꺼져가는 등불을 끄지 아니하신다(사 42:3).

2) 요아스의 즉위(23:1-15)

¶ 본문

1 제 칠년에 여호야다가 세력을 내어 백부장 곧 여로함의 아들 아사랴와
여호하난의 아들 이스마엘과 오벳의 아들 아사랴와 아다야의 아들 마아세
야와 시그리의 아들 엘리사밧 등으로 더불어 언약을 세우매 2 저희가 유
다로 두루 다니며 유다 모든 고을로서 레위 사람과 이스라엘 족장들을 모
아 예루살렘에 이른지라 3 온 회중이 하나님의 전에서 왕과 언약을 세우
매 여호야다가 무리에게 이르되 여호와께서 다윗의 자손에게 대하여 말씀
하신대로 왕자가 즉위하여야 할찌니 4 이제 너희는 이와 같이 행하라 너
희 제사장과 레위 사람 곧 안식일에 입번한 자의 삼분 일은 문을 지키고
5 삼분 일은 왕궁에 있고 삼분 일은 기초문에 있고 백성들은 여호와의 전
뜰에 있을찌라 6 제사장과 수종드는 레위 사람은 거룩한즉 여호와의 전에
들어오려니와 그 외의 다른 사람은 들어오지 못할 것이니 모든 백성은 여
호와의 명하신 바를 지킬찌며 7 레위 사람은 각각 손에 병기를 잡고 왕을
호위하며 다른 사람이 전에 들어 오거든 죽이고 왕의 출입할 때에 시위할
찌니라 8 레위 사람과 유다 무리가 제사장 여호야다의 모든 명한 바를 준
행하여 각기 수하의 안식일에 입번할 자와 안식일에 출번할 자를 거느리
고 있으니 이는 제사장 여호야다가 출번하는 자를 보내지 아니함이더라

9 제사장 여호야다가 하나님의 전 안에 있는 다윗왕의 창과 큰 방패와 작
은 방패를 백부장들에게 주고 10 또 백성들로 각각 손에 병기를 잡고 왕을
호위하되 전 우편에서부터 전 좌편까지 단과 전 곁에 서게 하고 11 무리가
왕자를 인도하여 내어 면류관을 씌우며 율법 책을 주고 세워 왕을 삼을쌔
여호야다와 그 아들들이 저에게 기름을 붓고 모두 왕의 만세를 부르니라
12 아달랴가 백성들이 분주하며 왕을 찬송하는 소리를 듣고 여호와의 전에
들어가서 백성에게 이르러 13 보매 왕이 전 문 기둥 곁에 섰고 장관들과
나팔수가 왕의 곁에 모셨으며 국민들이 즐거워하여 나팔을 불며 노래하는
자는 주악하며 찬송을 인도하는지라 이에 아달랴가 옷을 찢으며 외치되
반역이로다 반역이로다 하매 14 제사장 여호야다가 군대를 거느린 백부장
들을 불러내어 명하여 가로되 반렬 밖으로 몰아내라 무릇 저를 따르는 자
는 칼로 죽이라 하니 제사장의 이 말은 여호와의 전에서는 저를 죽이지 말
라 함이라 15 이에 무리가 길을 열어 주고 저가 왕궁 마문 어귀에 이를 때
에 거기서 죽였더라

¶ 주석

1a **제칠년에 여호야다가 세력을 내어** 아달랴가 통치한 지 제 칠년에 여호야다는 용기를 낸다. "세력을 내다"로 번역된 히브리 단어 '하작'(חזק)의 히트파엘형은 '스스로 강하게 하다'는 뜻이다. '마음을 다지다', '담력을 내다'로 옮길 수 있다. 이 단어는 역대기에서 자주 애용되는 동사이다(1:1, 12:13, 13:7, 21, 15:8, 17:1, 21:4, 25:11, 27:6, 32:5 등).

1b – **2** 이 구절은 역대기에만 나타난다. 열왕기와 비교할 때 두 가지 면에서 차이를 드러낸다. 첫째, 열왕기에서 백부장들은 "가리 사람의 백부장들과 호위병의 백부장들"(왕하 11:4)이라고 언급되는 반면, 역대기에는 직위와 그 이름이 일일이 거명되고 있다. **여로함의 아들 아사랴와 여호하난의 아들 이스마엘과 오벳의 아들 아사랴와 아다야의 아들 마아세야와 시그리의 아들 엘리사밧** 등은 백부장이다.

둘째, 제사장 여호야다는 이들과 언약을 세운다. 열왕기에 따르면 여호야다는 그들에게 맹세하게 하고 왕을 보여준다(왕하 11:4). 이로 미루어보아 이 언약은 비밀리에 거사를 일으키기로 하고 그에 대한 충성을 다짐하는 서약의 성격을 지닌다. 백부장들은 유다를 다니며 유다 모든 고을에서 레위 사람들과 이스라엘 족장들을 모아 예루살렘으로 오게 한다.

3 **온 회중**이 성전에서 왕과 언약을 세운다. 왕과 백성의 언약체결은 열왕기에서도 언급된다. 그러나 순서상 차이가 있다. 열왕기에서는 왕과의 언약체결이 아달랴의 숙청 이후에 이루어지는 반면(왕하 11:17), 역대기에서는 사건 이전에 체결된다. 또한 역대기에서는 **온 회중**에 대하여 언급된다. 열왕기에서는 이렇게 모든 백성으로 구성된 "온 회중"이 나타나지 않는다.

온 회중은 제사장 여호야다와 백부장들, 그리고 레위인과 이스라엘 족장들로 구성된다. 이들은 백성들(5절)로, 그리고 "모든 유다 사람들"(8절)로 점차적으로 확장되어 기술된다. **온 회중**은 직분에 따라 성전관리(제사장과 레위인)와 백성으로(4-5절), 또는 레위 사람들과 모든 유다 사람들(8절)로 나뉜다. 모든 백성으로 구성된 **온 회중**이 요아스 왕위 즉위에 참여하는 것이다. 이를 통해 역대기 저자는 요아스의 왕위 즉위가 궁중의 음모나 술수에 의한 왕권탈취가 아니라 온 이스라엘의 일임을 분명히 해준다. 이로써 역대기 저자는 요아스가 유다 왕국의 합법적인 왕임을 밝힌다. 이 점은 여호사밧의 입을 통해 다시 확인된다.

여호와께서 다윗의 자손에게 대하여 말씀하신 대로 왕자가 즉위하여야 할지니 이것은 하나님이 나단을 통하여 다윗에게 한 왕조약속(삼하 7:16// 대상 17:4)을 말할 것이다. 다윗의 자손이 왕이어야 한다. 이 점은 역대기에 면면히 흐르는 사상이다(대상 22:10, 28:7; 대하 13:5, 21:7). 그러므로 왕과 회중이 맺은 언약은 여호야다가 백부장들과 세운 언약과 완전히 다른 성격을 지닌다. 왕과 회중이 맺은 언약은 요아스를 진정한 정통 왕으로 인정하는 언약이다. 이 언약은 또한 앞으로 수행할 일의 기초가 된다.

4 - 7 **너희는 이와 같이 행하라** 여호야다는 요아스를 왕으로 세우기

위하여 해야 할 일을 지시한다. 성전관리들(제사장과 레위인)과 모든 **백성**의 일이 구별된다.

4 – **5** 요아스를 왕으로 세우는 날은 안식일이다. 안식일에 당번인 제사장과 레위인은 세 팀으로 나눠어 **문**을 지키고 **왕궁**과 **기초문**에 서야 한다. 열왕기에서는 "왕궁"과 "수르 문"과 "호위대 뒤에 있는 문"으로 쓰고 이 모든 것이 왕궁을 지키는 일로 기록한다(왕하 11:5-6). '수르문'은 일반인들이 성전으로 드나드는 서쪽 문이다. 그러나 역대기의 **문**은 성전문을 의미한다. 어린 왕 요아스가 숨어 있는 곳이다.

6 그러나 백성은 여호와의 전 뜰에 있어야 한다. 왜냐하면 오직 성결된 자만이 성전에 들어갈 수 있기 때문이다.

7 열왕기에 따르면 안식일에 나가는 자(비번인 자)들은 두 대로 나눠어 여호와의 성전을 지켜서 요아스 왕을 호위해야 한다(11:7). 그들은 대열을 침범하는 자를 죽일 수 있고, 왕이 나가고 들어올 때에 경호해야 한다(11:8). 즉 왕의 경호관들은 성전에 들어갈 수 있다. 그들은 평민과 이방인으로 구성된 백부장이다(11:4, 19). 그러나 역대기에서 왕을 경호하는 일도 레위인에게 부과된다. 제사장과 레위인만 성전에 들어갈 수 있기 때문이다. 그리하여 역대기에서 열왕기의 세속적인 군대는 영적인 군대가 된다.[108] 열왕기에서 호위병은 왕을 외적 공격으로부터 보호해야 하지만(15:8), 역대기에서 호위병의 일은 왕이 얼떨결에 성전에 들어가는 일이 없도록 막아야 한다. 이러한 이유로 "너희 반열을 침범하는 모든 자는 죽이라"(왕하 11:8)는 열왕기의 명령은 역대기에서 **다른 사람이 전에 들어오거든 죽이고**로 변형되었다.

8 열왕기하 11:9에서 "백부장들"이 제사장의 명령대로 수행한다. 그들이 안식일에 입번할 자와 출번할 자를 거느리고 여호야다에게 나아온다.

108) Rudolph, *Chronikbücher*, 271.

이 "백부장들"은 역대기에서 **레위 사람과 유다 무리**로 대체된다. 그러나 안식일에 당번인 자와 비번인 자들을 거느리는 주체는 레위인일 것이다. 비번인 자들을 여호야다가 보내지 아니한 것은 이 일이 계획에 따른 것임을 암시해준다. 성전관리는 제사장의 감독 아래 있다.

9 - **10** 영적인 경호원은 당연히 무기를 지니지 않는다.[109] 그래서 역대기에서 다윗이 봉헌하여 성전에 보관된 창과 큰 방패와 작은 방패(대상 18:7, 11 // 삼하 8:7, 11)는 백부장들에게, 다른 무기는 백성에게 주어진다. 이들은 제단과 성전 곁에 서서 왕을 호위한다. 다윗의 무기는 다윗 왕조의 안전과 생존을 위해 사용된다.[110]

11 왕의 대관식에 관한 보도는 내용적으로 열왕기의 것과 같으나 행위의 주체 면에서 달라져 있다. 열왕기에서 왕자를 왕으로 세우는 모든 순서는 여호야다가 맡는다. 모든 의례 후에 백성은 단지 **왕의 만세**를 부른다(왕하 11:12). 그러나 역대기에서 왕위 즉위식은 백성과 제사장의 동역으로 기술되어 있다. 무리가 왕자를 인도해 나오게 하여 그에게 면류관을 씌우고 율법책을 준다. 그러면 제사장들(여호야다와 그의 아들들)은 그에게 기름을 붓고 왕의 만세수를 선포한다. 요아스는 백성에 의해 왕으로 세움받고, 이를 제사장이 기름을 부어 인준하는 것이다. 왕의 즉위는 철저히 백성과 제사장의 협력으로 이루어진다.

12 - **13** 왕의 대관식이 끝나고 백성이 왕을 찬송하는 소리가 울리자, 그때서야 아달랴는 성전으로 가서 대관식의 장면을 보고 모든 사태를 파악하게 된다. 아달랴가 제일 먼저 본 것은 **전문 기둥 곁에** 서 있는 왕이다. 열왕기에서는 왕이 선 위치를 "규례대로 대 위에"(왕하 11:14)라고 기술하고 있다. 역대기 저자는 그 "규례"가 **전문 기둥 곁**으로 명시하고 있음을 밝혀준다. 열왕기에 쓰인 히브리어 '암무드'(עמוד)는 열왕기에서만 나타

109) *Ibid.*

110) S. Japhet, *I & II Chronicles*, 833.

나는데 이 단어를 개역은 두 놋 '기둥'으로(왕상 7:15, 7:21; 왕하 25:16, 17) 또는 '대'로 옮겨놓았다(왕하 11:14, 23:3). '대'로 옮겨진 경우는 두 번 다 왕이 선 곳을 명시하는 데 초점을 두고 있다. 더 넓게 본다면 그 대는 기둥 곁이라 할 수 있다. 역대기 저자가 요아스 왕이 특히 "입구에" 있는 기둥(또는 대) 곁에 섰다고 말한 까닭은 왕은 성전에 들어갈 수 없다는 생각 때문이다(6절 참고). 그러므로 이 성전문은 평민의 뜰에서 안뜰로 들어가는 입구를 말할 것이다(6:13 참고).

아달랴는 또 왕의 곁에 선 지휘관들과 나팔수들, 즐거워하며 나팔을 부는 백성과 악기로 찬송을 인도하며 노래하는 자들을 본다. 특히 열왕기에는 없는 **노래하는 자**가 추가된 것은 역대기 저자의 시대가 반영된 것으로 보아야 할 것이다. 역대기 저자에게 음악은 어떤 의식에서도 빠질 수 없는 중요한 요소이다.

역대기 저자는 백성의 소리를 **찬송하는 소리**로 명시하고(12절) 노래하는 자들의 역할을 추가하여 왕의 즉위에 대한 반응을 좀 더 상세히 기술함으로써 요아스의 왕위계승이 전국가적으로 인정된 것임을 강조한다.

14 - **15** 이 구절은 열왕기하 11:15-16을 그대로 반복하고 있다. 여호야다는 아달랴를 반열 밖으로 몰아내는 것은 첫째, 아무도 그를 따르지 못하게 하는 것이며, 둘째, 성전을 거룩하게 유지하기 위하여 성전에서 그를 죽이지 않는 것이다. 아달랴를 왕궁 말문 어귀에 이를 때에 죽인다.

¶ 메시지

불의에 대항하여 분연히 일어서는 것은 거룩한 일이다. 제사장 여호야다는 여호와께서 말씀하신 대로 요아스를 왕위에 올리기 위하여 큰일을 도모하고 철저히 준비한다. 그러나 그는 결코 자기의 소견에 옳은 대로 행하는 것이 아니라 성전의 법을 철저히 준수하며 수행한다. 거룩한 일은 올바른 방법과 절차를 따라야 한다.

3) 언약과 개혁(23:16-21)

¶ 본문

[16] 여호야다가 자기와 뭇 백성과 왕의 사이에 언약을 세워 여호와의 백
성이 되리라 한지라 [17] 온 국민이 바알의 당으로 가서 그 당을 훼파하고
그 단들과 우상들을 깨뜨리고 그 단 앞에서 바알의 제사장 맛단을 죽이니
라 [18] 여호야다가 여호와의 전의 직원을 세워 제사장 레위 사람의 수하에
맡기니 이들은 다윗이 전에 그 반차를 나누어서 여호와의 전에서 모세의
율법에 기록한대로 여호와께 번제를 드리며 자기의 정한 규례대로 즐거이
부르고 노래하게 하였던 자더라 [19] 또 문지기를 여호와의 전 여러 문에 두
어 무릇 아무 일에든지 부정한 자는 들어오지 못하게 하고 [20] 백부장들과
존귀한 자들과 백성의 방백들과 온 국민을 거느리고 왕을 인도하여 여호
와의 전에서 내려와서 윗문으로 좇아 왕궁에 이르러 왕을 나라 보좌에 앉
히매 [21] 온 국민이 즐거워하고 성중이 평온하더라 아달랴를 무리가 칼로
죽였었더라

¶ 주석

(1) 언약체결(23:16)

16 다시 한 번 언약체결이 언급된다. 이 언약은 열왕기에서는 여호야다가 왕과 백성에게 여호와와 맺게 하는 것으로 기술되지만(왕하 11:17), 역대기에서는 이 언약에 제사장 여호야다도 포함된다. 이 언약은 그들을 **여호와의 백성**이 되게 하는 것이다. 오로지 여호와만을 섬기겠다는 것이다. 그러므로 백성이 그에 합당한 제의 정화 조치를 취하는 것은 당연한 순서이다.

(2) 제의개혁(23:17-21)

17 백성은 바알 신당을 부수고 바알 제단과 형상들을 깨뜨리며 바알의 제사장 맛단을 죽인다. 제의개혁에 관한 내용은 열왕기의 보도와 일치한다. 다만 행위의 주체가 열왕기에서는 "그 땅의 모든 백성"(כל־עם־הארץ)으로 언급되는 반면, 역대기에는 **온 국민**(כל־העם)으로 나타난다. 전자의 '암 하아레츠'(עם־הארץ)가 간혹 왕의 즉위에 참여하는 백성의 특정 계층을 말하기 때문에, 역대기 저자는 여기에서 백성 전체를 드러내고자 수정한 것으로 보인다.

제의 정화 조치에 관한 내용으로 미루어 볼 때 이 당시에 유다에는 여호와의 성전과 함께 바알 제단과 그에 속한 제사장이 있었음을 알 수 있다. 오므리 왕조 아래 북이스라엘에서 바알제의가 성행하였기 때문에 이것은 북왕국의 종교적인 영향이 남왕국에 얼마나 강하게 퍼졌는지를 말해주는 단적인 증거이다. 특히 아합 왕조에 속한 아달랴가 통치하는 동안에 유다 왕국에 바알제의가 만연했을 가능성은 매우 높다.

18 이방 제의들을 정화한 후 여호야다는 특히 아달랴 아래 오랫동안 마비되었던(24:7 참고) 예루살렘 성전 제의를 정상으로 회복시키기 위한 조치를 취한다.

이를 위해 여호야다는 성전의 **직원**을 레위 제사장의 수하에 맡긴다. **직원**으로 옮겨진 히브리어 '페쿳다'(פקדה)는 열왕기에 따르면 왕이 성전에서 궁전으로 인도되는 동안 —그러니까 임시 조치로— 여호야다의 지휘 아래 성전을 지키는 보초를 말한다(왕하 11:18b). 그러나 역대기에서 이 용어는 다윗이 성전을 위해서 조직한 반열(대상 23:6, 24:3 외)을 의미한다. 많은 사본과 주요 역본(칠십인경, 시리아역과 불가타)들은 "제사장의 수하에 맡기니" 다음에 "그리고 반열들을 세웠다"는 문장을 삽입하여(BHS의 비평란 참고) 이 의미를 좀 더 분명히 해주고 있다. 이들은 한편으로는 **모세의 율법에 기록한 대로** 번제를 드리며, 다른 한편으로는 **자기의 정한 규례대로** 기뻐하며 노래한다(대상 24-27장 참고). 자기의 정한 규례는 반열을 말한다. 역대기에서 제사의 임무는 제사장에게 속하고, 찬양은 레위인에게 귀속된다. 따라서 직원들의 감독인 **레위 제사장**도 다른 사본과 역본들처럼 "제사장과 레위인"으로 읽혀야 할 것이다. 개역의 **자기의 정한 규례대로**는 히브리 성서에 따라 "다윗의 규정대로"('알 여데 다비드', על ידי דויד)로 수정되어야 마땅하다. 이 반열은 다윗에 의해 시작되었기 때문이다. 이렇게 예루살렘 성전의 제의에 관한 규정은 모세와 다윗에 의해 수립되었다. 역대기 저자에 따르면 다윗도 모세와 마찬가지로 예루살렘 성전 제의의 창설자이다(대상 24-27장 참고). 역대기 저자는 제사장과 레위인의 직무를 구별하므로 이에 따라 이렇게 저본을 그대로 수용하면서도 새로운 의미를 추가하고 있다.

19 다시 성전이 부정해지지 않기 위해서는 부정한 자를 들어오지 못하게 해야 한다. 이 일을 위하여 여호야다는 성전의 여러 문에 문지기를 둔다.

20 - **21** 성전과 제의가 회복되자 여호야다는 왕을 성전에서 인도하여 왕궁에 이르게 하고 보좌에 앉힌다. 여기에 **백부장들**과 **존귀한 자들**과 **백성의 방백들**과 **온 국민**이 참여한다. 백성이 즐거워하고, 성은 평온해졌다. 유다 왕국이 회복되었다. 반면 아달랴는 무력에 의한 죽임을 당하였다.

¶ 메시지

여호야다는 요아스를 왕위에 즉위시킨 후 백성을 여호와의 백성이 되게 한다. 여호와의 백성이 된 국민은 아달랴 아래 널리 퍼졌던 바알제의를 그 땅에서 일소한다. 하나님의 백성이 된다는 것은 하나님 외의 모든 우상을 치우는 것이다. 제사장은 하나님의 백성이 된 국민을 위해 율법에 따른 성전 예배를 정상화하여 백성으로 하여금 하나님을 예배하게 한다.

4) 요아스의 통치 전기(24 : 1-16)

¶ 본문

1 요아스가 위에 나아갈 때에 나이 칠세라 예루살렘에서 사십년을 치리
하니라 그 모친의 이름은 시비아라 브엘세바 사람이더라 2 제사장 여호야
다가 세상에 사는 모든 날에 요아스가 여호와 보시기에 정직히 행하였으
며 3 여호야다가 왕으로 두 아내에게 장가들게 하였더니 자녀를 낳았더라
4 그 후에 요아스가 여호와의 전을 중수할 뜻을 두고 5 제사장과 레위 사람
을 모으고 저희에게 이르되 너희는 유다 여러 성읍에 가서 이스라엘 무리
에게 해마다 너희 하나님의 전을 수리할 돈을 거두되 그 일을 빨리 하라
하였으나 레위 사람이 빨리 하지 아니한지라 6 왕이 대제사장 여호야다를
불러 이르되 네가 어찌하여 레위 사람을 시켜서 여호와의 종 모세와 이스
라엘의 회중이 법막을 위하여 정한 세를 유다와 예루살렘에서 거두게 하
지 아니하였느냐 하니 7 이는 그 악한 여인 아달랴의 아들들이 하나님의
전을 깨뜨리고 또 여호와의 전의 모든 성물을 바알들에게 드렸음이었더라
8 이에 왕이 명하여 한 궤를 만들어 여호와의 전 문밖에 두게 하고 9 유다
와 예루살렘에 반포하여 하나님의 종 모세가 광야에서 이스라엘에게 정한
세를 여호와께 드리라 하였더니 10 모든 방백과 백성들이 기뻐하여 마치
기까지 돈을 가져다가 궤에 던진지라 11 언제든지 레위 사람들이 궤를 메
고 왕의 유사에게 가서 돈이 많은 것을 보면 왕의 서기관과 대제사장에게
속한 아전이 와서 그 궤를 쏟고 다시 그 처소에 갖다 두었더라 때때로 이
렇게하여 돈을 많이 거두매 12 왕과 여호야다가 그 돈을 여호와의 전 간역
자에게 주어 석수와 목수를 고용하여 여호와의 전을 중수하며 또 철공장
과 놋공장을 고용하여 여호와의 전을 수리하게 하였더니 13 공장들이 맡
아서 수리하는 역사가 점점 진취되므로 하나님의 전을 이전 모양대로 견
고케 하니라 14 필역한 후에 그 남은 돈을 왕과 여호야다의 앞으로 가져온
고로 그것으로 여호와의 전에 쓸 그릇을 만들었으니 곧 섬겨 제사 드리는

그릇이며 또 숟가락과 금, 은그릇들이라 여호야다가 세상에 사는 모든 날
에 여호와의 전에 항상 번제를 드렸더라
[15]여호야다가 나이 많고 늙어서 죽으니 죽을 때에 일백삼십세라 [16]무리
가 다윗성 열왕의 묘실 중에 장사하였으니 이는 저가 이스라엘과 하나님
과 그 전에 대하여 선을 행하였음이더라

¶ 주석

(1) 요아스의 가족(24:1-3)

1 열왕기하 12:1-3과 평행한다. 요아스는 칠세에 왕이 되어 사십 년간 다스린다. 그의 어머니, 즉 아하시야의 부인은 브엘세바 사람 시비아였다.

2 **제사장 여호야다가 세상에 사는 모든 날에** 요아스가 여호와 보시기에 정직하게 행하였으나 그것은 특정 시간에 한정된다. 이 자리에서 열왕기 저자는 요아스가 산당을 제거하지 않았으며 그리하여 백성으로 하여금 산당에서 제사하며 분향하게 하였다고 한다(왕하 12:3). 그러나 이 결점은 역대기에 빠져 있다. 요아스의 종교적 죄는 여호야다 사후의 일로 나타난다(18절).

3 어린 왕 요아스에게 제사장 여호야다는 두 아내를 마련해준다. 이것은 역대기에만 언급되어 있다. 유일하게 남은 다윗후손에게 아내의 선택은 매우 중요했을 것이다. 어느 때보다도 많은 자녀는 하나님의 복 주심의 표시이다.

(2) 요아스의 개혁(24:4-14)

4-14절은 열왕기하 12:5-17과 평행한다.

4 - **7** **그 후에** 요아스가 자녀를 낳고 난 이후를 말한다. 시간부사구로써 역대기 저자는 7세에 왕위에 오른 요아스에게 즉위와 결혼은 제사장의 도움으로 가능했지만, 이제는 왕이 제사장의 도움 없이도 충분히 왕국의 정책을 수립할 만큼 독립적이 되었다는 점을 말하고자 한다. 첫 번째 사업으로 요아스는 성전보수를 계획한다. 왜냐하면 여호와의 성전이 파괴되고 성물이 더럽혀졌기 때문이다.

5 열왕기하 12:4-5와 비교할 때 성전보수를 위해 사용되는 돈의 출처가 다르다. 열왕기에서 그것은 성전에 드리는 모든 은(왕하 12:4)과 제사장들이 아는 자에게서 받아들인(12:5) 것이다. 이에 반해 역대기 본문에서 요아스 왕은 성전을 보수하기 위하여 제사장과 레위인을 모으고 그들을 **이스라엘 무리**, 즉 모든 이스라엘에게 보내 성전을 수리할 돈을 거두게 한다. 성전기금을 모으는 일은 성전관리들의 일이다. 여기서 말하는 성전보수 기금은 일회성의 징수를 말하는 것이 아니라 **해마다** 걷는 성전세를 의미하고 있다. 성전세가 법으로 제정되었음을 암시해준다. 성전건물은 끊임없이 관리, 보수되어야 하므로 성전세를 단 일회적으로 징수하는 특별세가 아니라 하나의 제도로 정착시킨 것이다.

레위 사람이 빨리 하지 아니한지라 여기서의 **레위 사람**은 앞에서와는 달리 제사장과 레위인을 포함한 성전관리 전체를 총칭하는 상위개념으로 보아야 할 것이다. 열왕기의 보도에 따르면 왕이 은을 거두어 성전을 수리하게 하였으나 제사장들이 요아스 왕 제 이십삼 년에 이르도록 성전을 보수하지 않았다(왕하 12:6). 그 이유는 은의 부족에 있다. 그리하여 요아스 왕은 백성으로 성전보수를 위한 특별헌금을 하게 한다(왕하 12:7). 그러나 역대기에서는 이미 성전관리들이 직접 성전세를 수금하였기 때문에 성전보수의 지체는 왕의 명령을 레위 사람이 게을리 수행한 데서 비롯된다. 이러한 레위인의 태도는 성전세의 도입에 대한 레위인의 입장을 간접적으로 드러내주는 것이라 할 수 있다.

6 - **7** 요아스 왕은 레위인들의 게으름에 대하여 대제사장 여호야다를 질책한다. 왕의 말에 따르면 대제사장 여호야다가 성전세 징수에 적극

적이지 않다. 왕은 성전세의 정당성에 대하여 두 가지 면으로 여호야다를 설득한다. 첫째, 성전세의 법적 근거에 대한 설명이다. 성전보수를 위해 거두려하는 돈은 **여호와의 종 모세와 이스라엘의 회중이 법막을 위하여 정한 세**이다. 출애굽기 30장에 따르면 스무 살 이상 된 모든 이스라엘은 성소의 세겔로 반 세겔의 "생명의 속전"을 여호와께 드려야 하며 이 속전은 "회막 봉사에" 사용된다(출 30:12-16). 요아스 왕은 새로운 개혁을 행한 것이 아니라 옛 모세의 성전세 제도를 부활시킨 것이다. 둘째, 성전보수의 필요성이다. 여호와의 성전은 파괴되었고 성전의 성물이 부정해졌다. 성전의 파괴와 부정은 **악한 여인 아달랴의 아들들**로부터 기인된다. 이들은 유다 왕 여호람과 아하시야를 말할 것이다. 그들은 아달랴의 아내(21:6) 또는 아들(22:2; 참고. 22:9)로서 아달랴의 영향 아래 "아합의 집 길로 행하였다"(21:6, 13, 22:3, 4). 이 두 왕이 통치하는 동안 아합의 집의 종교적인 영향으로 여호와의 성전은 홀대받았으며 여호와 성전의 기물은 바알을 위하여 사용되었다. 성전 제의가 마비되고 성전이 바알제의에 의해 부정해졌으나 관리되지 않았다. 그 책임은 누구보다도 성전 감독의 책임이 있는 대제사장일 것이다. 이제 세금 걷는 일을 게을리함으로써 여호야다는 다시 성전을 홀대하고 있다.

8 - **14** 왕은 새로운 조치를 취하게 된다. 이에 관하여 열왕기하 12:9-16은 훨씬 더 기술적으로 묘사하고 있다.

8 - **9** 열왕기의 보도에 따르면 요아스 왕은 처음에는 성전보수를 특별헌금으로 하고자 했던 것 같다. 그러나 제사장들이 "아는 사람에게서" 받은 은으로는 요아스 왕 23년까지 성전수리가 이루어지지 않게 되자 요아스 왕은 새로운 조치(왕하 12:7-16)를 도입하게 된다. 성전관리들이 성전세를 수금(收金)하러 다니는 것이 아니라(5절) 궤를 성전문 밖에 두게 하고, 백성에게 모세가 정한 세금을 드리게 한다. 열왕기(왕하 12:9)에서와는 세 가지 점에서 차이를 보여준다. 첫 번째 차이는 궤에 관한 주도권이 여호야다에게서 요아스 왕에게로 넘어가 있다는 점이다.[111] 열왕기에서는 제사장 여호야다가 궤를 두는 반면, 역대기에서는 요아스 왕이 그렇게

하도록 명령한다. 둘째, 궤는 이제부터 성전으로 들어가는 입구 오른쪽 제단 옆에 세워두는 것이 아니라 성전으로 들어가는 문 밖에 둔다. 셋째는, **모세가 광야에서 이스라엘에게 정한 세**(9절)를 여호와께 드리도록 공포한다는 점이다.

10 - **13** 새로운 제도가 성공적으로 실행된다. 이것은 세 단계로 기술되어 있다. 헌금(10절)과 계수(11절)와 그 사용(12절)이다.

10 왕의 조치에 모든 방백과 백성은 기뻐하며 헌금한다. 백성의 기쁨은 히브리어 단어 '아드-레칼레'(עַד־לְכַלֵּה)를 통해 표현된다. 이 단어는 **마치기까지**로 번역되어 있으나 궤가 "꽉 차기까지"나 궤가 "넘치도록"을 의미한다. 14절에 따르면 모든 백성은 넉넉히 헌금하여 성전을 수리하고도 남을 정도가 되었다.

11 레위 사람들은 궤를 수시로 왕의 관리에게 가져간다. 이것은 점검하기 위함이다. 궤가 찬 것을 보면 서기관과 대제사장에게 속한 관리가 궤를 비운 후 다시 성전문 밖에 갖다 둔다.

12 성전을 보수하기에 충분하자 왕과 여호야다는 그 헌금을 성전 감독자에게 주어 성전을 보수하는 데 사용하게 한다. 성전 감독자는 그 헌금으로 석수, 목수, 철공과 놋쇠공을 고용하여 성전을 보수하거나 수리하게 한다.

새로운 조치에 대한 열왕기와 역대기의 기술적인 차이를 다시 살펴보자. 첫째, 헌금이 이동하는 경로에서 차이가 나타난다. 열왕기에 따르면 서기와 대제사장이 와서 은을 계산하여 일하는 자, 즉 성전감독에게 넘긴다(왕하 12:10-11a). 성전감독은 그 은을 기술자에게 주고, 또 파손한 데를 수리할 "재목과 다듬은 돌"과 성전을 수리할 "모든 물건을 위하여" 사용한다(왕하 12:11b-12). 열왕기에서 헌금은 제사장들→ 왕의 서기와 대제사

111) Becker, *2 Chronik*, 79.

장→ 성전감독→ 기술자에게로 이동된다. 반면 역대기에서는 레위인→ 왕의 관리(왕의 서기관과 대제사장에 속한 관원)→ 왕과 여호야다→ 성전 감독자에게까지만 이른다. 큰 특징은 열왕기에서는 왕의 서기와 대제사장이 헌금에 대한 감독권을 가지고 있고, 역대기에서는 왕과 여호야다에게 그 주도권이 주어져 있다는 것이다. 왕의 역할이 열왕기에서보다 부각된다.

둘째, 기술자들의 부류가 다르다. 열왕기에서 성전보수에 투여되는 자들로 목수와 건축하는 자들, 미장이와 석수가 언급되는 반면, 역대기에서는 석수와 목수 외에 철공과 놋쇠공이 추가되어 있다. 이것은 성전보수 공사의 규모가 훨씬 더 커져 있음을 암시해준다.

셋째, 열왕기에서는 헌금이 사용되는 내역이 구체적으로 명시되고 있다. 헌금은 기술자, 일꾼들에게 직접 주어진다. 열왕기 저자는 헌금을 일꾼에게 주는 사람들과 회계가 이루어지지 않았다고 말함으로써 일하는 자들의 성실을 강조한다(왕하 12:15). 그러나 역대기에서 모든 성전세는 성전 감독자에게 주어진다.

13 열왕기에서는 은을 받아 일꾼에게 주는 사람들의 성실이 명확하게 강조된다(왕하 12:15). 그러나 역대기에서는 기술자들의 성실이 공사의 순조로운 진척과 이전의 모양대로 견고해지는 성전의 모습을 통해 간접적으로 암시된다.

14 성전 보수 공사 후 남은 돈에 대하여 다룬다. 백성이 기쁨으로 얼마나 풍부하게 헌금하였는지는 성전보수를 하고도 남음이 있었다는 이 자리에서 다시 한 번 간접적으로 강조된다. 성전세에 대한 관할은 다시 "왕과 여호야다"에게 있다(12절). 왕과 여호야다는 남은 돈으로 성전 제사에 쓸 그릇과 숟가락과 금은 그릇을 만든다.

열왕기에 따르면 성전에 드린 은으로는 성전의 성물을 만드는 데 사용되지 않는다(왕하 12:14). 열왕기에서 성전세는 오로지 성전건물을 위한 것이지 제의를 위해 사용되지 않는다. 이것은 아마도 성전세의 용도가 확대된 역대기 저자의 시대를 반영하고 있을 것이다.

성전이 보수되고 제사에 필요한 성물을 만듦으로써 예루살렘 성전에서의 제의는 정상적으로 이루어질 수 있게 되었다. 역대기 저자는 번제를 항상 드렸다고 말한다. 속건제와 속죄제의 은은 성전에 드리지 않고 제사장에게 주었다는 열왕기의 언급(왕하 12:16)에서 역대기 저자는 상번제가 정상적으로 가동되었다고 보는 것 같다.[112] 다른 한편, 역대기 저자는 **여호야다가 세상에 사는 모든 날에**라고 말함으로써 예루살렘 성전의 정상적인 제의가 여호야다의 사후에 변화되었음을 암시해준다.

(3) 여호야다의 죽음(24:15-16)

15 - **16** 여호야다는 **나이 많고 늙어서** 죽는다. 여호야다는 족장들이 누린 수명처럼 130년을 산다(창 25:7, 35:28, 47:28, 50:26; 민 33:39; 신 34:7; 수 24:29; 삿 2:8). 여호야다는 여러 왕의 묘실 중에 장사되는데, 이것은 그가 왕의 대우를 받았다는 것을 말해준다. 왕이 아닌 자에게 최고의 명예가 부여되었다. 역대기 저자는 여호야다에게 이러한 명예가 부여되는 근거를 그가 **이스라엘**과 **하나님**과 하나님의 **전**에 대하여 선을 행한 데서 찾는다. 여호야다는 끊어질 뻔한 유다 왕국의 정통성을 다시 찾게 했으며 왕으로 하여금 왕의 길을 걷게 하고 하나님의 전을 회복시킴으로써 자신에게 부과된 모든 사명을 완벽하게 완수한 자로 평가된다.

¶ 메시지

요아스는 여호야다가 세상에 사는 날 동안에만 여호와 보시기에 정직하게 행하였다(2절, 14절). 그는 자신을 옹립해 준 대제사장 여호야다를 꾸짖을 정도로 하나님 말씀에 깨어 있었다. 그것은 대제사장 여호야다가 요아스 왕을 잘 가르쳤기 때문이다. 가르치는 자는 자신의 권위보다 더 위에 계신 하나님의 말씀에 순종하도록 가르쳐야 한다.

---

112) Rudolph, *Chronikbücher*, 277.

5) 요아스의 통치 후기(24:17-27)

¶ 본문

17 여호야다가 죽은 후에 유다 방백들이 와서 왕에게 절하매 왕이 그의
말을 듣고 18 그 열조의 하나님 여호와의 전을 버리고 아세라 목상과 우상
을 섬긴고로 이 죄로 인하여 진노가 유다와 예루살렘에 임하니라 19 그러
나 여호와께서 선지자를 저에게 보내사 다시 자기에게로 돌아오게 하려
하시매 선지자들이 저에게 경계하나 듣지 아니하니라 20 이에 하나님의
신이 제사장 여호야다의 아들 스가랴를 감동시키시매 저가 백성 앞에 높
이 서서 저희에게 이르되 여호와께서 말씀하시기를 너희가 어찌하여 여호
와의 명령을 거역하여 스스로 형통치 못하게 하느냐 하셨나니 너희가 여
호와를 버린고로 여호와께서도 너희를 버리셨느니라 하나 21 무리가 함께
꾀하고 왕의 명을 좇아 여호와의 전 뜰안에서 돌로 쳐 죽였더라 22 요아스
왕이 이와 같이 스가랴의 아비 여호야다의 베푼 은혜를 생각지 아니하고
그 아들을 죽이니 저가 죽을 때에 이르되 여호와는 감찰하시고 신원하여
주옵소서 하니라 23 일주년 후에 아람 군대가 요아스를 치려하여 올라와
서 유다와 예루살렘에 이르러 백성 중에서 그 모든 방백을 멸절하고 노략
한 물건을 다메섹 왕에게로 보내니라 24 아람 군대가 적은 무리로 왔으나
여호와께서 심히 큰 군대를 그 손에 붙이셨으니 이는 유다 사람이 그 열조
의 하나님 여호와를 버렸음이라 이와 같이 아람 사람이 요아스를 징벌하
였더라 25 요아스가 크게 상하매 저군이 버리고 간 후에 그 신복들이 제사
장 여호야다의 아들들의 피로 인하여 모반하여 그 침상에서 쳐 죽인지라
다윗성에 장사하였으나 열왕의 묘실에는 장사하지 아니 하였더라 26 모반
한 자는 암몬 여인 시므앗의 아들 사밧과 모압 여인 시므릿의 아들 여호사
밧이더라 27 요아스의 아들들의 사적과 요아스의 중대한 경책을 받은 것
과 하나님의 전 중수한 사적은 다 열왕기 주석에 기록되니라 그 아들 아마
샤가 대신하여 왕이 되니라

¶ 주석

17 - **19** 여호야다의 죽음은 요아스 통치에 전환점을 가져다준다. 여호야다가 사는 날 동안 여호와 보시기에 정직하게 행하였던(2절) 요아스의 생애는 반전된다.

유다 방백들이 와서 왕에게 절하매 왕이 그의 말을 듣고 이제 요아스는 방백들의 영향을 받는다.

여호야다가 살았을 때 요아스는 스스로 성전을 수리할 뜻을 품었고 이를 실행하였다. 방백들은 요아스로 하여금 여호와를 배신하게 하였다. 요아스는 스스로 보수한 성전을 버리고 아세라 목상과 우상을 섬긴다. 이것은 유다와 예루살렘에 대한 하나님의 진노를 초래하였다.

하나님은 선지자들을 보내시고 여호와에게로 돌아오게 하려 하지만 백성은 이를 듣지 않는다. 그러므로 그들에게는 더욱 강력한 하나님의 간섭이 필요하다.

20 - **22** 하나님의 영이 제사장 여호야다의 아들 스가랴를 감동시킨다. 스가랴는 백성에게 전형적인 역대기의 메시지를 전한다. "너희가 여호와를 버린고로 여호와께서도 너희를 버리셨느니라"(대상 28:9; 대하 12:5, 14:6, 15:2 참고). 형통하는 삶은 여호와의 명령을 따르는 것이다.

21 스가랴가 하나님의 말씀을 전하자 스가랴를 죽이기로 왕과 **무리가 함께 꾀하고**, 왕은 명령을 내린다. **무리**가 스가랴를 죽이도록 왕을 더 부추긴 것이다. 스가랴를 죽이기로 함으로써 왕과 무리는 죄를 더한다. **전뜰 안에서 돌로 쳐** 스가랴를 죽이는 방식은 왕과 무리가 여호와를 떠난 자들임을 다시 한 번 보여준다. 여호야다는 성전을 부정하게 하지 않기 위하여 아달랴를 성전에서 죽이지 말라고 하였다(23:14).

22 역대기 저자는 요아스가 스가랴를 죽이게 한 것은 **여호야다의 베푼 은혜를 생각지 아니**한 행위라고 단정한다. 여호야다는 요아스를 죽음에

서 구해주었으며 그를 왕의 자리에 앉게 하였다. 선지자에 대한 응답은 자신의 운명을 결정한다.

23 - 25a **일주년 후에** 왕의 처신에 대한 징벌은 해가 바뀔 때, 그해가 다 가기 전에 임한다(왕하 12:18 "그때에"). 이때는 왕들이 전쟁에 나가는 봄 시기를 말한다(대상 20:1). 역대기에서 아람인의 침략에 대한 보도는 현저하게 변형되어 있다. 열왕기에서 아람 왕 하사엘은 먼저 가드를 점령하고 다음으로 예루살렘을 향하여 올라온다. 그러자 요아스는 성물과 성전의 곳간과 왕궁에 있는 금을 털어 아람 왕 하사엘에게 보내 그의 침략을 막는다(왕하 12:17-18). 요아스의 종교적 죄에 대해 언급하지 않는 열왕기에서 아람의 침략에 의한 희생은 평가 중립적이다. 그에 반해 역대기에서는 아람 군대에 의한 희생이 훨씬 심각하게 기술되어 있고 그에 대한 신학적 평가도 이루어지고 있다. 역대기에 따르면 아람 왕은 다메섹에 머물고 있으며, 아람군대는 유다와 예루살렘에 이르러 모든 방백을 죽이고 노략한 물건을 다메섹에 있는 왕에게 보낸다. 이러한 유다의 대패는 아람 군대는 **적은 무리**였으나 요아스의 군대는 **심히 큰 군대**였다는 24절의 언급을 통해 강조된다. 또한 요아스 왕이 부상을 당하였다는 사실도 유다의 패배를 확증해주고 있다. 유다의 대패는 여호와께서 그들을 적은 무리의 손에 넘기셨기 때문이다. 실로 전쟁은 하나님께 있다. 하나님은 여호와 하나님을 버린 요아스를 버린 것이다(20절 참고).

25b - 26 요아스의 죽음에 관한 보도도 열왕기의 것과 다르다(왕하 12:20-21). 열왕기에 따르면 요아스 왕은 신복들에 의해서 밀로 궁에서 암살당한다. 역대기 저자는 암살 시기를 아람군에 의해 부상당한 직후로 그 시점을 밝히고 암살 장소 또한 **침상**으로 밝히고 있다. 또한 신하들의 반역이 **제사장 여호야다의 아들들의 피**에 대한 보수였음을 강조한다.

열왕기에서는 요아스가 "다윗성에 그의 조상들과 함께 장사"(왕하 12:21b)되었다고 하지만, 역대기 저자는 그가 **다윗 성에 장사**되었으나 **열왕의 묘실에는 장사하지 아니하였**다고 함으로써 그의 징벌을 다시 한 번 확인해주고 있다. 여호야다는 왕의 묘실에 장사되고(24:15-16 참고) 왕은 그렇지 않다!

반역자들의 명단에서도 역대기에서는 특이한 점이 나타난다. "시므앗의 아들 요사갈과 소멜의 아들 여호사바드"라는 열왕기의 보도에(왕하 12:21) 역대기에는 그들이 **암몬 여인**과 **모압 여인**의 **아들**이라는 점이 추가 기록되어 있다.

27 3절에서 대강 언급했던 왕의 자녀들에 대한 사료는 **열왕기 주석**이다. 성전보수에 관한 것도 강조되어 언급되고 있다.

¶ 메시지

요아스는 여호야다가 죽은 후에 완전히 다른 삶을 살게 된다. 여호야다는 요아스에게 좋은 모범을 보여주었다. 우리에게는 우리 삶에 모범이 될 스승과 어른이 필요하다. 그러나 인생의 스승은 유한하다. 그러므로 우리는 가장 완전하고 영원한 스승이신 예수 그리스도를 우리가 따라야 할 모범으로 삼아야 할 것이다.

8. 아마샤(25:1-28)

아하스의 생애도 그의 아버지처럼 긍정적인 시기(1-13절)와 부정적인 시기(14-28절)로 나뉜다.

아마샤의 이야기는 열왕기의 순서를 따른다(왕하 14:1-22). 그러나 신학적인 수정을 가하고 있다.

¶ 짜임새

1) 25:1-4	도입
2) 25:5-13	긍정적 시기: 에돔 전쟁
25:5-10	이스라엘 군 징병
25:11-13	에돔 전쟁 승리
3) 25:14-24	부정적 시기: 교만
25:14-16	에돔 전쟁 결과
25:17-24	이스라엘 전쟁
4) 25:25-28	결구

¶ 평행본문과의 비교

도입	대하 25:1-2	왕하 14:1-4
암살자 처형	25:3-4	14:5-6
에돔 전쟁	25:5-16	14:7
아마샤의 용병고용	25:5-10	-
에돔 전쟁	25:11	14:7
우상 숭배	12-16절	-
이스라엘과의 전쟁	25:17-24	14:8-14
아마샤의 도전	25:17-22	14:8-14
아마샤의 패배	25:23-24	-
결구	25:25-26:2	14:17-22

열왕기와 비교하여 가장 눈에 띄는 부분은 열왕기에서 한 절(왕하 14:7)로 언급되는 에돔 전쟁이 열 절 이상으로 대폭 확장되어 있다는 것이다.

1) 도입(25:1-4)

¶ 본문

1 아마샤가 위에 나아갈 때에 나이 이십 오세라 예루살렘에서 이십 구년
을 치리하니라 그 모친의 이름은 여호앗단이라 예루살렘 사람이더라 2 아
마샤가 여호와 보시기에 정직히 행하기는 하였으나 온전한 마음으로 행치
아니하였더라
3 그 나라가 굳게 서매 그 부왕을 죽인 신복들을 죽였으나 4 저희 자녀는
죽이지 아니하였으니 이는 모세 율법 책에 기록한대로 함이라 곧 여호와

께서 명하여 이르시기를 자녀로 인하여 아비를 죽이지 말 것이요 아비로 인하여 자녀를 죽이지 말 것이라 오직 각 사람은 자기의 죄로 인하여 죽을 것이니라 하셨더라

¶ 주석

(1) 종교적 평가(25:1-2)

1 - 2 아마샤의 나이와 통치기간, 그의 어머니의 이름, 평가에 관한 도입양식은 열왕기하 14:2-4에 상응한다. 그러나 열왕기에서 아마샤는 다윗에는 미치지 못하고, 요아스에 비교된다(왕하 14:3b). 또 산당을 철폐하지 않아 백성으로 하여금 산당제사를 하게 한 점이 지적된다(14:4). 역대기에는 이 두 가지가 생략되어 있다. 역대기에서는 아마샤의 정직한 행위(왕하 14:3b)가 온전하지 않은 것으로 변형되어 있다. 이것은 열왕기의 산당 미철폐를 말하는 것 같다.

(2) 정치적 평가(25:3-4)

3 - 4 열왕기하 5-6절과 평행한다. **그 나라가 굳게 서매** 아마샤는 부왕을 암살한 신하들을 숙청한다. 그러나 율법에 기록된 대로 그들의 자녀들은 죽이지 아니한다. 신명기 24:16에 따르면,

> "아비는 그 자식들을 인하여 '죽임을 당치 않을 것이요' 자식들은 그 아비를 인하여 '죽임을 당치 않을 것이라' 각 사람은 자기 죄에 '죽임을 당할 것이니라.'"

이 구절은 역대기에서 능동태로 기술되어 있다.

> 자녀로 인하여 아비를 '죽이지 말 것이요' 아비로 인하여 자녀를 '죽

이지 말 것이라' 오직 각 사람은 자기의 죄로 인하여 '죽을 것이니라.'

아마샤는 율법에 충실하였다. 역대기에서(열왕기에서도) 인간의 사법적 행위가 강조되어 있다. **죽이지 말**라는 적극적인 명령은 어떤 다른 처벌을 금지한다. 반면 수동형태는 죽음 외에 다른 처벌이 가능하다는 뉘앙스를 남긴다.[113)]

2) 전기: 에돔 전쟁(25:5-13)

¶ 본문

5아마샤가 유다 사람을 모으고 그 여러 족속을 따라 천부장과 백부장을
세우되 유다와 베냐민을 함께 그리하고 이십세 이상으로 계수하여 창과
방패를 잡고 능히 전장에 나갈만한 자 삼십만을 얻고 6또 은 일백 달란트
로 이스라엘 나라에서 큰 용사 십만을 삯내었더니 7어떤 하나님의 사람이
아마샤에게 나아와서 이르되 왕이여 이스라엘 군대로 왕과 함께 가게 마
옵소서 여호와께서는 이스라엘 곧 온 에브라임 자손과 함께하지 아니하시
나니 8왕이 만일 가시거든 힘써 싸우소서 하나님이 왕을 대적 앞에 엎드
러지게 하시리이다 하나님은 능히 돕기도 하시고 능히 패하게도 하시나이
다 9아마샤가 하나님의 사람에게 이르되 내가 일백 달란트를 이스라엘 군
대에게 주었으니 어찌할꼬 하나님의 사람이 대답하되 여호와께서 능히 이
보다 많은 것으로 왕에게 주실수 있나이다 10아마샤가 이에 에브라임에서
자기에게 나아온 군대를 구별하여 본곳으로 돌아가게 하였더니 저희 무리
가 유다 사람을 심히 노하여 분연히 본곳으로 돌아갔더라 11아마샤가 담
력을 내어 그 백성을 거느리고 염곡에 이르러 세일 자손 일만을 죽이고

113) S. Japhet, *I & II Chronicles*, 861 참고.

[12]유다 자손이 또 일만을 사로잡아 가지고 바위 꼭대기에 올라가서 거기
서 밀쳐 내려뜨려서 그 몸이 부숴지게 하였더라 [13]아마샤가 자기와 함께
전장에 나가지 못하게 하고 돌려 보낸 군사들이 사마리아에서부터 벧호
론까지 유다 성읍을 엄습하고 사람 삼천을 죽이고 물건을 많이 노략하였
더라

¶ 주석

5-16절의 아마샤의 에돔 전쟁 보도는 열왕기하 14:7에 기초하고 있다. 여기에 역대기 저자는 전쟁의 전, 후 역사를 추가적으로 제시한다.

5 아마샤는 유다 사람들을 모아 그 족속을 따라 천부장과 백부장을 세운다. 또 인구조사를 실시한다. 아마샤가 이십 세 이상으로 **창과 방패를 잡고 능히 전장에 나갈 만한 자**를 계수한 것은 아마샤가 전쟁을 계획하고 있음을 암시해준다(다윗의 인구조사 삼하 24:2, 5-8∥대상 21:1, 4 참고). 이것은 이스라엘에서 큰 용사를 고용하였다는 6절에서 더욱 분명해진다. 11절에 의하면 아마샤는 에돔 원정을 계획하고 있다. 에돔은 여호람 왕 때에 유다의 지배에서 벗어났다(21:8ff.). 아마샤는 이를 다시 회복하고자 한 것이었을 것이다.

유다와 베냐민의 군사는 삼십만이었다. 이것은 르호보암 십팔만(11:1), 아비야 사십만(13:3), 아사 오십팔만(14:8), 여호사밧 백십육만(17:14-19), 웃시야 삼십만칠천오백(26:11-13)과 비교할 때 작은 규모이다.

6 군대 수로는 부족하다고 판단한 아마샤 왕은 이스라엘에서 큰 용사 십만을 고용하여 전투력을 지원하고자 한다.

7-**8** 그러나 이러한 계획은 반대에 부딪친다. 어떤 하나님의 사람이 아마샤에게 와서 이스라엘 군대와 함께 가지 말 것을 요구한다. 왜냐하면 여호와께서는 이스라엘과 함께하시지 않기 때문이다. 이것은 여호사밧

이 북왕국과 연합하였을 때 선견자 예후와 엘리에셀의 예언을 상기시켜준다. 여호사밧이 아합과 길르앗 라못 원정에 나가 돌아왔을 때에도(19:2), 또 아하시야와 연합하고 배를 만들었을 때에도(20:35-37) 여호사밧에게 심판이 선포되었다. 하나님의 사람은 아마샤에게 선례를 바탕으로 북왕국과의 전면적인 단절을 요구하는 것일까? 많은 주석가는 이 구절을 북왕국에 대한 역대기 저자의 입장을 보여주는 중요한 선언으로 간주한다. 역대기 저자가 '반-이스라엘'(Anti-Israel)주의를 대변하고 있다는 것이다.[114] 이러한 해석은 문맥을 제대로 읽어내지 못한 데서 나온 것이다.

하나님의 사람은 북이스라엘을 배제하라는 것이 아니라 아마샤에게 믿음을 요구하고 있다. "하나님이 왕을 적군 앞에 엎드러지게 하시리이다." "하나님은 능히 돕기도 하시고 능히 패하게도 하시나이다." 하나님의 사람은 전쟁의 승패는 군사의 수에 있는 것이 아니라 하나님께 달렸다는 점을 확인시켜준다(대상 29:12; 대하 20:6 참고). 아비야도 아사도 군대수가 아니라 여호와를 의지할 때 승리할 수 있었다.

여기서 북왕국(에브라임 자손)은 **이스라엘**로 칭해진다.

9 아마샤 왕은 이스라엘 군대에게 선지급한 일백 달란트의 돈을 걱정한다. 십만 용사에게 백달란트를 지급하였으니 일인당 3세겔을 지불한 것이다(1달란트 = 3,000세겔). 많은 양의 돈을 낭비하게 된다는 왕의 지적에 하나님의 사람은 **여호와께서 능히 이보다 많은 것으로 왕에게 주실 수 있나이다**라고 말한다. 하나님은 하나님을 신뢰하기 위하여 무언가를 포기하는 자에게 그가 포기한 것보다 더 많은 것을 주신다!

10 아마샤는 하나님의 사람의 말씀을 듣고 군대가 아니라 여호와를 의지하기로 한다. 그는 이스라엘 군대를 나누어 고향으로 돌아가게 한다. 기대와는 달리 원정 출전이 취소되자 북이스라엘 용병들은 심히 분노하여 귀향한다. 용병에 대한 대가를 이미 받았다면 왜 이들은 노하는 것일까?

루돌프처럼 이들을 북왕국에서 수입을 얻지 못하여 이방 땅으로 떠돌아

114) G. von Rad, *Gechichtsbild*, 29f.

다니는 사람으로 간주할 때,[115] 이들의 분노가 쉽게 이해된다.

11 – **12** 아마샤는 하나님의 사람의 말에 **담력을 내어** 소금 골짜기로 간다. '담력을 내다'는 동사 '하작'(חזק)이 다시 등장하고 있다(1:1, 23:1 외). 적은 군대를 이끌었지만 여호와를 의지하고 출전하고 있음이 강조된다.

에돔 전쟁의 이야기는 열왕기하 14:7에서 보도되고 있다. 열왕기 저자가 아마샤가 셀라를 취하고 그 이름을 욕드엘이라 변경하였다고 말하는 반면, 역대기 저자는 유다 자손이 세일 자손을 사로잡아 바위 꼭대기에 올라가서 밀쳐내려 뜨려 죽였다고 말한다. 첫째, 주어가 아마샤에서 유다 자손으로 바뀌어 있다. 둘째, "셀라"라는 성읍 이름이 일반명사 **바위**로 기록되어 있다. "에돔 사람"이 **세일 자손**으로 바뀌진 것을 볼 때, 역대기 저자는 의도적으로 성읍 "셀라"를 **바위**로, "에돔 사람"을 **세일 자손**으로 바꾼 것 같다. 그러나 다시 14절에서 "에돔 사람"과 "세일 자손"이 함께 나타나 동의어로 간주된다. 열왕기의 지명 "셀라"는 일반적으로 고대 도시 페트라로 알려져 있다. 에돔인에 대한 잔악한 대우는 에돔에 대한 후대 유대교의 증오가 반영되어 있는 듯하다(옵 1:10-14 참고).

하나님 말씀에 순종하고 하나님을 의지한 것에 대한 보상으로 아마샤는 에돔 전쟁에서의 승리를 얻는다.

13 아마샤가 에돔과 전쟁하는 동안 아마샤와 함께 전장에 나가지 못한 북이스라엘 용병들은 유다의 북쪽 국경 지역인 사마리아와 벧호론 사이에 있는 유다 성읍들에서 약탈과 강도짓을 일삼는다. 여기에는 지리적인 문제가 있다. 사마리아와 벧호론은 유다의 성읍이 아니다. 그래서 루돌프는 '사마리아'('쇼메론' שמרון) 대신 '미그론'(מגרון)으로 수정한다.[116] 야펫은 이러한 수정에 반대하여 에브라임 지역 내에 사마리아와 벧호론 사이에 유다 성읍이 있었다고 추측한다. 그 증거가 될 수 있는 예로서 야펫은 아

115) Rudolph, *Chronikbücher*, 281.

116) *Ibid.*, 279.

사가 정복한 성읍(17:2, 19:4)을 든다. 유대 지역을 습격하는 위험을 피하면서 에브라임 용병들은 에브라임 지역에 흩어져 있는 유다 성읍을 약탈했을 것으로 보는 것이다.[117)]

용병들의 유다 성읍 약탈은 전쟁에 참가하지 못하게 된 것에 대한 보복으로 이해하기는 어렵다. 왜냐하면 이스라엘 용병은 이미 백달란트를 받았기 때문이다. 그렇다고 아마샤 왕에 대한 징계로 받아들이기도 어렵다. 왜냐하면 아마샤는 하나님을 의지하였고 그에 대한 보상으로 승리를 얻었기 때문이다. 그러므로 용병들의 행위를 신학적으로 해석하기는 어렵다. 야펫은 이 언급에서 당시의 정치적 정황을 잘 드러내주는 역사적 단서를 찾는다.

¶ 메시지

하나님의 뜻이 없음을 알았을 때 그곳에 투자한 큰 경제적 손실을 과감히 포기할 수 있는 것은 믿음이 없이는 불가능하다. 하나님의 뜻을 따르고자 결단함으로써 입은 손해는 하나님께서 반드시 갚아주신다.

---

117) S. Japhet, *I & II Chronicles*, 865.

3) 후기: 아마샤의 교만(25:14–24)

¶ 본문

14아마샤가 에돔 사람을 도륙하고 돌아올 때에 세일 자손의 우상들을
가져다가 자기의 신으로 세우고 그 앞에 경배하며 분향한지라 15그러므로
여호와께서 아마샤에게 진노하사 한 선지자를 보내시니 나아가 가로되 저
백성의 신들이 자기 백성을 왕의 손에서 능히 구원하지 못하였거늘 왕은
어찌하여 그 신들에게 구하나이까 하며 16선지자가 오히려 말할 때에 왕
이 이르되 우리가 너로 왕의 모사를 삼았느냐 그치라 어찌하여 맞으려 하
느냐 선지자가 그치며 가로되 왕이 이 일을 행하고 나의 경고를 듣지 아니
하니 하나님이 왕을 멸하시기로 결정하신줄 아노라 하였더라
17유다 왕 아마샤가 상의하고 예후의 손자 여호아하스의 아들 이스라엘
왕 요아스에게 사자를 보내어 이르되 오라 서로 대면하자 한지라 18이스
라엘 왕 요아스가 유다 왕 아마샤에게 보내어 이르되 레바논 가시나무가
레바논 백향목에게 보내어 이르기를 네 딸을 내 아들에게 주어 아내를 삼
게 하라 하였더니 레바논 짐승이 지나가다가 그 가시나무를 짓밟았느니라
19네가 에돔 사람을 쳤다 하고 네 마음이 교만하여 자긍하는도다 네 궁에
나 편히 거하라 어찌하여 화를 자취하여 너와 유다가 함께 망하고자 하느
냐 하나 20아마샤가 듣지 아니하였으니 이는 하나님께로 말미암은 것이라
저희가 에돔 신들에게 구하였으므로 그 대적의 손에 붙이려 하심이더라
21이스라엘 왕 요아스가 올라와서 유다 왕 아마샤로 더불어 유다의 벧세
메스에서 대면하였더니 22유다가 이스라엘 앞에서 패하여 각기 장막으로
도망한지라 23이스라엘 왕 요아스가 벧세메스에서 여호아하스의 손자 요
아스의 아들 유다 왕 아마샤를 사로잡고 예루살렘에 이르러 예루살렘 성
벽을 에브라임 문에서부터 성 모퉁이 문까지 사백 규빗을 헐고 24또 하나
님의 전 안에 오벧에돔의 지키는 모든 금은과 기명과 왕궁의 재물을 취하
고 또 사람을 볼모로 잡아가지고 사마리아로 돌아갔더라

¶ 주석

(1) 에돔 신 숭배(25:14-16)

아마샤의 생애는 극적으로 전환된다. 그것은 에돔 전쟁에서의 승리로 인한 것이었다.

14 아마샤는 정복한 에돔인들의 신들을 예루살렘으로 가져와 자신의 신으로 삼고 그 앞에 경배하고 분향한다. 고대에 정복자가 피정복자들의 신상들을 가져오는 것은 흔히 있는 일이었다. 바벨론, 페르시아, 그 밖의 왕들은 정복한 백성의 신들을 자신들의 신전에 귀속시켰다. 이것은 한편으로는 그 나라의 신들이 자신의 백성에게 어떤 이유이든지간에 진노하여 그들을 저버렸다는 믿음에 근거한다. 다른 한편으로는 새로이 얻은 속국의 환심을 사기 위한 것이었다.[118] 그래서 정복자들은 피정복민의 토착 종교를 재건하는 조치를 취하며 그들의 후원자로 자처하기도 하였다.[119] 그러나 역대기 저자는 이에 대하여 언급하지 않는다. 오히려 이러한 관행을 따르는 것은 "신들에게 구하는" 종교적 배신이라고 비판한다(15절 참고).

15 - **16** 하나님이 아마샤에게 진노하셨다. 노한 용병들은 유다 성읍을 약탈하였지만, 진노하신 하나님은 징벌 대신 선지자를 보내신다.

선지자는 아마샤 왕이 자기 백성을 지켜주지 못한 신들을 자기의 신으로 삼은 데서 그의 어리석음을 보고 이를 경고한다. 아마샤는 왕의 모사만이 왕에게 조언을 할 수 있다고 생각한다. 그리하여 선지자가 아직 말을 마치지 않았음에도 불구하고 그를 물리치고, 매질로 위협한다. 왕의 이러한 완악함을 통하여 예언자는 하나님이 그의 멸망을 작정하셨음을 인식한다.

---

118) Rudolph, *Chronikbücher*, 283.

119) M. Cogan, *Imperialism and Religion*, 22-41 참고.

(2) 이스라엘 전쟁(25:17-24)

이 단락에서 역대기 저자는 이스라엘 왕 요아스에 의한 패배(왕하 14:8-14)와 아마샤의 암살(17-24절)에 관한 열왕기의 보도를 반복하고 있다.

17 **유다 왕 아마샤가 상의하고** 여기서 사용된 '상의하다'는 동사는 16절의 '모사', '경고'와 같은 어근 '야아츠'(יעץ)를 지니고 있다. 전자는 동일한 개념을 사용하여 17절과 앞 단락을 서로 연결시킨다. 아마샤는 북이스라엘과의 전쟁을 결정한다. 이것은 신하들의 조언에 따른 결정이다. 그러므로 만약 이 결정으로 인해 왕국이 재앙을 맞게 된다면 그 책임은 왕에게만 있는 것이 아니라 백성에게도 있게 된다. 그럼에도 불구하고 왕의 판단력은 왕국의 운명에 매우 중요하다. 아마샤는 선지자를 통해 전달된 여호와의 말씀은 소귀에 경 읽듯 흘려듣고, 그 대신 인간의 조언에 귀를 기울이고 있다. 아마샤는 사신을 보내어 이스라엘 왕에게 도전한다.

18 아마샤의 도전에 이스라엘 왕 요아스는 하나의 우화로써 대답한다. 우화에는 가시나무와 백향목과 들짐승이 등장한다. 레바논의 가시나무가 레바논의 백향목에게 사돈관계를 맺자고 청하자 레바논의 들짐승이 가시나무를 짓밟았다. 이 우화는 실제 상황과 맞아떨어지지 않는다. 전쟁과 결혼이라는 대립적인 상황도 그렇고, 우화에 등장하는 제삼자에 해당하는 사람이 없는 것도 그렇다. 이 우화에서 분명한 것은 요아스가 자신을 백향목으로, 아마샤를 가시나무로 간주하고 있다는 것이다.

19 사사기 9장의 요담 우화에서 레바논의 가시나무는 가치가 없음에도 불구하고 자신을 과대평가하여 스스로 왕이 되고자 한다(삿 9:15). 사사기에서도 가시나무는 본분을 모르는 교만한 자를 상징하고 있다. 이와 같이 요아스 왕도 우화로써 아마샤 왕의 교만을 지적하고 있다. **네 마음이 교만하여 자긍하는도다.** 아마샤의 교만은 에돔 전쟁과 연관되어 있다. 그가 적은 군대로 크게 승리하였기 때문이다. 아마샤는 승전이 하나님이 주신 결과임을 잊은 것이다. 그러므로 교만은 하나님에 대한 믿음 부족을 드

러내기에 큰 죄이다. 놀랍게도 아마샤의 교만은 하나님의 사람이 아니라 북왕국 이스라엘의 왕에 의해 지적되고 있다. 북이스라엘이 남유다가 올바른 길을 걷도록 인도하는 긍정적 역할을 하고 있다.

20 그러나 아마샤는 북이스라엘 왕의 충고를 듣지 아니한다. 거의 문자 그대로 열왕기의 기록을 반복하고 있는 역대기 저자는 이 자리에서 이것이 **하나님께로 말미암**았다는 언급을 추가하고 있다(11:4, 22:7 참고). 요아스가 충고를 듣지 않는 것에 하나님이 관여하고 계시다는 것이다. 이것은 아마샤의 교만이 극에 달하여 회개의 기미가 보이지 않으므로 하나님은 아마샤의 교만을 그가 에돔 신을 구한 일을 심판하기 위하여 사용하시기로 작정하셨다는 것을 의미한다.

21 - **24** 전쟁의 내용은 저본과 내용적으로 일치한다(왕하 11b-14). 요아스가 유다 땅으로 올라와 벧세메스에서 아마샤와 대면한다. 요아스는 아마샤를 사로잡고, 예루살렘으로 와 예루살렘 성벽을 헐고, 성전의 금은과 그릇, 왕궁의 재물을 약탈하고 백성을 사마리아로 볼모로 잡아간다. 이러한 유다의 대패 뒤에는 아마샤를 징벌하는 하나님이 서 있다(10:15, 22:7 참고).

에브라임 문에서부터 성 모퉁이 문까지 에브라임 문은 성의 북쪽에 위치해 있다. **성모퉁이 문**은 성벽의 북서쪽 모퉁이에 있다. 요아스는 북쪽성벽의 한 부분을 파괴하였을 것이다. 이 성벽은 웃시야에 의해 재건된다(26:9 참고).

¶ 메시지

우리는 우리의 일이 예상보다 크게 성공했을 때 그것이 마치 자신에게서부터 나온 것인 양 교만해지기 쉽다. 모든 일을 주관하시는 분은 하나님이시다. 우리는 성공 앞에서 자신을 바로 알고 겸손해야 한다.

4) 결구(25:25-28)

¶ 본문

[25]이스라엘 왕 요아하스의 아들 요아스가 죽은 후에도 유다 왕 요아스
의 아들 아마샤가 십 오년을 생존하였더라 [26]아마샤의 이 외의 시종 행적
은 유다와 이스라엘 열왕기에 기록되지 아니하였느냐 [27]아마샤가 돌이켜
여호와를 버린 후로부터 예루살렘에서 무리가 저를 모반한고로 저가 라기
스로 도망하였더니 모반한 무리가 사람을 라기스로 따라 보내어 저를 거
기서 죽이게 하고 [28]그 시체를 말에 실어다가 그 열조와 함께 유다 성읍에
장사하였더라

¶ 주석

25 - **26** 아마샤는 요아스보다 15년 더 오래 살았다. 사로잡힌 아마샤는 언젠가 유다 왕국으로 돌아왔을 것이다. 아마샤의 행적의 사료로 열왕기는 "유다의 열왕기"를 제시하는 반면, 역대기는 **유다와 이스라엘 열왕기**를 소개한다. 이 책은 "이스라엘과 유다의 열왕기"라는 이름으로도 아마샤 이후 자주 등장한다(27:7, 28:26, 32:32, 35:27, 36:8).

27 **아마샤가 돌이켜 여호와를 버린 후로부터** 아마샤는 반역자들을 피해 라기스로 도피했으나 그곳에서 무리에 의해 죽임을 당한다. 역대기 저자의 관점에 따르면 아마샤의 죽음은 그가 지은 죄악의 결과이다. 아마샤가 여호와를 버린 일은 에돔 전쟁에서 승리한 이후 에돔 신을 섬긴 일이다(14절과 20절). 이 설명은 역사적인 문제를 띠고 있다. 아마샤가 에돔 신을 섬긴 일은 15년 전이므로 반역은 15년간 지속되어야 하기 때문이다.[120]

28 왕을 죽인 무리들은 라기스에 있는 왕의 시체를 거두어 그의 조상들과 함께 유다 성읍에 장사한다. 26:2에 따르면 아마샤는 "열조들의 묘실"에 장사된다. 악한 왕의 장례에 관한 열왕기의 보도는 변경되지 않았지만, 역대기 저자는 열왕기의 예루살렘의 "다윗 성"을 **유다 성읍**으로 바꾸었다. 이로써 역대기 저자는 아마샤 왕의 반역에 의한 죽음이 하나님의 심판임을 더욱 분명히 하고자 한다.

¶ 메시지

자기의 아버지를 암살한 자들을 처벌하는 데 있어서 율법의 규정을 철저히 지킬 수 있었던 아마샤는 여호와를 버린 후 그의 아버지처럼 신하들에게 죽임을 당한다. 그가 처음 길을 지키지 못하고 나중에 여호와를 버리게 된 것은 그의 교만 때문이었다. "교만은 패망의 선봉"이다(잠 16:18).

---

120) Williamson, *1 and 2 Chronicles*, 331.

9. 웃시야(26:1-23)

열왕기에서 웃시야의 행적은 긴 통치기간에도 불구하고 매우 간략히 보도되고 있다(왕하 14:21-22, 15:1-7). 열왕기와 역대기에서 공통적으로 보도되는 점은 엘랏을 건축한 일(왕하 14:22; 대하 26:2)과 여호와께서 그를 치셨다는 것이다(왕하 15:5; 대하 26:20). 이것은 축복과 심판을 의미한다.

¶ 짜임새

1) 1-5절	도입
2) 6-15절	긍정적 시기: 웃시야의 강성정책
3) 16-21절	부정적 시기: 웃시야의 교만
4) 22-23절	결구

¶ 평행본문과의 비교

도입	대하 26:1-2	왕하 14:21-22

평가	26:3-5	15:1-4
웃시야의 외교	26:6-8	-
건축과 군대	26:9-15	-
웃시야의 교만	26:16-21	15:5
결구	26:22-23	15:6-7

1) 도입(26:1-5)

¶ 본문

1유다 온 백성이 웃시야로 그 부친 아마샤를 대신하여 왕을 삼으니 때
에 나이 십륙세라 2왕이 그 열조와 함께 잔 후에 웃시야가 엘롯을 건축하
여 유다에 돌렸더라 3웃시야가 위에 나아갈 때에 나이 십륙세라 예루살렘
에서 오십 이년을 치리하니라 그 모친의 이름은 여골리아라 예루살렘 사
람이더라 4웃시야가 그 부친 아마샤의 모든 행위대로 여호와 보시기에 정
직히 행하며 5하나님의 묵시를 밝히 아는 스가랴의 사는 날에 하나님을
구하였고 저가 여호와를 구할 동안에는 하나님이 형통케 하셨더라

¶ 주석

(1) 웃시야의 등극(26:1-2)

[1]-[2] 아마샤가 반역자들에 의해 암살당하자 **유다 온 백성**은 그의 아들 웃시야를 왕으로 세운다. 웃시야 왕은 한 군데(대상 3:12)를 제외하고는 역대기에서 줄곧 **웃시야**로 불린다. 열왕기에서도 웃시야가 쓰이지만(왕하 15:13, 30, 32, 34) '아사랴'라는 이름이 선호되고 있다(왕하 15:1,

6-8, 17, 23, 27). 예언서에서도 웃시야가 쓰인다(사 1:1; 호 1:1; 암 1:1; 슥 14:5). 이러한 차이는 왕의 개인명과 즉위명이 다르기 때문이라고 설명되곤 한다. 예를 들면 살룸/여호아하스(렘 22:11), 엘리아김/여호야김(왕하 23:34), 맛다냐/시드기야(왕하 24:17)가 그렇다. 그러나 그가 통치하는 동안에도 두 이름이 병행하여 쓰이고 있으므로, 두 가지 형태는 같은 이름의 이형으로 간주하는 것이 좋을 것 같다.[121] 윌리엄슨은 역대기 저자가 '웃시야'라는 이름을 선호하는 것은 대제사장 아사랴와의 혼동을 피하기 위한 것으로 설명한다.[122]

16세에 왕이 된 웃시야는 아마샤 왕이 장사된 직후에 엘롯을 건축한다. '엘롯'(대하 8:17; 왕상 9:26)은 '엘랏'(신 2:8; 왕하 14:22, 16:6)과 동일하다. 엘롯은 국제무역을 위한 관문으로서 이스라엘과 에돔이 오랫동안 홍해 통제권을 장악하기 위하여 다투었다. 그러나 역대기 저자는 엘롯을 건축한 일에 크게 관심하지 않고 하나의 사실로 지나가듯 언급한다.[123]

(2) 평가(26:3-5)

3 - **5** 웃시야는 그의 아버지 아마샤와 비교되어 평가된다. 웃시야는 여호와 보시기에 정직하게 행하였다. 아마샤에 대한 긍정적인 평가는 열왕기에 나타난다. 아마샤가 다윗과 같지 아니하였지만 요아스처럼 **여호와 보시기에 정직히 행하**였다는 것이다(왕하 15:3a). 아마샤는 특히 역대기에서 에돔 전쟁 이후 교만하였기 때문에(16-28절) 긍정적으로만 평가되지 않는다. 웃시야가 산당을 제거하지 않은 일(15:4)은 그의 긍정적인 평가에 영향을 미치지 못한다.

5 웃시야도 부왕 아마샤처럼 삶의 자세에 변동이 있었다. 웃시야는 **스가랴의 사는 날에** 하나님을 찾았다(דרשׁ). 하나님은 그를 형통(צלח)하게 하

121) Rudolph, *Chronikbücher*, 283-284; Williamson, *1 and 2 Chronicles*, 333.
122) Williamson, *1 and 2 Chronicles*, 334.
123) Rudolph, *Chronikbücher*, 283.

셨다. 웃시야의 삶을 기술하는데 있어서 역대기에서 중요하게 사용되는 단어 '다라쉬'(דרשׁ)와 '찰라흐'(צלח)가 등장한다. 이것은 웃시야의 생애 전반부에 대한 평가이다. 웃시야가 산당을 제거하지 않은 일(왕하 15:4b)이 생략됨으로써 역대기에서 웃시야는 절대적으로 긍정적으로 평가되고 있다.

웃시야가 형통할 수 있었던 것은 할아버지 요아스에게 여호야다가 있었듯이 그에게 스가랴라는 멘토가 있었기 때문이다. 스가랴는 하나님의 묵시를 밝히 아는 자로 확인된다.

하나님이 웃시야를 형통하게 하신 내용은 6-15절에서 자세히 설명된다.

¶ 메시지

웃시야는 요아스처럼 스승이 있을 때 하나님 보시기에 정직하게 행하였다. 우리는 홀로 하기보다는 누군가와 마음을 합하여, 특히 하나님의 묵시를 밝히 아는 자와 함께할 때 하나님을 더 잘 따를 수 있다. "두세 사람이 내 이름으로 모인 곳에는 나도 그들 중에 있느니라"(마 18:20)는 예수님의 말씀처럼 공동체의 모임은 중요하다. 처음부터 끝까지 바른 신앙을 유지하기 위해 우리는 말씀을 중시하는 공동체를 떠나서는 안 된다.

2) 전기: 웃시야의 강성정책(26:6-15)

¶ 본문

6 웃시야가 나가서 블레셋 사람과 싸우고 가드성과 야브네성과 아스돗
성을 헐고 아스돗 땅과 블레셋 사람 가운데 성읍들을 건축하매 7 하나님이
도우사 블레셋 사람과 구르바알에 거한 아라비아 사람과 마온 사람을 치
게 하신지라 8 암몬 사람이 웃시야에게 조공을 바치매 웃시야가 심히 강성

하여 이름이 애굽 변방까지 퍼졌더라 9웃시야가 예루살렘에서 성 모퉁이
문과 골짜기 문과 성굽이에 망대를 세워 견고하게 하고 10또 거친 땅에 망
대를 세우고 물웅덩이를 많이 팠으니 평야와 평지에 육축을 많이 기름이
며 또 여러 산과 좋은 밭에 농부와 포도원을 다스리는 자를 두었으니 농사
를 좋아함이더라 11웃시야에게 또 싸우는 군사가 있으니 서기관 여이엘과
영장 마아세야의 조사한 수효대로 왕의 장관 하나냐의 수하에 속하여 떼
를 지어 나가서 싸우는 자라 12족장의 총수가 이천 육백명이니 모두 큰 용
사요 13그 수하의 군대가 삼십만 칠천 오백명이라 건장하고 싸움에 능하
여 왕을 도와 대적을 치는 자며 14웃시야가 그 온 군대를 위하여 방패와
창과 투구와 갑옷과 활과 물매 돌을 예비하고 15또 예루살렘에서 공교한
공장으로 기계를 창작하여 망대와 성곽 위에 두어 살과 큰 돌을 발하게 하
였으니 그 이름이 원방에 퍼짐은 기이한 도우심을 얻어 강성하여짐이더라

¶ 주석

웃시야 왕의 형통함은 대외적인 면(6-8절)과 대내적인 일(9-15절)로 구분된다. 이 두 단락에서는 두 개의 동사, '아자르'(עזר, 돕다: 7, 13, 15절)와 '하작'(חזק, 강하다: 8, 9, 15절)이 자주 쓰인다. 그리고 각 단락의 끝에서는 '쉠'(שם, 명성)에 관하여 언급된다(8절과 15절).

(1) 웃시야의 군사 외교정책(26:6-8)

이 단락은 웃시야가 대외적인 관계에서 얼마나 강성해졌는지를 보여준다.

6 웃시야의 첫 번째 성취는 블레셋과의 전쟁에서 드러난다. 웃시야는 가드, 야브네, 아스돗 성벽을 헐었다.

성읍 가드는 다윗이 정복하였으나 요아스 시대에 아람 왕 하사엘이 점령하였다(왕하 12:18). **야브네**는 여기에서만 나온다. 여호수아서에서 에그

론 근처에 위치한 성읍으로 "얍느엘"(수 15:11)이 언급되는데 이로 추정하는 이도 있다.[124)]

아스돗 땅과 블레셋 사람 가운데 성읍들을 건축하매 이 말이 무엇을 의미하는지는 분명하지 않다. 아스돗은 블레셋 지역에 속하면서도 블레셋과 따로 언급된다. 이러한 이유로 루돌프는 "아스돗 땅에"와 "블레셋 사람들 가운데"를 평행구로 보지 않고 Ehrlich와 Rothstein의 번역을 취하여 마소라 본문 '바이브네 아림'(ויבנה ערים)을 '바야보즈 헤아림'(ויבז הערים)으로 수정하여 "성읍들이 약탈되었다"로 이해하기를 제안한다.[125)] 어떻게 읽든 결론적으로 6절은 유다가 서쪽으로 영토를 확장했다는 것을 말하고 있다. 이것은 주전 10세기 중반에서 7세기까지 블레셋 성읍 에그론이 약해진 덕분이었다.[126)]

7 웃시야는 블레셋 사람과 아라비아 사람과 마온 사람을 공격한다. 아라비아 사람은 '구르 바알'(גור־בעל)에 거주한다. 다른 고대역본은 '바알'(בעל)대신 접속사 '베'(ו)와 전치사 '알'(על)이 결합된 형태인 '베알'(ועל)을 증거하고 있다. '베알'로 읽으면 **마온 사람** 앞에도 **블레셋 사람과 아라비아 사람**(על־ופלשתים ועל־הערבים)처럼 전치사 '알'(על)을 지니게 된다(ועל־המעונים).

아라비아 사람은 베두인족을 말하며, 구르는 브엘세바와 동일한 것으로 보인다.[127)] '구르'를 '그랄'로 읽기도 한다.[128)] **마온 사람**은 여호사밧 전쟁에서 이미 등장하였다(20:1f.). 그들과의 전쟁은 남쪽 지방에서의 승리를 강하게 지시해준다. 2절에 의하면 최남단의 엘랏도 이미 유다의 통치권 아래 있게 되었다. 웃시야 시대에 유다는 서쪽, 남서쪽, 남동쪽에 대한 지배권을 확보하였다. 이 당시에 여로보암 2세가 다스린 북왕국은 매우 막강했기 때문에 북쪽으로의 확장은 불가능했다.

하나님이 (그를) 도우사 이러한 영토 확장은 하나님이 주신 복이었다.

---

124) S. Japhet, *I & II Chronicles*, 879.

125) Rudolph, *Chronikbücher*, 282.

126) A. Mazar, "The Northern Shephelah in the Iron Age," 257, 257.

127) H. G. M. Williamson, *1 and 2 Chronicles*, 335.

128) Rudolph, *Chronikbücher*, 282.

8 암몬 사람들이 웃시야에게 조공을 바쳤다. 암몬과의 전쟁은 여호사밧 시대에(20장) 또 요담 시대에도 나타난다(27:5). 칠십인경은 **암몬 사람**을 '마온 사람', 즉 '메우님'으로 증거하고 있다.

이러한 성공은 여호람 이후 약화된 왕국의 힘이 웃시야 시대에 차츰 강화되고 안정에 이르게 되었음을 말해준다. 결과적으로 웃시야의 이름(שֵׁם)이 애굽 변방까지 퍼졌다. 유다는 빼앗긴 명예를 남쪽 지방에서 회복하였다.

웃시야 시대의 경제적 번영은 이 당시에 앗수르가 다른 지역의 통치에 전념했기 때문이다. 아람인은 아직 회복하지 못했다. 유다 왕국은 솔로몬 시대 이후로 겪어보지 못한 번영을 누리며 지리적으로도 확장하게 되었다. 이 당시 북왕국은 여로보암 아래 경제적, 영토적 확장의 절정에 이르렀다(왕하 14:23-29).

(2) **건축과 군사정책**(26:9-15)

이 단락은 웃시야의 국내 문제에 집중하여 강성해진 일을 기록한다. 특히 건축(9-10절)과 군대(11-15)에 관련된다.

9 - **10** 첫째 웃시야는 **성 모퉁이 문**과 **골짜기 문**과 **성굽이에 망대를 세워** 예루살렘을 견고하게 한다. 특히 아마샤 시대에 '에브라임 문'에서부터 '모퉁이 성문'까지 사백 규빗이 북이스라엘에 의해 파괴되었으므로 이것은 예루살렘의 재건에 관한 것임을 말해준다. 아마샤 당시에 요아스는 유다의 북쪽 성벽의 한 부분을 파괴하였다(25:23 // 왕하 14:13 참고). 아마샤가 요아스보다 15년간이나 더 생존하였지만 그가 통치할 당시에 무너진 성벽의 재건이 이루어지지 않았다.

골짜기 문 느헤미야는 이 문을 통하여 예루살렘 성벽이 무너진 것을 본다(느 2:13, 15). **골짜기 문**은 하눈과 사노아 주민에 의해 중수된다(느 3:13). 이 문은 남쪽에 자리 잡은 것 같다.

망대 느헤미야 3장에서 망대는 동쪽성벽의 서로 다른 두 자리를 지칭하는 것으로 나온다(느 3:19-20, 24-25).

견고케 한 성읍의 위치는 웃시야의 건축이 아마샤 시대에 북이스라엘과의 전쟁에서 요아스가 헐었던 성벽을 견고케 하는 것이었음을 다시 확인해준다. 이것은 웃시야 시대에는 유다가 자주권을 획득하고 남북왕국의 관계가 더는 적대적이지 않았음을 암시해준다. 여로보암 2세가 원했다면 성벽건축을 방해할 수도 있었을 것이다.

10 웃시야는 광야에 망대를 세운다. '광야'는 유다광야와 네게브 지방을 말한다. 망대는 가축을 방어하기 위한 것이다. 큰 물웅덩이를 파서 고원과 평지에 가축을 길렀기 때문이다(대상 27:25 참고). '고원'('쉐펠라')은 산지와 해안평야 사이에 있는 평야이다. '평지'('미쇼르')는 사해의 동쪽 지역, 아르논 강의 북쪽 모압 평지의 일부를 말한다(수 13:9; 렘 48:8 외). 이것은 웃시야가 모압에서도 정치적인 영향력을 행사하였음을 말해준다.

웃시야는 여러 산과 좋은 밭에 농사를 짓고 포도원을 경작하였다. **여러 산**은 유다 산지를 말할 것이다. **좋은 밭**은 마온 가까이, 헤브론의 남쪽에 위치한 지역을 말할 것이다.[129] 웃시야는 땅을 개간하여 농업을 장려한 왕이었다. 농업을 장려하는 것은 유다 왕들의 일반적인 업적이었을 것이다(대상 27:25-31). 그러나 오로지 웃시야만이 **농사를 좋아**한 왕이라는 칭호를 얻는다.

11 - **15** 군사적인 조치에 대하여 군사(11-13절)와 무기 제조(14-15절)이다. 이것도 웃시야 시대의 번영을 말해준다.

11 - **13** 웃시야의 군대에 관하여 인구조사와 그 책임자(11절), 족장의 수(12절)와 군대의 수(13절)를 제시하고 있다. 인구조사의 책임자로 서기관 '소페프'와 병영장 '소테르', 왕의 지휘관 '미쉬네 멜렉'(왕의 제2인자)이라는 직책명이 나타난다.

족장들이 군사의 지휘관의 자리에 있다는 것은 군대 조직이 '지파'에 따른 것임을 보여준다(대상 23:24; 대하 17:14, 25:5 참고). 그러나 아사, 여호사밧, 아마샤의 시대와 같이 군대가 유다와 베냐민으로 분류된 단위는

129) Williamson, *1 and 2 Chronicles*, 337.

더는 보이지 않는다(14:7-8, 17:14-19, 25:5 참고).

14 – **15** 왕이 군대를 위해 무기를 준비한다는 것은(14절) 공격력의 상승을 말해준다.[130] 웃시야는 방패, 창, 투구, 갑옷, 활, 물매 돌을 준비하였다. 또 웃시야는 재주 있는 사람에게 예루살렘을 지키기 위하여 망대와 성곽 위에 두고 화살과 큰 돌을 쏘고 던질 수 있는 투척기를 고안하게 하였다. 이 무기로 군사들은 좀 더 안전한 자리에서 공격할 수 있게 된다. 이 무기는 완전히 새로운 혁신이다. 그것에 아직 이름이 주어지지 않았다. 그러한 투척기는 400년경 시라쿠스에서 발명되었기 때문에 이것은 시대착오적인 기록으로 간주된다. 벨텐은 헬라 시대의 영향을 받은 것으로 보면서 이를 근거로 역대기를 헬라 시대(주전 3세기 초)에 쓰인 것으로 추정하기도 한다.[131] 그러나 벨텐의 이 주장은 지지를 받고 있지 않다. 루돌프에 따르면 8세기 라기스를 포위한 앗수르의 비명과 이집트 비명은 웃시야 시대에 예루살렘에 투척기가 존재하였다는 것을 증거하고 있다고 한다.[132]

이러한 무기 고안으로 웃시야의 명성이 널리 퍼졌다. 역대기 저자는 이를 하나님의 **기이한 도우심**이라고 설명한다(15b, 참고 7절).

¶ 메시지

웃시야 왕은 외교, 건축, 군사, 농사 등 무슨 일을 하든지 형통하였다. 웃시야의 정책으로 왕국은 강성해졌다. 이러한 형통은 하나님의 도우심이 없이는 불가능하다(7절과 8절, 15절). 만사형통한 삶을 위하여 우리는 우리가 하는 일에 하나님이 함께하시는지 분별할 줄 알아야 한다.

---

130) Rudolph, *Chronikbücher*, 285.

131) Welten, *Geschichte und Geschichtsdarstellung in den Chronkbüchern*, 100-114.

132) Rudolph, *Chronikbücher*, 286.

3) 후기: 웃시야의 교만(26:16-21)

¶ 본문

16 저가 강성하여지매 그 마음이 교만하여 악을 행하여 그 하나님 여호
와께 범죄하되 곧 여호와의 전에 들어가서 향단에 분향하려 한지라 17 제
사장 아사랴가 여호와의 제사장 용맹한 자 팔십인을 데리고 그 뒤를 따라
들어가서 18 웃시야왕을 막아 가로되 웃시야여 여호와께 분향하는 일이 왕
의 할바가 아니요 오직 분향하기 위하여 구별함을 받은 아론의 자손 제사
장의 할바니 성소에서 나가소서 왕이 범죄하였으니 하나님 여호와께 영광
을 얻지 못하리이다 19 웃시야가 손으로 향로를 잡고 분향하려 하다가 노
를 발하니 저가 제사장에게 노할 때에 여호와의 전 안 향단 곁 제사장 앞
에서 그 이마에 문둥병이 발한지라 20 대제사장 아사랴와 모든 제사장이
왕의 이마에 문둥병이 발하였음을 보고 전에서 급히 쫓아내고 여호와께서
치시므로 왕도 속히 나가니라 21 웃시야왕이 죽는 날까지 문둥이가 되었고
문둥이가 되매 여호와의 전에서 끊어졌고 별궁에 홀로 거하였으므로 그
아들 요담이 왕궁을 관리하며 국민을 치리하였더라

¶ 주석

이렇게 여호와의 눈에 들었던(4a) 웃시야 왕이 어떻게 나중에 나병이라는 흉악한 병에 들게 되었을까? 그에 대한 이유가 이 단락에서 잘 설명된다. 그것은 그의 교만 때문이었다.

16 **저가 강성하여지매**라는 말(8절과 15절)은 웃시야의 교만이 그의 정치적 성과에서 기인되었음을 말해준다. 내적, 외적 성과가 웃시야 왕을 교만하게 하였고 여호와께 범죄하게 하였다. 축복이 오히려 범죄의 원인이

되었다. 요아스(24:18, 21)나 아마샤(25:14)에게서 교만은 하나님을 떠나 다른 신에게로 가는 것으로 표출되었지만, 웃시야에게서는 스스로 성전에 들어가서 향단에 분향하려는 행위로 나타난다. **범죄하되**는 히브리 동사 '마알'(מעל)이다. 이것은 사울에 대한 평가(대상 10:13-14), 르호보암(12:2), 아하스(28:19-22, 29:19), 므낫세(33:19), 시드기야(36:14)의 평가에 사용된다. 하나님에 대한 죄를 말한다. 특히 성전에 들어가는 것에 대하여 특별한 의미를 지니고 있다. '분향'(קטר)은 열왕기하 15:4에서 나오는데, 거기서 웃시야 왕은 산당을 제거하지 않아서 백성이 계속 제사드리고 분향하였다고 말한다. 역대기 저자는 열왕기에 나오는 백성의 행위를 왕 웃시야의 범죄로 지적하고 있다. 열왕기에서 제단에 올라가 희생제를 드린 왕은 여로보암이다(왕상 12:33). 여로보암에게 가해진 평가가 웃시야에게 암시되어 있다.

17－**18** 제사장 **아사랴**의 이름은 웃시야 왕의 이름과 같은 자음(עזר)으로 구성된 것은 우연이 아닐 것이다.

제사장 아사랴는 제사장들을 데리고 왕의 뒤를 따라간다. 팔십 명의 제사장들은 '브네 하일'(בני־חיל), 즉 '용사'로 불린다. 이들은 왕과 대결하는 자세로 선다('아마드 알' עמד על). 웃시야 왕에 대한 제사장의 강한 어조도 이러한 분위기를 전해준다.

율법에 따르면 제사하는 권한은 철저히 성별된 자들, 즉 아론의 자손 제사장들에게만 주어져 있다(출 30:7-10; 민 16:40, 18:7). 역대기 전체에서도 제사 드리는 일은 엄격히 제사장의 일로 규정되어 있다.

성소에서 나가소서 왕이 성전에 들어가는 것은 허락되었다. 금지된 것은 분향이다.

왕이 범죄하였으니 웃시야 왕의 범죄의 실제 원인은 분향하고자 한 것이었다. 그러나 웃시야가 '다른 향'을 드림으로써 이 죄를 범한 것으로도 볼 수 있다. 다른 향을 드리는 것은 금지되어 있으며(출 30:9) 아론의 아들들이 이 범죄로 죽임당한 일이 있다(레 10:2).

19－**21** 향로를 잡고 분향하는 것을 제사장 아사랴가 저지하자 웃

시야는 이성을 잃고 제사장에게 화를 낸다. 그때 그의 이마에 나병이 생겼다. 제사장들은 향단 곁에 서 있다. 나병환자는 제의적으로 부적격하여 성전에서 배제된다(레 13:46). 그러므로 제사장들은 왕을 성전에서 쫓아낸다. 그때부터 죽을 때까지 웃시야는 나병환자로 별궁에 거하였다. **별궁**은 문자적으로 '자유의 집'(בית החפשות)을 말하며 이것은 '감옥'을 완곡하게 표현한 것이다.[133] 웃시야가 갇혀 있는 동안에 요담이 실제로 치리하였다.

¶ 메시지

웃시야의 교만은 자신의 권한을 넘어 제사장의 직무에 관여하거나 자기 식대로 분향하는 월권행위로 표출되었다. 자기 직무가 아닌 제사 일에 간섭하는 것은 여호와 위에 스스로를 높이는 행위이다(민 16:3 참고). 교만하게 될 때 인간은 마땅히 자기가 해야 할 일이 무엇인지를 분별하지 못하고 분수에 넘어서 방자하게 행동하게 된다.

4) 결구(26:22-23)

¶ 본문

[22] 이 외에 웃시야의 시종 행적은 아모스의 아들 선지자 이사야가 기록하였더라 [23] 웃시야가 그 열조와 함께 자매 저는 문둥이라 하여 열왕의 묘실에 접한 땅 곧 그 열조의 곁에 장사하니라 그 아들 요담이 대신하여 왕이 되니라

133) Rudolph, *Chronikbücher*, 284.

¶ 주석

22 웃시야의 다른 행적을 증거해주는 문헌으로 이사야가 언급된다. 대예언자 이사야는 웃시야가 통치하는 시대에 살았다(사 1:1, 6:1).

23 열왕기에 따르면 웃시야는 "다윗 성에 그 열조와 함께" 장사된다(왕하 15:7). 역대기에서는 조금 변형되어 있다. 웃시야 왕은 **열왕의 묘실에 접한 땅 곧 그 열조의 곁에** 장사된다. 제의적인 잘못 때문에, 구체적으로 나병이 들어 웃시야는 왕들의 묘실에 묻히지 못한 것이다. 이 보도는 역사적으로 믿을 만하다. 하스모니아 시대 이후에 감람산에 있는 아람어 비문에 따르면 "웃시야, 유다 왕의 뼈"를 담고 있는 납골당이 발견되었는데, 이것은 100년 후에 웃시야의 유골이 본래의 묘소가 위험에 처하자 이장되었다는 것을 말해준다.[134] 만약 그가 왕들과 함께 매장되었다면 따로 처리되는 것은 불가능했을 것이다.

웃시야의 매장 방법은 벌이 아니라 단순히 그의 병에 대한 의식(儀式)의 결과를 말해준다. 나병환자에 대하여 단순히 진영에서 퇴출시킬 것을 규정하고 있지만(레 14:3-8; 민 12:14-15), 그의 장사에 관한 규정은 성서에 없기 때문에 특별한 의식으로 간주해도 좋을 것이다.

¶ 메시지

웃시야는 모든 일에 형통한 왕이었으나 오히려 그 형통함이 화를 가져왔다. 왜냐하면 그가 교만해졌기 때문이다. 훌륭한 일을 이루어 놓고도 교만 때문에 모든 선한 일이 물거품이 될 수 있다. 교만은 가장 경계해야 할 무서운 적이다.

---

134) *Ibid.*, 287.

10. 요담(27 : 1-9)

열왕기하 15 : 32-38에서 요담의 이야기는 짧게 보도된다. 역대기에서 요담은 건축사업과 암몬에 대한 전쟁이 추가적으로 나타나고, 르신과 베가에 대한 언급(왕하 15 : 37)은 빠져 있다. 르신과 베가의 침략에 관한 것은 아하스 왕에게 제한적으로 나타난다. 그리하여 요담은 역대기에서 매우 긍정적으로 그려져 있다.

¶ 짜임새

1) 27 : 1	도입
2) 27 : 3-6	요담의 건축
3) 27 : 7-9	결구

¶ 평행본문과의 비교

도입구	대하 27 : 1-2a	왕하 15 : 32-34
산당제사	27 : 2b	15 : 35a

건축	27:3a	15:35b
건축	27:3b-4	-
외교	27:5	-
평가	27:6	-
사료	27:7	15:36
전쟁	-	15:37
통치연수	27:8	-
장사	27:9	15:38

1) 도입(27:1-2)

¶ 본문

[1] 요담이 위에 나아갈 때에 나이 이십 오세라 예루살렘에서 십 륙년을
치리하니라 그 모친의 이름은 여루사라 사독의 딸이더라 [2] 요담이 그 부친
웃시야의 모든 행위대로 여호와 보시기에 정직히 행하였으나 여호와의 전
에는 들어가지 아니하였고 백성은 오히려 사악을 행하였더라

¶ 주석

1 도입구는 열왕기에서와 같이 즉위 때의 나이와 통치 연수, 어머니에 대하여 말한다(왕하 15:33).

2 요담은 웃시야와 같이 긍정적으로 평가된다. 산당을 제거하지 않았다는 열왕기의 구절은 역대기에서 **여호와의 전에는 들어가지 아니하였고**로 대체되었다. 웃시야와 비교해 볼 때 이것은 요담이 제사법을 잘 지켰다

는 것을 말해준다. 그러나 요담이 어떤 이유에서든 성전과 예배에 무관심하였다고도 읽을 수 있다. **백성이 오히려 사악을 행하였더라**는 언급은 오히려 백성의 부패가 요담 왕의 성전에 대한 무관심에서 나온 것으로 이해하게 한다.

2) 요담의 건축(27:3-6)

¶ 본문

[3]저가 여호와의 전 윗문을 건축하고 또 오벨성을 많이 증축하고 [4]유다
산중에 성읍을 건축하며 수풀 가운데 견고한 영채와 망대를 건축하고 [5]암
몬 자손의 왕으로 더불어 싸워 이기었더니 그 해에 암몬 자손이 은 일백
달란트와 밀 일만석과 보리 일만석을 드렸고 제 이년과 제 삼년에도 암몬
자손이 그와 같이 드렸더라 [6]요담이 그 하나님 여호와 앞에서 정도를 행
하였으므로 점점 강하여졌더라

¶ 주석

3 요담의 건축에 대하여 열왕기에서는 단지 성전의 윗문과 관계된 것만 언급되고 있다(왕하 15:35b). 그러나 역대기 저자는 오벨 성벽 증축도 말한다. 이것은 예루살렘 건축에 힘썼던 부왕의 정책을 이어받은 것이다(26:9-10).

여호와의 전 윗문 성전구역 북쪽에 위치해 있다. 23:20의 '윗문'을 말하는 것이 아니라 '베냐민 문'(렘 20:2, 37:13, 38:7; 슥 14:10) 또는 '새 문'(렘 26:10, 36:10)과 동일하다.

오벨성 오벨은 성전을 포함하는 북쪽 구역을 말한다. 오벨성의 증축은

보편적으로 어부스성과 궁전/성전 지역을 연결하는 성벽 작업을 말하는 것으로 간주된다.

4 왕의 건축 사업은 유다 산중과 숲속에까지 퍼져 있다. 산중에는 성읍을 건축하고 숲속에는 진영과 망대를 세워 견고하게 하였다.

5 역대기 저자는 요담은 암몬 자손의 왕과 전쟁하여 승리하였고 이를 계기로 암몬 자손은 3년간 조공을 바쳐야 했다고 보도한다. 암몬은 은 백 달란트와 밀 만 고르와 보리 만 고르를 바쳤다(1 고르 = 약 400리터).

6 그의 경건에 대한 보상은 점점 강성해지는 것('하작'[חזק]의 히트파엘)이었다.

3) 결구(27:7-9)

¶ 본문

7 요담의 남은 사적과 그 모든 전쟁과 행위는 이스라엘과 유다 열왕기에
기록되니라 8 요담이 위에 나아갈 때에 나이 이십 오세요 예루살렘에서 치
리한지 십 륙년이라 9 저가 그 열조와 함께 자매 다윗성에 장사되고 그 아
들 아하스가 대신하여 왕이 되니라

¶ 주석

7-**9** 열왕기하 15:37은 시리아-에브라임 전쟁에 대하여 언급한다. 역대기 저자는 이 전쟁 보도를 삭제한다. 그것은 이 전쟁의 불행한 결

말이 경건한 요담 시대에 있었다고 말하고자 하지 않았기 때문일 것이다. 그러나 7절에 언급된 **그 모든 전쟁**은 르신과 베가에 의한 전쟁을 말할 것이다.

요담에 대한 자료정보는 **이스라엘과 유다 열왕기**만이 언급된다. 특이하게도 8절에서 도입구 1절이 반복된다.

¶ 메시지

요담은 아버지 웃시야에게서 배운 바 성전에는 들어가지 아니한다. 그는 초기에 아버지의 죄를 반복하지 아니하는 정도로 전반적으로 소극적이었던 것 같다. 그러나 그는 차차 적극적으로 하나님 앞에서 바른 길을 걸어 점점 강해진다. 믿음에는 분량이 있다. "어떤 사람은 모든 것을 먹을 만한 믿음이 있고 믿음이 연약한 자는 채소만 먹느니라"(롬 14:2). "젖을 먹는 자마다 어린 아이니 의의 말씀을 경험하지 못한 자요"(히 5:13). 우리의 신앙은 "음식은 못 먹고 젖이나 먹는" 단계에 머물러서는 안 된다. 시간이 흐르며 신앙은 점점 성장해 가야 한다. 때가 오래 되면 단단한 음식을 먹을 줄 알아야 한다(히 5:12).

11. 아하스(28:1-27)

역대기의 아하스 이야기는 열왕기의 것과 비교된다. 열왕기에는 없는 역대기의 특수 자료도 들어가 있다(28:8-15). 이러한 설명과 추가를 통하여 아하스 왕은 역대기에서 가장 악한 왕으로 평가된다.

¶ 짜임새

1) 28:1	도입
2) 28:2-7	아하스의 죄와 하나님의 심판
3) 28:8-15	이스라엘의 형제애
4) 28:16-25	아하스의 또 다른 죄
5) 28:26-27	결구

아하스 이야기는 교차적으로 배열되어 있다.

a. 아하스의 즉위, 신학적 평가(1절)

b. 아하스의 범죄(2-4절)

c. 심판(5-8절)

d. 예언자 오뎃(9-15절)
c′. 원조 요청과 무소용(16-21절)
b′. 여호와 성전에 대한 범죄(22-25절)
a′. 죽음과 장사(26-27절)

표에서 볼 수 있듯이 이야기의 중간에서는 북이스라엘로 이야기의 무대가 옮겨진다. 아하스 이야기는 아하스 왕의 범죄보다 북이스라엘과 유다의 관계에 대하여 말하는 데 초점을 두고 있는 듯하다.

¶ 평행본문과의 비교

도입구	대하 28:1	왕하 16:2
아하스의 범죄	28:2-4	16:3-4
정치군사적 곤경	28:5-21	16:5
아람/이스라엘	28:5	16:5
이스라엘	28:6-15	-
원조 요청	28:16	16:7-9
에돔 침략	28:17	16:6
블레셋 전쟁	28:18-19	-
앗수르 침략	28:20-21	-
죄	28:22-23	16:10-16
성전폐쇄	28:24-25	16:17-18
결구	28:26-27	16:19-20

1) 도입(28:1)

¶ 본문

[1]아하스가 위에 나아갈 때에 나이 이십세라 예루살렘에서 십 륙년을 치리하였으나 그 조상 다윗과 같지 아니하여 여호와 보시기에 정직히 행치 아니하고

¶ 주석

1 도입구는 즉위 나이와 통치년도, 그리고 평가로 구성되어 있다. 이러한 양식은 여호람에게서 나타난다(21:5-6 참고). 여호람에게서와 마찬가지로 여기서도 어머니에 대한 정보가 생략되어 있다. 아하스라는 이름은 '여호아하스'의 다른 형태이다. 디글랏빌레셀 3세의 연대기는 유다 왕의 이름을 '유다의 여호아하스'(Iauhazi)로 적고 있다.

아하스에 대한 전체적인 평가는 매우 부정적이다. 다윗과 같지 않고 여호와 보시기에 정직히 행치 아니하였다. 부정어로 기술된 이 평가는 역대기 저자가 그리는 아하스의 전체 상을 지배하고 있다.

2) 아하스의 죄와 하나님의 심판(28:2-7)

¶ 본문

[2]이스라엘 열왕의 길로 행하여 바알들의 우상을 부어 만들고 [3]또 힌놈

의 아들 골짜기에서 분향하고 여호와께서 이스라엘 자손 앞에서 쫓아내신
이방 사람의 가증한 일을 본받아 그 자녀를 불사르고 4또 산당과 작은 산
위와 모든 푸른 나무 아래에서 제사를 드리며 분향한지라
5그러므로 그 하나님 여호와께서 아람 왕의 손에 붙이시매 저희가 쳐서
심히 많은 무리를 사로잡아 가지고 다메섹으로 갔으며 또 이스라엘 왕의
손에 붙이시매 저가 쳐서 크게 살육하였으니 6이는 그 열조의 하나님 여
호와를 버렸음이라 르말랴의 아들 베가가 유다에서 하루 동안에 용사 십
이만명을 죽였으며 7에브라임의 용사 시그리는 왕의 아들 마아세야와 궁
내대신 아스리감과 총리대신 엘가나를 죽였더라

¶ 주석

(1) 아하스의 범죄(28:2-4)

2a 1절에서 아하스를 부정문장으로 기술하여 평가하였다면 여기서는 긍정문장으로 평가한다. 아하스는 **이스라엘 열왕의 길로 행하**였다(// 왕하 16:3-4). 이 평가는 북이스라엘 왕 여호람과 아하시야의 것이었다. 그들은 아달랴의 영향을 받아 이스라엘의 길로 행하였다(21:6, 13, 22:3-4). 아달랴의 영향이 사라진 환경에서 처음으로 아하스가 이스라엘의 왕들과 비교되고 있다. 이러한 비교평가는 아하스가 여호람과 아하시야처럼 북이스라엘의 영향을 받았다는 것을 암시해준다. 아하스가 이스라엘의 영향을 받은 것은 어디에서 기인될까? 이스라엘 왕과 비교하는 평가는 여호람과 아하시야의 경우처럼 아하스가 북왕국 출신의 왕비나 모후로부터 영향을 받았다는 것을 반영하고 있는 것은 아닐까? 아하스의 왕비는 히스기야 왕의 어머니인 "아비"(왕하 18:2) 또는 **아비야**(29:1)이다. "스가리야의 딸"(왕하 18:2) 또는 **스가랴의 딸**(29:1)이다.

2b - 4 아하스에 대한 부정적인 평가의 근거가 되는 아하스의 죄가 열거되고 있다. 첫째, 아하스의 죄는 **바알들의 우상을 부어** 만든 것이다.

둘째, 아하스는 힌놈의 아들 골짜기에서 분향하고, 자녀를 불살랐다. 역대기 저자는 예루살렘 남서쪽에 위치한 '벤 힌놈의 골짜기'를 자녀를 불살라 제물로 드리는 장소로 알고 있다(왕하 23:10). 열왕기와 예레미야서의 보도에 따르면 이곳에서는 자녀를 불사르는 일과 불을 지나게 하는 두 가지 형태의 관습이 있었던 듯하다(왕하 23:10; 렘 7:31, 19:6, 32:35). 열왕기에 따르면 아하스 왕은 한 "아들"을 불살랐다고 한다(왕하 16:3). 역대기 저자는 그가 **자녀**(3절), 훨씬 더 많은 아들을 불살랐다고 고발함으로써 아하스가 한 번이 아니라 꾸준히 이 관행에 참석하고 있었음을 암시해 준다. 아하스의 종교적 죄가 열왕기에서보다 더 무겁다.

셋째, 산당과 작은 산위와 모든 푸른 나무 아래에서 제사를 드리며 분향하였다.

이 모든 죄는 하나님을 진노하게 하여 북왕국 이스라엘을 멸망하게 만든 여러 죄목에 속해 있다. "모든 산 위에와 모든 푸른 나무 아래에"(왕하 17:10), "모든 산당에서 분향하며"(17:11), "자녀를 불 가운데로 지나가게 하며"(17:17), "바알"을 섬겼다(17:16).

열왕기에서 아하스 왕의 구체적인 죄는 두 가지만 언급된다. 아들을 불 가운데로 지나게 한 것과 산당과 산과 나무 아래에서 분향을 드린 것이다(왕하 16:3-4). 역대기에서는 **바알들의 우상**을 부어 만든 일과 **힌놈의 아들 골짜기에서 분향**한 일이 추가되어 있다. 그리하여 아하스는 열왕기에서보다 훨씬 더 많이 악한 행실을 한 왕으로 기술되어 있다. 이러한 죄는 하나님의 심판을 불러온다.

(2) 하나님의 징계(28:5-7)

5 여호와는 아하스를 한 번은 아람 왕의 손에, 다른 한 번은 이스라엘 왕의 손에 넘기신다. "~의 손에 넘기다"는 표현은 징계를 의미한다.

그 하나님 여호와 역대기 저자는 하나님을 '아하스의 하나님'이라고 칭한다. 이것은 징계하셨다고 하여 하나님이 그를 버리신 것이 아니라는 것을 강조하기 위함이다. 아하스의 곤경은 하나님으로부터 온 것이다. 그를 치시지만 하나님은 여전히 아하스의 하나님이다. 여전히 그의 죄가 있음에도 불구하고 아직 그에게는 기회가 남아 있다.

아람과 이스라엘의 공격은 열왕기에는 달리 기술되어 있다. 열왕기에서는 북왕국과 아람은 연합하여 유다를 공격한다(왕하 16:5-6). 시리아-에브라임 전쟁이라고 불리는 이 사건은 이사야 7장에 잘 그려 있다. 북이스라엘에서 정권을 잡은 베가는 시리아와 연합하고 아하스를 달래서 반앗수르 동맹을 체결하고자 하였다. 아하스가 이에 가담하지 않자 연합군은 아하스를 공격한 것이다.

그러나 역대기에서 이 두 왕국은 연합한 것이 아니라 각자 개별적으로 유다를 공격한다. 그리하여 유다는 두 차례의 위기를 맞게 된 것이다.

열왕기에 따르면 두 나라 연합군은 아하스를 이기지 못하여 예루살렘은 이 전쟁을 모면하였다(왕하 15:37, 16:5; 사 7:1ff.; 호 5:8ff.). 그러나 역대기의 기술에 따르면 이 두 나라의 공격으로 유다는 막대한 손실을 입게 된다. 아람군은 심히 많은 사람을 사로잡아갔으며, 이스라엘은 많은 자를 살륙하였다. 역대기 저자는 두 대적에 의한 유다의 손실을 따로 기술함으로써 아하스의 범죄를 강조한다.

6 백성이 당하는 곤욕은 여기서 그치지 않았다. 특히 북왕국에 의한 인명손실은 대단하였다. 단 하루 만에 용사 십이만 명이 죽었다. 아하스 왕의 범죄로 백성이 심판을 받는 듯하다. 그러나 역대기 저자는 이 자리에서 **여호와를 버**린 자들이 복수임을 분명히 해준다. "그들이 조상들의 하나님 여호와를 버렸기 때문이다"(사역). 분명하게 명시되지 않는 이 복수형태의 접미사로 역대기 저자는 분명히 백성을 의미한다.

7 이스라엘에 의한 손실은 왕의 아들 마아세야, 궁내대신 아스리감, 총리대신 엘가나라는 관리들의 죽음으로까지 이어졌다.

아람과 이스라엘에 의한 두 차례의 군사적 재앙은 아하스 왕과 백성의 제의적 잘못으로 인한 하나님의 징벌이었다.

¶ 메시지

아하스의 범죄로 인해 그의 수많은 백성과 관리들이 사로잡히거나 죽임을 당한다. 내가 지은 죄의 값을 다른 사람이 대신할 수 있다. 나로 인하여 내가 속한 공동체의 식구들이 애매한 고난을 당하지 않도록 힘써야 한다. 그뿐만 아니라 역으로 우리 그리스도인은 타인의 죄를 감당해야 할 책무를 지니고 있다.

3) 이스라엘의 형제애(28:8-15)

¶ 본문

[8]이스라엘 자손이 그 형제 중에서 그 아내와 자녀 합하여 이십만명을
사로잡고 그 재물을 많이 노략하여 사마리아로 가져가니 [9]그 곳에 여호와
의 선지자가 있는데 이름은 오뎃이라 저가 사마리아로 돌아오는 군대를
영접하고 저희에게 이르되 너희 열조의 하나님 여호와께서 유다를 진노하
신고로 너희 손에 붙이셨거늘 너희 노기가 충천하여 살육하고 [10]이제 너
희가 또 유다와 예루살렘 백성들을 압제하여 노예를 삼고자 생각하는도다
너희는 너희 하나님 여호와께 범죄함이 없느냐 [11]그런즉 너희는 내 말을
듣고 너희가 형제 중에서 사로잡아 온 포로를 놓아 돌아가게 하라 여호와
의 진노가 너희에게 임박하였느니라 한지라
[12]에브라임 자손의 두목 몇사람 요하난의 아들 아사랴와 무실레못의 아
들 베레갸와 살룸의 아들 여히스기야와 하들래의 아들 아마사가 일어나서
전장에서 돌아오는 자를 막으며 [13]저희에게 이르되 너희는 이 포로를 이
리로 끌어 들이지 못하리라 너희의 경영하는 일이 우리로 여호와께 허물
이 있게 함이니 우리의 죄와 허물을 더하게 함이로다 우리의 허물이 이미

커서 진노하심이 이스라엘에게 임박하였느니라 하매
[14] 이에 병기를 가진 사람이 포로와 노략한 물건을 방백들과 온 회중 앞
에 둔지라 [15] 이 위에 이름이 기록된 자들이 일어나서 포로를 맞고 노략하
여 온 중에서 옷을 취하여 벗은 자에게 입히며 신을 신기며 먹이고 마시우
며 기름을 바르고 그 약한 자는 나귀에 태워 데리고 종려나무 성 여리고에
이르러 그 형제에게 돌린 후에 사마리아로 돌아갔더라

¶ 주석

8-15절은 특별히 이스라엘 자손에 대하여 보도한다. 역대기에서 북왕국이 긍정적으로 기술되는 유일한 곳이다. 그래서 이 단락은 흔히 역대기 저자의 작품으로 간주된다. 그러나 구체적인 이름의 언급(12절)이나 "이 위에 이름이 기록된 자들"(15절)이라는 표현은 자료의 존재를 암시해준다.

야펫은 6-7절과 8-15절 사이에 존재하는 긴장을 지적한다. 7절에서 르말랴의 아들 베가와 에브라임의 용사 시그리가 나온 반면, 이 단원에서는 "이스라엘 자손"(8절) 또는 "에브라임 자손의 두목"(12절), "방백들"(14절)이 주된 역할을 하고 있기 때문이다. 야펫은 이러한 긴장을 6-7절과 8-15절이 서로 다른 자료에서 기인된 까닭으로 설명한다.[135)]

(1) 선지자 오뎃의 경고(28:8-11)

8 전쟁에서 승리한 이스라엘 군대는 전리품과 포로들을 데리고 사마리아로 돌아간다.

9 - **11** 사마리아에 오뎃이라 하는 여호와의 선지자가 있는데 그가 군대를 영접한다. 승리의 기쁨에 벅차 귀향하는 이스라엘 군대를 막고 오뎃은 포로들의 석방을 요구한다. 예언자 오뎃은 석방에 대한 이유로 두 가

135) S. Japhet, *I & II Chronicles*, 902.

지를 제시한다.

9 이스라엘 군대의 승리는 그들 자신의 힘에 의한 것이 아니라 하나님이 주신 것이었다. 이스라엘 군대는 여호와가 진노한 유다를 징벌하는 도구에 불과했다. 그러나 이스라엘은 하나님의 도구로서의 역할을 넘어섰다. 그들은 하나님의 진노의 도구가 아니라 "하늘에까지" 이르는 자신들의 노기로 유다 백성을 살육하였다. 심판의 도구로서 정도를 넘어서는 역할을 수행함으로써 이스라엘 군대는 스스로에게 하나님의 진노를 초래하게 되었다.

10 이것만으로도 죄가 되는데 이스라엘 군대는 유다와 예루살렘 백성을 사로잡아 오기까지 하였다. 노예로 삼기 위함이다. 논리상으로 보면 이스라엘 군대의 죄가 이미 크므로 포로를 노예로 삼음으로써 죄를 더는 짓지 말라는 선지자의 경고가 뒤따라야 할 것이다. 만일 그들이 사로잡은 자들을 노예로 삼는다면 그들은 죄를 더하게 될 것이며 하나님의 진노를 피하지 못할 것이다.

그러나 오뎃은 말하기를 **너희는 너희 하나님 여호와께 범죄함이 없느냐**고 한다. 선지자는 현재의 죄가 아니라 오히려 이스라엘의 과거의 죄를 지적하고 있다. 이스라엘에게 죄가 있음에도 불구하고 하나님은 그들에게 진노를 내리지 않았다는 말이다. 그렇다면 여기서 말하는 이스라엘의 범죄란 무엇을 말하는 것인가? 단순히 모든 사람이 지니고 있는 보편적이고도 일반적인 죄를 말하는 것인가? 만일 그들의 죄를 지적한다면 아하스의 범죄에 상응하는 종교적인 죄가 될 것이다. 북이스라엘은 분열 이후 예루살렘 성전을 찾지 않았다. 북이스라엘에는 여로보암이 만든 금송아지가 있으며 레위인 제사장이 없고 상번제가 없다(13:8-11). 그래서 정녕 여호와를 섬기고자 하는 자는 유다 왕국으로 넘어왔다(12:6, 15:9). 열왕기에서는 북이스라엘의 죄를 "여로보암의 죄"로 규정한다. 그러나 역대기 저자는 여로보암 이후 이를 더는 명시하지 않으나 북왕국 제의의 부적격성에 대하여는 한결같은 입장을 고수한다.

전체 오뎃의 논리로 볼 때 오뎃의 이 언급은 이스라엘의 죄를 지적하는 것보다는 죄를 더하지 말라는 경고로 이해하는 것이 더 적합해 보인다.

포로에 대한 오뎃의 자세는 포획한 아람 군대에 대한 엘리사의 대우(왕하 6:21-23)와 닮아 있다.

11 이스라엘 군대가 포로들을 석방해야 하는 두 번째 이유는 그들이 **형제**이기 때문이다. 오뎃은 유다 사람들을 **형제**라고 칭한다(8, 11, 15절). 형제를 노예로 삼는 것은 율법에 금지되어 있다(레 25:46). 유다 또는 북이스라엘을 **형제**라고 칭한 일은 왕국 분열 초기에 존재했다. 왕국이 분열되자마자 르호보암이 떨어져 나간 열 지파를 회복하고자 군사를 일으켰을 때 하나님은 스마야를 통해 '형제와 싸우지 말라'고 하였다(왕상 12:21-24). 그때는 유다 왕국에게 북이스라엘이 '형제'임을 주지시켰다. 이제는 그 반대이다.

(2) **북이스라엘의 사랑 실천**(28:12-15)

12 - **13** 이러한 예언자의 경고를 듣고 네 사람의 에브라임 자손 우두머리는 즉시 실천한다. 그들은 일어나서 귀환하는 군대들을 가로 막으며 포로를 더 들이지 말 것을 요구한다. 죄와 허물을 더하는 일이라는 것을 인정한다.

14 - **15** 그러자 무기를 가진 자들이 포로들과 모든 전리품을 포기하고 방백들과 회중 앞에 내어 놓는다.

다시 지도자들이 행동을 취한다. 그들은 포로를 영접하여 노략해온 물건 가운데서 옷과 신발을 가져다가 입히고 신기며, 또 먹을 것을 주고, 상처에 기름을 발라주고, 약한 자들은 나귀에 태워 국경인 여리고까지 데려다 준다. 이 사마리아 사람들은 "선한 사마리아인"의 원형이라 할 수 있다(눅 10장).

이스라엘의 족장들은 여리고에서 포로들을 돌려보내고 다시 사마리아로 돌아온다. 여리고는 에브라임과 베냐민의 경계에 놓여 있다(수 16:1, 18:12). 여리고는 남북왕국의 국경에 위치함으로써 전쟁이 발발하는 갈등의 장소였을 것이다. 그러나 이제 사랑이 실행되는 장소가 되고 있다.

북이스라엘 백성의 우호적인 태도는 아하스의 부정적인 모습과 완전히 대조된다. 주석가들은 흔히 역대기 저자가 아하스의 부정적인 모습을 강조하기 위하여 이 단락을 추가하였다고 이해한다.[136] 그러나 필자가 보기에는 이보다 더 중요한 이유가 있다.

앞에서 보았듯이 6-7절에서는 르말랴의 아들 베가와 에브라임의 용사 시그리가 이스라엘의 대표자로 언급되었다. 반면, 이 단락에서는 "이스라엘 자손"(8절) 또는 "에브라임 자손의 두목"(12절), **방백들**(14절)이 백성의 대표로 보인다. 이것은 6-7절과 8-15절 사이에 이스라엘 상황의 변화가 있음을 암시해준다. 이제 더는 이스라엘에서 왕이 존재하지 않는다. 북왕국이 멸망한 것이다. 역대기 저자는 여기서 북왕국의 정치적인 멸망을 염두에 두고 있다. 바로 이 시점에서 북왕국 백성의 형제애를 강조함으로써 남북의 하나 됨을 준비하고 있는 것이다. 왕국이 멸망한 북이스라엘 사람들에게 이제 더는 정치적 분열은 없다. 그들은 오로지 한 하나님을 믿는 형제일 뿐이다.

¶ 메시지

북이스라엘 사람들은 범죄한 유다를 심판하는 하나님의 도구로 쓰임받는다. 그러나 그들은 이 기회를 자신의 분을 풀고 재물을 불리며 포로들을 노예로 삼는 기회로 삼고자 한다. 그것이 하나님의 진노를 부르는 일임을 깨닫고서야 그들은 자신들의 행위에서 돌아선다.

때로 우리는 범죄한 자를 심판하는 하나님의 도구로 사용될 수 있다. 그것은 사법 기구에서 일할 때뿐만 아니라 한 공동체에서 치리하는 자리에 있을 경우에도 해당된다. 이때 우리는 하나님의 심판을 대신해야지 개인적인 감정이나 원한을 푸는 기회로 삼아서는 안 된다.

136) 예를 들면, Rudolph, *Chronikbücher*, 290-291.

4) 아하스의 또 다른 죄(28:16-25)

¶ 본문

16 그 때에 아하스왕이 앗수르 왕에게 보내어 도와주기를 구하였으니 17 이
는 에돔 사람이 다시 와서 유다를 치고 그 백성을 사로잡았음이며 18 블레
셋 사람도 유다의 평지와 남방 성읍들을 침노하여 벧세메스와 아얄론과
그데롯과 소고와 그 동네와 딤나와 그 동네와 김소와 그 동네를 취하고 거
기 거하였으니 19 이는 이스라엘 왕 아하스가 유다에서 망령되이 행하여
여호와께 크게 범죄하였으므로 여호와께서 유다를 낮추심이라

20 앗수르 왕 디글랏 빌레셀이 이르렀으나 돕지 아니하고 도리어 군박하
였더라 21 아하스가 여호와의 전과 왕궁과 방백들의 집에서 재물을 취하여
앗수르 왕에게 주었으나 유익이 없었더라

22 이 아하스왕이 곤고할 때에 더욱 여호와께 범죄하여 23 자기를 친 다
메섹 신들에게 제사하여 가로되 아람 열왕의 신들이 저희를 도왔으니 나
도 그 신에게 제사하여 나를 돕게 하리라 하였으나 그 신이 아하스와 온
이스라엘을 망케 하였더라 24 아하스가 하나님의 전의 기구들을 모아 훼
파하고 또 여호와의 전문들을 닫고 예루살렘 구석마다 단을 쌓고 25 유다
각 성읍에 산당을 세워 다른 신에게 분향하여 그 열조의 하나님 여호와의
노를 격발케 하였더라

¶ 주석

(1) 아하스의 정치적 곤경(28:16-19)

16 **그때에** 북이스라엘과 아람의 침략(5-7절)이 있을 때를 말한다. 두 나라의 공격에 임하자 아하스 왕은 자신의 제의적 잘못에 대한 징벌로 군사적 재앙(5-8절)이 임한 것을 깨닫지 못하고 앗수르 왕에게 도움을 청하

여 이 위기를 극복하려 한다. 아하스의 믿음 없음이 부각된다. 열왕기에 따르면 아하스는 아람과 이스라엘의 연합군이 공격하자 앗수르에 원조를 요청한다(왕하 16:7). 역대기에서는 아람과 이스라엘에 이어 또 다른 외세의 침략을 이 요청의 원인으로 추가한다.

17 **에돔 사람이 다시 와서** 에돔의 재침략을 말하는 것이 아니다. **다시**는 '또'를 의미한다. 아람과 북이스라엘에 임한 재앙뿐만 아니라 에돔도 가세하였다는 것이다. 그들도 유다를 치고 백성을 사로잡았다. 에돔인이 습격한 것은 아람 왕 르신이 유다로부터 엘랏을 빼앗고 거기에 아람 사람을 거하게 했기 때문일 것이다(왕하 16:6).

18 설상가상으로 블레셋의 공격까지 덮쳤다. 그들은 여러 마을들을 점령하였다. 블레셋인들은 서쪽 구릉지대인 '유다평지'(쉐펠라)와 '남방성읍'(네게브)에서 크게 승리하였는데, 이것은 웃시야의 확장정책(26:6)에 대한 반격이었을 것이다.[137] 이 정도 규모의 전쟁을 위해서는 블레셋 사람들은 반드시 세력을 규합하였을 것이다. 딤나에서의 발굴 결과는 아하스 시대에 블레셋 사람들이 거주하였다는 것을 증거해준다.[138] 여호수아서의 유다 성읍 목록(15:21-62)에서 딤나와 벧세메스가 언급되지 않는 것은 이 성읍들이 당시에 블레셋의 통치 구역이었기 때문일 수 있다.

역대기는 아하스 당시에 아람과 북이스라엘만이 아니라 동시에 남서쪽에서도 대적이 침입해 왔다는 새로운 사실을 전하고 있다. 이것은 어느 정도 역사성이 있다.

19 역대기 저자는 아하스가 겪게 되는 일련의 굴욕적인 결과는 정치적인 상황이 아니라, 그의 종교적인 범죄로부터 기인되었다는 것을 말하고 있다. 특이하게도 이 자리에서 아하스는 **이스라엘 왕**(멜렉-이스라엘, מלך־יראל)이라 칭해지고 있다. 왜냐하면 아하스는 유다의 왕이기 때문이

137) Rudolph, *Chronikbücher*, 291.

138) A. Mazar, "The Northern Shephelah in the Iron Age," 258.

다. 그래서 다수의 사본들은 '이스라엘의 왕'을 '유다의 왕'('멜렉-예후다', מלך־יהודה)으로 읽고 있다. 그러나 이것은 결코 잘못 쓴 것이 아니다. 역대기 저자는 여기서 의도적으로 아하스를 유다의 왕이 아닌 **이스라엘 왕**이라 기록하고 있다. 이것을 23절이 지지해준다.

여기서 **이스라엘**은 북왕국을 말하는 것이 아니라 남왕국 유다와 북왕국 이스라엘을 포함하는 상위개념으로 하나님의 백성 전체를 칭하는 **이스라엘**이다. 아하스를 '이스라엘 왕'이라 칭한다면 역대기 저자는 여기서 아하스가 온 이스라엘의 지도자로서 그가 위기에 처한 그 백성의 운명을 책임져야 할 인물이라는 점을 지적하고자 하는 것이다. 그러나 그는 위기 가운데 어떻게 처신하고 있는가?

(2) **아하스의 정치적 죄**(28:20-21)

20 - **21** 아하스의 요청대로 디글랏빌레셀은 그에게 왔다. 아하스는 성전과 왕궁과 방백들의 집에서 재물을 가져다가 디글랏빌레셀에게 바쳤다(왕하 16:8). 아하스는 패배를 통한 고통에도 불구하고 회개에 이르지 않고, 하나님께로 돌아오기보다 인간에게 향한 것이다. 그러므로 하나님은 아하스가 의지하는 인간적인 힘을 무너뜨리신다. 아하스가 막대한 물질을 갖다 바치며 불러온 디글랏빌레셀은 도움을 주는 것이 아니라 오히려 그를 공격하였다. 그의 많은 물질도 아무런 도움이 되지 못했다. 아하스의 원조요청은 큰 실수였다.

열왕기에 따르면 아하스는 시리아-에브라임 전쟁의 위협에서 앗수르에게 원조를 요청하였고(왕하 15:29), 이것은 실제로 유다에게 도움을 주었다(16:9). 그러나 역대기 저자에게 이러한 아하스의 단기간의 정치적 승리는 그의 응보도식에 맞지 않았다. 더구나 역사적으로 보아도 아하스가 원조를 요청한 것은 더 큰 재앙을 끌어들인 결과가 되었다(사 7:17 참고).

(3) **아하스의 종교적 죄**(28:22-25)

22 고난을 면하기 위하여 인간적으로 해결하려 하였으나 도리어 더

가중되면 이제는 하나님께 돌아서 간구해야 한다. 성전봉헌 기도에서 솔로몬 왕은 범죄한 백성이 곤경 속에서 회개하는 것을 하나님 백성에게 적합한 태도로 보여주고 있다(6:24-31, 36-39). 하나님은 곤경 속에서 회개하는 자를 회복하신다(7:14, 15:4 참고). 그러나 아하스 왕은 **곤고할 때에 더욱 여호와께 범죄**하였다. 자신의 죄로 인하여 곤고함이 가중되었으나 아하스는 이를 깨닫지 못하고 한번 밟은 길에서 돌아설 줄을 모른다. 실패를 거듭하면서도 아하스는 바른 길로 돌아오지 않았다. 오히려 아하스는 언제나 새로운 수단으로 지속적인 실패에 박차를 가하는 사람이었다. 곤경 속에서 깨닫지 못한다면 도대체 어디서 가능성을 찾을 수 있단 말인가! 한마디로 어리석은 자이다. 이렇게 고집스럽고 어리석은 자가 바로 **이 아하스 왕**이다! 역대기 저자는 아하스에 대하여 하고자 하는 많은 말을 **이 아하스 왕**이라는 한마디에 담아내고자 한다.

23 깨달을 줄 모르는 아하스의 모습은 **자기를 친** 다메섹 신에게 제사하면서 도움을 구하는 점에서 명확히 드러난다. **다메섹 신들**은 다시 **아람 열왕의 신들**로 대체된다. 아하스는 아람의 승리를 그 신들의 도움으로 이루어진 것으로 믿는다. 그래서 그도 그 신에게 제사한 것이다. 아하스는 아람의 승리가 하나님 때문(5절)이라는 것을 알지 못한다. 아하스는 아직도 자신을 아람 왕의 손에 넘기신 분이 "그의 하나님 여호와"임을 알지 못한다.

다메섹의 신들에게 제사하였다는 역대기 저자의 보도는 열왕기하 16:10-18에 대한 해석이라는 견해가 일반적인 지지를 얻고 있다. 열왕기의 기록에 따르면 아하스는 디글랏빌레셀을 만나러 다메섹에 갔다가(732년) 그곳의 제단양식을 본 떠 제사장 우리야에게 보내 옛 번제단을 대체하게 한다. 그리고 아하스 왕은 그 새 제단에서 제사를 드린다. 열왕기에서 아하스는 새 제단을 만든 것과 관련하여 전혀 부정적으로 비판받고 있지 않다. 그 사실은 중립적으로 보도된다. 그러나 역대기 저자는 다메섹 식의 제단으로의 교체를 이미 아람 신들의 제의로 돌아섰다고 이해한다. 아람양식의 제단 사용은 곧 아람 신을 섬기는 행위이다. 이러한 해석을 역대기 저자는 전쟁에서 승리한 백성의 신들이 패배한 백성의 신보다 능가한다는 고대의 관점에서 끌어오고 있다. 아하스가 아람 신들의 제단을 도입한 것은 그들의 우위를 인정하는 것이다. 역대기 저자는 그러한 행위가 당사자는 물론 온 이스라엘을 망하게 하는 일이었다고 단언한다.

그 신이 아하스와 온 이스라엘을 망케 하였다. 이 말은 아하스가 다메섹 신에게 제사함으로써 온 이스라엘을 망하게 했다는 것이다. 이 언급은 앞 19절에서 아하스를 "이스라엘 왕"이라 부른 것과 일맥상통한다. "이스라엘 왕"이 **온 이스라엘**을 망하게 하였다.

24 - **25** 아하스는 아람 신들에게 제사하였을 뿐만 아니라 성전의 기구들을 부수고 성전문을 닫았다. 즉 예루살렘 성전의 제의를 중단시킨 것이다.

게다가 아하스는 예루살렘에 제단을 쌓고, 유다 땅 도처에 산당을 세워 다른 신을 섬기게 하였다. 이러한 죄들은 그의 초기에 범했던 것들보다 훨씬 심각해져 있다.

열왕기는 아하스가 "앗수르 왕을 두려워하여" 안식일에 쓰는 낭실과 왕이 밖에서 들어가는 낭실을 성전에 옮겨 세웠다고 말한다(왕하 16:18). 이 구절은 성전건물과 성전구역에 대한 독점권에 대하여 보도한다. 이것을 역대기 저자는 성전문의 폐쇄, 즉 여호와 제의의 중단으로 이해한다.

아하스의 범죄는 열왕기에서 므낫세의 죄로 고발되는 것과 많이 일치한다. 그러나 아하스는 역대기에서 므낫세보다 더 악한 왕으로 소개된다. 아하스는 여러가지 죄로 여호와를 진노하게 하였다. 그러나 이 죄는 즉각적인 심판을 초래하지 않는다. 이것은 역대기 저자에게는 히스기야가 등극한 직후 그의 아버지의 조치들을 되돌려 놓았다는 것을 통해서(29:3) 설명된다.

¶ 메시지

죄로 인한 것이든 죄 없이 받는 고난이든 우리는 대체로 환난 가운데 하나님을 찾게 된다(출 2:23; 삿 2:18 등). 특히 죄로 인하여 당하는 고난은 우리가 하나님의 자녀임을 보여주는 증거이다(히 12:8). 하나님은 오직 우리의 유익을 위하여 우리를 "잠시" 징계하신다(히 12:10). 아하스 왕은 자신의 죄로 인해 닥친 짧은 고난의 시간을 다시 대제국을 의지하고 죄를 더하며 보냈다. 아하스에게 징계는 무익하였다. "내가 너희 자녀들을 때린 것이 무익함은 그들이 징계를 받아들이지 아니함이라"(렘 2:30). 징계는 받을 당시에는 즐거워 보이지 않고 슬퍼 보이지만 후에 그로 말미암아 연단받아 의와 평강의 열매를 맺게 된다(히 12:10). 고난 가운데서도 깨닫지 못한 자야말로 가장 어리석은 사람이다.

5) 결구(28:26-27)

¶ 본문

[26]아하스의 이 외의 시종 사적과 모든 행위는 유다와 이스라엘 열왕기
에 기록되니라 [27]아하스가 그 열조와 함께 자매 이스라엘 열왕의 묘실에
들이지 아니하고 예루살렘성에 장사하였더라 그 아들 히스기야가 대신하
여 왕이 되니라

¶ 주석

26 - **27** 아하스에 관한 사료도 **유다와 이스라엘 열왕기**이다.

아하스는 끊임없는 죄에도 불구하고 벌을 받지 않는다. 비교적 짧은 수명(36세)이 심판이 될 수도 있을 것이다. 그러나 역대기 저자는 그렇게 생각하지 않는다. 오히려 아하스에 대한 백성의 대접에서 그의 일생에 대한 평가를 찾는다. 아하스는 열왕의 묘실에 묻히지 아니하였다. 열왕기에서는 "그가 조상들과 함께 묻혔다"(왕하 16:20)고 한다. 죽음에서 백성은 아하

스로부터 모든 명예를 박탈한다. 죽음에서 명예를 잃은 왕들은 여호람(21:20), 요아스(24:25), 웃시야(26:23)이다. 이것은 불경건한 왕에 대한 최종 심판으로 간주될 수 있다.

¶ 메시지

지도자는 자신의 죄로 인하여 한 공동체를 위험으로 몰아넣을 수 있다. 지도자는 공동체의 운명을 결정한다. 지도자는 자신의 믿음의 행위가 자신은 물론 온 공동체를 파멸로 이끌 수 있다는 것을 늘 명심해야 한다.

제3부
온 이스라엘의 통일과 새로운 시작(29-36장)

아하스 시대는 북왕국의 멸망과 유다의 정치적 피해와 종교적 범죄로 말미암아 내리막길로 치달아 왕국은 이스라엘 역사의 전체 시기 중 최저점에 이른다. 히스기야 왕의 등극으로 이스라엘 역사는 새로운 전환점을 맞이하며 이러한 흐름은 므낫세와 요시야 왕에게로 이어져 이 시기 유다 왕국은 초기 다윗, 솔로몬 시대에 비교되는 제2의 전성기를 맞이한다. 그러나 요시야 왕의 죽음 이후 다시 어두운 시대를 맞이하지만, 역대기 저자는 결코 이 시기를 어두운 색채로 마무리하지 않는다. 저자는 고레스의 칙령을 책의 끝에 둠으로써 끝이 아니라 처음으로 다시 돌아간다(대상 1장 참고).

1. 히스기야(29:1-32:33)

역대기의 히스기야 이야기는 저본(왕하 18-20장)의 순서를 그대로 유지하고 있다. 그러나 히스기야의 제의적 조치에 대한 보도와 그의 다른 통치에 관한 보도의 범위는 열왕기(왕하 18-20장)와는 정반대로 되어 있다. 열왕기하 18:4의 한 구절은 역대하 29-31장인 석장으로 확장되고, 그에 반해 열왕기하 18:13-20:21에서 이야기되는 일은 역대하 32장 한 장으로 축약되어 있다. 즉 역대기 저자는 예루살렘이 산헤립으로부터 구조된 것(1-23절), 히스기야가 죽음 앞에 보존된 것(24절), 그리고 므로닥발라단의 사절단을 통한 시험의 희미한 결말에서(25-26절, 31절) 왕의 신실함에 대한 하나님의 보상을 바라보고 있다. 자료 면에서 그는 분명히 정경의 저본에 종속되어 있다. 2-8, 23, 27-29절만이 중복되지 않는다.

32장에서 열왕기하의 옛 본문 전체가 축약되었음에도 불구하고 문자 그대로 재인식할 수 있다. 역대기 저자가 성읍들의 정복에 대하여(왕하 18:13), 히스기야의 심한 조공에 대하여(왕하 18:14-16) 그리고 이사야의 위로가 필요했던(왕하 19:6-7, 20-34) 왕의 두려움에 대하여(왕하 19:1ff.) 아무것도 보도하지 않는 것은, 그가 믿음이 강하고 성공적인 히스기야를 그리고자 한 상에 그것이 맞지 않았다는 것을 통해 설명된다. 그리하여 역사적인 실제성에 대한 기술이 이미 열왕기하의 경우에서보다 더 많이 제거된다. 701년 산헤립의 공격이 유다가 북왕국과의 분열과 느부갓네살의 공격 사이에 겪은 가장 심한 재앙이었다는 것, 그것에 대하여 역대하 32장은 더 알지 못한다.

¶ 짜임새

1) 29 : 1-2	도입
2) 29 : 3-31 : 21	종교적 차원
29 : 3-36	제1월: 성전제의 회복과 성전 재봉헌
30 : 1-31 : 1	제2월: 유월절 준수와 결과
31 : 2-21	제3월-7월: 성전제의 재조직
3) 32 : 1-31	정치적 차원
32 : 1-23	앗수르 항쟁
32 : 24-26	히스기야의 교만
32 : 27-29	히스기야의 부귀영화
32 : 30	수로 공사 성공
32 : 31	히스기야의 시험
4) 32 : 32-33	결구

¶ 평행본문과의 비교

도입구	대하 29 : 1-2	왕하 18 : 2-3
성전정화	29 : 3-36	-
유월절 준비	30 : 1-13	-
제의개혁	30 : 14	18 : 4
유월절 행사	30 : 15-27	-
제의개혁	31 : 1	[18 : 4]
성전제의 회복	31 : 2-19	-
신학적 평가	31 : 20-21	[18 : 3]

왕의 하나님 신뢰	-	18:5-6
하나님의 보상	-	18:7-8
북왕국의 멸망	-	18:10-12
산헤립의 침략	32:1	18:13
히스기야의 준비	32:2-8	18:14-16
산헤립의 비방	32:9-19	18:17-37
왕과 이사야	-	19:1-7
산헤립의 비방(편지)	-	19:8-13
히스기야의 기도	32:20	19:14-19
하나님의 구원	32:21-22	19:20-37
결과	32:23	-
히스기야의 교만	32:24-26	20:1-11
히스기야의 부귀영화	32:27-29	-
히스기야의 수로공사	32:30	20:20
히스기야의 시험	32:31	20:12-19
결구	32:32-33	20:20-21

1) 도입(29:1-2)

¶ 본문

[1] 히스기야가 위에 나아갈 때에 나이 이십 오세라 예루살렘에서 이십 구
년을 치리하니라 그 모친의 이름은 아비야라 스가랴의 딸이더라 [2] 히스기
야가 그 조상 다윗의 모든 행위와 같이 여호와 보시기에 정직히 행하여

¶ 주석

1 히스기야는 이십 오세에 왕위에 올라 이십 구년을 다스렸다. 연대 문제가 발생한다. 아하스는 이십세에 통치를 시작하였고 16년간 왕위에 있었다(왕하 16:2). 히스기야가 이십 오세에 아하스를 승계하였다면 아하스는 십일세에 히스기야를 낳았다는 말이 된다. 이 문제가 해결되지는 않았지만 히스기야가 여로보암 통치 후기에 태어났다는 견해에는 일치한다. 이 때 웃시야는 요담과 함께 통치했다.

그 모친의 이름은 아비야라 스가랴의 딸이더라(// 왕하 18:1, 2). '아비야'라는 이름은 여성이름으로도(대상 2:24) 남성이름으로도(삼상 8:2; 대하 11:20// 왕상 14:1) 사용된다. 히스기야 어머니의 출신에 대한 정보는 없다. 스페니어(Spanier)는 아비야를 예후왕조의 마지막 왕 스가랴의 딸로 간주한다. 여로보암과 웃시야/요담 사이에 체결된 정략결혼에 의해 유다 왕궁에 오게 되었다고 주장한다.[139] 남북 사이의 두 번째 연합인 셈이다. 여로보암 2세와 웃시야 치하에서 두 왕국의 관계는 안정되었고 경제적 성장을 이루었다. 여로보암은 오므리 왕조 이래로 중단된 남북관계의 정상화를 다시 회복하고자 했을 것이다. 두 왕은 에너지가 넘치고 능력 있는 왕이었으며 둘 다 오랜기간 통치(여로보암 41년, 웃시야 52년)하였기 때문에 정략결혼을 체결할 충분한 배경이 된다는 것이다. 스페니어는 아람의 압력과 정치적 내부 갈등으로 북이스라엘의 힘이 기울기 시작한 8세기 후반에 아비야와 유다 왕가의 왕세자(아하스)와의 정략결혼이 성사되었을 것이라고 계산한다. 이 결혼은 두 왕국의 전략적, 경제적 유익을 가져다줄 것이라 기대되는 통일의 일환이었을 것이다. 이 결혼을 통해 예후왕조는 계속되는 길르앗 사람들의 반란을 저지할 지지 세력이 필요했고, 요담은 이미 성취한 경제적, 군사적 선점을 유지하고 싶었을 것이다. 스가랴는 왕위에 오른 후 6개월 뒤 길르앗 사람 살룸의 반역 과정에서 암살되었다(왕하 15:8-11). 이것으로 한 세기의 예후왕조가 막을 내리고 이스라엘은 혼란에 빠지게

139) Spanier, "The Northern Israelite Queen Mother," 144.

된다. 이때 예후왕조에 봉사하던 북왕국 상류층 사람들이 무리를 이루어 예루살렘으로 내려왔을 가능성이 있다. 예루살렘에서 아비야는 명목상으로 그들의 대표가 되었을 것이다.

스페니어의 연구가 옳다면 히스기야는 북왕국의 후손이기도 하다. 그렇다면 북왕국 멸망 후 이주한 이스라엘 백성의 구심점이 되어주었을 것이다.

아하시야와는 달리 히스기야는 북왕국 출신의 어머니로부터 부정적인 영향을 받지 않았다. 오히려 히스기야는 다윗과 같이 여호와 보시기에 정직하게 행하였다.

2 히스기야는 다윗에 비교된다.

2) 성전정화와 성전 재봉헌(29:3-36)

¶ 본문

3 원년 정월에 여호와의 전 문들을 열고 수리하고 4 제사장들과 레위 사
람들을 동편 광장에 모으고 5 저희에게 이르되 레위 사람들아 내 말을 들
으라 이제 너희는 성결케 하고 또 너희 열조의 하나님 여호와의 전을 성결
케 하여 그 더러운 것을 성소에서 없이하라 6 우리 열조가 범죄하여 우리
하나님 여호와 보시기에 악을 행하여 하나님을 버리고 얼굴을 돌이켜 여
호와의 성소를 등지고 7 또 낭실 문을 닫으며 등불을 끄고 성소에서 분향
하지 아니하며 이스라엘 하나님께 번제를 드리지 아니한고로 8 여호와께
서 유다와 예루살렘을 진노하시고 내어버리사 두려움과 놀람과 비웃음거
리가 되게 하신 것을 너희가 목도하는바라 9 이로 인하여 우리의 열조가
칼에 엎드러지며 우리의 자녀와 아내가 사로잡혔느니라 10 이제 이스라엘
하나님 여호와로 더불어 언약을 세워 그 맹렬한 노로 우리에게서 떠나게
할 마음이 내게 있노니 11 내 아들들아 이제는 게으르지 말라 여호와께서

이미 너희를 택하사 그 앞에 서서 수종들어 섬기며 분향하게 하셨느니라
12 이에 레위 사람들이 일어나니 곧 그핫의 자손 중 아마새의 아들 마핫
과 아사랴의 아들 요엘과 므라리의 자손 중 압디의 아들 기스와 여할렐렐
의 아들 아사랴와 게르손 사람 중 심마의 아들 요아와 요아의 아들 에덴과
13 엘리사반의 자손 중 시므리와 여우엘과 아삽의 자손 중 스가랴와 맛다
냐와 14 헤만의 자손 중 여후엘과 시므이와 여두둔의 자손 중 스마야와 웃
시엘이라 15 저희가 그 형제를 모아 성결케 하고 들어가서 왕이 여호와의
말씀대로 명한것을 좇아 여호와의 전을 깨끗케 할쌔 16 제사장들도 여호와
의 전 안에 들어가서 깨끗케 하여 여호와의 전에 있는 모든 더러운 것을
끌어 내어 여호와의 전 뜰에 이르매 레위 사람들이 취하여 바깥 기드론 시
내로 가져갔더라 17 정월 초하루에 성결케 하기를 시작하여 그달 초팔일에
여호와의 낭실에 이르고 또 팔일 동안 여호와의 전을 성결케 하여 정월 십
륙일에 이르러 마치고 18 안으로 들어가서 히스기야 왕을 보고 가로되 우
리가 여호와의 온 전과 번제단과 그 모든 기구와 떡을 진설하는 상과 그
모든 기구를 깨끗케 하였고 19 또 아하스왕이 위에 있어 범죄할 때에 버린
모든 기구도 우리가 정돈하고 성결케 하여 여호와의 단 앞에 두었나이다
하니라

20 히스기야 왕이 일찌기 일어나 성읍의 귀인들을 모아 여호와의 전에
올라가서 21 수송아지 일곱과 수양 일곱과 어린 양 일곱과 수염소 일곱을
끌어다가 나라와 성소와 유다를 위하여 속죄 제물을 삼고 아론의 자손 제
사장들을 명하여 여호와의 단에 드리게 하니 22 이에 수소를 잡으매 제사
장이 그 피를 받아 단에 뿌리고 또 수양을 잡으매 그 피를 단에 뿌리고 또
어린 양을 잡으매 그 피를 단에 뿌리고 23 이에 속죄 제물로 드릴 수염소를
왕과 회중의 앞으로 끌어 오매 저희가 그 위에 안수하고 24 제사장이 잡아
그 피로 속죄제를 삼아 단에 드려 온 이스라엘을 위하여 속죄하니 이는 왕
이 명하여 온 이스라엘을 위하여 번제와 속죄제를 드리게 하였음이더라
25 왕이 레위 사람을 여호와의 전에 두어서 다윗과 왕의 선견자 갓과 선지
자 나단의 명한대로 제금과 비파와 수금을 잡게 하니 이는 여호와께서 그
선지자들로 이렇게 명하셨음이라 26 레위 사람은 다윗의 악기를 잡고 제사
장은 나팔을 잡고 서매 27 히스기야가 명하여 번제를 단에 드릴쌔 번제 드

리기를 시작하는 동시에 여호와의 시로 노래하고 나팔을 불며 이스라엘
왕 다윗의 악기를 울리고 28 온 회중이 경배하며 노래하는 자들은 노래하
고 나팔 부는 자들은 나팔을 불어 번제를 마치기까지 이르니라 29 제사 드
리기를 마치매 왕과 그 함께 있는 자가 다 엎드려 경배하니라 30 히스기야
왕이 귀인들로 더불어 레위 사람을 명하여 다윗과 선견자 아삽의 시로 여
호와를 찬송하게 하매 저희가 즐거움으로 찬송하고 몸을 굽혀 경배하니라
31 이에 히스기야가 일러 가로되 너희가 이제 몸을 깨끗케 하여 여호와께
드렸으니 마땅히 나아와 제물과 감사제물을 여호와의 전으로 가져오라 회
중이 드디어 제물과 감사제물을 가져오되 무릇 마음에 원하는 자는 또한
번제물을 가져오니 32 회중의 가져온 번제물의 수효는 수소가 칠십이요 수
양이 일백이요 어린양이 이백이니 이는 다 여호와께 번제물로 드리는 것
이며 33 또 구별하여 드린 소가 육백이요 양이 삼천이라 34 그런데 제사장
이 부족하여 그 모든 번제 짐승의 가죽을 능히 벗기지 못하는고로 그 형제
레위 사람이 그 일을 마치기까지 돕고 다른 제사장의 성결케 하기까지 기
다렸으니 이는 레위 사람의 성결케 함이 제사장들보다 성심이 있었음이라
35 번제와 화목제의 기름과 각 번제에 속한 전제가 많더라 이와 같이 여호
와의 전에서 섬기는 일이 순서대로 갖추어지니라 36 이 일이 갑자기 되었
을찌라도 하나님이 백성을 위하여 예비하셨음을 인하여 히스기야가 백성
으로 더불어 기뻐하였더라

¶ 주석

히스기야를 소개한 도입구절 직후 역대기 저자는 바로 아하스 시대의 종교적 타락이 어떻게 회복되는지를 설명한다. 아하스 시대의 제의적 죄가 심각하므로 그것의 회복 또한 조직적으로 이루어져야 할 것이다. 이 회복은 세 단계에 걸쳐 이루어진다. 첫 단계는 성전건물의 정화이다.

(1) 성전정화(29:3-19)

3 원년 정월에 여호와의 전 문들을 열고 히스기야는 즉위하자마자 일을 시작한다. 그의 첫 번째 일은 여호와의 전에 관한 것이다. 히스기야에게 하나님을 예배하지 않는 것은 견딜 수 없는 일이었다. 그래서 그는 아하스가 닫았던(28:24) 성전문을 열고 수리한다. 성전문을 개방했다는 것은 새 통치자의 새로운 정신을 상징하며 그의 개혁 의지를 말해준다.[140] 그의 첫 번째 발걸음은 히스기야가 아버지 아하스와는 완전히 다른 정신을 소유한 자임을 보여준다.

4 히스기야 왕은 제사장과 레위인을 소집한다. 그리고 그들이 무엇을 해야 할지를 가르쳐준다.

5 레위 사람들아 이 호칭은 4절의 '제사장들과 레위 사람들' 모두를 포함한다. 성전을 책임진 관리들이다. 그들은 스스로 성결하게 하고 다음으로 하나님의 전을 성결하게 해야 한다. 성소에서 더러운 것을 제거해야 한다. 아하스 시대에 성전은 닫혀 있었지만 성소에는 여러 가지 이방제의와 관련된 것들로 가득 찼던 것 같다.

6-7 히스기야 왕은 제사장과 레위인에게 과거의 죄를 가르쳐준다. 조상들의 죄는 하나님을 버린 것이다. 조상들이 하나님을 버린 것은 그들이 성전과 예배를 무시한 사실을 통해서 알 수 있다. 낭실 문을 닫고, 등불을 끄고, 분향하지 않고, 번제를 드리지 아니한 것은 곧 하나님을 버리고 하나님을 등진 증거이다. 분향하지 않고 번제를 드리지 않는다면 성전은 존재할 이유가 없다(2:3 참고). 이 죄목은 조상들 가운데서도 특히 아하스의 죄에 해당한다(28:24).

8-9 하나님을 버린 결과 유다와 예루살렘은 하나님의 진노를 초

140) Rudolph, *Chronikbücher*, 295.

래하게 되었다. 진노하신 하나님은 유다와 예루살렘을 내버렸다. 그리하여 유다는 현재 **두려움과 놀람과 비웃음거리**가 되었다.

하나님의 진노는 조상들에게는 물론 현재 세대들에게도 임했다. 칼에 죽고 자녀와 아내들이 사로잡힘을 당하였다.

너희가 목도하는바라 이것은 아하스 시대에 아람, 이스라엘, 에돔, 블레셋, 앗수르에 의해 패배한 일을 말할 것이다(28장). 현세대가 이 전쟁을 겪었다.

10 이미 임한 여호와의 진노를 떠나게 하기 위하여 히스기야는 이제 여호와와 함께 언약을 세우고자 한다.

11 진노하신 하나님과 언약을 맺기 위하여 인간은 자신을 성결하게 해야 한다. 이 일에 여호와가 특별한 봉사자로 선택한 제사장과 레위인들이 게을러서는 안 된다.

12 - **14** 왕의 명령이 떨어지자 제일 먼저 레위 사람들이 적극적으로 반응한다.

일어나니 이 표현은 행동의 시작을 의미한다. 왕의 명령에 즉각 응답한 레위인들의 이름이 세세히 열거되어 있다. 그핫의 자손, 므라리의 자손, 엘리사반의 자손, 아삽의 자손, 헤만의 자손, 여두둔의 자손이다. 엘리사반은 여기서 새로 언급된다(대상 15:8 참고).

15 레위인들은 그들의 형제들을 모아 성결하게 하였다. 그들의 형제들은 제사장들을 말한다. **왕이 여호와의 말씀대로 명한 것을 좇아** 그들은 여호와의 전을 깨끗하게 하였다. 그러므로 왕의 명령이 하나님의 말씀에 부합하다. 따라서 왕의 말씀에 적극 응답한 것은 곧 하나님께 응답한 것이다.

16 레위인들의 열심에 제사장들이 고무되어 자신들의 관할구역인 **여호와의 전 안에** 들어가서 모든 더러운 것을 **여호와의 전 뜰**로 끌어낸다. 그곳에 있던 레위 사람들이 그것을 받아 성전 바깥 기드론 시내로 가져다

버린다.

여기서 레위 사람들과 제사장들의 직무 장소가 분명히 구별된다. 제사장들은 전 안에서 일한다. 전 안에는 지성소가 있다. 레위 사람들은 지성소에는 들어갈 수 없다(레 10:16). 그래서 레위 사람들은 아무리 열심과 열정이 있다 해도 여호와의 전 안을 정화할 수는 없다. 이러한 직무의 구별은 레위 사람과 제사장의 동역이 없이는 성전을 회복하는 일이 불가능함을 말해준다. 사역 장소는 다르지만 똑같이 하나님의 일이다.

17 정화과정을 요약하고 있다. 정월 초하루에 시작하여 제 팔일에 낭실에 이르고 팔일 동안 성전을 성결하고 제 십육 일에 마쳤다. 성전 전체를 청소하는 데 총 십육 일이 소요되었다. 이 일정은 제사장들이 여호와의 전을 성결하는 데는 팔일이 걸렸다는 말이다. 성결에서 여호와의 낭실까지 팔일이 걸렸다면, 제사장은 자신들의 일을 뒤늦게 시작했다는 말이다. 레위 사람이 성전을 깨끗하게 하는 팔일 동안 제사장들은 아무 일도 하지 않았다는 것을 암시해준다. 만약 성전 안을 청소하기 위해서는 먼저 성전 뜰에 대한 청소가 이루어져야 하는 것이 아니라면 말이다. 그럼에도 불구하고 본문에서는 뒤늦게 왕의 명을 좇아 성전을 정화하기 시작한 제사장에 대한 비난이 전혀 풍기지 않는다.

18 - **19** 정화대상은 성전과 번제단과 그에 속한 모든 그릇, 진설상과 그에 속한 그릇들, 그리고 아하스가 버린 그릇들이다. 이 모든 것은 여호와 예배를 위해 필요한 성물이다. 이 기구들은 정화의식을 거치고(출 29:37 참고) 또 회복 작업이 수행되어야 하기 때문에 실제로 정화하는 데 상당한 시간이 필요했을 것이다. 이를 위해 십육 일이 소요되었다는 것은 아하스 시대에 성전이 얼마나 심하게 버려져 있었는지를 시사해준다.

성전과 성물 성결을 마친 제사장과 레위인들은 히스기야 왕에게 가서 성전정화가 종료되었다고 보고한다. 모든 성물을 정돈하고 성결하게 하여 여호와 전 제단 앞에 두었으니 이제 언약을 세울 준비가 완료되었다.

(2) 성전 재봉헌(29:20-30)

20 - 24 성전정화 완성 보고를 받은 바로 다음날 히스기야 왕은 도성의 고위층들과 함께 성전으로 올라간다. 성전을 봉헌하기 위함이다. 봉헌예식은 먼저 속죄제사로 시작된다. 아하스의 통치 아래(28:25) 허물진 왕가와 성소(건물과 성직자)와 유다 왕국이 총체적으로 부정해졌기 때문이다. 속죄제물로 수송아지 7, 숫양 7, 어린 양 7, 숫염소 7마리를 드린다. 수소와 숫양과 어린 양은 **나라와 성소와 유다를 위하여** 속죄제물로 삼는다. 왕이 명령하여 이 제물을 아론의 제사장들이 제단에 드리게 한다. 이 제물을 잡는 주체는 명시되어 있지 않다. 제사장들이 피를 받아 제단에 뿌린다. 이에 반해 숫염소는 왕과 회중 앞에 끌어와 그들이 안수하고 난 후 제사장들이 잡고 그 피를 속죄제로 제단에 드린다. 이 제물은 **온 이스라엘**을 위한 것이다. 히스기야는 **온 이스라엘을 위하여** 번제와 속죄제를 드리도록 명령하였다.

25 속죄제사가 진행되는 동안 노래와 악기 연주가 수반된다. 히스기야 왕은 레위인들을 성전에 두어 제금과 비파와 수금을 잡게 하였다. 이 악기들이 예배에 도입된 것은 **다윗과 왕의 선견자 갓과 선지자 나단**의 명령과 동시에 자신의 **선지자들**에게 한 여호와의 명령에 의한 것이었다. 여호와께서 명령한 **선지자들**은 다윗의 선견자 갓과 선지자 나단을 말한다.

26 레위인들은 **다윗의 악기**를 연주하고(23:5 참고), 제사장들은 나팔을 잡았다. 나팔은 새로 도입된 것이 아니라 옛부터 제사장의 특권에 속했다(대상 15:24 외).

27 - 28 왕의 명령으로 번제가 시작되자 동시에 여호와의 시를 노래하고 나팔을 불고 다윗의 악기를 연주한다. 번제에 찬양과 연주가 수반된 것이다. 음악은 번제가 끝날 때까지 계속된다. 참여하는 온 회중은 경배한다. 이것이 제사의 모습이다.

29 - **30** 번제가 끝나자 히스기야 왕과 거기에 참여한 모든 이들은 엎드려 경배한다. 히스기야 왕은 귀인들과 함께 상의하여 레위 사람에게 명하여 다시 **다윗과 선견자 아삽의 시로** 여호와를 찬송하게 한다. 번제 이후의 송영이다. 레위인들은 즐거움으로 찬송하고 경배한다. 그리하여 번제는 찬양으로 종결된다. 레위 사람들의 부르는 마지막 찬송은 왕과 신하들이 결정한 즉흥적인 조치였다. 이로써 예배에 새 순서가 들어온 것이다. 성전과 관련된 성직자들이 아니라 비성직자인 관료들이 예배형식의 결정에 참여하고 있다.

(3) 백성의 제사(29:31-36)

31 번제와 속죄제를 드림으로써 성전이 제의장소로 회복되었고, 회중도 정결해졌다. 히스기야 왕은 이제 회중들이 마땅히 제물을 드려야 한다고 말한다.

32 - **33** 회중은 많은 양의 제물과 감사제물을 드렸다. 또 원하는 자는 번제물도 가져왔다. 자원하여 드린 번제물의 수는 수소 70, 숫양 100, 어린 양 200마리였다(32절). 번제물은 사람이 먹기 위한 것으로 아무것도 남기기 말아야 한다. 그래서 번제를 위해서는 특정 양의 자원하는 제물이 전제되어야 한다. 많은 수의 번제물이 드려졌다는 것은 백성의 넘치는 마음을 증거해준다. **구별하여 드린** 제물로는 소가 600마리, 양이 3,000마리였다. **구별하여 드린**으로 옮겨진 히브리어는 "코다쉼"인데 35절에서는 "화목제"로도 칭해지고 있다. 화목제물은 "기름"(35절)만 태우고 남은 고기는 먹는다. "감사제"(토다)는 레위기 7:11 이하에 따르면 화목제에 속한다.

34 많은 번제와 희생제의 수에 비해 제사에 참여하기 위하여 준비한 제사장들은 충분하지 않았다. 번제를 드리기 위해서는 제사장은 필수적이다. 제사장이 부족하자 레위인들은 제사장의 하는 일의 일부를 책임진다. 그들이 번제를 드리기 위한 짐승의 가죽 벗기는 일을 도맡은 것이다. 제사장이 부족한 데는 많은 제물뿐만 아니라 제사장에게도 원인이 있었다. 아

직 성결하지 않은 제사장이 있었기 때문이다. 제사장들은 성결하는 데 적극적이지 않았다(29:11). 여호와의 일을 봉사하기 위하여 '성결하라'는 왕의 요청에(29:5, 11) 제사장들은 처음부터 레위 사람들처럼 적극적으로 응하지 않았다.

35 다시 제물의 풍성함에 대하여 언급한다. 제사장들의 소극적인 참여 때문에 제사 드리는데 어려움이 있었지만, 역대기 저자는 제사장들을 나무라는 것이 아니라 그보다는 제물이 많았다는 것을 강조한다. 레위 사람들의 적극적인 협조로 성전에서의 봉사는 차례차례 갖추어졌다.

36 갑작스럽게 하나님의 일이 정상화되었다. 일상의 성전제의는 다시 가동되었다. 그것은 만 석 주가 안 되는 짧은 시간에 이루어졌으며, 제사장들이 수동적이긴 했지만 어디에서도 빠른 제의 회복을 가로막는 장애물은 없었다. 이 일은 왕과 백성이 기뻐할 만한 근거가 되었다. 무엇보다도 제의의 회복은 모든 것을 **예비**하신 하나님 때문이었다. 그러므로 하나님께 감사한다. 모든 일이 짧은 시간에 이루어진 것은 히스기야가 "언약"(10절)을 맺은 일에 하나님이 은혜롭고도 긍정적으로 답변을 하셨다는 최고의 증거가 되었다.

¶ 메시지

히스기야는 왕위에 오르자마자 아하스 시대에 중단된 예배를 회복하기 위하여 전력을 다한다. 성전을 다시 봉헌하기까지 모든 일이 순조롭고도 빨리 이루어져 백성이 크게 기뻐하였다. 모든 일은 백성에게서 하나님의 노를 떠나게 할 마음을 가진 히스기야 왕에게서 비롯되었다(10절). 하나님께서는 우리의 마음을 보시고 그 마음에 소원하는 것이 이루어지도록 모든 것을 예비하신다(36절).

3) 유월절 준수와 그 결과(30:1-31:1)

¶ 본문

1 히스기야가 온 이스라엘과 유다에 보내고 또 에브라임과 므낫세에 편
지를 보내어 예루살렘 여호와의 전에 와서 이스라엘 하나님 여호와를 위
하여 유월절을 지키라 하니라 2 왕이 방백들과 예루살렘 온 회중으로 더불
어 의논하고 이월에 유월절을 지키려 하였으니 3 이는 성결케한 제사장이
부족하고 백성도 예루살렘에 모이지 못한고로 그 정한 때에 지킬수 없었
음이라 4 왕과 온회중이 이 일을 선히 여기고 5 드디어 명을 발하여 브엘
세바에서부터 단까지 온 이스라엘에 반포하여 일제히 예루살렘으로 와서
이스라엘 하나님 여호와의 유월절을 지키라 하니 이는 기록한 규례대로
오래동안 지키지 못하였음이더라 6 보발군들이 왕과 방백들의 편지를 받
아가지고 왕의 명을 좇아 온 이스라엘과 유다에 두루 다니며 전하니 일렀
으되 이스라엘 자손들아 너희는 아브라함과 이삭과 이스라엘의 하나님 여
호와께로 돌아 오라 그리하면 저가 너희 남은자 곧 앗수르 왕의 손에서 벗
어난 자에게로 돌아오시리라 7 너희 열조와 너희 형제 같이 하지 말라 저
희가 그 열조의 하나님 여호와께 범죄한고로 여호와께서 멸망에 붙이신
것을 너희가 목도하는 바니라 8 그런즉 너희 열조 같이 목을 곧게 하지말
고 여호와께 귀순하여 영원히 거룩케 하신 전에 들어가서 너희 하나님 여
호와를 섬겨 그 진노가 너희에게서 떠나게 하라 9 너희가 만일 여호와께
돌아오면 너희 형제와 너희 자녀가 사로잡은 자에게서 자비를 입어 다시
이 땅으로 돌아오리라 너희 하나님 여호와는 은혜로우시고 자비하신지라
너희가 그에게로 돌아오면 그 얼굴을 너희에게서 돌이키지 아니하시리라
하였더라 10 보발군이 에브라임과 므낫세 지방 각 성에 두루 다녀 스불론
까지 이르렀으나 사람들이 저희를 조롱하며 비웃었더라 11 그러나 아셀과
므낫세와 스불론 중에서 몇사람이 스스로 겸비하여 예루살렘에 이르렀고
12 하나님이 또한 유다 사람들을 감동시키사 저희로 왕과 방백들이 여호와

의 말씀대로 전한 명령을 일심으로 준행하게 하셨더라
13 이월에 백성이 무교절을 지키려 하여 예루살렘에 많이 모이니 심히
큰 회라 14 무리가 일어나 예루살렘에 있는 제단과 향단들을 모두 제하여
기드론 시내에 던지고 15 이월 십 사일에 유월절 양을 잡으니 제사장과 레
위 사람이 부끄러워하여 성결케 하고 번제물을 가지고 여호와의 전에 이
르러 16 규례대로 각각 자기 처소에 서고 하나님의 사람 모세의 율법을 좇
아 제사장이 레위 사람의 손에서 피를 받아 뿌리니라 17 회중에 많은 사람
이 성결케 하지 못한고로 레위 사람들이 모든 부정한 사람을 위하여 유월
절 양을 잡아 저희로 여호와 앞에서 성결케 하였으나 18 에브라임과 므낫
세와 잇사갈과 스불론의 많은 무리는 자기를 깨끗케 하지 아니하고 유월
절 양을 먹어 기록한 규례에 어긴지라 히스기야가 위하여 기도하여 가로
되 선하신 여호와여 사하옵소서 19 결심하고 하나님 곧 그 열조의 하나님
여호와를 구하는 아무 사람이든지 비록 성소의 결례대로 스스로 깨끗케
못하였을찌라도 사하옵소서 하였더니 20 여호와께서 히스기야의 기도를
들으시고 백성을 고치셨더라 21 예루살렘에 모인 이스라엘 자손이 크게 즐
거워하며 칠일 동안 무교절을 지켰고 레위 사람들과 제사장들은 날마다
여호와를 칭송하며 큰 소리나는 악기를 울려 여호와를 찬양하였으며 22 히
스기야는 여호와를 섬기는 일에 통달한 모든 레위 사람에게 위로하였더라
이와 같이 절기 칠일 동안에 무리가 먹으며 화목제를 드리고 그 열조의 하
나님 여호와께 감사하였더라
23 온 회가 다시 칠일을 지키기로 결의하고 이에 또 칠일을 즐거이 지켰
더라 24 유다 왕 히스기야가 수송아지 일천과 양 칠천을 회중에게 주었고
방백들은 수송아지 일천과 양 일만을 회중에게 주었으며 성결케 한 제사
장도 많았는지라 25 유다 온 회중과 제사장들과 레위 사람들과 이스라엘에
서 온 온 회중과 이스라엘 땅에서 나온 나그네와 유다에 거한 나그네가 다
즐거워 하였으므로 26 예루살렘에 큰 희락이 있었으니 이스라엘 왕 다윗의
아들 솔로몬 때로부터 이러한 희락이 예루살렘에 없었더라 27 그 때에 제
사장들과 레위 사람들이 일어나서 백성을 위하여 축복하였으니 그 소리가
들으신바 되고 그 기도가 여호와의 거룩한 처소 하늘에 상달하였더라
31:1 이 모든 일이 마치매 거기 있는 이스라엘 무리가 나가서 유다 여러

성읍에 이르러 주상을 깨뜨리며 아세라 목상을 찍으며 유다와 베냐민과 에브라임과 므낫세 온 땅에서 산당과 단을 제하여 멸하고 이스라엘 모든 자손이 각각 그 본성 기업으로 돌아갔더라

¶ 주석

(1) 유월절 준비(30:1-12)

1 유월절을 예루살렘 성전에서 지내고자 온 백성을 초대한다. 첫째, **온 이스라엘과 유다**는 남왕국을 뜻한다. 둘째, **에브라임과 므낫세**는 북왕국을 말한다. 북왕국 백성을 예루살렘 성전으로 초대한다는 데서 이미 북왕국의 멸망이 전제되고 있다(30:6, 9 참고). 북왕국은 주전 722년 멸망하였다. 그렇다면 역대기 저자는 히스기야의 등극을 북왕국이 멸망한 722년 이후로 설정하고 있는가? 28장에서 보았듯이 역대기 저자는 사실상의 멸망은 아하스 시대에 일어났다고 보고 있다.[141)]

왕국의 분열 이후 온 이스라엘이 예루살렘에서 하나님을 예배하는 일은 불가능했다. 히스기야 왕은 가능한 한 빨리 이를 실현시키고자 한다. 히스기야 왕은 첫 번째 기회, 즉 다가올 유월절을 이스라엘의 모든 지파를 예루살렘으로 초대하는 기회로 삼는다. 동시에 그는 북왕국의 지파를 위해 구두로는 물론 문서로 초대할 수 있게 한다. 공포도 하고 조서도 내린다(36:22 참고). 이 점은 히스기야 왕이 예루살렘을 온 이스라엘이 하나님을 예배하는 유일한 장소로 여김을 말해준다.

2 - 5 이 구절은 유월절을 지키게 되는 과정을 자세히 말해준다. 성전정화를 정월 초하루에 시작하여 십육 일에 완성하였다면(29:17), 제사장들의 게으름 때문에(29:34) 유월절을 제때에 지킬 수 없었다는 말이 된다. 그래서 시간에 맞춰 지킬 수 없게 되자 왕은 예루살렘 사람들과 함께 그들

141) H.-S. Bae, *Vereinte Suche nach JHWH*, 107-108.

이 무엇을 해야 할지 상의한다. 그들은 유월절을 다음 해로 연기할 수 있다. 그러나 규정에 의하면 부정하여 유월절을 지킬 수 없는 자들에 한하여 한 달 후에 보충하여 지킬 수 있다(민 9:6ff.). 히스기야 왕과 백성은 이 규정에 근거하여 전체 유월절을 2월 14일로 연기한다. 이러한 결정은 율법에 완전히 부합하는 것은 아니다. 단지 율법의 정신에 따른 결정이다. 왕과 백성은 모든 지파를 통일시킬 수 있는 방향으로 율법을 해석한 것이다. 그리하여 제사장들로 인해 놓친 유월절 제사가 왕과 평신도들에 의해 만회된다.

6 - 9 앗수르의 왕들은 디글랏빌레셀과 사르곤이다. 구두로, 그리고 문서로, 그 외에도 왕은 사자를 보내 북왕국 주민을 위하여 진지한 경고의 말씀을 들려준다. 이 경고는 결코 율법적인 것이 아니라 형제로서의 책임으로 그들의 양심에 호소한다. 앗수르에 의한 재앙은 사람이 하나님으로부터 등을 돌리면 어떻게 되는지를 그들에게 보여주었다.

8 **여호와께 귀순하여** 히브리 표현으로는 "손을 주다"이다. 이제 그들은 여호와, 즉 조상들의 하나님으로서 그들의 하나님인 여호와에게 "손을 주어야" 한다. 그리고 그들이 회개하였다는 것을 참되고 유일한 성소인 예루살렘 성전으로 돌아옴으로써 보여주어야 한다. 그러면 여호와는 그들, 즉 "남은 자"를 향하실 뿐만 아니라, 그들의 사로잡힌 백성에게도 고향으로의 귀환을 선사할 것이다. 왜냐하면 여호와는 은혜로우시며 자비로우신 하나님이고 그에게 돌아오는 자를 홀로 두지 않으시기 때문이다. 즉 여호와께로 돌아오는 것은 결코 헛되지 않다. 여호와께로 돌아오는 것은 구체적으로 예루살렘 성전에서의 예배로 돌아오는 것을 의미한다.

10 - 11 북왕국에서 왕의 사자는 많은 이들에 의해 조소와 조롱거리가 되었다. 그러나 소수는 **겸비하**였고 예루살렘으로의 초대에 응했다(11절, 참고 11:16, 15:9).

12 그에 반해 유다에서는 왕의 명령에 한마음으로 순종하였다. 이것은 하나님의 은혜로운 역사 때문이다.

(2) **유월절과 예루살렘 우상제단 파괴**(30:13-22)

13 유월절을 치르고자 대회중이 예루살렘에 소집되었다. 왜냐하면 유월절 양의 도살이 첫날 저녁에 이루어지기 때문이다(15a), 반면에 무교병은 7일 동안 먹는다(21절; 참고. 레 23:5-6; 민 28:16-17). 21절의 "예루살렘에 모인 이스라엘 자손"은 25절이 말해주듯이 북왕국 출신뿐만 아니라 당연히 전체 유월절 참석자를 말한다. 25절에서 유대인들(평신도와 성직자)은 북왕국에서 온 자들과 두 왕국 출신의 이방인들(출 12:48-49)과 구별된다.

14 즐겁고 방해받지 않는 유월절을 지내기에는 몇 가지 걸림돌이 있었다. 예루살렘의 거리에 아하스가 세운 제단들이 계속 존재하였다(28:24b). 성읍이 정화되지 아니하였는데 어떻게 성전에서 거룩한 잔치를 벌일 수 있는가? 여기서 회중은 지체하지 않고 손을 걷어 부치고 불결한 것을 기드론 골짜기에 갖다 치워버린다(14절; 참고. 29:16).

15 – **16** 그러나 첫째 날 저녁 유월절 제물을 도살할 때에도 문제가 발생했다. 그들은 이번에는 역대하 29:34와 30:3과 같이 **제사장**으로부터 생겨난 것이 아니었다. 왜냐하면 이들이 순례자들의 수와 야훼에 대한 그들의 열정을 보았을 때, 그들은 부끄러워하고 재빨리 성결하며, 속죄제를 위해 번제를 드렸기 때문이다(겔 44:27 참고).

그래서 그들은 이제 그들의 자리에서 봉사할 준비를 하였다. 그리고 그들은 토라가 규정하는 대로(29:22 참고) 피를 뿌렸다. 그런데 그들은 레위인의 손에서 피를 받아 뿌린다. 율법에 따르면 평신도들이 유월절 제물을 도살한다(신 16:6; 출 12:6). 그런데 여기서 레위인들이 이 일을 맡았다는 것은 레위인들이 개입하지 않았다면 유월절 제사를 마찰 없이 치르기는 어려웠다는 것을 간접적으로 말해준다. 레위인의 적극적인 개입으로 어려운 상황이 말끔히 해소되었다. 토라에 대한 재해석이 엿보인다.

17 유월절에 참여한 많은 사람이 성결하지 못하였다. 아마도 이들의

대부분은 북왕국에서 온 순례자들일 것이다. 북왕국에서 온 순례자들이 왜 적시에 성결하지 못했는지 저자는 가르쳐주지 않는다. 그들의 부정으로 인하여 순례자들은 제물의 도살을 스스로 수행할 수 없었다. 다행히도 봉사에 열심인 레위인들이 있었다. 역대하 29:34에서 제사장들보다 열심이었던 그들은 이제는 스스로 유월절 양을 도살할 수 없는 평신도들을 대신해서 도살하는 일을 담당한다.

18 이보다 훨씬 더 악한 상황이 벌어졌다. 이 순례자들이 율법을 위반한 상태에서 이미 유월절 제물을 먹기 시작했다는 것이다. 신실한 순례자로서 예루살렘으로 온 북왕국 손님들은 유월절 관습을 충분히 알지 못했거나 아니면 제의에 참여할 상태를 갖출 시간이 없어서 그랬을 수도 있다. 어쨌든 부정한 상태에서 유월절 음식을 먹는 것은 엄격히 금지된 것이었다(민 9:6). 이 일에 있어서는 레위인들도 도울 수가 없었다. 여기서는 어떤 인간도 어떤 도움을 줄 수가 없다. 여호와의 율법을 위반한 경우에는 심한 징벌이나, 병이나 죽음이 뒤따를 뿐이다(신 28:15ff.; 레 26:14ff., 15:31). 그러므로 오로지 용서를 비는 길밖에 없다. 히스기야 왕이 백성의 진정한 중개자로 나선다.

19 히스기야 왕은 하나님께 드리는 그의 중보기도에서 이 사람들은 마음에서 진지하게 조상들의 하나님, 참 하나님('하엘로힘' האלהם)을 찾은 것이었음을 하나님께 상기시킨다. 이러한 이유로 왕은 그들의 부정을 간과하고 법보다 앞서는 은혜를 베풀어줄 것을 간구한다.

20 여호와는 왕의 기도를 들으셨다. 하나님께서 백성을 고치셨다. 즉 위협적인 징벌이 임하지 않았다는 것이다. 여기서 율법이 강조되면서도 경건한 정신이 예전적인 정결보다 하나님 보시기에 더 가치 있다는 사실이 강조되고 있다. 선한 의지와 경건한 마음은 인정받는다.

21-**22** 유월절을 지키는데 방해가 된 모든 요소들이 제거되었다. 축제의 기쁨이 지배한다. 7일 동안 무교병을 먹을 뿐만 아니라 화목제물도

가져오고, 조상들의 하나님 여호와께 감사가 계속 이루어진다.

레위인과 제사장이 참여하는 음악이 매일 울려 퍼짐으로써 유월절의 기쁨이 배가된다.

마지막으로 역대기 저자는 기쁨의 유월절의 성공은 레위인들의 봉사에 있음을 강조한다. 레위인들이 여호와의 일을 얼마나 잘 이해하고 있었는지, 그들의 능숙함 덕분이었다.

(3) **유월절 연장, 우상 숭배 제거**(30:23-31:1)

23 - **24** 율법이 정한 유월절 축제가 마칠 때가 가까워오자, 축제의 분위기는 절정에 이르러 사람들은 절기를 7일 더 연장하기로 결정한다. 절기의 연장은 왕과 방백들이 제물을 기부한 덕에 가능하였다. 이제는 성결한 제사장도 충분하였다.

25 - **27** 축제의 기쁨을 방해하는 요인은 없었다. 솔로몬의 성전봉헌의 축제(7:8-9) 이래로 예루살렘에서 이런 종류의 기쁜 축제가 없었다. 제사장과 레위 사람의 축복으로 온 절기가 종결된다(참고. 민 6:22ff.). 레위인도(!) 백성을 위한 축복에 참여한다. 성전관리의 축복은 여호와의 거룩한 처소에 이르는 진정한 기도이다(27절).

31 : **1** **이 모든 일이 마치매** 14일간 지속된 축제가 완전히 끝났다. 그러나 축제의 열기는 가라앉지 않고 더 가열되었다. 그곳에 있던 '온 이스라엘'은 **유다 여러 성읍**으로 나갔다. 성전은 정화되었지만 아직 유다 성읍은 여전히 아하스 시대에 관행이었던 이방제의가 남아 있기 때문이다. 그들은 고향으로 돌아가기 전에 단결하여 **주상**들과 **아세라 목상**들을 찍고 **산당**들과 **단**들을 훼파하였다. 유월절 축제에 참여하는 사람들 가운데는 북이스라엘 사람들도 끼어 있었기 때문에, 이 정화 운동은 자연스럽게 북왕국 지역으로까지 퍼져나갔다. 그리하여 **유다와 베냐민과 에브라임과 므낫세 온 땅에서** 여호와 신앙에 위배되는 제의기구들이 백성에 의해서 제거되었다. 이 일은 유월절처럼 완전하게 이루어졌다.

주상, 아세라 목상, 산당과 단은 모두 일반 백성의 종교생활과 밀접하게 관련된 것이다. 이러한 내용의 제의정화는 열왕기하 18:4에 따르면 히스기야 왕의 업적으로 기술되어 있다. 이 운동이 북왕국으로까지 확대된 것은 역대기에만 쓰여 있다. 반면에 느후사단의 제거는 열왕기에만 기술되어 있다. 역대기 저자가 느후사단의 제거를 생략한 이유는 무엇일까? 느후사단은 아하스에게로 기인되는 것이 아니라 모세에게서 시작되었다. 저자는 모세의 권위를 위하여 생략한 것일까? 아니면 아하스의 제의적 죄만을 정화하는 데 초점을 둔 것일까?

열왕기에서 히스기야 왕의 산당제거는 앗수르의 침략과 연관되어 있다. 그러나 역대기에서 이 일은 백성의 자발적인 참여에 의한 것이며 정치적인 사건과 아무런 연관이 없다.

¶ 메시지

하나님께 예배를 드리고 싶으나 드릴 수 없는 상황에 처한 사람들을 위하여 레위인과 왕이 돕는다. 그리하여 예배하고자 모인 모든 사람은 다 함께 기쁨으로 예배에 참여할 수 있었다. 예배에서 기쁨을 누린 백성은 자발적으로 우상들을 제거한다.

4) 성전제의 재조직(31:2-21)

¶ 본문

2 히스기야가 제사장들과 레위 사람들의 반차를 정하고 각각 그 직임을 행하게 하되 곧 제사장들과 레위 사람들로 번제와 화목제를 드리며 여호와의 영문에서 섬기며 감사하며 찬송하게 하고

3 또 자기 재산 중에서 얼마를 정하여 여호와의 율법에 기록된대로 번제
곧 조석 번제와 안식일과 초하루와 절기의 번제에 쓰게 하고
4 또 예루살렘에 거한 백성을 명하여 제사장들과 레위 사람들의 응식을
주어 저희로 여호와의 율법을 힘쓰게 하라 한지라 5 왕의 명령이 내리자
곧 이스라엘 자손이 곡식과 포도주와 기름과 꿀과 밭의 모든 소산의 처음
것을 풍성히 드렸고 또 모든 것의 십일조를 많이 가져왔으며 6 유다 여러
성읍에 거한 이스라엘과 유다 자손도 소와 양의 십일조를 가져왔고 또 그
하나님 여호와께 구별하여 드릴 성물의 십일조를 가져왔으며 그것을 쌓아
더미를 이루었는데 7 삼월에 쌓기를 시작하여 칠월에 마친지라 8 히스기
야와 방백들이 와서 더미를 보고 여호와를 송축하고 그 백성 이스라엘을
위하여 축복하니라 9 히스기야가 그 더미에 대하여 제사장들과 레위 사람
들에게 물으니 10 사독의 족속 대제사장 아사랴가 대답하여 가로되 백성이
예물을 여호와의 전에 드리기 시작함으로부터 우리가 족하게 먹었으나 남
은 것이 많으니 이는 여호와께서 그 백성에게 복을 주셨음이라 그 남은 것
이 이렇게 많이 쌓였나이다 11 그 때에 히스기야가 명하여 여호와의 전안
에 방을 예비하라 한고로 드디어 예비하고 12 성심으로 그 예물과 십일조
와 구별한 물건을 갖다 두고 레위 사람 고나냐는 그 일을 주관하고 그 아
우 시므이는 버금이 되며 13 여히엘과 아사시야와 나핫과 아사헬과 여리못
과 요사밧과 엘리엘과 이스마갸와 마핫과 브나야는 고나냐와 그 아우 시
므이의 수하에서 보살피는 자가 되니 이는 히스기야왕과 하나님의 전을
관리하는 아사랴의 명한 바며 14 동문지기 레위 사람 임나의 아들 고레는
즐거이 하나님께 드리는 예물을 맡아 여호와께 드리는 것과 모든 지성물
을 나눠주며 15 그 수하의 에덴과 미냐민과 예수아와 스마야와 아마랴와
스가냐는 제사장의 성읍들에 있어서 직임을 맡아 그 형제에게 반차대로
무론대소하고 나눠주되 16 삼세 이상으로 족보에 기록된 남자 외에 날마다
여호와의 전에 들어가서 그 반차대로 직임에 수종드는 자들에게 다 나눠
주며 17 또 그 족속대로 족보에 기록된 제사장들에게 나눠 주며 이십세 이
상부터 그 반차대로 직임을 맡은 레위 사람들에게 나눠 주며 18 또 그 족보
에 기록된 온 회중의 어린아이와 아내와 자녀들에게 나눠 주었으니 이 회
중은 성결하고 충실히 그 직분을 다하는 자며 19 각 성읍에서 녹명된 사람

이 있어 성읍 가까운 들에 거한 아론 자손 제사장들에게도 나눠 주되 제사
장들의 모든 남자와 족보에 기록된 레위 사람들에게 나눠 주었더라 [20]히
스기야가 온 유다에 이같이 행하되 그 하나님 여호와 보시기에 선과 정의
와 진실함으로 행하였으니 [21]무릇 그 행하는 모든 일 곧 하나님의 전에 수
종드는 일에나 율법에나 계명에나 그 하나님을 구하고 일심으로 행하여
형통하였더라

¶ 주석

성전(29:3ff.)과 예루살렘(30:14)과 유다와 북이스라엘 땅(31:1)에서 이방제의 상징물들을 훼파함으로써 아하스 시대에 이루어졌던 이방제의의 외적 흔적은 다 제거되었다. 그러나 성전예배의 규정들은 모두 엉망이 된 채 정리되지 않았다. 그래서 히스기야는 이제 성전예배를 위한 개혁으로 방향을 돌린다.

(1) 제사장과 레위인의 반열 규정(31:2)

지방 산당들과 제단들을 파괴했다는 것은 이제 오직 예루살렘 성전에서만 예배를 드릴 수 있다는 말이다. 이에 따라 예루살렘 성전제의를 위한 후속조치가 불가결하게 되었다.

2 성전예배를 위해서는 성전관리의 조직편성이 필수적이다. 개역은 이 절을 **제사장들과 레위 사람들의 반차를 정하고 각각 그 직임을 행하게 하되**라고 옮겨놓았다. 이 번역은 정확하지 않다. 여기에는 히브리어 성서의 '알 마흘레코탐'(על־מחלקותם)이 번역되지 않았다. 이를 고려하여 번역하면 다음과 같다.

> "히스기야가 제사장들과 레위 사람들의 반차를 [그들의 반차에 따라] 정하고 각각 그 직임을 행하게 하되."

개정의 번역도 완전하지 않다. 이 표현양식 '알 마흘레코탐'은 "그들의 반차를 근거로 한 반차", 즉 그들의 이전 반차의 의미를 담고 있어서 히스기야가 여기서 어떤 새로운 것을 창안한 것이 아니라는 것을 암시해준다. 이 제사장과 레위인의 반차는 이미 다윗에 의해 규정되었다(대상 24장). 솔로몬도 "그 부친 다윗의 정규를 좇아"(8:14) 제사장의 반열을 정하고 레위인에게 직무를 맡겼다. 히스기야 왕도 옛 다윗의 규정을 회복하고 있다.

여기서 제사장과 레위인의 직임은 구별되어서 기술되어 있지 않다. 번제와 화목제를 드리는 일은 제사장의 기능이다. 여호와의 휘장 문에서 섬기며 감사하며 찬송하는 일은 레위인의 직무이다. 역대기 저자는 제사장과 레위인의 일을 사실상 구별하면서도 기록 시에는 엄밀히 구별하지 않은 것은 예배가 이들의 공동참여와 연합으로 이루어짐을 강조하기 때문이다.

(2) 번제를 위한 왕의 기부(31:3)

3 제사를 위해서는 제물이 필요하다. 솔로몬 왕에 따르면 성전건축의 이유는 주 앞에 분향하고 떡을 차리며 번제를 드리는 "이스라엘의 영원한 규례"(2:4)를 지키고자 함이었다. 히스기야 왕은 상번제와 안식일, 초하루 절기의 번제에 쓸 제물을 자신의 재산 중에서 얼마를 정하여 드린다.

여호와의 율법에 기록된 대로 이 구문은 왕의 제물 기부를 말하지 않는다. 왜냐하면 율법에는 왕이 번제물을 기부하도록 규정되어 있지 않기 때문이다. 에스겔 45:17은 군주의 본분으로서 제물을 갖추는 일을 언급한다. 그러나 에스겔은 "군주"가 갖추어야 할 제물을 위해 백성이 군주에게 예물을 드릴 것을 말하고 있으므로(겔 45:16) 이와 동일시할 수 없다.

제2성전에서 페르시아 왕들이 계속하여 아니면 한시적으로 그러한 기능을 지녔다(스 6:9, 7:21-22). 히스기야 왕은 솔로몬처럼 매일, 매주, 매월, 매년의 번제물을 바친다(8:13).

(3) 성전관리들의 생계를 위한 몫(31:4-19)

4 히스기야 왕의 다음 개혁조치는 성전관리들의 생계를 위한 몫을 주는 것이다. 이는 그들이 **여호와의 율법을 힘쓰게** 하기 위함이다. 제사장과 레위인들이 그들의 법적인 의무를 제대로 수행할 수 있기 위해서는 규칙적인 수입을 통해 그들이 양식 걱정으로부터 해방되어야 한다(참고 느 13:10ff.). 왕은 이스라엘 백성에게 성전관리에게 줄 세금을 부과하는 것이다.

5 **왕의 명령이 내리자 곧 이스라엘 자손이** 이는 왕의 명령에 대한 백성의 자발적인 참여를 강조한다. 한 공동체의 종교적인 열심에 대한 바로미터는 항상 필요한 세금을 지불할 때 있어서의 자발성과 정확성이다. 왕의 명령을 실행하는 이들은 두 부류로 기술되어 있다. 첫째, **이스라엘 자손**이다. 이들은 "곡식과 포도주와 기름의 최고의 것", 그리고 "꿀과 밭의 모든 소산의 첫 열매들"과 **모든 것의 십일조**를 많이 드렸다. 농사는 3월에 보리 수확이 시작되어 7월에 과일과 포도수확으로 끝난다(출 23:16). 그러므로 백성의 헌물은 3월-7월까지 계속되었음을 알 수 있다. 여기서 백성이 드리는 헌물은 '최고의 것'('레쉿' ראשית), '첫 열매'('테부아' תבואה), '십일조'('마아세르' מעשר), 세 가지로 나뉘어 언급된다. '레쉿'에 해당하는 물질로 레위기 2:12에서는 곡식과 포도주와 기름 외에 꿀과 "모든 밭의 수확"(신 14:22 참고)이 나타난다. 이것은 분명히 역대기 저자의 시대의 관습에 상응한다. 민수기 18장에 따르면 '레쉿'은 제사장의 몫이고(민 18:12), 십일조는 레위인의 몫이다(18:21; 참고 느 13:10, 12).

6 왕의 명령을 실행하는 두 번째 부류는 **유다 여러 성읍에 거한 이스라엘과 유다 자손**이다. 이들은 **소와 양의 십일조**와 **성물의 십일조**를 가져왔다.

7 주요성읍(4-5절)과 유다(와 북이스라엘?)의 지방은 마치 서로 경쟁하듯 수확물을 성전으로 송달하였고 그래서 세금은 계절마다(3월부터 7월까지) 쌓여 산더미를 이루었다.

8 히스기야 왕과 관리들이 산더미같이 쌓인 예물을 보고 여호와를 송축하고 백성을 축복하였다.

그 백성 이스라엘 여기서 **이스라엘** 용어는 여기서 종교적인 명예로운 이름으로 사용된다.

9 – **10** 여기서는 8절을 상세히 설명한다. 히스기야가 그의 부하들과 함께 성전을 방문할 때 쌓인 양에 대하여 놀란다. 대제사장 아사랴(대상 5:36과 5:39의 아사랴와는 다르다.)가 그에게 이 사실을 인간의 열심과 하나님의 복 주심이 아름답게 상호 작용한 것으로 설명한다. 왜냐하면 백성이 처음부터 매우 기쁘게 행하였고, 여호와는 계속되는 추수를 축복하였으며, 그래서 제사장과 레위인들이 충분히 먹을 수 있었을 뿐만 아니라 나아가 많은 양이 남았기 때문이다. 그래서 히스기야는 이러한 행복한 시너지 효과에 대하여 여호와는 물론 "그 백성 이스라엘"을 축복하였다(8b절). 이 점에서 유다는 하나님의 백성 이스라엘로 드러난다. 역대기 저자는 히스기야의 동시대인들을 모든 시대의 독자들을 위한 모범으로 제시하고자 한다.

11 성전관리들의 몫으로 충분히 먹고 남게 되자 다음 조치를 왕이 내린다. 성전 안에 방을 준비하는 것이다. 이들을 저장하기 위함이다.

히스기야가 많은 헌물을 성전창고로 저장하게 한 조치는 느헤미야에게서도 찾아볼 수 있다(느 12:44). 히스기야의 개혁은 느헤미야 개혁의 모범이 된다.

12 – **13** 이러한 저장에 대한 책임은 두 레위인이 맡는다. 그들에게 열 명의 다른 사람이 부속된다. 왕과 대제사장의 동역은 요아스 시대에도 이루어졌다(24:21). 지도자간의 협력은 완전히 새로운 일을 해내는 큰 힘을 발휘한다.

14 – **19** 역대기 저자는 저장된 헌물들에 대한 분배에 대한 보도를 위하여 많은 양을 할애하고 있다.

14 성물의 분배를 담당한 자는 동문지기 레위 사람 임나의 아들 고레이다.

15 – **16** 여섯 명으로 구성된 위원회가 제사장 성읍의 분배를 책임진다. 그들은 임나의 아들 고레의 수하에 있다. 분배의 기준은 첫째, **반차대로** 나누어주는 것이며, 둘째, '대소를 막론한다.' 3살 이상의 아들들은 생계지원에 포함되었다(아이의 수유기간은 2년간이다). 반열대로 성전에서 직무를 봉사하는 자에게 나눠준다. 그러나 그 전제는 족보에 기록되어 있어야 한다(스 2:62 참고). 이를 통해 권리를 가지지 못한 자가 성결한 사람에게만 부여되는 것을 사취하지 못하도록 한다.

17 – **18** 제사장은 등록된 계보에 따른다. 왜냐하면 모든 제사장은 아론의 아들이기 때문이다. 그에 반해 족보로 단일하지 않은 레위인들에게는 그들의 기능과 봉사등급이 분배원칙이다(대상 23, 25, 26장 참고). 그들의 봉사 연령은 20세 이상이다.

봉사할 수 없는 어린 아이들, 아내들, 자녀들에게 성물이 돌아간다. 그들도 **성결하고 충실히 그 직분을 다하는 자**이다. 다른 공동생계를 통해 조상들의 성결이 전이된다.

19 예루살렘 밖에 거하는 아론 자손 제사장들에게도 성물은 분배된다(느 11:20, 25a, 12:28-29; 레 25:34; 민 35:5 참고). 그들은 성읍에 거하는 특정 제사장들의 돌봄을 받는다. 성읍에서 녹명된 사람이 있다. **제사장들의 모든 남자와 족보에 기록된 레위 사람들**에게 성물이 분배된다. 이 모든 정확한 정보에는 분명히 역대기 저자의 시대적 상황이 반영되어 있을 것이다.

(4) 히스기야에 관한 일반적인 평가(31:20-21)

20a **이같이** 29:3-31:19 단락 전체가 보여준 히스기야의 행적을 종결한다.

20b 29:2에서 히스기야는 다윗과 비교되었고 여호와 보시기에 정직히 행하였다고 하였다. 이 평가에 대한 근거는 29:3-31:19에서 제시되었다. 이 평가는 여기서 다시 수용되어 풍부하게 기술되어 있다. 히스기야는 **선과 정의와 진실함으로** 행하였다. 진실이 강조된다. 이것은 그의 모든 행위에서 드러났다.

21 히스기야 왕은 모든 영역에서 하나님을 온 마음으로 구하였다(דרשׁ). 그는 특히 하나님의 성전과 율법준수에 힘썼다.

형통하였더라 하나님을 구하는(דרשׁ) 자에게 상은 **형통**(צלח)이다. 그에게 복이 임했다는 것은 놀라운 일이 아니다(왕하 18:7a; 시 1:3b 참고). 히스기야가 하나님을 구하고 형통하는 모습은 32장에서도 증거된다.

¶ 메시지

성전에서 온전한 예배가 이루어지기 위해서는 예배를 담당하는 성전관리들의 반열, 제물, 성전관리의 생계 마련 등 모든 것이 충족되어야 한다.

5) 산헤립의 침략과 대비(32:1-23)

¶ 본문

1 이 모든 충성된 일 후에 앗수르 왕 산헤립이 유다에 들어와서 견고한
성읍들을 향하여 진을 치고 쳐서 취하고자 한지라 2 히스기야가 산헤립이
예루살렘을 치러 온 것을 보고 3 그 방백들과 용사들로 더불어 의논하고
성 밖에 모든 물 근원을 막고자하매 저희가 돕더라 4 이에 백성이 많이 모
여 모든 물 근원과 땅으로 흘러가는 시내를 막고 이르되 어찌 앗수르 왕들

로 와서 많은 물을 얻게 하리요 하고 [5]히스기야가 세력을 내어 퇴락한 성
을 중수하되 망대까지 높이 쌓고 또 외성을 쌓고 다윗성의 밀로를 견고케
하고 병기와 방패를 많이 만들고 [6]군대 장관들을 세워 백성을 거느리게
하고 성문 광장 자기에게로 무리를 모으고 말로 위로하여 가로되 [7]너희는
마음을 강하게하며 담대히 하고 앗수르 왕과 그 좇는 온 무리로 인하여 두
려워 말며 놀라지 말라 우리와 함께하는 자가 저와 함께하는 자보다 크니
[8]저와 함께하는 자는 육신의 팔이요 우리와 함께하는 자는 우리의 하나님
여호와시라 반드시 우리를 도우시고 우리를 대신하여 싸우시리라 하매 백
성이 유다 왕 히스기야의 말로 인하여 안심하니라

[9]그 후에 앗수르 왕 산헤립이 그 온 군대를 거느리고 라기스를 치며 그
신복을 예루살렘에 보내어 유다 왕 히스기야와 예루살렘에 있는 유다 무
리에게 고하여 이르기를 [10]앗수르 왕 산헤립은 이같이 말하노라 너희가
예루살렘에 에워싸여 있으면서 무엇을 의뢰하느냐 [11]히스기야가 너희를
꾀어 이르기를 우리 하나님 여호와께서 우리를 앗수르 왕의 손에서 건져
내시리라 하거니와 이 어찌 너희로 주림과 목마름으로 죽게 함이 아니냐
[12]이 히스기야가 여호와의 산당들과 단들을 제하여 버리고 유다와 예루살
렘에 명하여 이르기를 너희는 다만 한 단 앞에서 경배하고 그 위에 분향하
라 하지 아니하였느냐 [13]나와 내 열조가 이방 모든 백성에게 행한 것을 너
희가 알지 못하느냐 열방의 신들이 능히 그 땅을 나의 손에서 건져 낼 수
있었느냐 [14]나의 열조가 진멸한 열국의 그 모든 신 중에 누가 능히 그 백
성을 내 손에서 건져내었기에 너희 하나님이 능히 너희를 내 손에서 건지
겠느냐 [15]그런즉 이와 같이 히스기야에게 속지 말라 꾀임을 받지 말라 저
를 믿지도 말라 아무 백성이나 아무 나라의 신도 능히 그 백성을 나의 손
과 나의 열조의 손에서 건져내지 못하였나니 하물며 너희 하나님이 너희
를 내 손에서 건져내겠느냐 하였더라 [16]산헤립의 신복들도 더욱 여호와
하나님과 그 종 히스기야를 비방하였으며 [17]산헤립이 또 편지를 써서 보
내어 이스라엘 하나님 여호와를 욕하고 비방하여 이르기를 열방의 신들이
그 백성을 내 손에서 구원하여 내지 못한 것 같이 히스기야의 신들도 그
백성을 내 손에서 구원하여 내지 못하리라 하고 [18]산헤립의 신하가 유다
방언으로 크게 소리 질러 예루살렘 성위에 있는 백성을 놀라게 하고 괴롭

게 하여 그 성을 취하려 하였는데 19 저희가 예루살렘의 하나님을 훼방하
기를 사람의 손으로 지은 세상 백성의 신들을 훼방하듯 하였더라
20 이러므로 히스기야 왕이 아모스의 아들 선지자 이사야로 더불어 하늘
을 향하여 부르짖어 기도하였더니 21 여호와께서 한 천사를 보내어 앗수르
왕의 영에서 모든 큰 용사와 대장과 장관들을 멸하신지라 앗수르 왕이 얼
굴이 뜨뜻하여 그 고국으로 돌아갔더니 그 신의 전에 들어갔을 때에 그 몸
에서 난 자들이 거기서 칼로 죽였더라 22 이와 같이 여호와께서 히스기야
와 예루살렘 거민을 앗수르 왕 산헤립의 손과 모든 적국의 손에서 구원하
여내사 사면으로 보호하시매 23 여러 사람이 예물을 가지고 예루살렘에 와
서 여호와께 드리고 또 보물로 유다 왕 히스기야에게 드린지라 이 후부터
히스기야가 열국의 눈에 존대하게 되었더라

¶ 주석

(1) 앗수르의 침략과 히스기야의 방어(32:1-8)

[1] **이 모든 충성된 일 후에** 역대기 저자는 히스기야의 종교개혁을 앗수르의 침략과는 전혀 무관한 것으로 기술한다. 열왕기하 18:13의 날짜(히스기야 14년)를 생략한다. 그에게 통치 초기에 성취한(29:3) 히스기야 왕의 신실한 행위(29-31장)와 그가 그에 대해 얻은 보상 사이의 시간적인 간격은 너무나 크기 때문이다. 그 사이에 10년 이상의 간격이 있다. 유다의 많은 성읍이 산헤립의 손에 떨어졌다는 언급도 생략한다.

[2]-[8] 이 단락에는 열왕기와 평행되는 것이 없다. 오히려 열왕기에서 보도되는 것과 정반대이다. 산헤립의 침략에 직면한 히스기야 왕은 라기스에 있는 앗수르 왕에게 항복하고, 앗수르 왕이 은 삼백 달란트와 금 삼십 달란트를 조공으로 요구하자 히스기야는 성전과 왕궁 곳간을 털어주고 성전 문의 금과 기둥에 입힌 금을 벗겨준다(왕하 18:14-16).

역대기에서는 이 대신 앗수르의 공격에 대한 히스기야 왕의 물질적인,

정신적인 준비를 다룬다. 이것은 세 가지 방식으로 나타난다.

3 – 4 왕은 방백들과 용사들과 의논하여 성 밖의 모든 물 근원을 막고자 한다. 이 샘은 성전 아래 있는 기혼샘이며 힌놈 골짜기와 기드론 골짜기가 만나는 곳으로 아마도 성읍 골짜기(느 2:13)에 있는 용정일 것이다. 이것을 막아서 사용하지 못하게 하여 실로암 터널을 안전하게 한다. 이 공사는 모든 백성에 의해 이루어진다.

5a 두 번째 준비는 건축이다. 성벽을 보수하고(사 22:9a, 10), 그 위에 망대를 세우고, 외성을 쌓고, 예루살렘 광장의 밀로를 강화한다. 요새 예루살렘을 방어 상태로 전환시키는 것이다. 5절을 이해하기 위해 이사야 22:9b-11이 자주 인용된다. 이사야는 "아래못의 물"을 모으고, "가옥을 헐어 성벽을 견고"하게 하고, "옛못의 물을 위하여 두 성벽 사이에 저수지"를 만들었다고 한다. 역대기 저자는 히스기야 왕과 백성의 방어조치에 관한 정보를 "유다와 이스라엘 열왕기"(32:32)에서 찾았다고 말한다.

5b – 6a 세 번째는 안전장치로서 무기와 방패를 고안(사 22:8b 참고)하고 군대를 조직한다. 이러한 준비조치는 역대기에서만 나타난다.

6b – 8 이사야 선지자는 예루살렘 방어조치와 관련하여 예루살렘 사람들을 경고한다. 그러나 그가 경고하는 것은 방어조치 자체가 아니라 그들이 창조주 여호와를 잊은 사실이다(사 22:11b). 즉 그들은 마치 예루살렘성의 구원이 그들의 인간적인 준비에 달린 것처럼 행하였던 것이다. 그러나 역대기 저자는 이사야의 이러한 비난으로부터 히스기야 왕과 예루살렘 주민들을 방어하고자 노력한다. 역대기 저자는 오히려 왕이 그의 백성에게 용기를 주기 위하여 모든 인간적인 준비로부터 눈을 돌려 참 도움자이신 하나님께 향하였다고 말한다. 하나님 여호와가 **우리를 대신하여 싸우**신다면 이것은 군대와 무기를 의지하는 것이 아니라 모든 인간적인 힘을 무력하게 하는 하나님을 의지하는 것이다.

7 히스기야 왕은 모든 외적 준비를 완결하고 이제 정신적 무장을 위해 백성을 고무시킨다. **너희는 마음을 강하게 하며 담대히 하고 … 두려워 말며 놀라지 말라** 히스기야 왕은 모세(신 31:6)와 여호수아(수 10:25)처럼 하나님에 대한 믿음을 촉구하며 사기를 진작시킨다.

8 왜냐하면 우리의 하나님은 여호와시나 저희와 함께하는 자는 **육신의 팔**이기 때문이다. 인간의 팔은 붙잡을 만큼 견고하지 않다. 백성은 왕의 설교에 용기를 얻어 안심한다. 히스기야와 백성의 신앙적인 용기는 열왕기가 전하는 낙담한 왕의 태도(왕하 19:1-4)와 어울리지 않는다.

(2) **앗수르의 비방연설**(32:9-19)

9 산헤립은 온 군대를 이끌고 라기스를 친 다음 그곳에서 자신의 **신복**을 예루살렘으로 보낸다. 그러나 열왕기에서처럼 앗수르 왕은 "대군"(왕하 18:17)을 보낸 것이 아니라 그의 **신복**을 보낸다. 연설과 편지로 왕과 백성의 사기를 꺾고 항복하도록 하기 위함이다(18절).

10-**15** 산헤립의 연설이 그의 신하들의 입을 통해 선포된다. 이 연설은 랍사게의 두 연설(왕하 18:19-25, 29-35)과 산헤립의 편지글(왕하 19:10-13)을 결합한 것이다.[142)]

10-**11** 이 구절은 열왕기하 18:19, 20b와 18:32b와 평행한다. **앗수르 왕 산헤립은 이같이 말하노라.** 이 표현은 사자 전언양식이다. 앗수르 왕은 유다 백성이 포위되어 있다는 점을 상기시켜준다.

너희가 … 무엇을 의뢰하느냐 열왕기에 따르면 히스기야 왕은 자신의 힘(왕하 18:20, 23, 24a)과 애굽의 힘(왕하 18:24b, 21)을 의지하고 있다. 이에 대한 랍사게의 경고는 역대기 저자에게 불필요한 것이다. 왜냐하면 히스기야 왕은 자신의 힘과 애굽을 의지하지 않았기 때문이다(7-8절 참고).

142) W. Rudolph, *Chronikbücher*, 312.

따라서 산헤립의 이 질문은 히스기야 왕의 여호와 신뢰를 말한다.

12 열왕기하 18:22b와 평행한다. 산헤립은 히스기야 왕이 여러 산당들을 제거한 일(왕하 18:4)을 예루살렘 제단만 인정하는 것으로 이해하고 있다.

13 – **14** 앗수르 사람들은 자신들의 조상들이 이방 백성에게 행한 일을 모든 나라의 신들의 패배로 이해한다. 산헤립에게 여호와는 여러 민족신 가운데 하나이다. 여기에는 고대 동양의 전통이 담겨 있다. 자신의 대적을 신의 의지에 도전하는 교만한 왕으로 기술한다.

15 산헤립은 자신이 여호와의 뜻에 따라 올라왔다고 주장한다(왕하 18:25). 역대기 저자에게 이 주장은 논쟁거리가 아니다.

산헤립은 히스기야를 1) 여호와를 신뢰한 자(10-11절), 2) 제의의 중앙화를 추진한 자(12-13절), 3) 여호와와 다른 신을 동일하게 여기지 않는 자(13-14절)로 증거해준다. 산헤립의 말은 앞(29-32장)에서 기술된 히스기야의 성격을 재증명해주는 기능을 하고 있다. 산헤립은 자신의 연설을 통해 결국 히스기야를 찬양한다.

16 산헤립을 따라 그 신하들도 하나님과 히스기야를 비방한다. 히스기야를 하나님의 **종**으로 기술하고 있다.

17 – **19** 산헤립은 **편지**를 써서(왕하 19:14, 16b, 11-13 참고) 다시 하나님을 비방한다. 내용은 여호와도 열방의 신들처럼 그 백성을 구원하지 못하리라는 것이다. 산헤립은 다시 '말'로 비방한다. 유다인들이 듣고 사기를 잃도록 유다방언으로 말한다. 비방의 목적은 오로지 성을 쉽게 차지하기 위함이다.

(3) 산헤립의 패배(32:20-23)

20 히스기야 왕은 선지자 이사야와 함께 기도한다. 열왕기에서는 히스기야 왕 혼자 기도한다(왕하 19:15). 이사야의 역할은 열왕기에 비해 완전히 달라져 있다. 열왕기에서 이사야는 히스기야의 기도에 대한 하나님의 응답의 말씀을 전하는 중재자의 역할을 한다(19:20). 그에 비해 역대기에서 이사야는 히스기야 왕과 마찬가지로 하나님께 기도하는 자로 나타난다. 이사야를 통해 전해지는 긴 하나님의 말씀(왕하 19:21-34)을 생략하고 바로 결론으로 간다.

21 21a절은 열왕기하 19:35와, 21b는 열왕기하 19:36-37에 상응한다.

22a 매우 위협적으로 보였던 산헤립과의 대결은 믿음의 승리로 종결되었다.

22b - **23** **사면으로 보호하시매** 히스기야는 그의 모든 대적 앞에서 안식을 얻었다(왕하 18:8). 도우시는 하나님과 승리한 왕에게 사방에서 예물이 흘러들어오고(17:5 참고), 그의 명망이 온 백성 가운데 퍼졌다.

히스기야가 열국의 눈에 존대하게 되었더라 이는 아마도 므로닥발라단의 사절단을 염두에 둔 것 같다. 그러나 히스기야의 명망은 역대기 저자에게는 신실한 왕이 받을 보상에 속한다(대상 18:13b; 대하 9:1ff., 24, 20:29, 26:8b 참고). 실제로 산헤립의 퇴각은 앗수르에 종속된 유다의 상황에 아무런 변화를 초래하지 않았다. 그러나 저자는 이를 전혀 고려하지 않는다.

¶ 메시지

하나님과 자신을 비방하는 말을 듣는 중에도 히스기야는 하나님을 끝까지 신뢰하고 하나님의 도우심을 기도한다. 하나님을 향한 우리의 참된 신되는 위기 가운데서 빛을 발한다. 위기와 고난 가운데서 신뢰한 하나님은 모든 나라의 눈에 존귀하게 된다.

6) 히스기야의 교만과 축복(32:24-31)

¶ 본문

24 그 때에 히스기야가 병들어 죽게 된 고로 여호와께 기도하매 여호와
께서 그에게 대답하시고 또 이적으로 보이셨으나 25 히스기야가 마음이 교
만하여 그 받은 은혜를 보답지 아니하므로 진노가 저와 유다와 예루살렘
에 임하게 되었더니 26 히스기야가 마음의 교만함을 뉘우치고 예루살렘 거
민들도 그와 같이 하였으므로 여호와의 노가 히스기야의 생전에는 저희에
게 임하지 아니하니라

27 히스기야가 부와 영광이 극한지라 이에 은금과 보석과 향품과 방패와
온갖 보배로운 그릇들을 위하여 국고를 세우며 28 곡식과 새 포도주와 기
름의 산물을 위하여 창고를 세우며 온갖 짐승의 외양간을 세우며 양떼의
우리를 갖추며 29 양떼와 많은 소떼를 위하여 성읍들을 세웠으니 이는 하
나님이 저에게 재산을 심히 많이 주셨음이며 30 이 히스기야가 또 기혼의
윗 샘물을 막아 그 아래로 좇아 다윗성 서편으로 곧게 인도하였으니 저의
모든 일이 형통하였더라 31 그러나 바벨론 방백들이 히스기야에게 사자를
보내어 그 땅에서 나타난 이적을 물을 때에 하나님이 히스기야를 떠나시
고 그 심중에 있는 것을 다 알고자 하사 시험하셨더라

¶ 주석

(1) 히스기야의 교만(32:24-26)

24 24절은 열왕기하 20:1-11을 요약한 것이다.

그 때에 히스기야가 병들어 죽게 된고로 열왕기하 20:1의 도입구와 같다. 히스기야의 기도(왕하 20:2-3)와 하나님의 대답은 열왕기하 20:2-3과 4-6절에 설명되어 있으며, 또한 히스기야의 징표 요구와 이사야를 통한 하나님의 응답(8-11절)이 매우 간략히 언급된다. 이사야의 치료방법(7절)은 생략되어 있다. 기적이 무엇인지 독자는 열왕기 없이는 이해할 수 없다. 기적은 아하스의 해시계에 관한 것이다(왕하 20:11).

25 - **26** 이로 인해 히스기야는 마음이 교만해졌다(12:1, 25:19, 26:16 참고). 감사하지 않음에 대한 하나님의 진노가 히스기야와 유다와 예루살렘에 임하게 되었다. 유다와 예루살렘에 임한 하나님의 진노는 열왕기에서는 바벨론의 사절단(왕하 20:12-19)과 관련되어 있다. 역대기 저자는 히스기야가 바벨론의 사절단에게 보물창고를 보여준 데서 왕의 감사하지 않음과 교만의 요소를 찾는다. 역대기 저자는 예언자 이사야에 의한 하나님의 말씀에 따라(왕하 20:16-18) 왕의 행동방식을 질책한다.

열왕기에서 위협적인 하나님의 진노는 이사야의 경고로 나타난다. 그리고 하나님의 진노는 유다가 아니라 왕가에게만 관련된다.

히스기야가 마음의 교만함을 뉘우치고 예루살렘 거민들도 그와 같이 하였으므로 역대기 저자는 하나님의 징벌 말씀에 순종적으로 항복하는 모습에서(왕하 20:19) 겸손한 왕의 모습을 도출한 듯하다. 또 역대기 저자는 재앙 선포에 대한 히스기야 왕의 감사의 말씀(왕하 20:10)을 냉소적이고 이기적인 표현으로 이해하지 않고 그 가운데서 하나님의 진노가 한시적으로 중단된 것을 본다. 또 역대기 저자는 히스기야가 실제로 경고의 말씀이 실현되기 전에 죽었다는 사실에서도 재앙의 지연을 도출한다. 열왕기에서 나타나지 않은 것은 (유다와) 예루살렘에까지 하나님의 진노가 임하고 또 유다와 예루살렘이 겸비한다는 것이다. 역대기 저자는 왕과 백성을 한 운명공동체로 간주하기 때문일 것이다.

(2) **히스기야의 부와 복**(32:27-30)

30a절을 제외하고는 역대기 저자의 특수 자료에 속한다.

27 - **29** 히스기야의 모든 부에 대한 자세한 언급은 그의 교만에 대한 근거를 제공하는 데 쓰이는 것이 아니라 하나님의 복을 받은 왕을 그리는 데 기여하고 있다(대상 29:28; 대하 1:12, 17:5, 18:1, 26:10 참고).

히스기야의 부는 열왕기에서 히스기야 왕이 바벨론의 사절단에게 보여준 "보물고의 금은과 향품과 보배로운 기름과 그 군기고와 내탕고의 모든 것"(왕하 20:13)을 통해 암시되어 있다. 그러나 역대기에서는 초점이 바뀌어 있다. 여기서는 히스기야 왕의 풍부한 재물과 복은 히스기야 왕이 이로 인하여 국고와 창고, 그리고 우리와 성읍을 건축하였다는 언급을 통해 더욱 강조된다.

30 히스기야 왕의 건축 사업은 수로에까지 확대된다. **기혼의 윗 샘물을 막아 그 아래로 좇아 다윗성 서편으로 곧게 인도하였으니** 학자들은 이 수로 공사를 다윗성 동쪽의 터널과 동일한 것으로 간주한다. 터널 출구 가까이에서 발견된 비명은 8세기의 것이다. 현재 히스기야의 터널로 알려져 있다. 이 실로암 터널의 건축은 이미 4절에서 앗수르의 침략에 대한 방어 정책으로 언급되었다. 열왕기에서 이것은 결구에서 요약적으로 언급된다(왕하 20:20). 역대기 저자는 이 공사를 하나님의 복으로 세고 있다. 당시의 기술적인 상황을 고려하면 이 터널공사는 쉬운 일이 아니었다. 1880년 터널 내부에서 발견된 실로아-비문은 양쪽에서 뚫고 들어가기 시작한 터널이 한 지점에서 딱 마주친 일에 대한 놀라움을 밝혀주었다. 이것으로 히스기야 왕이 복을 받았다고 단언할 수 있을 것이다.

(3) 바벨론 사절단(32:31)

31 **바벨론 방백들이** 이 구절은 분명히 히스기야가 병들었을 때 위문하기 위하여 찾아온 사건을 말한다(왕하 20:12). 역대기 저자는 히스기야의 병에 관해 말하면서도(25-26절) 이들에 대하여는 아무런 언급을 하지 않았다. 역대기 저자는 히스기야의 병과 바벨론 사신들과 관련시키지 않는다. 어쨌든 역대기 저자는 열왕기 보도에서(왕하 20:12b) 이탈하여(사 39:1b 참고) 히스기야의 쾌유를 축하하는 문병이 사절단의 계기가 아니라 **이적**에 관심을 가진 바벨론인들의 호기심이라고 말한다. 그들은 해시계에 무슨 일이 일어났는지 알고 싶어 했던 것이다. 그때 하나님은 히스기야를 떠나셨다. 히스기야의 심중에 있는 것을 알고자 하셨기 때문이다(약 1: 13 참고). 사절단은 하나님이 의도한 히스기야의 시험 도구였다. **시험**이란 언제나 하나님이 인간 스스로에게 맡겨두는 상황이다. 그래서 사람은 하나님을 위하든지 아니면 하나님을 반대하든지 자유롭게 결정할 수 있다. 역대기 저자가 바벨론 방백들의 방문을 왕의 병과 전혀 연관시키지 않고, 따라서 그들의 방문에 대한 왕의 처신이 왕국의 운명과 아무런 관련이 없다는 사실은 히스기야 왕이 이 시험에서 하나님 편을 선택하였다는 것을 말해준다. 첫 시험에서 실패한 히스기야 왕은 두 번째 시험 시간에 그의 참된 마음을 보존하였다.

¶ 메시지

히스기야 왕은 국가적 위기 가운데서 하나님을 신뢰하였고 자신의 고난 중에도 하나님을 신뢰하였다. 그의 신뢰로 인해 왕국은 멸망을 면하였고, 히스기야 자신은 존귀하게 되고 생명을 연장받았다. 이러한 은혜를 경험한 히스기야 왕은 교만해져 하나님의 은혜를 잊었다. 하나님의 은혜를 기억하는 것은 교만해지지 않는 지름길이다.

7) 결구(32:32–33)

¶ 본문

32 히스기야의 남은 행적과 그 모든 선한 일이 아모스의 아들 선지자 이
사야의 묵시 책과 유다와 이스라엘 열왕기에 기록되니라 33 히스기야가 그
열조와 함께 자매 온 유다와 예루살렘 거민이 저를 다윗 자손의 묘실 중
높은 곳에 장사하여 저의 죽음에 존경함을 표하였더라 그 아들 므낫세가
대신하여 왕이 되니라

¶ 주석

32 열왕기하 20:20에 상응한다. "못과 수도를 만들어 물을 성 중으로 끌어들인 일"은 이미 따로 언급되었으므로(32:30) 여기서는 생략된다. **선지자 이사야의 묵시책**은 역대기 저자가 열왕기에서 발췌하여 사용한 것을 말할 것이다. 이사야는 웃시야 시대(26:22)에서 히스기야 시대까지 활동하였다.

33 열왕기 저자는 **히스기야가 그 열조와 함께 자매**라고 하여(왕하 20:21) 히스기야가 장사된 장소는 말해주지 않는다. 열왕기에서 전복에 의해 암살당한 왕들(아하시야, 요아스, 아마샤)을 제외한 왕들의 매장 장소로 "다윗성"(왕상 11:43, 15:31, 22:50; 왕하 15:7, 15:38, 16:20 등)이 언급되다가 특이하게도 히스기야에 와서 장사된 장소가 생략된다. 므낫세와 아몬이 성 밖에 있는 웃사의 동산에 장사된(왕하 22:18, 22:26) 것으로 보아 히스기야 때부터 왕들의 매장지가 예루살렘 성벽 밖 새로운 장소로 이전되었던 것 같다.[143] 다윗성에 장사되지 아니한 사실이 히스기야 왕의 명예를 깎아내릴까봐 열왕기 저자는 히스기야 왕이 장사된 새 묘를 기록하지

않은 것 같다. 히스기야 왕이 열왕기에서보다 훨씬 더 긍정적으로 평가되는 역대기에서 저자는 히스기야 왕이 장사된 곳을 **다윗 자손의 묘실 중 높은 곳**이라 하여 최고의 자리, 최고의 명예를 부여한다.

¶ 메시지

히스기야 왕은 성전을 정화하고 온 백성의 유월절을 회복하였다. 또한 앗수르의 침략을 하나님의 도우심으로 막아내었다. 그가 병들었을 때에 기도하여 치유받았다. 히스기야의 삶은 하나님의 기이한 도우심으로 형통하였다.

---

143) N. Na'aman, "Death Formulae," 252.

2. 므낫세(33 : 1-20)

열왕기와 비교할 때 큰 차이를 보여주는 본문 가운데 하나가 므낫세에 관한 것이다. 열왕기하 21장의 기록에서 많이 벗어나 역대기는 므낫세의 회개에 관한 구절을 소개하고 있다. 므낫세는 열왕기서에서 가장 악한 왕으로 그려져 있다. 그러나 역대기에서 므낫세는 그의 회개로 가장 부정적인 평가를 아하스에게 내어준다. 므낫세에 관한 큰 변형의 원인은 므낫세의 장수로 설명되곤 한다. 므낫세가 유다의 어떤 왕보다 오래 다스렸다는 것은, 그의 통치기간 동안 근본적인 전환이 있었기 때문에 가능하다. 장수가 하나님의 복을 상징하기 때문이다. 므낫세의 회개는 역대기 저자가 자신의 신학에 따라 고안한 것이 아니라는 것은 위경에 있는 "므낫세의 기도"가 말해준다.

¶ 짜임새

1) 33 : 1-9	므낫세의 죄
2) 33 : 10-13	하나님의 심판과 회복
3) 33 : 14-17	므낫세의 개혁
4) 33 : 19-20	결구

¶ 평행본문과의 비교

도입	대하 33:1	왕하 21:1
므낫세의 범죄	33:2-9	21:2-9
하나님의 경고	33:10a	21:10-15
므낫세의 다른 죄	33:10b	21:16
하나님의 심판	33:11	-
므낫세의 겸손	33:12	-
하나님의 구원	33:13	-
건축정책	33:14	-
제의개혁	33:15-17	-
결구	33:18-20	21:17-18

1) 므낫세의 죄(33:1-9)

¶ 본문

1 므낫세가 위에 나아갈 때에 나이 십 이세라 예루살렘에서 오십 오년을
치리하며 2 여호와 보시기에 악을 행하여 여호와께서 이스라엘 자손 앞에
서 쫓아내신 이방 사람의 가증한 일을 본받아 3 그 부친 히스기야의 헐어
버린 산당을 다시 세우며 바알들을 위하여 단을 쌓으며 아세라 목상을 만
들며 하늘의 일월 성신을 숭배하여 섬기며 4 여호와께서 전에 이르시기를
내가 내 이름을 예루살렘에 영영히 두리라 하신 여호와의 전에 단들을 쌓
고 5 또 여호와의 전 두 마당에 하늘의 일월 성신을 위하여 단들을 쌓고
6 또 힌놈의 아들 골짜기에서 그 아들들을 불 가운데로 지나게 하며 또 점
치며 사술과 요술을 행하며 신접한 자와 박수를 신임하여 여호와 보시기

에 악을 많이 행하여 그 진노를 격발하였으며 [7]또 자기가 만든 아로새긴
목상을 하나님의 전에 세웠더라 옛적에 하나님이 이 전에 대하여 다윗과
그 아들 솔로몬에게 이르시기를 내가 이스라엘 모든 지파 중에서 택한 이
전과 예루살렘에 내 이름을 영원히 둘찌라 [8]만일 이스라엘 사람이 내가
명한 일 곧 모세로 전한 모든 율법과 율례와 규례를 지켜 행하면 내가 그
들의 발로 다시는 그 열조에게 정하여 준 땅에서 옮기지 않게 하리라 하셨
으나 [9]유다와 예루살렘 거민이 므낫세의 꾀임을 받고 악을 행한 것이 여
호와께서 이스라엘 자손 앞에서 멸하신 열방보다 더욱 심하였더라

¶ 주석

1-9절은 열왕기하 21:1-9와 거의 문자적으로 일치한다.

1 역대기 저자가 왜 여기서부터 도입구에서 왕의 모친의 이름을 생략하는지 그 이유를 알 수 없다. 므낫세 왕은 가장 오래 치리한 왕이다. 장수는 하나님의 복으로 간주된다. 열왕기에서 므낫세는 왕국 멸망의 장본인이다. 이렇게 악한 왕이 장수할 수 있는가? 역대기에서 므낫세 왕은 죄를 지었으나 회개한 겸비한 왕으로 그려져 있는데, 이것은 흔히 그의 장수를 설명하기 위한 것으로 해석된다.

2 **여호와 보시기에 악을 행하여** 므낫세에 대한 이 평가는 열왕기에서 그대로 수용한 것이다. 열왕기서에서 이 평가는 대부분 이스라엘 왕들에게 사용된다. 여로보암(왕상 13:33), 나답(15:26), 바아사(15:34), 시므리(16:19), 오므리(16:25), 아합(16:30, 21:20, 25), 아하시야(22:53), 요람(왕하 3:2), 여호아하스(13:2), 요아스(13:11), 여로보암 2세(14:24), 스가랴(15:9), 므나헴(15:18), 브가히야(15:24), 베가(15:28), 호세아(17:2)이다. 유다 왕들의 경우에는 솔로몬(왕상 11:6)과 르호보암(왕상 14:22 = 대하 12:14), 여호람(왕하 8:19 = 대하 21:6)과 아하시야(왕하 8:27 = 대하 22:4), 그리고 왕국 말기에 다스렸던 여호아하스(왕하 23:32), 여호야긴

(왕하 24:9 = 대하 36:9), 시드기야(왕하 24:19 = 대하 36:12)에게 적용되었다. 므낫세가 이러한 평가를 받는 것은 그가 이방 사람의 가증한 일을 행하였기 때문이다.

3 – **6a** 므낫세의 죄명부이다(// 왕하 21:3-7a). 부왕 히스기야가 헐어 버린 산당들을 다시 세우고 바알 제단을 쌓으며 아세라 목상을 만들고 하늘의 일월성신을 섬겼다(3절// 왕하 21:2-3). 여호와의 성전에 단을 쌓고 목상을 세웠으며, 성전 두 마당에 일월성신을 위한 단을 쌓았으며(4-5, 7절// 왕하 21:4-5, 7), 힌놈의 아들 골짜기에서 그 아들들을 불 가운데로 지나게 하며 또 점치며 사술과 요술을 행하며 신접한 자와 박수를 신임하였다(6절// 왕하 21:6). 특히 역대기 저자는 열왕기와 달리 므낫세가 그의 "아들"(왕하 21:6)이 아니라 **아들들**을 불 가운데로 지나가게 하였다고 말함으로써 므낫세의 죄를 증가시킨다. 반면 역대기에는 므낫세가 예루살렘에서 흘린 무죄한 자의 피에 대하여(왕하 21:16, 24:4) 아무 언급도 하지 않는다. 역대기 저자는 성전과 관련된 죄만을 언급하려는 듯하다. 므낫세는 모든 형태의 이방 사술을 예루살렘 성전으로 들여왔다.

7b, **9** 하나님이 솔로몬에게 하신 성전과 예루살렘에 대한 말씀은 므낫세의 범죄를 한층 강조해준다. 므낫세의 죄는 유다와 예루살렘 주민에게까지 퍼졌다.

8 "내가 그들의 발로 다시는 그 열조에게 준 땅에서 떠나 유리하지 않게 하리라"(왕하 21:8)는 구절은 **내가 그들의 발로 다시는 그 열조에게 정하여 준 땅에서 옮기지 않게 하리라**로 수정되어 있다. 므낫세 왕의 강제이주의 근거가 되는 하나님의 약속의 말씀이다.

2) 하나님의 심판과 회복(33:10-13)

¶ 본문

10 여호와께서 므낫세와 그 백성에게 이르셨으나 저희가 듣지 아니한고
로 11 여호와께서 앗수르 왕의 군대 장관들로 와서 치게 하시매 저희가 므
낫세를 사로잡고 쇠사슬로 결박하여 바벨론으로 끌어 간지라 12 저가 환난
을 당하여 그 하나님 여호와께 간구하고 그 열조의 하나님 앞에 크게 겸비
하여 13 기도한고로 하나님이 그 기도를 받으시며 그 간구를 들으시사 저
로 예루살렘에 돌아와서 다시 왕위에 거하게 하시매 므낫세가 그제야 여
호와께서 하나님이신 줄을 알았더라

¶ 주석

10 **여호와께서 므낫세와 그의 백성에게 이르셨으나** 열왕기에서 선지자를 통해 하신 하나님의 말씀은 최종적인 성격을 지닌다. 므낫세의 죄는 하나님의 진노를 일으켜 예루살렘과 유다에 재앙이 내릴 것이다(왕하 21:10-15). 역대기 저자는 이를 알고 있었을 것이다. 18절의 "선견자가 … 권한 말씀"이 바로 그것일 것이다. 그러나 역대기 저자는 이를 구체적으로 언급하지 않는다. 이러한 생략은 최종적인 하나님의 심판이 아니라 므낫세와 그의 백성의 회개에 대한 여호와의 기대를 더 강하게 드러내준다.

저희가 듣지 아니한고로 므낫세와 백성은 선지자들이 하나님의 말씀을 전함에도 불구하고 이방민족보다 죄를 더 하였다. 말로 해서 안 되는 사람은 매를 맞고 스스로 느껴야 한다.

11 앗수르 군대의 공격은 므낫세와 그의 백성이 지은 죄에 대한 하나

님의 심판이다. 그들이 모든 예언자의 온갖 경고를 한 귀로 듣고 흘렸기 때문에 그에 대한 징벌이 앗수르의 형태로 임하였다.

저희가 므낫세를 사로잡고 쇠사슬로 결박하여 왕과 백성의 범죄로 인한 하나님의 진노는 특별히 므낫세 왕 개인에게 임한다. 앗수르 군대는 므낫세 왕을 가장 아프고 명예롭지 못한 방법으로 사로잡아간다.

바벨론으로 끌어간지라 므낫세의 포로사건에 대한 역사적 진정성은 대체로 인정되고 있다. 그 원인으로는 므낫세가 앗수르에 대한 반란에 가담한 22명의 왕의 하나라는 혐의를 받아 에살핫돈으로부터 징벌의 의미로 소환되었거나,[144] 또는 에살핫돈에서 앗수르바니팔으로의 왕위계승을 안전하게 하기 위하여 체결된 주전 672년의 봉건조약에서 므낫세가 앗수르에 충성을 맹세하기 위해 바벨론에 간 것으로 보기도 한다.[145]

역대기 저자는 므낫세가 여호와께서 이스라엘 모든 지파 중에서 택하여 이름을 영원히 둔 성전과 예루살렘에서(7절) 바벨론으로 끌려간 사실을 신학적으로 설명한다. 므낫세의 강제이주의 타당한 근거는 여호와의 말씀 속에 있다. "내가 그들의 발로 다시는 그 열조에게 정하여 준 땅에서 옮기지 않게 하리라"(8절). 역대기 저자에 따르면 므낫세의 바벨론 이주는 여호와의 말씀이 성취된 것이었다! 므낫세의 "바벨론 포로사건"은 마지막 포로사건의 전조가 된다. 여호야김이 결박되어 바벨론으로 사로잡혀갔다.

12 **저가 환난을 당하여** 사로잡히는 굴욕적인 경험은 므낫세에게 놀라운 회개를 촉발시킨다. 어려움은 종종 사람의 내적, 외적 자세의 변화를 가져다준다. 므낫세는 외적으로는 하나님께 기도하고, 내적으로 낮아진다. 겸비함은 하나님의 마음을 움직이게 하는 힘이다.

13 므낫세는 복권된다. "앗수르바니팔이 변절한 봉신들을 사면하고 … 계속하여 의무를 이행하게 하였다." 므낫세가 예루살렘으로 돌아왔다

144) 1 W. Rudolph, *Chronibücher*, 317; J. A. Thompson, *1, 2 Chronicles*, 367; M. A. Sweeny, "King Manasseh of Judah," 271-272.

145) H. G. M. Williamson, *1 and 2 Chronicles*, 392.

는 것을 역대기 저자는 앗수르바니팔의 은혜로서가 아니라 여호와 하나님의 은혜로 기술한다. 왕이 곤경에 처했을 때 겸손하게 여호와의 도움을 구하자 하나님은 은혜를 그에게 부어주셨다. 회개하는 기도는 응답을 받는다. 이러한 경험을 통하여 므낫세는 그가 지금까지 섬긴 신들이 헛된 것이었다는 것과 여호와만이 참 신이라는 것을 분명히 깨닫게 된다. 므낫세의 회복은 마지막 시대에 대한 희망을 미리 보여준다.

3) 므낫세 왕의 개혁(33:14-17)

¶ 본문

14 그 후에 다윗성 밖 기혼 서편 골짜기 안에 외성을 쌓되 생선문 어귀까
지 이르러 오벨을 둘러 심히 높이 쌓고 또 유다 모든 견고한 성읍에 군대
장관을 두며 15 이방 신들과 여호와의 전의 우상을 제하며 여호와의 전을
건축한 산에와 예루살렘에 쌓은 모든 단을 다 성 밖에 던지고 16 여호와의
단을 중수하고 화목제와 감사제를 그 단 위에 드리고 유다를 명하여 이스
라엘 하나님 여호와를 섬기라 하매 17 백성이 그 하나님 여호와께만 제사
를 드렸으나 오히려 산당에서 제사를 드렸더라

¶ 주석

므낫세 왕은 새롭게 인식한 바를 행동으로 실천한다.

14 그 후에 므낫세 삶의 전환을 나타낸다. 므낫세는 여호와께서 하나님이심을 깨닫고 건축, 군사개혁과 종교개혁을 단행한다.

역대기에서 의로운 왕의 행적 가운데 건축이 자주 언급된다. 므낫세 왕

도 왕국을 견고하게 하기 위하여 건축에 힘쓴다.

오벨 남쪽의 '다윗성'이라고 칭해지는 성읍 부분과는 대조적으로 성전을 포함하는 북쪽 부분을 말한다. 3절에 따르면 요담은 성전 윗문을 건축하고 오벨 성벽을 증축하였다(27:3). 므낫세의 새 성벽이 옛 성벽과 기혼, 즉 기드론 계곡 서쪽 언덕에 있는 **골짜기** 사이의 다윗성 동쪽으로 오벨을 둘러 북쪽 성벽에 있는 어문까지라면(느 3:3) 히스기야가 건축한 것보다(32:5) 많다.

15 - **17** 그는 이방신들과 제단들을 제거하고 여호와의 제단과 적법한 희생제의를 회복한다. 또한 그는 백성에게 여호와, 이스라엘의 하나님을 섬기도록 강화한다. 산당, 즉 예루살렘 이외의 제의처에서 행해지는 제의는 계속되었지만, 거기서도 여호와만이 경배되었다.

4) 결구(33:18-20)

¶ 본문

*18*므낫세의 남은 사적과 그 하나님께 기도한 말씀과 선견자가 이스라엘
하나님 여호와의 이름을 받들고 권한 말씀이 모두 이스라엘 열왕의 행장
에 기록되었고 *19*또 그 기도와 그 기도를 들으신 것과 그 모든 죄와 건과
와 겸비하기 전에 산당을 세운 곳과 아세라 목상과 우상을 세운 곳들이 다
호새의 사기에 기록되니라 *20*므낫세가 그 열조와 함께 자매 그 궁에 장사
하고 그 아들 아몬이 대신하여 왕이 되니라

¶ 주석

18 – **19** 열왕기하 21:17을 반영하고 있다. 열왕기에서 므낫세가 "행한 바"와 "범한 죄"는 부정적인 면을 말한다. 19b의 **죄와 건**, 그리고 산당과 우상 세운 것이 이에 해당될 것이다. 여기에 18절의 **선견자가 … 권한 말씀**이 추가된다. 이것은 므낫세에게 행해진 예언자의 말씀을 의미한다(왕하 21:12-15). 반면 18, 19절은 그의 선견자의 말씀에 므낫세의 기도와 하나님의 응답을 포함시킨다. '므낫세의 기도'는 위경을 통해 증거된다. 왕의 기도는 왕의 상황(33:11, 13)과 관련되어 있다.

20 열왕기하 21:18과 상응한다. 열왕기에 따르면 므낫세는 "그 궁궐 동산 곧 웃사의 동산"에 장사된다. 웃사의 동산은 궁과 성전 사이에 위치한 성채에 있었던 것으로 보인다. 이 즈음에 왕의 매장지가 예루살렘 성벽 밖으로 이전되었던 것 같다(앞 32:33 주석 참고).

¶ 메시지

므낫세는 하나님을 떠나 우상을 섬기고 백성까지 미혹케 하였다. 그로 인해 그는 포로가 되는 하나님의 징벌을 받았으나 오히려 그 징계를 받는 중에 회개하고 여호와께서 하나님이신 줄 깨닫게 되었다. 므낫세에게는 환난을 당한 것이 오히려 유익이 되었다. 그로 말미암아 그는 하나님을 하나님으로 알게 되었기 때문이다(시 119:71 참고). 허물을 하나님께 자복하고 죄악을 숨기지 아니하는 자는 하나님께서 그 죄악을 사해주신다(시 32:5). "허물의 사함을 받고 자신의 죄가 가려진 자는 복이 있도다"(시 32:1). 그러므로 우리는 죄를 범하였을 때 낙망치 말고 용기를 내어 하나님께 나아가 죄를 아뢰고 사함을 받는 복을 누려야 할 것이다.

3. 아몬(33:21-25)

아몬은 가장 간단히 언급된다.

¶ 짜임새

33:21	도입: 즉위 연령과 통치연한
33:22-23	아몬의 죄
33:24-25	아몬의 죽음과 국민의 대처

¶ 평행본문과의 비교

도입	대하 33:21-22a	왕하 21:19-20
아몬의 죄	33:22b-23	21:21-22
아몬의 죽음	33:24	21:23
국민의 대처	33:25	21:24
아몬의 사료	-	21:25
아몬의 장사	-	21:26a
요시야 즉위	-	21:26b

¶ 본문

21아몬이 위에 나아갈 때에 나이 이십 이세라 예루살렘에서 이년을 치
리하며 22그 부친 므낫세의 행함 같이 여호와 보시기에 악을 행하여 그 부
친 므낫세가 만든 아로새긴 모든 우상에게 제사하여 섬겼으며 23이 아몬
이 그 부친 므낫세의 스스로 겸비함 같이 여호와 앞에서 스스로 겸비치 아
니하고 더욱 범죄하더니 24그 신복이 반역하여 왕을 궁중에서 죽이매 25국
민이 아몬왕을 반역한 사람들을 다 죽이고 그 아들 요시야로 대신하여 왕
을 삼으니라

¶ 주석

1) 도입(33:21-22a)

21 - **22a** 아몬의 즉위 연령과 통치연한, 그리고 그에 대한 일반적인 평가를 담고 있다. 아몬은 그의 부친과 비교되어 평가된다. 그는 부친의 부정적인 측면만 본받았다.

2) 아몬의 죄(33:22b-23)

22b - **23** 구체적인 악행으로 부친과 같이 우상에게 경배한 것이 지적된다. 아몬이 제사하였던 신상들은 옛 므낫세의 것이 아니라 그에 상응하

는 새로운 것이다. 왜냐하면 므낫세의 것은 제거되었기 때문이다(33:15b). 그러나 "열조의 하나님 여호와를 버렸다"는 저본(왕하 21:21a)은 생략한다. 역대기 저자는 므낫세의 회개를 다시 언급한다. 아몬은 므낫세처럼 회개하지 아니하였다.

3) 아몬의 죽음(33:24-25)

24 – 25 아몬은 신하들에 의해 암살된다. 이들은 급격한 반앗수르파였을 수 있다. 암살자들을 처단한 이들은 비교적 중도적 입장을 지닌 사람들일 것이다. 그들은 여덟 살 난 다윗왕가의 후손을 왕위에 올리고 조심스럽게 왕국의 정치, 종교적 기초를 재확립한다.

¶ 메시지

아몬은 아버지 므낫세가 여호와 보시기에 악을 행한 것은 본받으면서도 여호와 앞에서 스스로 겸손했던 것은 본받지 아니하였다. 므낫세와 아몬의 차이는 징계의 유무에 있다. 죄로 인해 받는 징계는 의와 평강의 열매를 맺게 한다(히 12:11). 하나님은 그 사랑하시는 자를 징계하신다(히 12:6, 계 3:19).

4. 요시야(34:1-35:27)

열왕기에서 요시야 왕은 율법에 충실한, 누구와 비교될 수 없는 왕으로 평가된다. 열왕기에서의 요시야의 상은 역대기에 그대로 남아 있다. 그러나 히스기야 시대가 새로운 시대의 전환점으로 그려져 있어서 요시야 시대는 히스기야 시대의 연속으로 평가된다.

¶ 짜임새

1) 34:1	도입
2) 34:3-7	요시야 왕의 초기
3) 34:8-13	성전개혁
4) 34:14-28	율법책 발견
(1) 34:14-18	율법책 발견
(2) 34:19-28	왕의 반응과 훌다의 예언
5) 34:29-33	언약체결
(1) 35:29	백성 소집
(2) 35:30-32a	언약식
(3) 35:32b-33	언약의 효과

6) 35:1-19 유월절
  (1) 35:1 도입
  (2) 35:2-9 유월절 준비
  (3) 35:10-15 유월절 행사
  (4) 35:16-19 평가
7) 35:20-27 요시야의 최후
  (1) 35:20-25 요시야 왕의 죽음
  (2) 35:26-27 결구

¶ 평행본문과의 비교

도입구	대하 34:1-2	왕하 22:1-2
제8년	34:3a	-
제12년	34:3b-7	-
제18년	34:8-11	(23:4-20)
성전보수	-	22:3-7
건축가 목록	34:12-13	-
율법책 발견	34:14-21	22:8-13
훌다의 예언	34:22-28	22:14-20
언약체결	34:29-32	23:1-3
성전정화	34:33a	23:4-20
평가	34:33b	-
유월절	35:1	23:21
유월절 준비	35:2-16	-
유월절 잔치	35:17	-
평가	35:18-19	23:22-23
정화조치	-	23:24
총체적 평가	-	23:25
심판선고	-	23:26-27

느고전쟁과 죽음	35:20-24a	[23:29-30a]
죽음 애도	35:24b-25	-
결구	35:26	23:28
느고전쟁과 죽음	[35:20-24a]	23:29-30a

1) 도입(34:1-2)

¶ 본문

[1] 요시야가 위에 나아갈 때에 나이 팔세라 예루살렘에서 삼십 일년을 치
리하며 [2] 여호와 보시기에 정직히 행하여 그 조상 다윗의 길로 행하여 좌
우로 치우치지 아니하고

¶ 주석

1 - **2** 34:1-2는 열왕기하 22:1-2와 평행한다. 그러나 왕의 어머니는 빠져 있다. 역대기 저자가 2절에서 요시야에 대하여 히스기야를 능가하는(29:2) 열왕기 저자의 평가(왕하 22:2)를 수용하고 있다는 것은 역대하 32:25-26에 나타난 히스기야의 태도로부터 설명될 것이다. 그러나 35:21-22에서 요시야의 자세는 이 평가에 완벽하게 들어맞지 않는 듯 보인다(뒤 주석 참고).

2) 요시야 왕의 초기(34:3-7)

¶ 본문

[3]오히려 어렸을 때 곧 위에 있은지 팔년에 그 조상 다윗의 하나님을 비
로소 구하고 그 십 이년에 유다와 예루살렘을 비로소 정결케 하여 그 산당
과 아세라 목상들과 아로새긴 우상들과 부어만든 우상들을 제하여 버리매
[4]무리가 왕의 앞에서 바알들의 단을 훼파하였으며 왕이 또 그 단 위에 높
이 달린 태양상들을 찍고 또 아세라 목상들과 아로새긴 우상들과 부어 만
든 우상들을 빻아 가루를 만들어 거기 제사하던 자들의 무덤에 뿌리고
[5]제사장들의 뼈를 단 위에서 불살라 유다와 예루살렘을 정결케 하였으며
[6]또 므낫세와 에브라임과 시므온과 납달리까지 사면 황폐한 성읍들에도
그렇게 행하여 [7]단들을 훼파하며 아세라 목상들과 아로새긴 우상들을 빻
아 가루를 만들며 온 이스라엘 땅에 있는 모든 태양상을 찍고 예루살렘으
로 돌아왔더라

¶ 주석

3a 요시야 왕이 제 팔년에 하나님을 비로소 구하였다는 언급은 요시야의 자세의 변화를 말해준다. **하나님을 비로소 구하고** 이것은 요시야 왕의 회개를 말하는 것 같다. 제 팔년이라는 숫자는 이 증거를 단지 신학적으로 해석할 수 없게 한다. 신학적인 의미를 부여하고자 했다면 제1년이나 제7년이었을 것이다. 이 숫자가 더 의미를 갖기 때문이다. 16세라는 나이도 특별한 의미를 띠고 있지 않다.[146)]

요시야 제 팔년은 여호아하스가 태어난 해이다. 요시야 왕이 므깃도에

---

146) Williamson, *1 and 2 Chronicles*, 398.

서 죽자 백성은 여호야김이 아니라 더 어린 여호아하스를 왕위에 앉힌다(왕하 23:30). 여호야김의 어머니는 루마 사람 스비다이며(23:36), 여호아하스의 어머니는 립나 예레미야의 딸 하무달이다(23:31). 바릭(Barrick)에 따르면 제 팔년은 생리적이나 사회적 의미를 지닌 것이 아니라, 요시야 왕의 결혼정책과 관련된 정치적 의미가 있었다고 본다. 그에 따르면 여호아하스의 출생은 곧 서기관 사반이 이끄는 "개혁당"을 선호하는 권력이동의 증거라고 한다.[147]

3b **십 이년에** 요시야 왕은 20살이 되자 할아버지 므낫세의 노력을 이어간다. 요시야 왕은 먼저 유다와 예루살렘에서 산당과 여러 우상들을 제거한다. 므낫세 시대에 산당에서는 오로지 여호와만 경배되었다(33:17). 아몬의 통치 아래 다시 가나안의 우상이 강하게 침투하였고(33:22), 산당에서는 다시 우상이 경배되었다.

열왕기하 22-23장에 따르면 요시야 왕은 제18년에 성전을 보수하던 중 율법책을 발견하고 율법책의 요구에 따라 대대적인 제의개혁을 단행한다. 그러나 역대기 저자는 그보다 6년 앞선 12년에, 그러니까 율법책이 발견되기 전에 중요한 개혁을 단행했다고 전한다. 연대와 내용면에서 열왕기로부터 이탈하고 있지만, 그러나 분명히 열왕기의 보도에 종속되어 있다. 열왕기하 23장에 비해 개혁의 정도가 축소되어 있다. 여기에는 타당한 이유가 있다. 왜냐하면 이방신들을 이미 므낫세가 제거했기 때문이다(33:15).

4 **무리가** 왕에 의해 시작된 개혁은 백성으로 이어진다. 바알제단, 태양상을 제거하는 일은 열왕기에서는 모두 왕의 업적으로 기술된다.

태양상 열왕기의 요시야 개혁 보도에서는 태양신 제의와 관련하여 "성전 어귀에, 내시 나단-멜렉의 뜰에" 세워진 말들과 태양수레를 증거하고 있다(왕하 23:11). 주전 8, 7세기(사르곤과 산헤립 시기)에 말은 태양신의 상징이었다.[148] 주전 7세기 앗수르 제국의 '타미투' 의식에서 잘 선별된 말은

147) W. B. Barrick, "Dynastic Politics," 565-582.

148) Ch. Uehlinger, "Gab es eine joschijanische Kultreform?," 76.

아닷과 샤마쉬의 신탁을 통해 신들을 운반하는 마차를 끌도록 재가받는다. 이러한 기능을 얻음으로써 말은 신적인 권위를 부여받아 중재자의 기능을 하고, 그에 따라 제사를 받았다.[149)]

에스겔의 증거에 의하면 "여호와의 전 문 앞 현관과 제단 사이에서 약 이십오인이 여호와의 전을 등지고 낯을 동으로 향하여 동방 태양에 경배" 하였다고 한다(겔 8:16). 태양상의 역사적 진실을 알려주는 증거이다.

거기 제사하던 자들의 무덤에 뿌리고 우상들을 가루로 만들어 우상 숭배자들이 묻힌 무덤에 뿌리는 행위는 모독의 최고의 형태이다. 4b절은 열왕기하 23:6을 일반화한 것이다. 우상의 재가 "평민의 묘지"가 아니라 **거기 제사하던 자들**, 즉 조상의 무덤에 뿌려졌다고 함으로써 강조가 나타난다.

5 제사장들의 뼈를 … 불살라 이 구절은 열왕기하 23:14, 16, 20의 빛 아래 바라볼 때 이해가 된다. 열왕기의 보도에 따르면 요시야 왕은 벧엘에서 산에 있는 무덤에서 해골들을 가져다가 제단에서 불살라 그 제단을 더럽게 하였다(왕하 23:16). 또 요시야 왕은 벧엘 산당의 제사장들을 다 제단 위에서 죽이고 사람의 해골을 제단 위에서 불사른다(23:20). 벧엘 산당 제사장들을 죽이고 그 제단을 부정하게 한 것이다. 그러나 역대기에서 제사장과 관련된 조치는 유다와 예루살렘에서 이루어진다. 아마도 이 구절은 열왕기하 23:5에서 말하는 이방제의 제사장 '케마림'에 대한 조치를 말하는 듯하다. "옛적에 유다 왕들이 세워서 유다 모든 고을과 예루살렘 사면 산당에서 분향하며 우상을 섬기게 한 제사장들을 폐하며." 차이는 열왕기 구절에서 사용된 동사는 '케마림'들에 대한 물리적인 조치가 아니라 더는 회복될 수 없는 기능상의 폐지를 말하고 있다는 데 있다.

6 - 7 므낫세와 에브라임과 시므온과 납달리까지 사면 황폐한 성읍들 왕의 개혁은 옛 북왕국 지역까지 확대된다. 열왕기에서는 벧엘과 사마리아 각 성읍에서의 개혁이 언급된다(왕하 23:15, 19). "여로보암이 벧엘에 세운 단과 산당"(왕하 23:15), "벧엘의 단"(왕하 23:17), "전에 이스라

149) H. Spieckermann, *Juda unter Assur*, 108.

엘 열왕이 사마리아 각 성읍에 지어서 여호와의 노를 격발한 산당"(왕하 23:19)이다. 열왕기가 뭉뚱그려 하는 표현을 역대기 저자는 구체적으로 지역을 열거하고 있다. 남쪽의 시므온에서 북쪽의 납달리까지이다. 이것은 요시야의 통치권이 다윗과 솔로몬 당시의 영토에까지 미쳤음을 시사해준다. 헬처(M. Heltzer)에 따르면 유다 왕국의 세금정책을 보여주는 인장에 북왕국 지역인 아루봇(왕상 4:10)이 언급되는데, 이것은 이미 초기에(요시야 제10년; 630/629년) 북왕국 지역이 요시야의 손에 들어와 있음을 시사해준다.[150] 요시야의 개혁은 히스기야 때부터 시작되었던 북왕국 통일정책의 연장선상에 있다.

크로스와 프리드만은 요시야의 8년(632년)과 12년(628년), 그리고 18년(622년)을 앗수르의 왕들의 죽음과 연관시킨다.[151] 7세기 말 앗수르 제국의 힘이 점점 기울어지자 유다에서 정치적 운동이 일어났다고 보는 것이다.

¶ 메시지

요시야는 어린 나이임에도 불구하고 하나님을 구할 줄 알았다. 그리고 4년 후에는 하나님을 구하는 그의 마음이 유다와 예루살렘을 정결하게 하는 것으로 구체화되어 나타났다. 하나님을 구하는 것은 마음에서 끝나는 일이 아니다.

---

150) M. Heltzer, "Some Questions Concerning the Economic Policy of Josiah, King of Judah," 105-108.

151) F. M. Cross and D. N. Freedman, "Josiah's Revolt, Against Assyria," 56-58 참고.

3) 성전개혁(34:8-13)

¶ 본문

8 요시야가 위에 있은지 십 팔년에 그 땅과 전을 정결케 하기를 마치고
그 하나님 여호와의 전을 수리하려 하여 아살랴의 아들 사반과 부윤 마아
세야와 서기관 요아하스의 아들 요아를 보낸지라 9 저희가 대제사장 힐기
야에게 나아가 전에 하나님의 전에 연보한 돈을 저에게 붙이니 이 돈은 문
을 지키는 레위 사람이 므낫세와 에브라임과 남아 있는 이스라엘 사람과
온 유다와 베냐민과 예루살렘 거민들에게서 거둔 것이라 10 그 돈을 여호
와의 전 역사를 감독하는 자의 손에 붙이니 저희가 여호와의 전에 있는 공
장에게 주어 그 전을 수리하게 하되 11 곧 목수와 건축하는 자에게 붙여 다
듬은 돌과 연접하는 나무를 사며 유다 왕들이 헐어버린 전들을 위하여 들
보를 만들게 하매 12 그 사람들이 진실히 그 일을 하니라 그 감독은 레위
사람 곧 므라리 자손 중 야핫과 오바댜요 그핫 자손 중 스가랴와 무술람이
라 다 그 일을 주장하고 또 음악에 익숙한 레위 사람이 함께 하였으며 13 저
희가 또 담부하는 자를 관할하며 범백 공장을 동독하고 어떤 레위 사람은
서기와 관리와 문지기가 되었더라

¶ 주석

8-12aα절은 열왕기하 22:3-7에 근거하고 있다.

8a **그 땅과 전을 정결케 하기를 마치고** 므낫세가 이미 합법적인 성전 제의를 회복하였기 때문에(33:15-16), 요시야에게는 성전의 정화가 요청된다(35:20과 비교).

제18년의 주요 계획은 **하나님 여호와의 전을 수리**하는 것이었다. 이 계

획을 위해 왕은 **아살랴의 아들 사반과 부윤 마아세야와 서기관 요아하스의 아들 요아**를 성전으로 파견한다. 열왕기에는 "므술람의 손자 아살리야의 아들 서기관 사반"(왕하 22:3)만이 나온다. 마아세야와 요가가 추가되어 있다. 요아는 히스기야 왕 당시에 서기관이었다(왕하 18:18, 26, 37). 역대기 저자가 여기서 이 관리들의 이름을 날조하거나 정경이 아닌 자료에서 끌어왔을 가능성은 없다. 열왕기하 22:3에서 הספר(서기관)와 המזכר의 마지막 철자의 유사성 때문에 그 중간에 있는 이름, 즉 **부윤 마아세야와 서기관 요아하스의 아들 요아**가 탈락되었다고 생각해도 무방할 것이다.[152] 많은 관리를 파송했다는 것은 요시야 왕이 성전수리에 많은 비중을 두었음을 보여준다. 이름이 열거된 것은 역사성을 강하게 반영하고 있다.

9 **전에 하나님의 전에 연보한 돈** 열왕기하 22:4는 성전 돈의 출처를 성전에 헌금한 것으로 밝힌다. 그러나 역대기 저자는 이 헌금은 레위인들이 **므낫세와 에브라임과 남아 있는 모든 이스라엘 사람과 온 유다와 베냐민과 예루살렘 거민들에게서** 거둔 것이라고 말한다. 즉 모든 이스라엘에게서 거둬들인 것이다. 요아스 왕 당시에 레위인들은 이 임무를 수행하지 않았었다(24:6-9). 본문은 요아스 시대에 도입된 성전세금 제도가 정착되었음을 시사하고 있다.

열왕기에서 왕이 파견한 관리들은 대제사장 힐기야에게 가서 돈을 계수하고 해당 일꾼에게 준다(왕하 22:4-5). 그러나 역대기에서 관리들은 제사장에게 돈을 건네준다. 성전세에 대한 권한은 왕에게 있음을 보여준다. 열왕기에서 돈을 수납한 "문 지킨 자"는 역대기에서 분명하게 **레위 사람**으로 밝혀진다(대상 9:19-22; 대하 23:4 참고). 돈의 헌금 방법은 열왕기에서는 백성이 성전에 드린 반면, 역대기에서는 레위인들이 방방곡곡 순회하며 수금한 것으로 레위인들의 활동을 암시해준다.

므낫세와 에브라임과 남아 있는 이스라엘 사람도 헌금하는 이들 가운데 속한다. 6절과는 달리 과거 북왕국 지역의 스불론과 납달리가 언급되지 않는다.

152) Rudolph, *Chronikbücher*, 321.

10 전체 역사에 대한 감독과정이 언급된다. 제사장은 관리들에게서 받은 돈을 **역사를 감독하는 자**에게 넘긴다. 감독자들은 일꾼들에게 준다.

11 성전을 보수하는 사람들은 감독과 일꾼, 두 부류로 나뉜다. 일꾼은 **목수와 건축하는 자**로 구성되어 있다. 헌금으로 나무와 돌을 사는데, 나무는 "집들", 즉 성전을 연결하는 데 사용된다.

유다 왕들이 헐어버린 전들 유다의 왕들은 므낫세와 아몬을 말한다. 건물은 그대로 두면 황폐해진다. 므낫세와 아몬은 성전에 무관심하여 건물상태가 나빠져도 손을 쓰지 않았다(24:7 참고). **전들**은 성전의 건물 전체를 말한다. 야펫은 성전의 보수나 정화는 성전의 실제 훼손을 전제한다고 말한다.[153]

12 목수들과 건축하는 자들은 **진실히** 그 일을 하였다. **진실히**라는 표현은 열왕기에서는 헌금계산에 사용된다(왕하 22:7). 여기서는 건축 작업에 대해 사용되었다.

12b 감독자는 레위 사람들이다. 므라리, 그핫 자손이다. 게르손 자손(29:12)이 빠져 있다. 성전보수 공사에는 공사 감독자들과 **음악에 익숙한 레위 사람**도 함께하였다. 악기를 가진 자들은 어떤 일을 하였을까? 그들은 악기로 짐을 운반하는 일군들의 박자와 리듬을 통제한다. 앗수르나 이집트에서도 이러한 노동 관행이 있었다. 앗수르에서 나팔신호의 소리에 따라 짐을 올렸고, 앗수르바니팔의 벽돌을 나르는 자들은 현악기의 소리에 맞추어 노동하였으며, 기자(Giseh)의 스핑크스 무덤에서도 노동 시에 짐을 나르는 자들이 피리 부는 자들에게 발을 맞추었으며 박자를 놓치는 사람들이 회초리를 맞았다고 한다.[154] 우리나라에서도 농부들이 농번기에 농악대가 노동하는 사람들 옆에서 흥을 돋운 관습도 이러한 예에 해당한다. 옛 관행을 통해 역대기 저자의 시대에도 성전을 건축할 때 그와 유사한 일이

153) Japhet, *I & II Chronicles*, 1028.
154) Rudolph, *Chronikbücher*, 323.

실행되었다고 추측할 수 있다.

13 레위인들은 직접 작업을 하지 않았고, 목도꾼을 감독하고 모든 공사 담당자들을 감독하고, 서기와 관리, 문지기 일을 맡았다.

¶ 메시지

요시야 시대에 성전 수리를 위하여 거둬들인 헌금은 오로지 성전보수를 위하여 성전보수 책임자의 감독 아래 엄격한 절차에 따라 규모 있게 사용되고 있다. 어떤 목적을 위하여 거둔 헌금은 오로지 그 목적을 위하여만 사용되어야 한다.

4) 율법책 발견(34:14-28)

¶ 본문

14 무리가 여호와의 전에 연보한 돈을 꺼낼 때에 제사장 힐기야가 모세
의 전한 여호와의 율법책을 발견하고 15 서기관 사반에게 일러 가로되 내
가 여호와의 전에서 율법책을 발견하였노라 하고 그 책을 사반에게 주매
16 사반이 책을 가지고 왕에게 나아가서 복명하여 가로되 왕께서 종들에게
명하신 것을 종들이 다 준행하였나이다 17 또 여호와의 전에 있던 돈을 쏟
아서 감독자와 공장의 손에 붙였나이다 하고 18 서기관 사반이 또 왕에게
고하여 가로되 제사장 힐기야가 내게 책을 주더이다 하고 사반이 왕의 앞
에서 읽으매 19 왕이 율법의 말씀을 듣자 곧 자기 옷을 찢더라 20 왕이 힐
기야와 사반의 아들 아히감과 미가의 아들 압돈과 서기관 사반과 왕의 시
신 아사야에게 명하여 가로되 21 너희는 가서 나와 및 이스라엘과 유다의

남은 자를 위하여 이 발견한 책의 말씀에 대하여 여호와께 물으라 우리 열
조가 여호와의 말씀을 지키지 아니하고 이 책에 기록된 모든 것을 준행치
아니하였으므로 여호와께서 우리에게 쏟으신 진노가 크도다 22이에 힐기
야와 왕의 보낸 사람들이 여선지자 훌다에게로 나아가니 저는 하스라의
손자 독핫의 아들 예복을 주관하는 살룸의 아내라 예루살렘 둘째 구역에
거하였더라 저희가 그에게 이 뜻으로 고하매 23훌다가 저희에게 이르되
이스라엘 하나님 여호와의 말씀으로 너희는 너희를 내게 보낸 사람에게
고하기를 24여호와의 말씀이 내가 이곳과 그 거민에게 재앙을 내리되 곧
유다 왕 앞에서 읽은 책에 기록된 모든 저주대로 하리니 25이는 이 백성이
나를 버리고 다른 신에게 분향하며 그 손의 모든 소위로 나의 노를 격발하
였음이라 그러므로 나의 노를 이 곳에 쏟으매 꺼지지 아니하리라 하라 하
셨느니라 26너희를 보내어 여호와께 묻게한 유다 왕에게는 너희가 이렇게
고하라 이스라엘 하나님 여호와의 말씀이 네가 들은 말을 의논컨대 27내
가 이곳과 그 거민을 가리켜 말한 것을 네가 듣고 마음이 연하여 하나님
앞 곧 내 앞에서 겸비하여 옷을 찢고 통곡하였으므로 나도 네 말을 들었노
라 여호와가 말하였느니라 28그러므로 내가 너로 너의 열조에게 돌아가서
평안히 묘실로 들어가게 하리니 내가 이곳과 그 거민에게 내리는 모든 재
앙을 네가 눈으로 보지 못하리라 하셨느니라 사자들이 왕에게 복명하니라

¶ 주석

이 단락은 율법책 발견에 대하여 말하고 있다. 이것은 14절만이 추가되고 열왕기하 22:8-13과 거의 완전히 평행한다.

(1) 율법책 발견(34:14-18)

14 - **15** 율법책 발견의 때를 **여호와의 전에 연보한 돈을 꺼낼 때**로 밝힌다. 그러나 언제 어디서 발견되었는지는 분명하지 않다. 힐기야가 헌금을 꺼낸 통에서는 분명 아닐 것이다. 힐기야는 **내가 여호와의 전에서**(15

절) 율법책을 발견하였다고 말한다. 성전으로 가져온 헌금은 레위인이 '온 이스라엘'에게서 거둬온 것이다(9절). 그렇다면 율법책은 성전에서 발견된 것이 아니라 성전 바깥 어딘가에서 발견되었고 그것이 헌금과 함께 성전으로 들어왔다는 말이 될 것이다.[155] 전체적인 문맥에서 볼 때 율법책은 성전 보수작업이 진행되는 동안 발견되었다. 율법책 발견은 성전보수의 직접적인 결과이다.

이 율법책은 **모세의 전한 여호와의 율법책**으로 밝히고 있다. 열왕기에서는 더 다양하게 불린다. "율법책"(왕하 22:8, 11), "언약책"(23:2, 3). 그러나 모세의 책으로 일컫지는 않는다. 학자들의 연구에 따르면 이 율법책은 요시야 개혁의 동인이 된 신명기라고 한다. 물론 정경형태의 신명기는 아니다. 힐기야는 이 책을 사반에게 전달한다.

16 – **17** 사반은 이 책을 가지고 왕에게로 간다. 먼저 성전보수가 이행되었음을 보고한다. 다음으로 **여호와의 전에 있던 돈**의 사용에 대하여 보고한다. 일군들에게 준 헌금 역시 율법책처럼 여호와의 전에서 발견하였다고 말하는데, 이것은 9절에서 레위인이 거둬들인 헌금과 다른 것을 말하지는 않을 것이다.

18 이 기회에 힐기야는 발견한 율법책에 대하여 보고한다. 율법책의 발견은 성전보수 공사와 조금도 연관되어 있지 않다. 또 제12년에 이룬 개혁과도 어떤 연관성을 지니지 않는다. 사반은 제사장 힐기야의 말을 옮기는 것이 아니라 **제사장 힐기야가 내게 책을 주더이다**라고 극히 일반적으로만 말한다.

그리고 사반은 그 책을 왕 앞에서 읽는다. 열왕기에서 사반이 "그것을 읽다"(ויקראהו)라고 하여 **책**을 대명접미어 '후'(הו)로 나타낸 반면(왕하 22:10), 역대기 저자는 열왕기의 대명접미어 '후'(הו: 그것을)를 전치사 목적어 '보'(בו: 그 가운데)로 대체하여 사반이 그 율법책의 일부를 읽었음을 보여준다(ויקרא־בו).

155) Japhet, *I & II Chronicles*, 1029.

(2) 왕의 반응과 훌다의 예언(34:19-28)

(a) 왕의 반응(34:19-22)

19 - **21** 율법책에 대한 왕의 반응을 다루는 이 구절은 거의 열왕기하 22:11-13을 그대로 인용하고 있다. 왕은 **율법의 말씀을** 듣자 그의 옷을 찢는다. 옷을 찢는 행위는 재를 머리에 뿌리는 행위와 함께 장례나 극한 불행한 일과 관련하여 행해지는 의식이다(삼하 13:19; 겔 27:30; 애 2:10; 욥 2:8; 미 1:10; 렘 6:26, 25:34; 겔 27:30; 사 58:5; 욘 3:6; 단 9:3 등). 이러한 관습적인 행위는 요시야 왕의 심정을 그대로 전달해주고 있다. 말씀을 들었을 때 즉각 나온 이 반응은 요시야 왕이 어떤 심성을 지닌 인간인지를 간접적으로 말해준다. 예언자 훌다는 왕의 이러한 태도를 회개와 겸손의 진정한 자세로 간주하고 있다(27절).

왕의 내적 반응은 외적 행동으로 나타난다. 왕은 관리들을 훌다에게 가도록 명령을 내린다. 파견단은 힐기야와 사반의 아들 아히감, 미가의 아들 압돈, 서기관 사반과 왕의 종 아사야로 구성되어 있다. 압돈은 열왕기(왕하 22:12)와 예레미야(렘 26:22, 36:12)에서 "악볼"로 쓰이고 있다. 특이하게도 서기관 사반보다 그의 아들 아히감이 앞에 언급된다. 아히감의 직책이 무엇이었는지는 나타나지 않았다. 그러나 예레미야서에 따르면 아히감은 예레미야를 도왔는데(렘 26:24), 이것은 그가 왕궁에서 차지한 지위를 인정해준다. 그는 후에 바벨론의 총독으로 임명된 그달리야의 아버지이기도 하다(왕하 25:22; 렘 39:14, 40:5-43:6). 왕의 파견단이 제사장, 서기관, 왕의 종이라는 직책을 지닌 사람들이라면 이들은 모두 고위관리이다. 요시야 왕이 고위관리들을 예언자에게 파견했다는 것은 그가 이 율법책을 얼마나 중요하게 생각하였는지, 율법책에 대한 그의 겸손을 보여주는 증거이다.

21 왕의 위탁 내용은 가서 여호와께 물으라는 것이다. '여호와께 묻다'('다라쉬 여호와' דרש יהוה)는 표현은 종교적 헌신이나 경건을 보여주는 매우 포괄적인 용어이다. 요시야 왕은 16살이 되었을 때 이러한 자세를 보

여주었다. 그러나 여기에서 '여호와께 묻다'는 어떤 구체적 사건에 관한 예언자의 지도, 안내를 구하는 것을 말한다. 여기에서 이 동사는 전치사 '브아드'(בעד)와 함께 쓰여 '~를 위하여 여호와께 묻는' 것을 말하는데 이것은 예언자의 역할이기도 하다. 나아가 예언자는 묻는 자를 위하여 기도하는 일을 한다(삼상 12:19; 왕상 19:4 등). 여기서 '묻다'는 기도하다는 의미를 담고 있다.[156)]

열왕기와 비교할 때 역대기에서의 왕의 위탁은 약간 수정되어 있다. 첫째, "나와 백성과 온 유다를 위하여"(왕하 22:13)는 **나와 및 이스라엘과 유다의 남은 자를 위하여**로 변경되었다. 둘째, "우리 열조가 이 책의 말씀들을 듣지 아니하"는 **여호와의 말씀을**으로, "이 책에 우리를 위하여 기록된 모든 것"을 **이 책에 기록된 모든 것을**로 다시 쓰고 있다. 요시야 왕은 조상들의 죄가 하나님의 진노를 야기시켰으며 현재 세대가 그 재앙을 당할 것으로 이해한다. 요시야 왕은 이미 어린 나이에 하나님을 구하였고 또 전국적으로 대대적인 개혁을 수행하였다. 또 성전을 보수하였다. 그렇다면 요시야의 모든 개혁은 너무나 때늦은 것인가? 현세대의 모든 노력은 아무런 소용이 없는 것이란 말인가?

22 훌다에게 파견된 신하들은 열왕기에서는 그 이름이 하나하나 열거되는 반면, 여기서는 **힐기야와 왕의 보낸 사람들**이라고 요약적으로 서술된다. 훌다에 대해서는 출신과 거주지, 그리고 남편의 직업이 소개되고 있다. **둘째 구역**은 스바냐 1:10에서 언급된다.

(b) 훌다가 전한 하나님의 말씀(34:23-28)

23 - **28** 훌다가 전한 하나님의 말씀은 열왕기서의 것을 크게 벗어나지 않는다(왕하 22:15-20). 하나님의 심판결정은 철회될 수 없지만 연기된다.

156) Japhet, *I & II Chronicles*, 1032.

24 **이곳과 그 거민** 훌다가 전하는 하나님의 말씀은 먼저 임박한 재앙에 관한 것이다. 재앙의 대상인 **이곳**은 성전을 말하며, **그 거민**은 모든 세대의 제의공동체 전체를 말한다. 역대기 저자의 표현에 따르면 왕과 모든 유다 사람들, 예루살렘 거민과 제사장과 레위인, 모든 남녀노소 백성이다(34:30; 참고. 35:18). 앞으로 있을 예루살렘 성전의 파괴가 여기서 암시되고 있다. 열왕기에 따르면 유다 왕국은 므낫세 왕의 죄로 인해 파국을 맞는다(왕하 23:26). 이 자리에서 역대기 저자는 므낫세의 죄를 전혀 들먹이지 않는다. 므낫세의 죄는 그가 겸비하고 회개하였으며 그 죄에 대한 벌을 치렀기 때문에 후세대에 더는 아무런 영향을 미치지 않는다(33:12-13).

모든 저주 저본의 "모든 말씀"이 **저주**로 대체되어 있다. 이 단어는 왕의 반응이 왜 그렇게 비통하고 참담한 것인지를 더욱 이해하게 해준다.

25 하나님의 노를 격발시킨 것은 하나님의 백성이 다른 신에게 분향하며 악행을 저질렀기 때문이다. 그 백성이 하나님을 배신하였기 때문이다.

26-**28** **유다 왕에게는** 다음으로 하나님의 말씀은 율법책을 읽을 때의 반응과 관련하여 왕에게 개인적으로 임한다. 조상들의 죄에 대한 하나님의 진노는 요시야의 겸비함 덕택에 요시야에게는 임하지 않을 것이다. 그는 모든 재앙을 눈으로 보지 못할 것이다. 즉 요시야 왕이 살아 있는 동안에는 재앙이 임하지 않을 것이다. 하나님이 임박해 있던 재앙을 연기하신 것이다(왕하 22:18-20, 23:26-27). 요시야 왕의 겸비함 덕분에 **이곳과 그 거민**에게 임할 재앙이 잠기 연기된다. 이 말씀은 겸비하는 모든 자에게 하나님의 이 말씀이 적용된다는 말이다. 누구든지 겸비하면 그가 살아 있는 동안에 재앙을 겪지 않을 것이다. 의인 다섯이 있으면 소돔과 고모라의 멸망이 취하되는 것과 같다. 조상들의 죄 때문에 전체 공동체가 재앙을 겪게 된다는 사상은 열왕기에도 역대기에도 나타난다. 하나님의 심판은 철회되지 않으며 구원은 제한적으로 약속된다.

히스기야 이야기에서 역대기 저자는 조상들의 죄는 우상 숭배로부터 돌아서고 하나님께 헌신하고 겸비함으로써 그 영향력을 차단할 수 있다고 말했다(29:6-9, 19, 30:6b-9). 하나님의 진노와 재앙은 여호와만을 섬기고 그 상태를 유지함으로써 임하지 않게 할 수 있다(34:33). 이것은 므낫세 기사에서 특히 강조되었다. 여기에서도 이 주제는 반복된다. 요시야 시대의 유다는 재앙이 연기된 상태에 있다. 오로지 겸비함을 통해서 임박한 진노를 늦출 수 있다. 그러므로 각 개인은 왕국의 운명에 책임 있는 사람들이다. 각자가 왕국에 임할 재앙을 늦출 수 있는 가능성을 지니고 있기 때문이다. 그러므로 모든 개인은 언약체결에 소집된다.

¶ 메시지

요시야 왕은 하나님 말씀 앞에서 마음이 겸손하여지고 유다의 죄로 인해 통곡하였다. 요시야 왕이 하나님 앞에서 통회할 수 있었던 것은 율법책 때문이다. 율법책은 이와 같이 우리를 구속하는 것이 아니라 우리의 마음을 하나님께로 향하게 하는 것이다.

5) 언약체결(34:29-33)

¶ 본문

[29] 왕이 보내어 유다와 예루살렘의 모든 장로를 불러 모으고 [30] 이에 여
호와의 전에 올라가매 유다 모든 사람과 예루살렘 거민과 제사장들과 레
위 사람들과 모든 백성이 무론노소하고 다 함께 한지라 왕이 여호와의 전
안에서 발견한 언약책의 모든 말씀을 읽어 무리의 귀에 들리고 [31] 왕이 자
기 처소에 서서 여호와 앞에서 언약을 세우되 마음을 다하고 성품을 다하
여 여호와를 순종하고 그 계명과 법도와 율례를 지켜 이 책에 기록된 언약
의 말씀을 이루리라 하고 [32] 예루살렘과 베냐민에 있는 자들로 다 이에 참
가하게 하매 예루살렘 거민이 하나님 곧 그 열조의 하나님의 언약을 좇으

니라 33 이와 같이 요시야가 이스라엘 자손에게 속한 모든 땅에서 가증한 것을 다 제하여 버리고 이스라엘의 모든 사람으로 그 하나님 여호와를 섬기게 하였으므로 요시야가 사는 날에 백성이 그 열조의 하나님 여호와께 복종하고 떠나지 아니하였더라

¶ 주석

(1) 백성의 소집(34:29)

29 요시야 왕이 예언자의 말씀에 언약체결로 응답한다. 요시야 왕은 백성의 대표인 유다와 예루살렘의 장로들을 소집하고 성전으로 올라간다. 언약식을 갖기 위함이다.

(2) 언약식(34:30-32a)

30 성전에 모인 자들이 그룹으로 자세히 열거된다. 유다 모든 사람, 예루살렘의 주민들, 제사장들, 레위 사람들, 모든 백성이다. 열왕기의 "예언자들"이 **레위 사람들**로 대체되어 있다. 역대기는 레위인에 대하여 특별한 관심을 보이므로 이러한 변화는 결코 간과될 수 없다. 역대기에서 **제사장들과 레위 사람들**은 결합된 형태로 자주 나타난다. "제사장들과 예언자들"은 특히 왕정시대에 주요 지도층을 형성하였다(렘 4:9, 13:13, 26:16, 29:1 외; 슥 7:3; 애 2:20, 4:13; 느 9:32 등). 역대기 저자의 시대에 예언자는 존재하지 않는다. 왕이 언약책의 모든 말씀을 낭독하는 일은 율법의 규정을 성취한다.

31 **왕이 자기 처소에 서서 여호와 앞에서 언약을 세우되** 이 표현은 여호와와 언약을 세우는 것과는 다르다(삼상 23:18; 삼하 5:3; 렘 34:15, 18). **여호와 앞에서 언약을 세**운다는 표현은 여호와와의 관계와 언약체결의 형태를 시사해준다.[157] 언약체결의 대상자들은 여호와와 백성이 아니라

왕과 백성이다. 그들은 서로 여호와께 맹세하기를, 여호와를 순종하고 그의 계명과 법도와 율례를 지키겠다고 한다.

32a **예루살렘과 베냐민에 있는 자들** 언약에 참여한 자들이 다시 소개된다.

다 이에 참가하게 하매 왕과 백성이 여호와 앞에서 서로의 의무를 서약하는 언약은 왕의 주도에 의해 이루어졌다. 지도자의 중요성을 말해준다.

(3) 언약의 효과(34:32b-33)

32b 31절에서 언약을 체결한 사람들은 언약의 의무를 이행했다. 하나님의 언약을 따르는 일은 먼저 예루살렘에서 이루어졌다.

33 요시야 왕도 모든 가증한 것을 이스라엘 자손의 땅에서 제거하였다. 그리고 이스라엘에 있는 모든 사람을 그들의 하나님 여호와를 섬기게 하였다. 그 결과는 백성이 여호와 섬기는 일에서 돌아서지 않았다. 전국적으로 여호와를 섬기는 왕국의 행복한 상태는 요시야 통치시대 전체에 지속되었다는 것이다.

요시야가 사는 날에 그러나 왕과 백성 사이에 맺은 이 언약은 단지 왕이 사는 동안에 지켜졌다. 백성은 왕이 생존하는 동안에 여호와께 복종하고 떠나지 않았다. 왕의 존재의 중요성을 보여준다. 요시야 왕의 삶도, 죽음도 왕국의 운명에 깊은 영향을 미치고 있음을 말해준다.

¶ 메시지

율법책을 읽고 겸손해진 요시야 왕은 율법책에 기록된 언약의 말씀을 이루리라고 맹세한다. 조상들과 하나님 사이에 체결된 언약을 요시야 왕은

157) S. Japhet, *I & II Chronicles*, 1036.

자기 시대에도 유효한 것으로 이어 나간다. 또한 요시야 왕은 이 언약에 백성도 참여시킨다. 그리하여 하나님의 언약은 세대에서 세대로 이어진다. 우리 공동체도 늘 하나님과의 언약을 쇄신해야 한다.

6) 유월절(35:1-19)

¶ 본문

1요시야가 예루살렘 여호와 앞에서 유월절을 지켜 정월 십 사일에 유월
절 어린 양을 잡으니라 2왕이 제사장들에게 그 직분을 맡기고 면려하여
여호와의 전에서 사무를 행하게 하고 3또 여호와 앞에 구별되어서 온 이
스라엘을 가르치는 레위 사람에게 이르되 거룩한 궤를 이스라엘 왕 다윗
의 아들 솔로몬의 건축한 전 가운데 두고 다시는 너희 어깨에 메지 말고
마땅히 너희 하나님 여호와와 그 백성 이스라엘을 섬길 것이라 4너희는
이스라엘 왕 다윗의 글과 다윗의 아들 솔로몬의 글을 준행하여 너희 족속
대로 반열을 따라 스스로 예비하고 5너희 형제 모든 백성의 족속의 차서
대로 또는 레위 족속의 차서대로 성소에 서서 6스스로 성결케 하고 유월
절 어린양을 잡아 너희 형제를 위하여 예비하되 여호와께서 모세로 전하
신 말씀을 좇아 행할찌니라 7요시야가 그 모인 백성들에게 자기의 소유
양떼 중에서 어린 양과 어린 염소 삼만과 수소 삼천을 내어 유월절 제물로
주매 8방백들도 즐거이 희생을 드려 백성과 제사장들과 레위 사람들에게
주었고 하나님의 전을 주장하는 자 힐기야와 스가랴와 여히엘은 제사장들
에게 양 이천 육백과 수소 삼백을 유월절 제물로 주었고 9또 레위 사람의
두목들 곧 고나냐와 그 형제 스마야와 느다넬과 또 하사뱌와 여이엘과 요
사밧은 양 오천과 수소 오백을 레위 사람들에게 유월절 제물로 주었더라
10이와 같이 섬길 일이 구비하매 왕의 명을 좇아 제사장들은 자기 처소에
서고 레위 사람들은 그 반열대로 서고 11유월절 양을 잡으니 제사장들은

저희 손에서 피를 받아 뿌리고 또 레위 사람들은 잡은 짐승의 가죽을 벗기
고 [12]그 번제물을 옮겨 족속의 차서대로 모든 백성에게 나누어 모세의 책
에 기록된대로 여호와께 드리게 하고 소도 그와 같이 하고 [13]이에 규례대
로 유월절 양을 불에 굽고 그 나머지 성물은 솥과 가마와 남비에 삶아 모
든 백성에게 속히 분배하고 [14]그 후에 자기와 제사장들을 위하여 준비하
니 이는 아론의 자손 제사장들이 번제와 기름을 저녁까지 드리는고로 레
위 사람들이 자기와 아론의 자손 제사장들을 위하여 준비함이더라 [15]아삽
의 자손 노래하는 자들은 다윗과 아삽과 헤만과 왕의 선견자 여두둔의 명
한대로 자기 처소에 있고 문지기들은 각 문에 있고 그 직임에서 떠날 것이
없었으니 이는 그 형제 레위 사람들이 저희를 위하여 예비하였음이더라
[16]이와 같이 당일에 여호와를 섬길 일이 다 준비되매 요시야왕의 명대로
유월절을 지키며 번제를 여호와의 단에 드렸으며 [17]그 때에 모인 이스라
엘 자손이 유월절을 지키고 연하여 무교절을 칠일 동안 지켰으니 [18]선지
자 사무엘 이후로 이스라엘 가운데서 유월절을 이같이 지키지 못하였고
이스라엘 열왕도 요시야가 제사장들과 레위 사람들과 모인 온 유다와 이
스라엘 무리와 예루살렘 거민과 함께 지킨 것처럼은 유월절을 지키지 못
하였더라 [19]요시야의 위에 있은지 십 팔년에 이 유월절을 지켰더라

¶ 주석

1-19절은 열왕기하 23:21-23에 짧게 요약된 것을 대폭 확대하여 생생하게 묘사하고 있다. 유월절이 예루살렘에서 치러졌다는 것(35:1; 왕하 23:23)과 온 백성이 참여했다는 점(35:18; 왕하 23:21)은 두 본문의 공통점이다. 역대기에서 이 점은 그렇게 강조되지 않는다. 열왕기에서 유월절은 "언약책에 기록된 대로" 준수된다(왕하 23:21). 그러나 이 구절도 역대기에는 생략되어 있어서 유월절은 언약책의 발견과 아무런 상관이 없다. 유월절은 제18년의 개혁에 속한다.

(1) 도입(35:1)

1 **예루살렘 여호와 앞에서** 히스기야 시대에는 예루살렘에서 유월절을 지키기에는 어려움이 있었다. 그러나 요시야 시대에 예루살렘에서 유월절을 지키기 위하여 관리와 백성의 동의가 필요하지 않았다. 히스기야 시대와는 달리 예루살렘에서의 유월절은 법제화되었음을 보여준다.

정월 십 사일에 히스기야 시대와는 달리 유월절을 한 달 연기해야 할 이유가 없었다. 율법에 규정된 대로(출 12장) 유월절을 지킨다.

열왕기에서는 온 백성이 유월절에 참석하였고 유월절이 예루살렘에서 개최되었다는 것을 강조한다. 역대기에서는 이를 전제하고 있지만(1a, 18b*β*), 특별히 강조하지는 않는다. 왜냐하면 역대기 저자에게 이 점에서 히스기야의 유월절(30장)이 역사적인 것이었기 때문이다. 요시야 시대의 유월절은 단순히 히스기야가 세워놓은 전통을 따르는 것이다. 요시야 왕은 히스기야 왕처럼(30:2) 관리들과 예루살렘의 회중의 의견을 물어야 할 필요가 없어졌다. 요시야 시대에 유월절은 정월 십사일에 개최되어 율법에 규정된 대로 준비되고 실행에 옮겨졌다.

열왕기에서와는 달리(왕하 23:21) 역대기 저자는 어디에서도 유월절이 새로 발견된 율법서를 근거로 개최되었다는 것을 특별하게 언급하지 않는다.

(2) 유월절 준비(35:2-9)

2 요시야 왕은 제사장들에게 성전에서의 일을 맡긴다. 많은 주석가는 왕이 제사장들을 **면려**했다는 표현 뒤에 제사장들에게 분명히 그럴만한 동기가 있나고 생각한다. 즉 역대기 저자는 여기서 29장과 30장에서 비친 것과 같이 제사장들에 대한 비난이 숨어 있다는 것이다.[158] 그러나 '면려하다'로 번역된 동사 '하작'(חזק)은 역대기에서 다양하게 쓰인다. 건물을 보수하

158) W. Rudolph, *Chronikbücher*, 325; J. M. Myers, *II Chronicles*, 212; S. J. De Vries, *1 and 2 Chronicles*, 414; H. G. M. Williamson, *1 and 2 Chronicles*, 404; S. Japhet, *I & II Chronicles*, 1047.

는데 사용되기도 하고(29:3, 34:8, 10), 단순히 사람을 "돕다"라는 의미로도(29:34), 또 전쟁 직전 용기를 북돋우는 의미로도 나온다(32:7).

[3] – [6] 요시야의 유월절의 특수성은 레위인에게 제의에서의 직무를 맡기고 유월절의 봉사직을 자세하게 규정한 데 있다.

[3] **온 이스라엘을 가르치는 레위 사람에게 이르되** 왕은 레위인의 직무를 제시해준다. 그들은 이스라엘의 스승이다(대하 17:8-9와 느 8:7-8 참고). 고대 이스라엘에서 (토라를) 가르치는 일은 제사장의 일이었다(17:8-9 참고). 왕은 레위인들에게 새로운 임무를 부여한다. 레위인들은 과거에 궤를 메는 일을 도맡았다. 그러나 궤를 성전으로 들여와 안착한 이래로 레위인의 운반 업무는 불필요하게 되었다. 그러므로 그들은 해야 할 일이 없게 되었다. 같은 이유로 다윗은 일부 레위인에게 가수의 직무를 부과하였다(대상 15:2, 16:1, 4, 41; 참고. 대상 6:16-17, 다르게는 대상 23:25-26). 요시야는 궤를 운반하는(대상 15:2) 옛 레위인의 특권에 근거하여 레위인을 위하여 예배에 전념하게 하는 새로운 봉사직을 마련한다.

거룩한 궤를 … 전 가운데 두고 히브리어의 표현에 따르면 "세워 두다"이다. 왕의 이 명령은 여러 가지로 해석된다. 루돌프와 야펫은 이 명령을 본문이 훼손된 것으로 보고 "두다"로 해석한다.[159] 윌리엄슨은 본문을 수정하지 않고 "일부 레위인들이 언약궤가 안식하게 되었을 때 가수가 되었다"(대상 16:4)는 역대기 저자의 이해에서 출발하여 "제의봉사의 다른 면을 포함하는 사상을 확장하고 있는 것"으로 본다.[160]

너희 하나님 여호와와 그 백성 이스라엘을 섬길 것이라 레위인에 부과된 일은 그들의 하나님 여호와와 여호와의 백성 이스라엘을 섬기는 일이다. 이것의 의미는 4-6절에 설명되어 있다.

[4] – [6] **이스라엘 왕 다윗의 글과 다윗의 아들 솔로몬의 글**대로 준행하

159) Rudolph, *Chronikbücher*, 326; Japhet, *I & II Chronicles*, 1048.
160) Williamson, *1 and 2 Chronicles*, 405.

는 것이다. 레위 족속의 반열을 따라 스스로 예비하고 정해진 대로 성소에 서서 유월절 어린양을 잡아야 한다. 레위인들은 그들의 형제들이 토라에 맞게 유월절을 지킬 수 있도록 도와야 한다. 이것이 바로 그들이 백성을 섬기며 하나님을 섬기는 일이다. 히스기야의 유월절에서 응급조치로 도입되었던 일이(30:17) 이제는 정규 규정이 된다.

7 – 9 제사장과 레위인의 봉사가 규정된 다음 필요한 제물짐승들이 제공된다. 히스기야와 그의 관리들이 유월절 행사 이후에 풍성하게 후원하였던 것처럼(30:24), 요시야와 그의 '사람'도 넘치도록 짐승을 바친다. 왕은 백성에게 **어린 양과 염소 삼만과 수소 삼천** 마리를 제물로 내어주고, 성전지도자들은 제사장들과 레위인들에게 **양 이천 육백과 수소 삼백** 마리와 **양 오천과 수소 오백** 마리를 제물로 준다. 왕과 세속, 종교 관리들이 특별히 기부한 제물의 양은 너무나 많다. 제물의 수로 미루어보아 참여자는 약 사십만으로 추산된다.[161] 그러나 제물의 수는 참여자의 수를 나타내기보다는 이 유월절 축제가 아낌없이 나누고 드리는 기쁨의 축제였음을 말하기 위하여 제공된 것이다.

여기서 준비된 소와 양들은 유월절 제물과는 구별된다. 이 소들은 신명기 16:2의 유월절 소와 양을 말하는 것이 아니라 뒤따르는 무교절 동안에(30:22b; 참고. 레 23:8) 행해지는 화제를 말할 것이다.[162]

(3) 유월절 행사(35:10-15)

10 – 11 회중, 제의관리들의 성결, 희생제물, 유월절을 지킬 모든 조건이 구비되었다.

왕의 명을 좇아 이 표현은 요시야 왕이 유월절의 새로운 규정을 확립하고 이를 실행하고 있다는 인상을 준다. 히스기야 시대와는 달리 레위인들이 유월절 양의 가죽을 벗기고 요리하며 공동식사를 하는 점(30:18)이 빠

161) Rudolph, *Chronikbücher*, 326.

162) *Ibid.*, 327.

져 있다는 것은 이를 지지해준다. 요시야 시대에는 히스기야가 도입한 조치들이 다시 규정되고 있다. 왕의 명령은 제의관리들의 본분에 관련된 것이다. 제의관리들은 각자의 본분에 따른 자리에 선다. 제사장들은 그들의 처소에 서고, 레위 사람들은 그들의 반열대로 선다.

11 **유월절 양을 잡으니** 양을 잡는 주체는 레위인으로 보인다(6절 참고). 제사장들은 제단에서 양을 잡고 가죽을 벗긴 레위인들의 손에서 피를 받아 뿌린다(29:22, 34 참고). 각 가정에서 드리는 유월절 제사가 성전에서의 제사로 바뀌었기 때문에 문지방에 피를 바르는 의식(출 12:7)은 실행될 수 없었다. 그래서 유월절 짐승의 피는 정규제사에서와 같이 뿌리는 방식을 취한다.

12 **그 번제물을 옮겨** 11절에서 유월절 양을 잡았기 때문에 번제물(העלה)은 살아 있는 제물이 아니라 태우기 위하여 정해진 부분이다. 이것은 유월절 양의 기름 부분이다. 도살된 유월절 제물은 피를 뿌리고 또한 기름 부분을 태움으로써 희생제물의 성격을 얻는다. 제단에 바치도록 기름 부분을 제사장에게 넘겨주는 것은 그러므로 **모세의 책**에 상응한다(레 3:9ff., 14ff.).[163)]

소도 그와 같이 하고 레위인들이 유월절 양과 마찬가지로 소들도 가져왔다고 추가하고 있다면 이것은 앞서 언급하는 셈이 된다. 왜냐하면 소들은 다음날에 드려졌기 때문이다.

13 제단에 가져가야 하는 제물의 일부를 한쪽에 놓은 후, 레위인들은 제의식사를 준비한다. 유월절 양을 "불에 (또는 불로) 삶는다." "나머지 성물은 솥과 가마와 남비에 삶아(בשל ב)" 모든 백성에게 분배한다. 똑같은 동사(בשל)가 사용되었지만 전자는 불에 굽는 것을, 후자는 솥에 끓이는 것을 말한다. 역대기 저자는 이것은 **규례**를 따른 것이라고 한다. 그러나 '불에 삶는다'(בשל באש)는 표현은 여기에만 나타나는 것으로 신명기 16:7(בשל)

163) *Ibid.*

과 출애굽기 12:8-9가 결합된 것이라 할 수 있다. 여기서 "물로 삶는 것"은 금지되고 굽는 것(צְלִי)이 요구된다. 역대기 저자의 **규정**(מִשְׁפָּט)은 출애굽기 12장과 함께하지만, 그러나 **불에**(בָּאֵשׁ)를 첨가하여 신명기 16장의 어조를 담고 있다. 유월절 짐승과는 달리 소들은(קֳדָשִׁים) 삶게 된다.

14 레위인들은 유월절에 참여하는 자들을 위하여 제물을 나누어준 후에 자신들과 제사장들을 위하여 준비한다. 제사장들은 저녁까지 번제와 기름을 드려야 했기 때문에 해가 졌을 때에도 유월절 식사를 시작할 수 없었다. 율법에 따르면 해 질 때에(신 16:6과 출 12:6) 유월절을 지내야 한다. 해 질 때는 하루의 시작을 의미한다. 레위인과 제사장이 율법의 규정대로 지킬 수 없었던 것은 유월절을 가정에서 성전으로 옮긴 데서 나온 변화 때문이다.

15 노래하는 자들은 **자기 처소**에서, 그리고 문지기는 **각 문**에서 그들 각각의 직무를 계속할 수 있었다. 레위 사람들이 그들의 유월절 제사를 준비하였기 때문이다.

(4) 평가(35:16-19)

16 **준비되매** 동사어근 '쿤'(כּוּן)이 자주 등장한다(4, 6, 10, 14, 15절). 유월절 행사는 준비가 완성되었다. 규정대로 갖추어졌다.

17 회중들은 유월절을 지키고 이어서 무교절을 칠일 동안 지켰다.

18 **선지자 사무엘 이후로** 열왕기 23:22의 "사사시대 이후로"가 대체되어 있다. 사무엘은 마지막 사사에 해당한다(삼상 7:6, 15). 그러나 역대기의 보도에 의하면 성대한 유월절은 이미 히스기야 시대에 치러졌다. 그렇다면 어떤 점에서 요시야 시대의 유월절은 유례없는 사건이 되는 것인가?

이같이 히스기야의 유월절은 많은 참여자의 제의적인 부정한 상태 때문에(30:18) 질적인 면에서 완전하지 못하였고 또 제사장의 부족 때문에(30:3, 15) 한 달 연기될 수밖에 없어서 완전히 율법에 쓰인 대로(30:5, 18) 이행되었다고 말할 수 없다. 요시야의 유월절은 시간(첫째달 14일), 참여자, 제의관리들의 준비, 특히 레위인들의 봉사로서 유월절이 율법에 규정하는 대로 원만하게 이루어졌다.

19 **요시야의 위에 있은 지 십 팔년에** 이 표현은 34:8에서 시작된 표현이 반복되어 요시야 제18년에 관한 보도를 마무리해준다. 요시야 제18년에는 성전수리, 율법책 발견, 언약체결, 유월절 준수로 이루어졌으며 유월절 준수로써 요시야 개혁이 유종의 미를 거두게 된다.

¶ 메시지

요시야 시대 유월절 축제는 제때 제 곳에서 모두가 율법 규정에 따라 온전히 지킨 역사적인 행사였다. 히스기야 시대의 유월절에서처럼 예상치 못한 일도 일어나지 않았다. 이것은 그만큼 여호와를 섬기기 위한 준비가 잘 갖추어졌다는 말이다. 하나님께 예배드리는 일에도 준비가 필요하다. 예배자나 예배를 돕는 자나 모두 예배를 위하여 준비가 되어야 한다.

7) 요시야의 최후(35:20-27)

¶ 본문

[20] 이 모든 일 후 곧 요시야가 전을 정돈하기를 마친 후에 애굽 왕 느고
가 유브라데강 가의 갈그미스를 치러 올라온고로 요시야가 나가서 방비하
였더니 [21] 느고가 요시야에게 사자를 보내어 가로되 유다 왕이여 내가 그

대와 무슨 관계가 있느뇨 내가 오늘날 그대를 치려는 것이 아니요 나로 더
불어 싸우는 족속을 치려는 것이라 하나님이 나를 명하사 속히 하라 하셨
은즉 하나님이 나와 함께 계시니 그대는 하나님을 거스리지 말라 그대를
멸하실까 하노라 하나 22 요시야가 몸을 돌이켜 떠나기를 싫어하고 변장하
고 싸우고자 하여 하나님의 입에서 나온 느고의 말을 듣지 아니하고 므깃
도 골짜기에 이르러 싸울 때에 23 활 쏘는 자가 요시야왕을 쏜지라 왕이 그
신복에게 이르되 내가 중상하였으니 나를 도와 나가게 하라 24 그 신복이
저를 병거에서 내리게 하고 저의 버금 병거에 태워 예루살렘에 이른 후에
저가 죽으니 그 열조의 묘실에 장사하니라 온 유다와 예루살렘 사람들이
요시야를 슬퍼하고 25 예레미야는 저를 위하여 애가를 지었으며 노래하는
남자와 여자는 요시야를 슬피 노래하니 이스라엘에 규례가 되어 오늘날까
지 이르렀으며 그 가사는 애가 중에 기록되었더라 26 요시야의 남은 사적
과 여호와의 율법에 기록된대로 행한 모든 선한 일과 27 그 시종 행적이 이
스라엘과 유다 열왕기에 기록되니라

¶ 주석

(1) 요시야 왕의 죽음(35:20-25)

앞에서 보았듯이 요시야 왕의 죽음은 유다 왕국의 역사와 밀접한 관련이 있다. 그러므로 그의 죽음 기사는 열왕기에서와는 달리 그의 모든 행적을 기록하는 틀 안에 들어와 있다.

20 **이 모든 일 후** 제18년의 개혁이 완성된 이후이다. 요시야 왕이 므깃도에게 갑작스런 죽음을 맞이한 것은 609년의 일이므로 개혁 이후 10년 이상의 세월이 흐른 것이다. 역대기 저자는 요시야의 종말이 그가 해야 할 일을 완전히 수행한 이후에 찾아왔다는 것을 특별히 이 표현에 담는다. 요시야에게 죽음이 갑자기 찾아왔기 때문이다. 역대기 저자는 언제 죽느냐가 아니라 해야 할 일을 수행하고 종말을 맞이했느냐의 여부를 더 중요하게

여긴다.

열왕기 저자는 요시야 왕의 개혁을 중점적으로 보도한 후 일단락짓고 그의 죽음에 관한 므깃도 사건은 마치 부록처럼 다룬다. 그러나 역대기 저자는 그의 죽음을 간략히 다루는 것에 만족하지 않고 요시야의 전 통치 안에 포함시켜 그의 죽음을 새롭게 조명한다.

애굽왕 느고가 유브라데 강가의 갈그미스를 치러 올라온 고로 열왕기에는 애굽왕 느고가 "앗수르 왕을 치고자 하여 유브라데 강으로 올라가므로"라고 전한다. 그러나 바벨론 연대기에 따르면 이것은 역사적 사실에 부합하지 않는다. 느고는 앗수르를 돕고자 출정하였다. 그렇다고 열왕기의 본문을 꼭 틀렸다고만 볼 수 없을 것이다. 왜냐하면 전치사 '알'(על)은 '엘'(אל)의 의미를 담고 있기 때문이다. 그래서 '알' 자체가 '누구를 대항해서'가 아니라 '누구에게로'의 방향을 말하기 때문이다.[164]

역대기 저자는 열왕기 본문이 풍기는 이러한 모호한 의미를 제거한다. 그러나 애굽과 앗수르와 바벨론의 관계에 대해서는 분명히 언급하지 않는다. 이 본문에서 애굽이 앗수르를 치기 위함인지 바벨론을 치기 위함인지 알 수 없기 때문이다. 갈그미스에 관한 정보는 열왕기가 아니라 예레미야 46:2에 나타난다. 여호야김 제4년에 애굽 왕 느고가 바벨론 왕 느부갓네살에게 패하였다. 604년의 일로 요시야 죽음 이후이다. 역대기 저자는 애굽과 바벨론이 적대관계에 있다는 것을 예레미야서를 통해 이미 알고 있었을 것이다. 바벨론 연대기에 따르면 애굽의 느고는 유프라테스를 넘어 하란을 포위하였다. 느고는 왕수르 왕을 막기 위함이 아니라 그를 돕고자 출정하였다. 612년 니느웨가 바벨론과 메대와 스키다이의 연합 공격에 희생물이 된 후, 앗수르의 앗수르우발리트는 하란에서 왕으로 왕위에 올랐다. 그러나 하란은 610년 바벨론과 스키타이인들에 의해 정복되었다. 앗수르가 완전히 붕괴되는 것을 막기 위하여, 느고는 하란을 되찾고자 올라왔다. 느고는 팔레스타인 해안평야를 질러 진군한 후 므깃도를 통과한다. 나아만(N. Na'aman)에 따르면 당시의 전략은 북시리아로 진군할 때 지중해를 이용해 항해하는 것이었다. 시간을 절약하고 전력을 소모하지 않아도 되었기

164) 배희숙, "전치사 '알' 구문의 번역에 대한 고찰", 54-71 참고.

때문이다. 그런데 느고는 왜 육지를 택하였을까? 나아만은 그 이유를 프삼메티히에서 느고로 권력이 이동된 점에서 찾는다. 이집트에는 새 왕이 바뀌면 충성을 맹세하는 관습이 있었다. 610년 프삼메티히가 죽고 통치 2년을 맞이한 느고가 가나안의 왕들에게서 충성 맹세를 받기 위하여 항해하다가 일부러 팔레스타인에 상륙하였다는 것이다. 유다에서는 막 앗수르가 애굽에게 통치권을 넘겨주었기 때문에 유다는 애굽의 봉신국의 위치에 있었다. 나아만은 이때 요시야는 느고에 대한 충성이 의심되어 암살되었다고 말한다.[165] 그러나 역대기 저자는 이렇게 바라보는 것 같지 않다.

요시야가 나가서 방비하였더니 이 표현으로 보자면 요시야 왕은 애굽의 진군을 공격으로 이해하였다. 요시야의 맞대결은 대담한 모험인가 아니면 이성적인 판단에 의한 것인가? 혹자는 민족재건의 열망으로 가득 찬 종교개혁을 실행한 왕이 이성적인 판단을 하지 못한 처사라고 보기도 한다.[166] 달리는 정치적, 군사적으로 심사숙고한 대담한 결단으로 간주되기도 한다.[167]

요시야의 대응은 '바예체 리크라토'(ויצא לקראתו)로 표현되었다. 열왕기의 '바옐렉 … 리크라토'(וילך … לקראתו)에서 동사 '할락'(הלך, 가다)을 '야차'(יצא, 나가다)로 교체한 것이다. 전치사 '리크라트'(לקראת)는 단순히 방향의 의미를 전달해 줄 뿐, 정확한 의미는 정동사에 의해 결정된다.[168] 정동사 '할락'에 부정사형이 달린 '할락 리크라트'(הלך לקראת)는 대체로 '만남'을 의미하지만(예외: 삼상 17:48, 23:28; 왕상 20:28), 동사 '야차'에 부정사가 달린 형태(יצא לקראת)는 전쟁 상황에 사용된다(수 8:5, 14, 22 등). 역대기 저자가 '할락 리크라트'(הלך לקראת)를 '야차 리크라트'(יצא לקראת)로 수정한 것은 이 사건을 전쟁으로 이해했기 때문이다.[169] 역대기 저자는 요시야가 전쟁을 계획하고 나갔다고 본 것이다.

---

165) N. Na'aman, "Josiah and the Kingdom of Judah," 227.

166) S. B. Frost, "The Death of Josiah: A conspiracy of Silence," 370–371.

167) A. Malamat, "The Last Wars of the Kingdom of Judah," 219.

168) Z. Talshir, "The three Deaths of Josiah and the Strata of Biblical Historiography," 216.

169) *Ibid.*, 217.

21a 느고는 요시야의 이러한 의도를 바로 알아챈 듯하다. 느고는 사신을 보내어 요시야를 자신의 대적은 유다가 아니라는 것을 인지시킨다. 그의 전쟁은 요시야와는 아무런 상관이 없으며 **나로 더불어 싸우는 족속**, 즉 바벨론과 하는 것이다.

하나님이 나를 명하사 속히 하라 하셨은즉 동시에 느고는 요시야 왕에게 그가 하나님의 명령을 받았다고 주장한다. 느고는 자신에게 "하나님의 말씀"이 있으므로 요시야에게 하나님을 거스르지 말도록 경고한다. 여기서 느고는 하나님의 말씀을 전하고 하나님의 말씀을 순종해야 한다고 경고하는 예언자와 같다. 느고를 "바로"(대상 4:18; 대하 8:11)라 칭하지 않고 "애굽 왕"이라고 부르는 것은 이러한 평가에서 근거한 것일 수 있다. 요시야가 **유다 왕**(21절)이라 불리듯이 느고도 "애굽 왕"이라고 칭해진다.

느고는 애굽, 즉 이방 나라의 왕이다. 그가 하나님의 말씀을 받고 사명을 받았다면 그가 말하는 **하나님**(엘로힘)은 이스라엘의 하나님을 여호와를 말하는 것일까?

느고가 앗수르의 봉신으로서 애굽의 관습에 따라 그에게 "엘로힘"이라는 칭호를 부여했다는 견해가 있다. 이에 대하여 루돌프는 그의 선임자 프삼메티히가 이미 앗수르 통치의 결박을 끊었기 때문에 바로 느고는 더는 봉신이 아니라 앗수르 왕의 계약체결자로서 하란으로 간 것이며, 그러므로 그러한 헌신적인 칭호를 사용해야 할 계기가 없다고 말한다.[170] 또 다른 견해는 "엘로힘"이 애굽의 신들을 말한다는 것이다. 이미 타르굼에서 이러한 이해가 나타난다. 만일 이러한 이해가 옳다면, 요시야 왕은 이방신의 목소리를 경청하지 않은 올바른 신앙의 행동가였다. 그러나 이러한 해석은 본문에는 맞지 않다. 왜냐하면 역대기 저자는 분명히 느고의 말을 이스라엘의 하나님 여호와의 말씀으로 간주하고 있기 때문이다(22절 참고).

느고의 말에서 유다가 애굽의 봉신국이라는 느낌은 전혀 풍기지 않는다. "애굽 왕" 느고는 자기와 같이 요시야를 **유다 왕**으로 칭한다. 요시야의 왕권을 인정하는 말이다. 이 호칭을 통해 역대기 저자는 유다를 완전한 독립국으로 보여주고 있다. 그렇다면 본문은 여기서 요시야 왕이 애굽 왕의

170) Rudolph, *Chronikbücher*, 331-332.

북진을 저지하고자 한 이유를 넌지시 암시해준다고 생각할 수 있다.

느고는 유브라데스로 가기 위하여 이스르엘 평원을 얻고자 했을 것이다. 그러나 므깃도에서 요시야가 그의 길을 막았다. 앗수르가 약해지자 요시야는 므깃도가 속한 갈릴리 지역까지 확장할 수 있었을 것이다. 이렇게 막 얻어낸 국가 재건의 기회를 위기로 바꾸고 싶지 않았을 것이다. 이집트가 약해진 앗수르를 원조하여 앗수르에게 재생의 기회를 준다면 유다는 위기에 빠질 수도 있기 때문이다.

22 **하나님의 입에서 나온 느고의 말을 듣지 아니하고** 역대기 저자는 요시야가 느고를 막은 것은 그의 실수였다고 말한다. 이러한 역대기 저자의 해석에는 어떤 의미가 담겨 있을까? 역대기 저자는 분명히 요시야 왕의 돌연한 죽음 앞에서 큰 어려움에 봉착하였을 것이다. 요시야 왕은 모든 관계에서 하나님의 맘에 드는 왕이었기 때문이다(34:2). 저자는 이 난제를 그의 응보신학으로 풀어나간다. 하나님은 요시야에게 경고하셨다. 요시야의 죽음은 하나님의 경고를 무시한 그의 잘못 때문이었다.

23 느고의 경고는 적중하였다. 이방 왕을 통한 하나님의 말씀은 성취되었다. 여기서 하나님은 역사의 참 주인으로 제시된다. 이스라엘의 하나님은 이방인도 그의 뜻을 선포하는 예언자로 만드는 힘을 지녔다. 미디안(?)의 발람도(민 22-24장) 하나님의 말씀을 전하는 자로, 앗수르의 느부갓네살(렘 27:6)과 페르시아의 고레스(사 45:1)를 "여호와의 종"으로 사용하신다. 요시야 왕은 이방인의 왕 배후에 여호와가 있다는 것을 알지 못했다. 아직 이스라엘의 하나님 이해는 자기중심적이었던 것이다.

24a **예루살렘에 이른 후에 저가 죽으니** 요시야 왕은 므깃도에서 심한 부상을 당한 후 **병거**에서 **버금 병거**로 옮겨 실려 예루살렘으로 옮겨진다. 솔로몬이 "애굽에서 수입한 병거"는 일반적인 용어 '레케브'(왕상 10:26; רכב)가 아니라 왕의 위용을 드러내는 전시용 마차인 '메르카바'(מרכבה)가 사용되었다(대하 1:17; 창 41:42-43 참고). 요시야는 '메르카바'에서 '레케브'로 옮겨 이송된다. 이를 감안한다면, 왕이 직접 느고와 전투하다가 전

사하였다고 보기는 어려울 것이다.

요시야 왕은 예루살렘에서 죽는다. 열왕기의 보도에 따르면 요시야 왕은 이미 므깃도에서 전사하였다(왕하 23:29-30). 역대기 저자는 요시야 왕의 매장지로서 열왕기가 말하는 "그 묘실"(왕하 23:30) 대신 **그 열조의 묘실**이라고 칭한다. 이것은 똑같은 것을 말하는지 아니면 요시야 왕에게 귀속된 것인지는 확실하지 않다. 역대기 저자가 요시야 왕의 죽음과 장사에 대하여 그의 저본에서 벗어나 기술하는 것은 그가 왕에게 부여하는 명예를 표현하는 방법일 것이다.

24b - **25** 요시야의 죽음에 대한 사람들의 슬픔은 세 가지 형태로 표현된다. 첫째, 온 유다와 예루살렘 사람들이 슬퍼하였다. 둘째, 예레미야는 그를 위하여 애가를 지었다. 셋째, 노래하는 남녀가 요시야를 슬피 노래하였으며 이것은 이스라엘에 영원한 규례가 되어 역대기 저자의 시대까지 이어졌다.

예레미야 22:10-12는 분명하게 요시야에 대한 슬픔을 언급한다. **그 가사는 애가 중에 기록되었더라.** 벤시라(49:1)는 요시야를 높이 찬양하면서 그와 관련된 통곡의 관습을 언급하다.

(2) 결구(35:26-27)

26 - **27** 결구인 열왕기하 23:28에 해당한다. 26b절은 그가 조치를 취할 때 발견된 율법에 따라 했다는 것을 말하고자 하는 것이 아니라 요시야의 신실한 업적이 율법에 부합되었다고 말하고자 한다. 그것은 앞에서 기술한(34:3f.) 요시야의 태도에 부합한다.

¶ 메시지

요시야 왕은 느고의 입에서 나온 하나님의 말씀을 깨닫지 못하고 자기의 판단에 따라 행동하여 이른 죽음을 맞이했다. 그의 이른 죽음은 온 백성의 슬픔과 애통을 자아냈지만 그렇다고 그의 죽음이 허망한 것만은 아니다. 그는 하나님께서 그에게 맡겨 주신 사명을 온전히 감당하였기 때문이다. "내가 달려갈 길과 주 예수께 받은 사명 곧 하나님의 은혜의 복음을 증언하는 일을 마치려 함에는 나의 생명조차 조금도 귀한 것으로 여기지 아니하노라"(행 20:24). 그리스도인은 장수하기 위하여 사는 것이 아니라 하나님의 사명을 이루기 위하여 살아야 한다.

5. 유다의 종말(36:1-20a)

역대기 저자는 마지막 네 왕을 한 장에 할애하여 유다의 멸망에 관하여 매우 간략하게 보도한다. 특이한 점은 포로로 사로잡혀가거나 포로상태에서 죽은 이 네 왕들의 죽음과 장사를 기술하는 일관된 양식이 빠져 있다는 것이다.

¶ 짜임새

1) 36:1-4 여호아하스
2) 36:5-8 여호야김
   (1) 36:5 여호야김에 대한 평가
   (2) 36:6-7 여호야김의 포로사건
   (3) 36:8 평가
3) 36:9-10 여호야긴
4) 36:11-20a 시드기야
   (1) 36:11-16 시드기야와 백성의 죄
   (2) 36:17-20a 하나님의 심판

¶ 평행본문과의 비교

1) 여호아하스	대하 36:1-4	왕하 23:30b-34
2) 여호야김	36:5-8	23:35-24:7
여호야김의 조공	-	23:35
여호야김	36:5	23:36-37
느부갓네살의 침략	36:6a	24:1a
여호야김의 배반	-	24:1b
심판과 므낫세의 죄	-	24:2-4
여호야김의 포로	36:6b	-
성물이동	36:7	-
여호야김의 사료, 죽음	36:8	24:5-6
애굽의 패배	-	24:7
3) 여호야긴	36:9-10	24:8-17
도입	36:9	24:8-9
느부갓네살의 포위	-	24:10-12
성물 훼파	-	24:13
포로사건	36:10a	24:14-16
시드기야 즉위	36:10b	24:17
4) 시드기야	36:11-20a	24:18-25:7
도입	36:11	24:18-19
겸비하지 않음	36:12	-
시드기야의 배반	36:13	24:20
제사장과 백성의 죄	36:14-16	-
느부갓네살의 심판	36:17-20a	25:1-7

1) 여호아하스(36:1-4)

¶ 본문

[1]국민이 요시야의 아들 여호아하스를 세워 그 부친을 대신하여 예루살
렘에서 왕을 삼으니 [2]여호아하스가 위에 나아갈 때에 나이 이십 삼세더라
저가 예루살렘에서 치리한지 석달에 [3]애굽 왕이 예루살렘에서 그 위를 폐
하고 또 그 나라로 은 일백 달란트와 금 한 달란트를 벌금으로 내게하며
[4]애굽 왕 느고가 또 그 형제 엘리아김을 세워 유다와 예루살렘 왕을 삼고
그 이름을 고쳐 여호야김이라 하고 그 형제 여호아하스를 애굽으로 잡아
갔더라

¶ 주석

1 - **4** 여호야김에 대한 간략한 보도는 36장 전체에서 볼 수 있듯이 유다의 종말에 대한 급격하고 간단한 서술에 의도가 있을 것이다.

1-4절은 열왕기하 23:30b, 31a, 33-34절과 일치한다. 역대기 저자는 왕의 어머니와 조공에 대한 열왕기의 보도(왕하 23:35)는 물론 여호아하스에 대한 부정적인 평가(왕하 23:32)를 생략한다. 열왕기의 보도에 따르면 바로 느고는 여호아하스를 폐위시키고 하맛 땅 립나에 가두었고, 은 백 달란트와 금 한 달란트의 벌금을 유다 왕국에 부과하였다(왕하 23:33). 열왕기 저자는 이 사건을 여호아하스가 "여호와 보시기에 악을 행"한 것에 대한 징벌로 간주하는 것 같다. 역대기에는 이 사건이 기록되어 있지 않다. 커티스는 역대기 저자가 열왕기 저자의 이러한 평가를 인정하지 않기 때문에 이를 생략하였다고 말한다. 왜냐하면 여호아하스가 애굽에 반대하는 입장을 지닌 것은 그의 아버지 요시야의 신앙을 따른 것으로 보기 때문이라는 것이다.[171)]

[3] - [4] 애굽 왕 느고가 므깃도 전쟁(주전 609년) 삼 개월 후에 하란 전쟁에서 돌아오는 길에 예루살렘에서 행한 세 가지 일이 열거되어 있다.

첫째, 느고는 여호아하스를 폐하고 애굽으로 사로잡아간다.

둘째, 유다에 조공을 부과한다.

셋째, 엘리야김을 왕으로 세우고 이름을 바꾼다.

[4] **그 형제 여호아하스** 여호아하스는 새로운 왕의 형제라고 불린다. 여호아하스는 애굽으로 사로잡혀간다. 여호아하스의 죽음에 대하여는 언급되지 않는데, 이것은 그가 이방 땅에서 죽었기 때문일 것이다.

2) 여호야김(36:5-8)

¶ 본문

5 여호야김이 위에 나아갈 때에 나이 이십 오세라 예루살렘에서 십 일년
을 치리하며 그 하나님 여호와 보시기에 악을 행하였더라 6 바벨론 왕 느
부갓네살이 올라와서 치고 저를 쇠사슬로 결박하여 바벨론으로 잡아가고
7 느부갓네살이 또 여호와의 전 기구들을 바벨론으로 가져다가 바벨론에
있는 자기 신당에 두었더라 8 여호야김의 남은 사적과 그 행한 모든 가증
한 일과 그 심술이 이스라엘과 유다 열왕기에 기록되니라 그 아들 여호야
긴이 대신하여 왕이 되니라

171) Curtis, *Chronicles*, 519-520.

¶ 주석

(1) 여호야김에 대한 평가(36:5)

5 열왕기하 23:36-37과 같다. 역대기 저자는 여호야김이 **여호와 보시기에 악을 행하였더라**는 열왕기의 평가를 그대로 받아들인다. 열왕기에서 여호야김이 악을 행한 구체적 내용은 느부갓네살을 배반한 것(24:1)과 "무죄한 자의 피를 흘려 그 피로 예루살렘에 가득하게 한"(24:4) 것이다. 여호야김의 부정한 행위는 예레미야 22:13-17에 기술되어 있다.

(2) 여호야김의 포로사건(36:6-7)

이 단락에는 열왕기와 일치하는 부분은 극히 적다(6a = 왕하 24:1a). 나머지는 열왕기하 24장에서 완전히 이탈한다.

6 - 7 느부갓네살의 원정 사실을 말한다. 열왕기의 보도에 따르면 그것은 여호야김이 삼 년간 바벨론을 섬기다가 배반하였기 때문이다(왕하 24:1).

여호야김의 통치 첫 사 년간 이집트는 바벨론과의 전쟁을 준비하기 위해 시리아 팔레스타인에서의 통치를 공고히 했다. 이 당시 유다는 애굽과의 인접성과 애굽의 전 지역 통치로 인해 정치, 군사적으로 자유롭지 못했다. 여호야김은 바로 느고에 충성했을 것이다. 605년 바벨론이 시리아-팔레스타인 지역의 통치권을 장악한 후 여호야김은 바벨론에 충성해야 했다. 여호야김은 삼 년간 바벨론을 섬기다가 배반하였다(왕하 24:1). 삼 년 후 느부갓네살은 유다를 침공한다(598-597년 사이). 여호야긴이 석 달 간 다스릴 때 느부갓네살이 예루살렘을 포위하였으므로 바벨론의 침공 당시 여호야김은 살아 있었다.

열왕기는 바벨론의 군대 외에 아람과 모압과 암몬의 군대가 온 것은 유다를 멸하시기 위한 하나님의 계획의 도구였다고 말한다(왕하 24:2-3).

그리고 멸망의 원인을 므낫세의 죄에서 찾는다(24:4). 열왕기에서 여호야김의 배반은 유다 멸망을 위한 도구로 나타난다. 역대기에서 이 모든 것은 생략되고, 여호야김과 성전기구의 포로사건은 느부갓네살 원정의 직접적인 결과로 기술되어 있다. 역대기 저자는 이 일의 원인이 므낫세의 죄에 있다는 열왕기의 설명(왕하 24:3)을 생략한다. 이것은 역대하 33장의 므낫세 기사를 볼 때 이해된다.

여호야김의 사로잡힘의 방식은 므낫세(33:11)를 상기시켜준다. **치고 저를 쇠사슬로 결박하여 바벨론으로 잡아가고**. 므낫세의 사로잡힘도 여호와께 대한 범죄의 결과였다(33:2-10).

(3) **평가**(36:8)

8 8절은 열왕기하 24:5, 6b와 같다. 그의 죽음에 대한 보도(6a)는 생략되어 있다.

열왕기 본문은 여호야김이 "그의 조상들과 함께 자매"(왕하 24:6a)라고 그의 평화로운 죽음에 대하여 말하고 있다. 여호야김은 여호야긴이 포위되기 직전에 죽은 것 같다. 칠십인경의 역대기 본문(36:8)은 여기에 "그가 웃사의 정원에 묻혔다"고 덧붙이고 있다. 역대기는 여호야김의 죽음이나 그의 매장지에 대하여 침묵하고 있다. 6절을 통해 여호야김은 예루살렘에서 죽은 것이 아님을 알 수 있다. 예레미야는 여호야김에 대하여 "무리가 그를 위하여 슬프다 내 형제요, 슬프다 내 자매여 하며 통곡하지 아니할 것이며 그를 위하여 슬프다 주여 슬프다 그 영광이여 하며 통곡하지도 아니할 것이라 그가 끌려 예루살렘 문 밖에 던지우고 나귀 같이 매장함을 당하리라"라고 예언하고 있다(렘 22:18-19). 요세푸스도 예레미야의 예언을 메아리치고 있다. 바벨론인들이 여호야김을 죽이고 그를 예루살렘 성벽 앞에 던져 매장되지 않았다고 한다.[172)]

여호야김의 죽음에 대한 침묵도 여호아하스와 같이 이방 땅에서 죽었기 때문일 것이다.

---

172) F. Josephus, *Ant.*, X, 97.

그 행한 모든 가증한 일은 다시 여호야김에 대한 부정적인 평가를 강조해준다.

3) 여호야긴(36:9-10)

¶ 본문

[9] 여호야긴이 위에 나아갈 때에 나이 팔세라 예루살렘에서 석달 열흘을
치리하며 여호와 보시기에 악을 행하였더라 [10] 세초에 느부갓네살이 보내
어 여호야긴을 바벨론으로 잡아가고 여호와의 전의 귀한 기구도 함께 가
져가고 그 아자비 시드기야를 세워 유다와 예루살렘 왕을 삼았더라

¶ 주석

역대기 저자는 여호야긴에 대하여 단지 두 절만을 할애하고 있다. 여호야긴 왕의 사로잡힘과 성전기물의 이동만을 보도하고 있다.

9 이 구절은 열왕기하 24:8-9와 같다. 칠십인경에 따르면 여호야긴은 십팔 세에 즉위한다(왕하 24:8과 제1에스드라서 1:43). 여호야긴은 **여호와 보시기에 악을 행하였**다는 평가를 받는다.

10a 열왕기에서 보도하는 느부갓네살의 포위와 포로 사건(왕하 24:10-16)이 여기에 요약되어 있다.

10b 열왕기하 24:17에서 끌어오고 있다. 여호야긴은 (십)팔 세에 등극하여 그해에 바벨론으로 사로잡혀간다. 열왕기에 따르면 느부갓네살은

직접 예루살렘으로 와서 여호야긴과 그의 어머니, 신복과 지도자, 내시들은 물론 용사, 장인과 대장장이를 사로잡아갔다고 말한다(왕하 24:14-16). 또한 그는 성전과 왕궁의 보물을 집어내고, 성전의 그릇을 파괴했다고 한다(13절). 느부갓네살 제8년에 대대적인 포로사건이 있었다. 그러나 역대기에서 느부갓네살은 사람을 보내 여호야긴만을 사로잡고, 성전기물들을 가져간다. 이뿐만 아니라 열왕기는 바벨론에 있는 여호야긴의 석방에 대한 보도로 끝나고 있다(왕하 25:27-30).

역대상 3:17-18은 열왕기에서는 어디에서도 언급되지 않는 여호야긴의 후손들을 소개한다. 그는 일곱 아들을 두었다. 역대상 3:19-24는 그 이후 여러 세대를 추적하고 있다. 어린 나이에 포로로 사로잡혀간 왕은 실제로는 자식이 없이 죽지는 않았다. 실제로 다윗왕손은 계속하여 이어졌다.

4) 시드기야(36:11-20a)

¶ 본문

11 시드기야가 위에 나아갈 때에 나이 이십 일세라 예루살렘에서 십일
년을 치리하며 12 그 하나님 여호와 보시기에 악을 행하고 선지자 예레미
야가 여호와의 말씀으로 일러도 그의 앞에서 겸비치 아니하였으며 13 느부
갓네살왕이 저로 그 하나님을 가리켜 맹세케 하였으나 저가 배반하고 목
을 곧게 하며 마음을 강퍅케 하여 이스라엘 하나님 여호와께로 돌아오지
아니하였고 14 제사장의 어른들과 백성도 크게 범죄하여 이방 모든 가증한
일을 본받아서 여호와께서 예루살렘에 거룩하게 두신 그 전을 더럽게 하
였으며 15 그 열조의 하나님 여호와께서 그 백성과 그 거하시는 곳을 아끼
사 부지런히 그 사자들을 그 백성에게 보내어 이르셨으나 16 그 백성이 하
나님의 사자를 비웃고 말씀을 멸시하며 그 선지자를 욕하여 여호와의 진
노로 그 백성에게 미쳐서 만회할 수 없게 하였으므로 17 하나님이 갈대아

왕의 손에 저희를 다 붙이시매 저가 와서 그 성전에서 칼로 청년을 죽이며
청년 남녀와 노인과 백발노옹을 긍휼히 여기지 아니하였으며 [18]또 하나님
의 전의 대소 기명들과 여호와의 전의 보물과 왕과 방백들의 보물을 다 바
벨론으로 가져가고 [19]또 하나님의 전을 불사르며 예루살렘 성을 헐며 그
모든 궁실을 불사르며 그 모든 귀한 기명을 훼파하고 [20a]무릇 칼에서 벗어
난 자를 저가 바벨론으로 사로잡아가매

¶ 주석

12b절부터 역대기사가는 마지막 재앙(17ff.)을 열왕기하 25장에서 일어난 것보다 더 간략하게 요점만 보도하고, 멸망에 관한 신학적인 원인(12b-16절)에 대해서는 열왕기하 24:20(렘 52:3)보다 훨씬 더 많이 할애한다. 동시에 역대기의 보도는 양식에서 예레미야서의 영향을 받았음을 보여준다.

(1) 시드기야와 백성의 죄(36:11-16)

11 - **12a** 열왕기하 24:18-19(// 렘 52:1-2)와 평행한다. 어머니에 대한 정보는 생략한다.

12b - **13** 역대기에서 시드기야의 악행은 구체적으로 두 가지 형태로 제시한다. 첫째, 시드기야는 선지자 예레미야가 한 여호와의 말씀을 듣지 아니하고 겸손하지 아니하였다. 그는 예레미야의 조언에 따라야 했다. 예레미야는 그에게 항상 성읍을 내주라고 권하였다. 시드기야를 이렇게 그리는 것은 처음 보기에 예레미야서에서 나온 상에 부합되어 보이지 않는다. 예레미야서에서 시드기야는 선과 악 사이에서 갈등하며 동요하는 약골로 나타난다. 시드기야는 예레미야가 끊임없이 제시해준 구원의 길로 가기를 완악하게 거부하였다.

두 번째 사건은 시드기야가 느부갓네살에게 한 맹세를 지키지 아니하고

그를 배반한 것이다(왕하 24:20b). 역대기 저자에 따르면 느부갓네살에 대한 배신은 시드기야가 목을 곧게 하고 마음을 완악하게 한 증거였다. 그래서 그는 하나님께 돌아오지 아니하였다.

14 열왕기하 24:20은 "예루살렘과 유다"에 대한 하나님의 진노하심을 보도한다. 이에 대하여 역대기 저자는 구체적으로 **제사장**과 **백성**의 제의적 죄를 지적한다. 유다의 지도층과 백성도 서로 앞 다투듯 여호와께 불충하였다. 그들은 특히 이방 모든 가증한 일을 따라 성전을 부정하게 하였다(겔 8-11장 참고).

15-**16** 여호와는 그에 합당한 진노를 즉시 쏟지 않고 **부지런히** 하나님의 사자(특히 예레미야와 에스겔)를 백성에게 보내 다시 경고하기를 꺼려하지 않았다. 그의 백성과 성전을 아끼셨기 때문이다. 그러나 하나님의 사신들이 조롱과 멸시를 받고, 하나님의 선지자가 욕을 당하고, 사람들이 그들을 통한 하나님의 말씀을 흘려들었을 때, 더는 하나님의 구원의 은총은 없었다. 여호와의 진노가 백성에게 임하여 내린 재앙은 피할 수 없게 되었다.

(2) **하나님의 심판**(36:17-20a)

17 **갈대아 왕의 손에 저희를 다 붙이시매** 하나님은 그 백성을 **갈대아 왕의 손에** 다 넘기셨다. 이에 대하여 열왕기는 자세하게 보도한다. 시드기야 제9년에서 11년까지 예루살렘성은 포위되고 마침내 성벽이 파괴되고 시드기야는 도망하다가 아들들이 죽는 모습을 본다(왕하 25:1-7). 역대기에서 시드기야의 아들들의 죽음은 보도되지 않는다. 갈대아 왕은 와서 성전에서 칼로 청년들을 죽였다. 그는 청년 남녀와 노인과 병약한 사람을 긍휼히 여기지 아니하였다. 성전은 잔혹한 피바다가 되었다.

18 갈대아 왕은 성전에 있는 그릇과 보물은 물론 **왕과 방백들의 보물**을 강탈하여 바벨론으로 가져갔다. 신상과 성물의 이송은 특별한 의미를

지닌다.

19 - 20a 그런 다음 성전과 궁전을 불사르고, 예루살렘 성벽을 헐며, 성전과 궁전을 불태웠다. 약탈되지 않은 것은 화염에 휩싸였다. 성벽이 무너지고, 살아남은 자는 사로잡혀갔다. 이 모든 것은 분노한 하나님의 행위였다. 하나님은 바벨론을 배신한 백성에 대한 진노의 도구로 사용하셨다. 하나님의 징벌의 크기는 수사학적으로 그려져 있다. 역대기 저자는 모든 백성이 징벌되었다고 말한다. 땅에 남은 자는 없다. 살아남은 백성은 모두 사로잡힘을 당하였다.

¶ 메시지

유다의 마지막 왕들은 유다 왕국의 운명을 바꾸어 놓지 못한다. 그들은 애굽으로 잡혀가거나(여호아하스) 바벨론으로(여호야김, 여호야긴) 잡혀간다. 이러한 선왕들의 선례를 보이며 시드기야의 마음을 돌이키기 위하여 하나님은 선지자를 보내었으나 그는 겸손하지 아니하고 마음을 완악하게 하여 여호와께 돌아오지 아니하였다. 제사장들과 백성도 마찬가지였다. 지금도 하나님은 부지런히 선지자를 보내고 사신들을 보내어 우리를 돌아오게 하시지만 우리의 완악한 마음 때문에 이를 깨닫지 못하는 것이 문제다.

6. 안식과 새로운 시작(36:20b-23)

역대기의 종결 부분은 열왕기의 것과 사뭇 다르다. 열왕기는 바벨론의 왕 에윌므로닥이 즉위한 원년에 여호야긴을 옥에서 내놓고 왕의 앞에서 양식을 먹게 하였다는 보도로 종결된다(왕하 25:27-30). 역대기는 예루살렘 성전건축과 귀환에 관한 고레스 왕의 조서로 막을 내린다.

¶ 짜임새

1) 36:20b-21	땅의 안식
2) 36:22-23	새로운 시작

¶ 평행본문과의 비교

땅의 안식	대하 36:20b-21	-
설명	36:22	스 1:1
고레스 조서	36:23	스 1:2-3

1) 땅의 안식(36:20b-21)

¶ 본문

[20b] 무리가 거기서[바벨론에서] 갈대아 왕과 그 자손의 노예가 되어 바
사국이 주재할 때까지 이르니라 [21] 이에 토지가 황무하여 안식년을 누림
같이 안식하여 칠십년을 지내었으니 여호와께서 예레미야의 입으로 하신
말씀이 응하였더라

¶ 주석

20b **바사국이 주재할 때까지** 사로잡혀간 이들이 갈대아 왕과 그 자손의 노예가 된 기간을 말한다. 22절에 따르면 바사의 고레스 왕 원년인 539년까지를 포로시대로 간주한다. 칠십 년이 채 되지 못한다. 예레미야는 70년간의 바벨론 노예생활에 대하여 말하였다(렘 25:11-12).

21 **토지가 황무하여** '황무하다'는 단어는 예레미야 25:11과 레위기 26:34에서 포로사건을 말하고 땅의 황무함을 말한다.

안식년을 누림 같이 안식하여 사람들이 사로잡혀간 결과 사람 없는 토지는 황무하게 남았다. 그러나 이로 인해 땅은 안식년을 누림같이 안식할 수 있었다. 이것은 그동안 준수하지 않았던 안식년을 뒤늦게 만회하게 하는 것이었다. 토지와 안식년이 연결된 것은 레위기에 잘 알려져 있다(레 26:34-35). 그러나 포로사건이 긴 안식이라는 사상은 완전히 새로운 것이다. 안식년을 지냄으로써 토지는 이전 주민이 지었던 죄로부터 회복되었다.

칠십년을 지내었으니 포로기간은 칠십년으로 제한되어 있다. 이 시간은 하나님에 의해 미리 정해진 시간이었다(렘 29:10과 25:11-12 참고). 그렇다면 역대기 저자에게 포로기는 언제 시작하여 언제 종결되는 것인가?

587년의 예루살렘 멸망부터 시작하여 539년 고레스 칙령의 반포를 포로사건의 종결이라고 계산한다면 48년밖에 되지 않는다. 뒤로 끌어내리면 제2성전의 건축시기에 이른다.

여호와께서 예레미야의 입으로 하신 말씀이 응하였더라 선지자 예레미야의 입을 통하여 선언된 하나님의 말씀은 구체적으로 무엇을 말하는 것일까? 그것은 예레미야가 선포한 심판의 말씀이다(25:8-11). 예레미야는 바벨론을 통하여 온 땅을 황무지가 되게 하며 바벨론을 칠십년 동안 섬기게 하리라는 하나님의 말씀을 전했다. 그러나 엄격히 말하면 땅의 황폐화는 예레미야를 통해서가 아니라 이미 모세를 통하여(레 26:34-35) 불순종한 백성에게(레 26:27-28) 주어지는 위협으로 선포되었다. 모든 사건은 아무런 경고 없이 갑자기 임하지 않는다.

¶ 메시지

인간에게 안식이 필요하듯이 땅도 안식해야 한다. 땅의 안식은 땅이 내는 소산을 포기하는 것이다. 이 소산을 포기하지 못하여 땅이 안식하지 못할 때 땅은 황폐해질 뿐만 아니라 인간도 살 수 없게 된다. 이스라엘의 바벨론 포로사건은 땅이 뒤늦게나마 안식을 만회하는 사건이었다. 그리고 이스라엘의 포로사건은 눈앞에 놓인 이익 때문에 지켜야 할 일을 지키지 않을 때 그 일이 그냥 지나가는 것이 아니라 나중에 더 큰 값을 치르게 된다는 것을 가르쳐준다.

2) 새로운 시작(36:22-23)

¶ 본문

22 바사 왕 고레스 원년에 여호와께서 예레미야의 입으로 하신 말씀을
응하게 하시려고 바사 왕 고레스의 마음을 감동시키시매 저가 온 나라에
공포도 하고 조서도 내려 가로되 23 바사 왕 고레스는 말하노니 하늘의 신
여호와께서 세상 만국으로 내게 주셨고 나를 명하여 유다 예루살렘에 전
을 건축하라 하셨나니 너희 중에 무릇 그 백성 된 자는 다 올라갈지어다
너희 하나님 여호와께서 함께하시기를 원하노라 하였더라

¶ 주석

에스라 1:1-3aα와 문자적으로 일치하는 이 구절은 정경에서 에스라와 느헤미야가 역대기 앞에 자리를 차지하고 난 후에 여기서 추후에 원래의 연관성을 암시하기 위하여 추가된 것으로 설명된다.

에스라의 것과 비교해 볼 때 역대기의 본문이 고레스 칙령의 전체인가, 일부인가?라는 질문이 가능하다. 고레스 칙령은 역대기서가 포로시대라는 나락으로 끝나는 것이 아니라 여호와에 의해 은혜롭게 종결된 회복을 바라보며 마치는 효과를 가져다주었다.

22 **예레미야의 입으로 하신 말씀을 응하게 하시려고** 예레미야가 선포한 심판의 말씀이 아니라 구원의 말씀을 말한다. 칠십년이 지나면 하나님은 바벨론 왕과 그 나라와 갈대아인의 땅을 벌하여 황무하게 하겠다고 약속하셨다(렘 25:12).

23 고레스는 세상 만국의 왕이라 자칭한다. 세상만국-유다 예루살렘

-성전 주제를 연결시켜 저자는 다시 역대상 1-9장으로 돌아온다.[173)]

고레스는 하나님을 **하늘의 신**이라고 부른다. 역대기에서는 처음 나오는 표현이다(창 24:3, 7; 욘 1:9; 스 1:2; 느 1:4, 5, 2:4, 20). 하나님은 예루살렘이라는 지역신이 아니라 세상의 하나님이다. 고레스는 여호와가 자신에게 예루살렘에 여호와를 위한 집을 짓도록 명령하였다고 주장한다(대상 22:6). 다윗과 솔로몬처럼 고레스도 성전건축자로 나타난다.

올라갈지어다 '베야알'(ויעל)의 동사 '알라'(עלה)는 흔히 이주나 이스라엘 땅으로의 입성에 사용된다(창 13:1, 26:23, 46:4, 50:6-7; 출 3:8 등). 이 동사는 족장들과 여호수아의 지도 아래 가나안 땅에 들어가는 사건을 기억하게 해준다. 세 번째 가나안 입성은 페르시아 왕에 의해 허락되고 촉구된다. 첫 번째와 두 번째 사건과는 달리 세 번째의 입성은 성전건축이 목적이다.

¶ 메시지

하나님은 당신의 말씀을 이루시기 위하여 이방인의 왕도 감동시키신다. 고레스는 이스라엘의 하나님께서 세상 만국을 자신에게 주시고 유다 예루살렘에 성전을 건축하라고 명령하셨다고 고백한다. 하나님의 일을 하는데 필요한 것은 지식도 신앙의 연륜도 아니다. 마음에 감동이 있을 때 우리는 하나님의 일을 할 수 있다. 감동은 오직 하나님의 말씀으로 일어난다.

173) Kartveit, "2 Chronicles 36.20-23 as literary and theological 'interface,'" 401.

참고문헌

1. 성서와 자료

『성경전서』(개역개정판)

Biblica Hebraica Stuttgartensia

Flavius Josephus, *Antiquitates Jewish Antiquties.* ed. R. Marcus, London 1966.

Parallels in the Bible. arranged by Bendavid, A. Jerusalem: Carta, 1972.

Religionsgeschichtliches Textbuch zum Alten Testament(RTAT). ed. by Beyerlin, W. ATD. Ergängzungsband(=GAT) 1, Göttingen 1975, ^{2}1985.

Texte aus der Umwelt des Alten Testaments(TUAT). ed. by Kaiser, O. Gütersloh: Gütersloher 1982-1995.

Ancient Near Eastern Texts relating to the Old Testament(ANET). ed. by Pritchard, J. B. Princeton: Princeton Univ., 1950, ^{2}1955.

2. 주석서

Becker, J. *1 Chronik.* NEB.AT 18. Würzburg, 1986.

Becker, J. *2 Chronik.* NEB.AT 20. Würzburg, 1988.

Braun, Roddy L. *2 Chronicles.* Harper's bible commentary, 1999.

Curtis, E. and Madsen, A. *The Books of Chronicles.* ICC. Edinburgh, [1]1910, 1994.

Dillard, Raymond B. *2 Chronicles.* WBC. Waco: Word Books, 1987.

Driver, S. R. *A Critical and Exegetical Commentary on Deuteronomy.* ICC. Edinburgh: T. & T. Clark 1902, 1986.

Galling, K. *Die Bücher der Chronik, Esra, Nehemia.* ATD 12. Göttingen, 1954.

Japhet, S. *I & II Chronicles. A Commentary.* OTL. Louisville/Ken, 1993.

Japhet, S. *1 Chronik.* HThKAT. Freiburg u.a., 2002.

Japhet, S. *2 Chronik.* HThKAT. Freiburg u.a., 2003.

Johnstone, William. *1 and 2 Chronicles. 1. 1 Chronicles 1–2 Chronicles 9. Israel's place among the nations.* Sheffield: Sheffield Academic Press, 1997.

Johnstone, William. *1 and 2 chronicles. 2. 2 Chronicles 10–36. Guilt and Atonement.* Sheffield: Sheffield Academic Press, 1997.

Jones, Gwilym H. *1 & 2 Chronicles.* Old Testament Guides. Sheffield: Sheffield Academic Press, 1993, [2]1999.

Klein, R. W. *1 Chronicles. A Commentary*(Hermeneia), Minneapolis, 2006.

Knoppers, G. N. *I Chronicles 1–9.* AncB 12. Garden City, 2003.

Knoppers, G. N. *I Chronicles 10–29.* AncB 12A. Garden City, 2004.

McKenzie, S. L. *1–2 Chronicles.* Abington Old Testament Commentaries. Nashville, 2004.

Myers, J. M. *I Chronicles. Introduction, Translation, and Notes.* AncB 12. New York u.a., 1965.

Myers, J. M. *II Chronicles.* AncB 13. New York u.a., 1965.

Rudolph, W. *Chronikbücher.* Tübingen: J. C. B. Mohr, 1955.

Thompson, John A. *1, 2 Chronicles.* Nashville, Tenn.: Broadman & Holman, 1994.

Tuell, S. *First and Second Chronicles.* Interpretation. Louisville/Kentuckey,

2001.

Vries, S. J. de. *1 and 2 Chronicles.* FOTL 11. Grand Rapids : Wm. B. Eerdman, 1989.

Williamson, H. G. M. *1 and 2 Chronicles.* NCBC. Grand Rapids : Eerdmans, 1982.

3. 단행본

Abu Assaf, A. *Der Tempel von 'Ain Dara.* Damaszener Forschungen 3. Mainz am Rhein : von Zabern, 1990.

Albertz, R. *A history of Israelite religion in the Old Testament period 1.* OTL. Louisville : Westminster John Knox, 1994.

Bae, H.-S. *Vereinte Suche nach JHWH. Die Hiskianische und Josianische Reform in der Chronik.* BZAW 355. Berlin/New York : De Gruyter, 2005.

Bentzen, Aage. *Die Josianische Reform und ihre Voraussetzungen.* Køenhavn : G. E. C. Gad, 1926.

Busink, Th. A. *Der Tempel von Jerusalem, von Salomo bis Herodes : Eine archäologisch-historische Studie unter Berücksichtigung des westsemitischen Tempelbaus.* Studia Francisci Scholten memoriae dicata 3. Leiden : T & T Clark, 1970.

Cogan, Morton. *Imperialism and Religion : Assyria, Judah, and Israel in the eighth and seventh centuries B.C.E.* Society of Biblical Literature monograph series 19. Missoula, 1974.

Cogan M. and H. Tadmor. *II Kings : A New Translation with Introduction and Commentary.* New York : Yale University Press, 1988.

Finkelstein, I. and N. A. Silberman. *The Bible Unearthed. Archaeology's New Vision of Ancient Israel and the Origin of Its Sacred Texts.* New York : the Free Press, 2001.

Hoffmann, H.-D. *Reform und Reformen. Untersuchungen zu einem Grundthema der deuteronomischen Geschichtsschreibung.* AThANT 66. Zürich: Thelogischer Verlag, 1980.

Hognesius, Kjell. *The Text of 2 Chronicles 1-16.* A critical edition with textual commentary. Stockholm: Almqvist & Wiksell, 2003.

Johnstone, William. *Chronicles and Exodus. An analogy and its application.* Sheffield: Sheffield Academic Press, 1998.

Jonker, L. C. *Reflections of king Josiah in Chronicles. Late stage of the Josiah reception in 2 Chr 34f.* Gütersloh: Gütersloher Verlagshaus, 2003.

Kelly, Brian E. *Retribution and Eschatology in Chronicles.* Sheffield: Sheffield Academic Press, 2009.

Laato, Antti. *Josiah and David Redivivus. The Historical Josiah and the Messianic Expectations of Exilic and Postexilic Times.* Coniectanea Biblica. Old Testament Series 33. Stockholm: Almqvist & Wiksell International, 1992.

Lowery, Richard H. *The Reforming kings: Cult and Society in First Temple Judah.* JSOTSup. 120. Sheffield: JSOT Press, 1991.

Mason, Rex. *Preaching the Tradition. Homily and Hermeneutics after the Exile; based on the 'addresses' in Chronicles, the 'speeches' in the books of Ezra and Nehemiah and the post-exilic prophetic books.* Cambridge: Cambridge Univesity Press, 1990.

Qalimi, Yishaq. *The Reshaping of Ancient Israelite History in Chronicles.* Winona Lake: Eisenbrauns, 2005.

Riley, William. *King and Cultus in Chronicles. Worship and the Reinterpretation of History.* JSOTsup. 160. Sheffield: Sheffield Academic Press, 1993.

Rofé, Alexander. *Deuteronomy. Issues and Interpretation.* London; New York: T & T Clark, 2002.

Schweitzer, Steven James. *Reading Utopia in Chronicles.* New York,

London: T & T Clark International, 2007.

Sellin, E. *Geschichte des israelitisch-Jüdischen Volkes* I. Leipzig, 1924.

Spieckermann, Hermann. *Juda unter Assur in der Sargonidenzeit*. Göttingen: Vandenhoeck & Ruprecht, 1982.

Sweeney, M. A. *King Josiah of Judah: The Lost Messiah of Israel*. Oxford: Oxford University Press, 2001.

Thiele, E. R. *The Mysterious Numbers of the Hebrew Kings*. Grand Rapids: Zondervan, 1965, [3]1983.

Thronveit, Mark A. *When kings speak. Royal speech and royal prayer in Chronicles*. Altanta, Georgia: Scholors Press, 1987.

Welten, P. *Geschichte und Geschichtsdarstellung*. Neukirchen-Vluyn: Neukirchener, 1973.

Williamson, H. G. M. *Studies in Persian Period History and Historiography*. FAT 38. Tübingen: Mohr Siebeck, 2004.

Yefet, Sara. *The Ideology of the Book of Chronicles and its Place in Biblical Thought*. New York: Peter Lang, 1989, 1997.

4. 소논문

박동현. "요시야의 개혁과 우리의 개혁", 「월간목회」 통권 206호(1993. 10), 175- 187.

박선진. "요시야 개혁과 신명기 사가의 제의 중앙화 전승 해석", 「기독교사상」 통권 481호(1999. 1), 94-10.

배희숙. "솔로몬의 성전 봉헌 기도(왕상 8:22-53)에 나타난 기도의 의미", 「교육교회」 통권 343호(2006. 2), 2-8.

배희숙. "레위인을 위한 역대기의 개혁 프로그램", 「구약논단」 21(2006. 8), 69-85.

배희숙. "'온 이스라엘'을 회복한 개혁의 왕 히스기야(대하 29-32장)", 「그말씀」 208호(2006. 10), 48-61.

배희숙. “역대기 연구사”, 「성서마당」 신창간 14호(2007. 가을), 68-86.

배희숙. “므낫세 왕 다시보기(역대하 33장)”, 『깊은 말씀 맑은 가르침』, 200-220. 서울: 땅에 쓰신 글씨, 2007.

배희숙. “보여주는 말씀, 들려주는 말씀(왕상 22:1-23)”, 「교회와 신학」 76(2009 봄), 70-80.

신정균. “히스기야의 제의단일화”, 「구약논단」 15(2003), 27-64.

장영일. “요시야의 종교개혁(왕하 23:1-14)”, 「선교와 신학」 통권 3집(1999. 1), 37-54.

Abadie, Philippe. “From the impious Manasseh(2 Kings 21) to the convert Manasseh(2 Chronicles 33). Theological Rewritings by the Chronicler,” *The Chronicler as Theologian*. FS Ralph W. Klein. Sheffield: Sheffield Academic Press, 2003, 89-104.

Aberbach, Moses. “Historical, literary and theological aspects in the book of Chronicles. A review article on Isaac Kalimi, The book of Chronicles-Historical writing and literary devices,” *RB* 108(2001): 503-510.

Achenbach, Reinhard. “Levitische Priester und Leviten im Deuteronomium. Überlegungen zur sog. ‘Levitisierung’ des Priestertums,” *ZAR* 5(1999): 285-309.

Ackroyd, Peter D. “A judgment narrative between Kings and Chronicles? An approach to Amos 7,9-17.” Ackroyd, P. R. *Studies in the religious tradition of the Old Testament*. London: SCM Press, 1987, 196-208.

Ackroyd, P. R. “The Biblical Interpretation of the Reigns of Ahaz and Hezekiah.” Barrick, W. B. and Spencer, J. R.(eds.). *In Shelter of Elyon: Essays on Ancient Palestinian Life and Literature*. FS G. W. Ahlström(JSOTSup 31). Sheffield: Sheffield Academic, 1984, 247-259.

__________. “A Judgment Narrative between Kings and Chronicles? An Approach to Amos 7:9-17,” *Canon and authority. Essays in Old Testament Religion and Theology*. FS Zimmerli, W. Philadelphia: Fortress, 1977, 71-87.

Aharoni, Y. “The Horned Altar of Beer-sheba,” *BA* 37(1974): 2-6.

Albertz, R. "Why a Reform like Josiah's Must Have Happened." Grabbe, Lester L.(ed.). *Good Kings and Bad Kings. The kingdom of Judah in the seventh century BCE.* New York: T & T Clark, 2007, 27–46.

________. "Wer waren die Deuteronomisten? Das historische Rätsel einer literarischen Hypothese," *Evang. Theol.* 57/4(1997): 319–338.

Allen, Leslie C. "Aspects of generational commitment and challenge in Chronicles," *The Chronicler as Theologian.* Ralph W. Klein. FS Sheffield: Sheffield Academic Press, 2003, 123–132.

Allen, Leslie C. "Kerygmatic Units in 1 & 2 Chronicles," *JSOT* 41(1988): 21–36.

Alt, A. "Festungen und Levitenorte im Lande Juda," *Kleine Schriften* II. München: C. H. Becksche, 1953, 306–315.

Arneth, Martin. "Die antiassyrische Reform Josias von Juda. Überlegungen zur Komposition und Intention von 2 Reg 23,4–15," *ZAR* 7(2001): 190–116.

Assis, Elie. "From Adam to Esau and Israel: An anti-edomite ideology in 1 Chronicles 1," *VT* 56,3(2006): 288–302.

Auld, A. Graeme. "What was the main source of the books of Chronicles?." Graham, M. P.(ed.). *The Chronicler as Author. Studies in text and texture.* Sheffield: Sheffield Academic Press, 1999, 91–99.

Balentine, Samuel Eugene. "You can't pray a lie": Truth and Fiction in the Prayers of Chronicles," *The Chronicler as Historian.* FS McKenzie, S. L. Sheffield: Sheffield Academic Press, 1997, 246–267.

Barnes, William H. "Non-synoptic chronological references in the books of Chronicles," *The Chronicler as Historian.* FS McKenzie, S. L. Sheffield: Sheffield Academic Press, 1997, 106–131.

Barrick, W. Boyd. "Dynastic politics, priestly succession, and Josiah's eighth year," *ZAW* 112(2000): 564–582.

Beentjes, Pancratius Cornelis. "Identity and community in the book of Chronicles: The role and meaning of the verb jahas(יחש)," *ZAH* 12,

2(1999): 233–237.

__________. "Jerusalem in the Book of Chronicles." Poorthuis M.(ed.). *The Centrality of Jerusalem. Historical Perspectives.* Kampen: Pharos, 1996, 15–28.

__________. "King Jehoshapat's Prayer. Some remarks on 2 Chronicles 20,6–13," *BZ* 38(1994): 264–270.

__________. "Tradition and Transformation. Aspects of Innerbiblical Interpretation in 2 Chronicles 20," *Bib.* 74(1993): 258–268.

__________. "Prophets in the book of Chronicles." Moor, Johannes C. de.(ed.). T*he Elusive Prophet. The Prophet as a Historical Person, Literary Character and Anonymous Artist*(2001): 45–53.

Begg, Ch. T. "Babylon and Judah in Chronicles," *EThL* 64(1988): 142–151.

__________. "The ark in Chronicles," *The Chronicler as Theologian.* FS Klein, Ralph W. Sheffield Academic Press, 2003, 133–145.

__________. "Constructing a Monster: The Chronicler's Sondergut in 2 Chronicles 21," *ABR* 37(1989): 35–51.

__________. "The Fate of Judah's Four Last Kings in the Book of Chronicles," *Orientalia lovaniensia Periodica* 18(1987): 79–86.

__________. "The Death of Josiah in Chronicles: Another View," *VT* 37 1987): 1–8.

Ben Zvi, E. "A house of treasures: the account of Amaziah in 2 Chronicles 25–observations and implications," *SJOT* 22,1(2008): 63–85.

__________. "Josiah and the prophetic books: some observations." Grabbe, Lester L.(ed.). *Good Kings and Bad Kings. The kingdom of Judah in the seventh century BCE.* New York: T & T Clark Inter-national, 2007, 47–64.

__________. "Who knew what? The construction of the monarchic past in Chronicles and implications for the intellectual setting of Chronicles." Lipschits, O.(eg.). *Judah and the Judeans in the fourth century B.C.E.* Winona Lake: Eisenbrauns, 2007, 349–360.

__________. "Observations on Josiah's account in Chronicles and implications for reconstructing the worldview of the chronicler," *Essays on ancient Israel in its Near Eastern context.* FS Na'aman, Nadav. Winona Lake, Ind.: Eisenbrauns, 2006, 89–106.

__________. "The secession of the northern kingdom in Chronicles. Accepted 'facts' and new meanings," *The Chronicler as Theologian.* FS Klein, Ralph W. Sheffield: Sheffield Academic Press, 2003, 61–88.

__________. "Shifting the Gaze: historiographic constraints in Chronicles and their implications," *The land that I will show you. Essays on the history and archaeology of the ancient Near East.* FS Miller, J. Maxwell. New York: T & T Clark International, 2001, 38–60.

__________. "About time: Observations about the construction of time in the book of Chronicles," *HBT* 22,1(2000): 17–31.

__________. "The book of Chronicles. Another look," *SR* 31,3/4(2002): 261–281.

__________. "The Authority of 1–2 Chronicles in the Late Second Temple Period," *JSPE* 3(1988): 59–88.

Biran, A. "An Israelite Horned Altar at Dan," *BA* 37(1974), 106–107.

Blakely, J. A. "Reconciling Two Maps," *BASOR* 327(2002): 49–54.

Bloch–Smith, E. "Who is the King of Glory? Solomon's Temple and Its Symbolism." M. D. Coogan, J. C. exum, and L. E. Stager(eds.). *Scripture and Other Artifacts: Essays on the Bible and Archaeology.* Louisville: Westminster John Knox Press, 1994.

Boer, Roland T. "Utopian politics in 2 Chronicles 10 13." Graham, M. P. (ed.). *The Chronicler as Author. Studies in Text and Texture.* Sheffield: Sheffield Academic Press, 1999, 360–394.

Borowski, Oded. "Hezekiah's Reforms and the Revolt against Assyria," *BA* 58,3(1995): 148–155.

Boshoff, W. S. "The source narrative of a legend: Two versions of the queen of Sheba story in 1 Kings 10 and 2 Chronicles 9," *Journal for Semitic*

13,1(2004): 35-46.

Braun, Roddy L. "Cyrus in second and third Isaiah, Chronicles, Ezra and Nehemiah," *The Chronicler as Theologian.* FS Klein, Ralph W. Sheffield: Sheffield Academic Press, 2003, 146-164.

________. "Solomon, the Chosen Temple Builder: The Significance of 1 Chronicles 22, 28 and 29 for the Theology of the Chronicler," *JBL* 95 (1976): 581-590.

Brooke, George John. "The Books of Chronicles and the Scrolls from Qumran," *Reflection and Refraction. Studies in Biblical Historiography.* FS Auld, A. Graeme. Leiden/Boston: E. J. Brill, 2007, 35-48.

Bruner, Ron. "Harmony and historiography. Genre as a tool for understanding the differences between Samuel-Kings and Chronicles," *Restoration Quarterley* 46,2(2004): 79-93.

Claburn, W. E. "The Fiscal Basis of Josiah's Reforms," *JBL* 92(1973): 1-22.

Coggins, R. J. "Theology and hermeneutics in the books of Chronicles," *In Search of true Wisdom. Essays in Old Testament Interpretation.* FS Clements, Ronald E. New York: T & T Clark International, 1999, 263-278.

Conrad, D. "Einige(archäoligsche) Miszellen zur Kultgeschichte Judas in der Königszeit," *Textgemäß. Aufsätze und Beiträge zur Hermeneutik des Alten Testaments.* FS Würthwein, E. Göttingen, 1979, 28-32.

Cross, F. M and Freedmann, D. N. "Josiah's Revolt, Against Assyria," *JNES* 12(1953): 56-58.

Cross, F. M. "The themes of the Book of Kings and the Structure of the Deuteronomistic History," *Canaanite Myth and Hebrew Epic.* Cambridge: Harvard University Press, 1973, 274-289.

Davies, Philip R. "Definding the Boundaries of Israel in the Second Temple Period: 2 Chronicles 20 and the 'Salvation Army,'" *Priests, prophets and scribes. Essays on the Formation and Heritage of Second Temple Judaism.* FS Blenkinsopp, Joseph. Sheffield: JSOT Press, 1992, 43-54.

________. "Josiah and the law book." Grabbe, Lester L.(ed.). *Good Kings and Bad Kings. The Kingdom of Judah in the seventh century BCE.* New York: T & T Clark 2007, 65-77.

De Vries, Simon J. "Festival ideology in chronicles." Sun, Henry T. C.(ed.). *Problems in biblical theology.* FS Knierim, Rolf. Grand Rapids: Eerdmans, 1997, 104-124.

________. "Moses and David as Cult Founders in Chronicles," *JBL* 107 (1988): 619-639.

Dever, William G. "The Silence of the Text: An Archaeological Commentary on 2 King 23." Coogan, M. D., Exum, J. C. and L. E. Stager(eds.). *Scripture and Other Artifacts.* Louisville: Westerminster John Knox Press, 1994, 143-168.

Dillard, R. B. "The Literary Structure of the Chronicler's Solomon Narrative," *JSOT* 30(1984): 85-93.

________. "Reward and punishment in chronicles: the theology of Immediate Retribution," *WThJ* 46(1984): 164-172.

Dion, Paul E. "Did Cultic Prostitution Fall into Oblivion during the Postexilic Era? Some Evidence from Chronicles and the Septuagint," *CBQ* 43(1981): 41-48.

Duke, Rodney K. "A Model for a Theology of Biblical Historical Narratives: Proposed and Demonstrated with the Books of Chronicles," *History and Interpretation.* FS Hayes, John H. New York: T & T Clark International, 1993, 65-77.

________. "A rhetorical approach to appreciating the books of Chronicles." Graham, M. P.(ed.). *The Chronicler as Author. Studies in Text and Texture.* Sheffield: Sheffield Academic Press, 1999, 100-135.

Dumbrell, William. "The Purpose of the Book of Chronicles," *JETS* 27 (1984): 257-266.

Dyck, Jonathan E. "The Ideology of Identity in Chronicles." Brett, Mark G. (ed.). *Ethnicity and the Bible.* Leiden, New York, Köln: E. J. Brill,

1996, 89–96.

Endres, John C. "A New Parallels Version of Samuel, Kings, Chronicles," *FORUM* 8(1992): 31–44.

_________. "Theology of worship in Chronicles," *The Chronicler as Theologian. Essays.* FS Ralph W. Klein. Sheffield: Sheffield Academic Press, 2003, 165–188.

_________. "The spiritual vision of Chronicles: Wholehearted, joy–filled worship of God," *CBQ* 69,1(2007): 1–21.

Frost, S. B. "The Death of Josiah: A conspiracy of Silence," *JBL* 87(1968): 370–382.

Galil, Gershon. "The 'synchronistic history' and the book of Chronicles: Reconsidering the reliability of ancient Near eastern texts," *Henoch* 26,2(2004): 136–144.

Gelston, Anthony. "The End of Chronicles," *SJOT* 10,1(1996): 53–60.

Glatt–Gilad, David A. "Regnal formulae as a historiographic device in the book of Chronicles," *RB* 108,2(2001): 184–209.

_________. "The root knx2 and historiographic periodization in Chronicles," *CBQ* 64,2(2002): 248–257.

Graham, M. P. "Setting the heart to seek God: Worship in 2 Chronicles 30.1–31.1," *Worship and the Hebrew Bible.* FS Willis, John T. Sheffield: Sheffield Academic Press, 1999, 124–141.

_________. "Aspects of the Structure and Rhetoric of 2 Chronicles 25," *History and Interpretation.* FS John H. Hayes. New York: T & T Clark International, 1993. 78–89.

_________. "The utilization of 1 and 2 Chronicles in the reconstruction of Israelite history in the nineteenth century," *Interpretation* 45(1989): 308.

Greßmann, H. "Josiah und das Deuteronomium," *ZAW* 42(1924): 313–327.

Grol, Harm W. M. van. "'Indeed, servants we are.' Ezra 9, Nehemiah 9 and 2 Chronicles 12 compared." Becking, B.(ed.). *The crisis of Israelite religion.*

Transformation of religious tradition in exilic and post-exilic times. Leiden: Brill, 1999. 209-227.

Halpern, Baruch. "Sacred history and ideology: chronicles' thematic structure-indicatins of an earlier source." Friedman, R. E.(ed.). *The Creation of Sacred Literature. Composition and Redaction of the Biblical Text.* Berkeley: University of Calfornia Press, 1981, 35-54.

Handy, L. K. "Josiah in a new light: Assyriology touches the reforming king." Holloway, Steven W.(ed.). *Orientalism, Assyriology and the Bible.* Sheffield: Sheffield Academic Press, 2006, 415-435.

________. "Historical Probability and the Narrative of Josiah's Reform in 2 Kings." Holloway, Steven W. and Lowell K. Handy(eds.). *The Pitcher is Broken.* FS Ahlström, Gösta W. Sheffield: Sheffield Academic Press, 1995, 252-275.

Haran, Menahem. "Between Royal Annals and Literary Sources: The Books of the Chronicles of the Kings of Judah and Israel What Were They?." Levine, Baruch A.(ed.). *Eretz-Israel. Archaeological, historical and geographical.* 26. Frank Moore Cross volume studies(1999), 45-48.

________. "The books of the chronicles 'of the kings of Judah' and 'of the kings of Israel': What sort of books were they?," *VT* 49,2(1999): 156-164.

Hardmeier, Ch. "König Joschija in der Klimax des DtrG(2Reg 22f.) und das vordtr Dokument einer Kultreform am Residenzort(23,4-15*)." Lux, R.(ed.). *Erzählte Geschichte. Beiträge zur narrativen Kultur im alten Israel.* BTS 40. Neukirchen-Vluzn: Neukircher, 2000, 81-145.

Heltzer, M. "Some Considerations about the Books of Chronicles and the Lindos Chronicle dialectes cananéens," *OLoP* 23(1992): 127-142.

________. "Some questions concerning the economic policy of Josiah, king of Judah," *IEJ* 50,1-2(2000) 105-208.

Hognesius, Kjell. "The capacity of the molten sea in 2 chronicles IV 5: A suggestion," *VT* 44(1994): 349-358.

Hurowitz, V. A. "Solomon's Golden Vessels(1 Kings 7:48–50) and the Cult of the First Temple." Freedman, D. N. and A. Hurvitz(eds.). *Pomegranates and Golden Bells. Studies in Biblical, Jewish, and Near Eastern Ritual, Law, and Literature.* FS Jacob Milgrom. Winona Lake: Eisenbrauns 1995, 151–164.

Hurvitz, V. A. "Terms and Epithets Relating to the Jerusalem Temple Compound in the Book of Chronicles: The Linguistic Aspect." Freedman, D. N. and A. Hurvitz(eds.). *Pomegranates and Golden Bells. Studies in Biblical, Jewish, and Near Eastern Ritual, Law, and Literature.* FS Jacob Milgrom. Winona Lake: Eisenbrauns 1995, 165–183.

Ikeda, Y. "Solomon's Trade in Horses and Chariots in its International Setting." Ishida, T.(ed.). *Studies in the Period of David and Solomon.* Winona Lake: Eisenbrauns, 1982, 215–238.

Japhet, S. "The wall of Jerusalem from a double perspective: Kings versus Chronicles," *Essays on ancient Israel in its Near Eastern context. A tribute to Nadav Na'aman.* FS Na'aman, Nadav. Winona Lake: Eisenbrauns, 2006. 205–219.

__________. "The book of Chronicles: A history," *Shnaton* 14(2004): 101–117.

__________. "Theodicy in Ezra–Nehemiah and Chronicles." Laato, Antti (ed.). *Theodicy in the World of the Bible.* Leiden: Brill, 2003, 429–469.

__________. "Exile and restoration in the book of Chronicles." Becking, Bob.(ed.). *The Crisis of Israelite religion. Transformation of religious tradition in exilic and post–exilic times.* Leiden: Brill, 1999, 33–44.

__________. "The Israelite Legal and Social Reality as Reflected in Chronicles. A Case Study." in: "*Sha'arei Talmon": studies in the Bible, Qumran, and the ancient Near East.* FS Talmon, Shemaryahu. Winona Lake: Eisenbrauns, 1992, 79–91.

__________. "The relationship between Chronicles and Ezra–Nehemia." Emerton, J. A.(ed.). *International Organization for the Study of the Old*

Testament. Leiden: E. J. Brill, 1991, 298–313.

________. "The historical Reliability of Chronicles. The History of the Problem and its Place in Biblical Research," *JSOT* 33(1985): 83–87.

Johnstone, W. "The use of Leviticus in chronicles." Sawyer, John F. A.(ed.). *Reading Leviticus. A conversation with Mary Douglas.* Sheffield: Sheffield Academic Press, 1996, 243–255.

________. "Reactivating the Chronicles Analogy in Pentateuchal Studies, with Special Reference to the Sinai Pericope in Exodus," *ZAW* 99 (1987): 16–37.

________. "Guilt and Atonement: the Theme of 1 and 2 Chronicles," *A Word in Season.* FS MacKane, William. Sheffield: Sheffield Academic Press, 1986, 113–140.

Jonker, L. C. "Who constitutes society? Yehud's self-understanding in the late Persian era as reflected in the book of Chronicles," *JBL* 127,4 (2008): 703–724.

________. "Refocusing the battle accounts of the Kings: Identity formation in the Books of Chronicles," *Behutsames Lesen. Alttestamentliche Exegese im interdisziplinären Methodendiskurs.* FS Hardmeier, Christof. Leipzig: Evang. Verl.-Anst, 2007, 245–274.

________. "Reforming history: The hermeneutical significance of the Books of Chronicles," *VT* 57,1(2007): 21–44.

________. "The Cushites in the Chronicler's version of Asa's reign: A secondary audience in Chronicles?," *OTEs* 19,3(2006): 863–881.

________. "The rhetorics of finding a new identity in a multi-religious and multi-ethnic society: The case of the book of Chronicles," *Verbum et Ecclesia 24*(2003): 396–416.

Kalimi, Isaac. "The date of the book of Chronicles," *God's Word for our World.* Volume I: Biblical Studies. FS de Vries, Simon John. London: T & T Clark International, 2004, 347–371.

________. "Jerusalem-the divice city. The representation of Jerusalem in

Chronicles compared with earlier and later Jewish compositions," *The Chronicler as Theologian.* FS Klein, Ralph W. Sheffield: Sheffield Academic Press, 2003, 189–205.

______. "The Contribution of the Literary Study of Chronicles to the Solution of Its Textual Problems," *Biblical Interpretation* 3,2(1995): 190–212.

______. "Paronomasia in the Book of Chronicles," *JSOT* 67(1995): 27–41.

Kartveit, Magnar. "2 Chronicles 36.20–23 as literary and theological 'interface.'" Graham, M. P. and S. L. McKenzie(eds.). *The Chronicler as Author. Studies in Text and Texture.* JSOTSup. 263. Sheffield: Sheffield Academic Press, 1999, 395–403.

Kelly, Brian E. "Manasseh in the books of Kings and Chronicles(2 Kings 21:1–18; 2 Chron 33:1–20)." Long, V. Philips.(ed.). *Windows into Old Testament history. Evidence, argument, and the crisis of "biblical Israel."* Wm. B. Eerdmans Publishing Company, 2002, 131–146.

Kleinig, John W. "Recent research in Chronicles," *Currents in Research: Biblical Studies* 2(1994): 43–76.

Knoppers, G. N. "Treasures won and lost: Royal (mis)appropriations in Kings and Chronicles." Graham, M. Patrick(ed.). *The Chronicler as Author. Studies in Text and Texture.* Sheffield: Sheffield Academic Press, 1999, 181–208.

______. "Jerusalem at war in Chronicles." Hess, Richard S.(ed.). *Zion, City of our God.* Wm. B. Eerdmans Publishing Company, 1999, 57–76.

______. "Hierodules, priests, or janitors? The Levites in Chronicles and the history of the Israelite priesthood," *JBL* 118,1(1999): 49–72.

______. "'Yhwh is not with Israel': Alliances as a Topos in Chronicles," *CBQ* 58,4(1996): 601–626.

______. "Rehoboam in Chronicles: Villain of Victim?," *JBL* 109(1990): 423–440.

Knuteson, Roy E. "Elijah's little-known letter in 2 Chronicles 21 : 12-15," *Bibliotheca Sacra* 162,645(2005) : 23-32.

Koch, Klaus. "Gefüge und Herkunft des Berichts über die Kultreformen des Königs Josia." Hausmann, J. and H.-J. Zobel(ed.). *Alttestamentlicher Glaube und Biblische Theologie*. FS Preuß, Horst Dietrich. Stuttgart, Berlin, Köln : Kohlhammer, 1992, 80-92.

Levin, Christoph. "Joschija im deuteronomischen Geschichtswerk," *ZAW* 96 (1984) : 351-371.

Lohfink, Norbert. "The Cult Reform of Josiah of Judah : 2 Kings 22-23 as a Source for the History of Israelite Religion." Miller, P. D. Jr. et al.(ed.). *Ancient Israelite religion*. FS Frank Moore Cross. Philadelphia : Fortress Press, 1987, 459-475.

Maag, Victor. "Erwägungen zur deuteronomischen Kultzentralisation," *VT* 6 (1956) : 10-18.

Malamat, A. "A Political Look at the Kingdom of David and Solomon and Its Relations with Egypt." Ishida, Tomoo(ed.). *Studies in the Period of David and Solomon and Other Essays*. Winona Lake : Eisenbrauns, 1982, 189-204.

__________. "The Last Wars of the Kingdom of Judah," *JNES* 9(1950) : 218-221.

Mazar, A. "The Northern Shephelah in the Iron Age : Some Issues in Biblical History and Archaeology." Coogan, M. and Exum, J. C. and Stager, L. E.(ed.). *Scripture and Other Artifacts*. Louisville : Westminster John Knox Press, 1994, 247-267.

McCarthy, Dennis J. "Covenant and Law in Chronicles-Nehemiah," *CBQ* 44 (1982) : 25-44.

Millard, A. "King Solomon's Shields." Michael D. Coogan, J. Cheryl Exum, Lawrence E. Stager(ed.). *Scripture and other artifacts : essays on the Bible and archaeology*. FS King, Philip J. Louisville, Ky. : Westminster/ John Knox Press, 1994, 286-295.

Mitchell, Christine. "The ironic death of Josiah in 2 Chronicles," *CBQ* 68,3 (2006): 421–435.

_________. "Transformations in Meaning: Solomon's Accession in Chronicles," *Journal of Hebrew Scriptures* 4(2002): http://purl.org/jhs.

Moriarty, F. L. "The Chronicler's account of Hezekiah's Reform," *CBQ* 27 (1965): 399–406.

Murray, Donald F. "Retribution and revival. Theological theory, religious praxis, and the future in Chronicles," *JSOT* 88(2000): 77–99.

_________. "Dynasty, People, and the Future: The Message of Chronicles," *JSOT* 58(1993): 71–92.

Na'aman, N. "Josiah and the kingdom of Judah." Grabbe, Lester L.(ed.). *Good Kings and Bad Kings. The kingdom of Judah in the seventh century BCE.* New York: T & T Clark 2007, 189–247.

_________. "Death Formulae and the Burial Place of the Kings of the House of David," *Bib* 85(2004): 245–254.

_________. "In search of reality behind the account of the Philistine assault on Ahaz in the Book of Chronicles," *Transeuphratène* 26(2003): 47–63.

Nicholson, Ernest. "Josiah and the priests of the high places(II Reg 23,8a.9)," *ZAW* 119(2007): 499–513.

_________. "The Centralisation of the Cult in Deuteronomy," *VT* 13(1963): 380–389.

Niehr, Herbert. "Die Reform des Joschija. Methodische, historische und religionsgeschichtliche Aspekte." Groß, Walter(ed.). *Jeremia und die "deuteronomistische Bewegung."* Weinheim: Beltz Athenäum, 1995, 33–55.

Peltonen, Kai. "A jigsaw without a model? The date of Chronicles." Grabbe, Lester L.(ed.). *Did Moses speak Attic? Jewish historiography and scripture in the Hellenistic period.* Sheffield: Sheffield Academic Press, 2001, 225–271.

Rendtorff, Rolf. "Chronicles and the priestly Torah," *Texts, temples, and traditions.* FS Haran, Menahem. Wino Lake: Eisenbrauns, 1996, 259–266.

Rezetko, Robert. "Dating biblical Hebrew: Evidence from Samuel–Kings and Chronicles." Young, Ian(ed.). *Biblical Hebrew. Studies in chronology and typology.* JSOTSup. 369. New York: T & T Clark International, 2003, 215–250.

Rothstein, David. "Second Chronicles. Introduction and annotations." Berlin, Adele(ed.). *The Jewish study Bible. Jewish Publication Society Tanakh translation.* New York: Oxford University Press, 2004, 1765–1825.

Sæbø, Magne. "Messianism in Chronicles? Some Remarks to the Old Testament Background of the New Testament Christology," *HBT* 2 (1980): 85–109.

Schniedewind, William M. "Prophets and prophecy in the books of Chronicles," *The Chronicler as Historian.* FS McKenzie, Steven L. Sheffield: Sheffield Academic Press, 1997, 204–224.

Selman, Martin J. "Jerusalem in Chronicles." Hess, Richard S.(ed.). *Zion, city of our god.* Micigan: William B. Eerdmans Pub., 1999, 43–56.

Siedlecki, Armin. "Foreigners, warfare and Judahite identity in Chronicles." Graham, M. Patrick(ed.). *The Chronicler as Author. Studies in text and texture.* Sheffield: Sheffield Academic Press, 1999, 229–266.

Smelik, Klaas A. D. "The Representation of king Ahaz in 2 Kings 16 and 2 Chronicles 28." Moor, Johannes C. de(ed.). *Intertextuality in Ugarit and Israel.* Leiden: Brill, 1998, 143–185.

Snyman, Gerrie. "'Tis a vice to know him.' Readers' response–ability and responsibility in Chronicles 14–16," *Semeia* 77(1997): 91–113.

Soggin, J. A. "Compulsory Labor under David and Solomon." Ishida, T.(ed.). *Studies in the Period of David and Solomon and Other Essays.* Winona Lake: Eisenbrauns, 1982, 259–267.

Spanier, Ktaiah. "The Northern Israelite Queen Mother in the Judaen Court: Athalia and Abi," *Boundaries of the Ancient Near Eastern World.* A Tribute to Cyrus H. Gordon, 1998, 136–149.

__________. "The Queen Mother in the Judaean Royal Court: Maacah-A Case Study." Brenner, Athalya(ed.). *Samuel and Kings. The Feminist Companion to the Bible.* Sheffield: Sheffield Academic Press, 1994, 186-195.

Sparks, Kent. "The prophetic speeches in Chronicles. Speculation, revelation, and ancient historiography," *BBR* 9(1999): 233-245.

Spawn, Kevin L. "Sacred song and God's presence in 2 Chronicles 5, the renewal community of Judah and beyond," *Journal of Pentecostal theology* 16,2(2008): 51-68.

Sugimoto, Tomotoshi. "Chronicles as Independent Literature," *JSOT* 55 (1992): 61-74.

Sweeny, M. A. "King Manasseh of Judah and the problem of theodicy in the Deuteronomistic history." Grabbe, Lester L.(ed.). *Good kings and bad kings. The kingdom of Judah in the seventh century BCE.* New York: T & T Clark, 2007, 264-278.

Tadmor, H. "Traditional Institutions and the Monarchy: Social and Political Tensions in the Time of David and Solomon." Ishida, Tomoo(ed.). *Studies in the Period of David and Solomon and Other Essays.* Winona Lake: Eisenbrauns, 1982, 239-257.

Talmon, Shemaryahu. "1 and 2 Chronicles." Alter, Robert(ed.). *The Literary Guide to the Bible.* Cambridge: Belknap, 1994, 365-372.

Talshir, David. "The references to Ezra and the books of Chronicles in B. Baba Bathra 15a," *VT* 38(1988): 358-360.

__________. "A reinvestigation of the linguistic relationship between chronicles and Ezra-Nehemiah," *VT* 38(1988): 165-193.

Talshir, Zipora. "Several canon-related concepts originating in Chronicles," *ZAW* 113,3(2001): 386-403.

__________. "The three Deaths of Josiah and the Strata of Biblical Historiography(2 Kings XXIII 29-30; 2 Chronicles XXXV 20-5; 1 Esdras I 23-31)," *VT* 46,2(1996): 213-236.

Throntveit, Mark A. "The relationship of Hezekiah to David and Solomon in the books of Chronicles," *The chronicler as theologian.* FS Ralph W. Klein. Sheffield: Sheffield Academic Press, 2003, 105–121.

Townsend, Jeffrey L. "The purpose of 1 and 2 chronicles," *BS* 144(1987): 277–292.

Trebolle Barrera, Julio C. "Kings(MT/LXX) and Chronicles: The double and triple textual tradition," *Reflection and refraction. Studies in biblical historiography.* FS A. Graeme Auld. Leiden, Boston: Brill, 2007, 483–501.

Uelinger, Christoph. "Gab es eine joschijanische Kultreform? Plädoyer für ein begründetes Minimum." Groß, Walter.(ed.). *Jeremia und die "deuteronomistische Bewegung."* Weinheim: Beltz Athenäum, 1995, 57–89.

Ussishkin, D. "The Date of the Judean Shrine at Arad," *IEJ* 38(1988): 142–157.

Van Seters, John. "The 'shared text' of Samuel–Kings and Chronicles re–examined," *Reflection and refraction. Studies in biblical historiography.* FS A. Graeme Auld. Leiden, Boston: Brill, 2007, 503–515.

_________. "Creative Imitation in the Hebrew Bible," *SR* 29(2000): 395–409.

_________. "The Chronicler's Account of Solomon's Temple–Building: A Continuity Theme," *The Chronicler as Historian.* Sheffield: Sheffield Academic Press, 1998, 283–300.

Wallace, Howard N. "What Chronicles has to say about Psalms." Graham, M. Patrick(ed.). *The Chronicler as Author. Studies in text and texture.* Sheffield: Sheffield Academic Press, 1999, 267–291.

Weanzana, Nupanga. "The theme of the 'kingdom of God' in the book of Chronicles," *OTEs* 16,3(2003): 758–766.

Weidner, E. "Weise Pferde im Alten Orient," *Bibliotheca Orientalis* 9(1952): 157–159.

Williamson, Hugh Godfrey Maturin. "The Temple in the Books of

Chronicles," *Templum amicitiae. Essays on the Second Temple presented to Ernst Bammel 48*. Sheffield : Sheffield Academic Press, 1991, 15-31.

Wright, John W. "Beyond transcendence and immanence. The characterization of the presence and activity of god in the book of Chronicles," *The chronicler as theologian*. FS Ralph W. Klein. Sheffield : Sheffield Academic Press, 2003, 240-267.

__________. "The fabula of the book of Chronicles." Graham, M. Patrick (ed.). *The Chronicler as Author. Studies in text and texture*. Sheffield : Sheffield Academic Press, 1999, 136-155.

__________. "The fight for peace : Narrative and history in the battle accounts in Chronicles." Graham, M. Patrick(ed.). *The chronicler as historian*. FS McKenzie, Steven L. Sheffield : Sheffield Academic Press, 1997, 150-177.

Würthwein, Ernst. "Die josianische Reform und das Deuteronomium." idem (ed.). *Studien zum deuteronomistischen Geschichtswerk*. BZAW 227. Berlin : Walter de Gruyter, 1994.

Yadin, Y. "Beer-sheba : The High-place Destroyed by King Josiah," *BASOR* 222(1976) : 5-17.

■ 저자 소개

학력과 경력

현 대한예수교장로회 목사
현 장로회신학대학교 조교수
덕성여자대학교 영어영문학과(B. A.)
장로회신학대학교 신학대학원(M. Div.)
장로회신학대학교 대학원(Th. M.)
독일 뮌스터 대학교(Dr. theol.)

저서

Hee-Sook Bae. Vereinte Suche nach JHWH. Die Hiskianische und Josianische Reform in der Chronik. BZAW 355. Berlin/New York: Walter de Gruyter, 2005.

역서

라이너 알베르츠(Rainer Albertz), 『포로시대의 이스라엘』(일산: 크리스챤다이제스트, 2006)

스티븐 S. 투엘(Steven S. Tuell), 『역대상하』, 현대성서주석/목회자와 설교자를 위한 주석 Interpretation(서울: 한국장로교출판사, 2007)

대한기독교서회 창립 100주년 기념 성서주석 13 역대하

2010년 4월 10일 초판 1쇄
2015년 11월 05일 초판 2쇄

지은이/배희숙
펴낸이/서진한
펴낸곳/대한기독교서회
편집책임/하미자

주소/서울시 강남구 테헤란로 103길 14(삼성동)
등록/1967년 8월 26일 제 1967-000002호
전화/편집 (02)553-0873~4 영업 553-3343
팩스/편집 (02)3453-1639 영업 555-7721
e-mail/cls1890@chol.com
edit1890@chol.com
http://www.clsk.org
책번호/1675

값 27,000원

ISBN 978-89-511-1251-5 94230
ISBN 978-89-511-0002-4 (세트)